산수 이종률
민족혁명론의 역사적 재조명

산수 이종률
민족혁명론의 역사적 재조명

초판 1쇄 발행 2006년 7월 1일

지은이 (사)부산민주항쟁기념사업회 민주주의사회연구소
펴낸이 윤관백
편 집 이혜영
표 지 김지학
펴낸곳  선인

등 록 제5-77호(1998. 11. 4)
주 소 서울시 마포구 마포동 324-1 곳마루B/D 1층
전 화 02) 718-6252/6257
팩 스 02) 718-6253
E-mail sunin72@chol.com

정가 · 15,000원
ISBN 89-5933-049-3 93900

· 저자와의 협의에 의해 인지 생략.
· 잘못된 책은 바꾸어 드립니다.

산수 이종률 민족혁명론의 역사적 재조명

혁명이란 위기기 역사 사태를 구출하여 전진시키는 정치 노선의 실천이며, 진정한 혁명가의 삶은 그가 살아온 자기 조국의 역사적 요구와 그대로 일치 합니다.

山水 李鍾律 선생은 우리의 혁명노선은 오직 우리 역사 전개의 구체적 사실에서만 도출되어야 한다고 하고, 뿌리와 둥치인 민족혁명과 가지와 꽃인 인간혁명의 관계로서 유기적 일체성을 갖는 民人革命論을 정립하였습니다. 선생은 일제식민지하의 항일민족운동, 1945년 이후 민족건양회 창립과 민족자주화운동, 1950년대의 통일운동과 언론활동, 1960년대 민족일보 창간과 민자통운동의 전개 등 역사적 고비마다 오랜 투옥 생활을 거듭하면서 正人間史 방향의 民族史 체제를 성립시키기 위한 민족혁명운동을 치열하게 전개하여 왔습니다.

이종률 선생이 일생을 바쳐 전개한 민족혁명운동은 지난 세기 이래 분열된 조국의 역사적 진실을 새로운 차원에서 인식할 수 있게 할 중요한 사실과 단서를 마련해 줄 것입니다. 선생의 민인혁명론은 지난 2000년의 6·15 남북공동선언과 관련하여 민족통일운동을 한층 차원 높게 성숙시켜 가야 할 시점에서 보다 높은 과학론이 될 것입니다. 이제는 그의 사상과 실천운동에 대한 역사적 평가가 본격적으로 이루어져야 할 때가 되었습니다.

민주주의사회연구소에는 만시지탄이지만 바로 이 같은 시대적 요구에 부응하기 위하여 지난 해 6월 '산수이종률 민족혁명론의 역사적 재조명'이라는 대주제로 전국의 학자들을 초청하여 심포지엄을 개최하였습니다. 이날 심포지엄에서는 기조발제 '민인혁명운동의 현재적 의미와 세계사적 전망'에 이어 제1부 '산수 이종률의 민인혁명론 구조와 의미'와 제2부 '산수 이종률의 민족혁명론의 전개와 의의'에서 모두 6편의 논문 발표가 있었습니다. 이어진 종합토론에서는 참석자들 사이에 열띤 토론이 전개되었습니다.

이 연구총서는 심포지엄에서 발표된 논문과 선생의 민족운동과 혁명론에 관한 연구논문 몇 편을 추가하여 엮은 것입니다. 이로써 선생이 생전에 남긴 여러 권의 저서와 방대한 유고의 일부를 정리하여 엮은 두 권의 저작자료집 등과 함께 산수 이종률 선생의 혁명운동과 혁명론 연구의 본격적인 출발점이 되기를 바랍니다.

마지막으로 학술행사가 성황리에 마무리 될 수 있도록 적극적인 도움을 주신 민주화운동기념사업회연구소와 부산대학교 한국민족문화연구소 및 산수이종률선생기념사업회 측에 대하여 정중히 감사드리고자 합니다. 아울러 연구총서 간행을 위해 그동안 애써주신 백영제 전 소장님께도 감사드립니다. 또한 이 연구총서를 선뜻 간행하여 주신 도서출판 선인의 윤관백 사장님께 고마움을 표하고자 합니다.

2006년 6월
민주주의사회연구소장 장동표

차 례

차 례

민인혁명운동의 현재적 의미와 세계사적 전망

民人革命論을 다시 주목하며

오늘 산수이종률선생 탄생 100주년을 기념하면서 먼저 마르크스 세일 90주년이 되는 1973년 3월 14일에 쓴 선생의 유고 한 구절을 먼저 기억해보고자 합니다. 이종률 선생은 엥겔스가 그의 친구 미르크스 장송사에서 "최대의 사상가는 생각하는 것을 그쳤다 …(중략)… 그의 이름은 수세기에 걸쳐서 썩지 않을 것이다. 그의 사업도 그러할 것이다"라 한 사실을 상기시키면서, 그는 '역사는 변혁과정의 것이며 마르크스는 역사 안의 존재로서 그 자체가 생성·존속·소멸 과정을 걷는다. 이는 곧 마르크스, 엥겔스, 레닌주의의 절대적인 무비판적 신봉이나 그 교조적인 인용은 불허된다는 이야기이다'라 한 바가 있었습니다.

저희들은 산수선생의 민인혁명론을 결코 교조적으로 이해하고자 하지 않습니다. 그러나 산수 선생의 혁명론은 신자유주의의 광풍이 휘몰아치는 현실의 모순에 종지부를 찍고, 새로운 역사 발전의 길을 제시할 수 있을 것이라 감히 전망해봅니다. 거듭 말씀드리거니와 선생의 민인혁명론은 현실 사회주의 체제의 쇠퇴와 더불어 미국 중심의 제국주의의 일방적 폭력 아래 발생한 수많은 역사의 질곡을 극복하고, 새로운 역사 발전의 방향을 제시하는 과학적인 대안이 될 수 있으리라 확신하는 것입니다.

우리가 마시는 물과 숨쉬는 공기와 같이 되어야 할 진정한 민주주의는 신자유주의와 세계화라는 물결 속의 제국주의 지배 질서 아래에서 미완의 민주주의로 머물고 있습니다. 우리의 자주적 민족통일운동도 신자유주의로 무장한 제국주의 세력의 폭력 앞에서 격심한 어려움을 겪으면서 가고 있습니다. 팔천만 우리 겨레 대중 모두가 함께 누려야 할 삶의 풍요로움도 여전히 제자리걸음을 하고 있는 것이 오늘의 현실입니다.

주지하듯이 신자유주의는 지난 세기 말 현실 사회주의 쇠퇴와 함께 자본주의 불황을 극복하기 위해 등장한 정책입니다. 세계화라는 것의 핵심은 선진국 자본이 세계 각지로 진출하여 시장을 빼앗는 움직임이고, 그 첨병이 바로 국제통화기금이나 세계무역기구 등 입니다. 미국과 영국과 같은 국민국가의 엄청난 지원을 받는 다국적기업은 자신의 영향력 극대화를 위해 후진국의 '작은 정부'를 교묘하게 요구하고 있습니다. 즉, '국경이 없어지게 될 것이다' 혹은 '사라지게 될 것이다'라는 논리로 후진국의 힘을 약화시키면서 맹렬히 침투하고 있는 것입니다.

국내에서는 식민지 지배의 미화론, 진정한 민족사를 완성해야 하는 역사적 책임을 방기하고 있는 국사 해체론, 민족이론의 무식을 드러내는 민족주의 해체론 등 역사 현실의 무식자들이 주장하는 궤변을 여기저기서 듣고 보고 하는 현실에 처해 있습니다. 그래서 저희들은 오늘의 학술심포지엄에서 지난 세기부터 계속되어 온 이러한 많은 문제를 극복할 수 있는 대안으로 이종률 선생의 민인혁명론을 다시 주목해 보고자 하는 것입니다.

민인혁명론의 내용과 의미

저희들은 분열되어 있는 조국사의 시대사적 현실에서 인류 세계를 향해 열려 있는 민족론과 인간론에 바탕한 민인혁명론의 구조와 의미를 다시 한번 새겨보고자 합니다.

이종률 선생은 우리의 혁명노선은 오직 우리 역사 전개의 구체적 사실에서만 도출될 뿐이라 하였습니다. 따라서 우리의 혁명노선은 선진성 지역의 그것과는 본질적으로 다를 수밖에 없는 것입니다. 산수 선생은 20세기 중엽의 우리 현실에서 가야할 혁명노선으로서 민인혁명론을 정립하였습니다. 민인혁명론은 민인혁명운동의 실천을 바탕으로 8·15 이후 창립한 민족건양회의 민족건양사론에서부터 본격 정립되기 시작한 혁명론입니다. 그의 혁명론은 20세기 후반 세계화가 본격화 된 시기의 역사적 모순을 극복하는 과학론으로도 여전히 중요한 가치를 지니고 있습니다. 민인혁명론의 핵심은 다음과 같습니다.

먼저 민족혁명은 한마디로 反帝·反買辦·反封建의 民族三反 운동이 기본 내용입니다. 보다 구체적으로는 '집중성 자본민주주의'가 아닌 '서민성자본민주주의 민족혁명'이라는 말로 표현하였습니다. 민족혁명의 일차적 도달점은 '민족혁명은 자주자력의 강화로써 外勢領御 통일건국이고, 그 다음의 논책은 史路대로 전진'이라 한 것처럼 민족자주통일의 완성이며, 그 다음은 史路대로의 전진 방향에서 인간혁명으로 이어진다고 하였습니다. 인간혁명 방향의 새로운 세계질서는 미리 정해진 것이 아니라, 완전히 열려 있음으로써 새롭게 창조해 나갈 수 있는 것입니다.

한편 민족혁명노선에서는 사회주의를 체질적 속성의 한 부분으로 내포한다고 하면서 주요 속성은 인간사혁명임을 강조하고 있습니다. 다시 말해 民人革命의 사회주의적 性能에 대하여, 민족혁명 안의 몇 부분은 사회주의적 기조성이 내포되어 있음과 동시에 인간혁명 안에도 몇 부분은 사회주의적 성능이 내포되어 있다고 하였습니다.

民族革命과 人間革命은 하나의 세계 속에 전후 단계성을 갖고 이루어집니다. 오늘의 세계 각 나라는 토착성과 아울러 세계사적 국제성원의 일환성을 갖습니다. 후진성지역의 식민지에서는 근대사 시대를 지향하면서 국제자주의 방향으로 구출해 나아가는 민족혁명이 당면 요구가 됩니다. 세계사적 정치사태에서는 현대사 시대를 지향하면서 正人間史的 방향으로 구출해 나아가는 인간혁명이 당면 요구가 됩니다. 민족혁명과 인간혁명은 개별적인 것이 아닌 하나인 것입니다. 전자는 하나 안의 前단계성을 가지며, 후자는 하나 안의 後단계성을 가지므로 이를 일러 民人革命論이라 약칭하였습니다.

민족혁명은 인간혁명의 正人間史的 방향으로 역사가 발전하는 基調性을 갖는 것이며, 인간혁명은 민족혁명의 역사 발전 단계를 거쳐 나오는 과정의 結實性을 갖습니다. 한 마디로 뿌리와 둥치인 민족혁명과 가지와 꽃인 인간혁명의 관계로서 유기적 일체성을 갖는다는 것입니다. 이를 도식화 하면 [민족혁명⇆인간혁명]으로 표현할 수 있습니다.

인간혁명의 완수과정은 대체로 이렇습니다. 먼저 민족혁명까지의 前史 단계에서 생산수단의 소유관계를 중심으로 인간 자기끼리의 대립분쟁이 사회경제사적 및 인간사적 새로운 조건들에 의하여 반드시 지양됩니다. 그리고 거기서 人類正史의 제1시대인 현대사시대의 경제·사회·통치 등 역사의 전반에 걸친 신건설을 이루면서, 완전히 새로운 차원의 宇宙史 단계 제1역사 시대를 창발하게 됩니다. 인간혁명 단계에서 사회적 소유권력 이동관계는 '계급 너의 손으로부터 계급 너·나 함께의 止揚的 協親體인 인간 우리의 품안으로' 옮겨 오게 되고, 종전의 경제적 유물론에 입각한 계급 관계가 완전 해소됨으로써 완수되는 것입니다.

민인혁명론의 세계사적 전망

오늘날의 세계사 현실은 국경을 넘어 퍼부어지는 금융자본의 융단 폭격 시대를 맞이하고 있습니다. 자본의 힘으로 전세계를 무한경쟁의 시대로 몰아세우는 신자유주의 시대인 것입니다. 이로써 약소국 민족의 노동자와 서민대중은 빈곤과 불안의 깊은 늪에 빠지게 되었습니다. 뿐만 아니라 이미 신자유주의를 도입하였던 서구에서는 실업문제 등을 제대로 해결하지 못하고 사회복지도 후퇴한지 벌써 오래되었습니다. 군사강대국의 약소국에 대한 폭력 등으로 인한 국가와 블록 사이의 갈등과 모순, 신자유주의 물결로 인한 각 나라 사이와 나라 안의 빈부격차 심화, 우리의 땅에 질긴 질곡으로 남아 있는 분단의 역사가 여전히 계속 되고 있는 현실입니다.

그러나 한편 우리가 현실로 인정하려 하였던 세계화는 서구에서 이미 부너지고 있는 현실이며, 이제 후진성 지역으로 신자유주의 세계의 많은 모순된 상황이 넘어 올 것으로 전망됩니다. 후진성 지역에서는 선진성 지역보다 빈부격차의 심화, 실업자의 증가, 외국자본의 횡포 등이 더욱 심각해질 것입니다. 그러므로 우리는 서구의 신자유주의를 우리가 나아갈 표준으로 잡아서는 안 됩니다. 신자유주의는 머지않아 막을 내릴 것이기 때문입니다. 무엇이 진정한 역사의 길인지를 모색해야 합니다.

앞으로 세계화 이후의 새로운 길을 찾아 나가지 않을 수 없는 시대가 다가오고 있습니다. 여러 사람들은 더 평등주의적인 사회를 요구할 것이 분명합니다. 서민적 복지가 보장되는 국가가 되살아나면서 좀더 평등하고, 좀더 많이 참여하고, 계획성이 더 많이 도입되는 자본주의로 갈 가능성이 점차 커지고 있는 것입니다. 복지국가의 개념에서, 기본적으로는 자본가가 주도권을 가지겠지만 노동자와 일반 시민들 즉 서민들 모두 함께 참여하는 한 단계 높은 수준의 사회를 필연적으로 지향하게 될 것입니다.

이러한 세계사적 현실에서 이종률 선생은 20세기 후반에 그가 보았던 선진성 자본주의 질서 이후 신자유주의가 올 것이라 예견한 것은 아니지만, 그의 민인혁명론의 자본주의론은 작금의 국내외 현실의 본질을 거의 그대로 말해주고 있음을 볼 수 있습니다. 서구 유럽에서는 자본주의 극복을 위해 채택하여 왔던 신자유주의가 서민대중의 실업문제와 사회복지문제를 제대로 해결하지 못하는 상황에 이르게 된 점에서, 집중성 자본민주주의 미래가 지닌 역사적 한계를 이미 짚고 있었다고나 할 수 있을지 모르겠습니다.

저희들은 이제 세계사의 모순을 극복할 대안의 하나로 앞서 언급한 이종률의 '庶民性 資本民主主義 民族革命論'을 제시하고자 합니다.

'서민성 자본민주주의 민족혁명'은 '민족혁명'을 보다 구체성 있게 표현한 것입니다. '자본민주주의 민족혁명' 앞에 '서민성'이라는 관형사를 붙인 것은, 지난 세기 후반 '자본민주주의' 실체 분석과 관련하여 세계 어디에도 그 실체가 있지 않다는 것입니다. 산수 선생은 자본주의를 '집중성' 자본주의와 반집중성 성격의 '서민성' 자본주의로 나누었습니다. 전자는 대개 선진성 지역의 권력 실체이나, 후자의 경우 후진성 지역의 대중이 요구하는 것일 뿐만 아니라 선진성 지역의 서민성 산업대중들도 현실적으로 요구하는 것이라고 하였습니다. 물론 사유재산제적 자본주의를 정치철학으로 하는 측면에서는 서로 동일한 성격의 것입니다.

민족혁명론의 서민성자본민주주의는 바로 이러한 의미에서 금융자본으로 세계를 지배하고자 하는 오늘의 신자유주의 이후 대안의 하나로 제시될 수 있을 것이라 감히 생각해 봅니다. 서민성자본민주주의는 자본주의를 유지하면서 서민대중이 주체로 참여하는 민인혁명노선의 핵심입니다. 산수 이종률의 민인혁명노선의 실천이야말로 오늘날 세계사적 폭력의 전개와 우리의 분열된 조국사와 사회경제 모순의 현실을 진정으로 극복할 수 있는 과학론이라 확신합니다.

2005년 6월 3일
산수이종률선생기념사업회

민인혁명의 역사철학과 그 이념

박만준 | 동의대학교 철학과 교수

머리말

이 글의 주제는 「민인혁명의 역사철학과 그 이념」이다. 주제 설정의 목표는 이종률의 정치철학과 사론의 체계를 분석하고 그 원리를 규명하는 데 있다.[1] 따라서 이 글은 이종률의 사상을 그의 생애를 중심으로 정리하는 사서진적 서술이 아니다. 또한 그의 행적을 따라가며 그와 연관된 역사적 사실들을 요목조목 정리하는 사기(史記)의 형식을 취한 것도 아니다. 그의 말대로 사실(事實)로서의 재료나 자료만으로는 그 학문의 생명력을 제대로 읽어낼 수 없기 때문이다.[2] 학문의 생명력이란 무엇인가? "위기기 역사 사태를 시대적으로 구출하고 전진

---

[1] 목표는 이렇게 설정했으나 필자의 학문적 능력의 부족으로 그 목표가 제대로 실현되지 못했음을 미리 밝혀둔다.

[2] 이종률, 『민족혁명론』(들샘, 1989), 147쪽 참조. 앞으로 이 책은 『민족혁명론』으로 줄인다. 그리고 앞으로 이종률에 대한 모든 인용은 경우에 따라서 문맥과 그 의미 연관의 손상을 가져오지 않는 범위에서 필요에 따라 필자가 임의로 약간씩 고쳐 쓴 것임을 밝혀둔다.

시키는 … 구체적이고도 효과적인 힘"3)이다. 이쯤 되면 당연히 이런 반문이 나오게 마련이다. 과연 이종률의 학문은 현재적 생명력을 가지고 있는가?

그래서 우리는 단도직입적으로 이렇게 묻는다. '과연 이종률은 살았는가 죽었는가?' 이종률은 이렇게 말한다.

사회성을 갖는 학설은 모두 시대적 조건의 역사적 시간성을 갖는다. 마르크스주의의 원조인 마르크스와 엥겔스는 근세사시대 제2의 내분기인 산업자본제 시기의 사람들이다. … 그들의 주론인 「공산당선언」이나 [그 이론적 및 실천적 토대인] 『자본론』과 『경제학비판』도 모두 [그들이 살았던] 그 지역성을 재료로 했던 것이다. … 그들이 우리 조국의 혁명을 위한 논리를 말하지 못한 것은 [그들이 살았던 시대와 사회], 그 역사적·사회적 조건에서는 당연한 일이었다.([ ] 안의 말은 필자의 것임)4)

학문적 이론이나 학설은 역사적·사회적 조건을 벗어날 수 없다는 말이다. 그렇다면 이종률이 마르크스에 대해 이야기하는 것처럼, 오늘날 어느 누가 이종률에 대해 같은 논지의 질문을 던진다면 우리는 무슨 말을 할 수 있을까? 이 글 이종률의 정치철학과 사론을 원리적으로 규명하는 목적이 바로 이 물음에 대한 해답을 찾기 위해서이다. 결론부터 미리 말한다면 '이종률은 아직도 살아 있다'. 그 논거가 무엇인가?

이를 위해 우리는 먼저 '민인사학의 문제의식과 그 방법론'을 살핀다.5) 왜냐하면 이것이 그 논거를 찾아가는 여러 가지 길들 가운데

---

3) 『민족혁명론』, 23쪽.

4) 『민족혁명론』, 238쪽.

5) '민인사학(民人史學)'이란 말은 이종률이 말하는 '옳은 사학' 혹은 '과학적인 사학'을 일반적인 의미로 통용되고 있는 사학과 구별하기 위해 필자가 붙인 이름이다.

가장 가까운 지름길이라고 여겨지기 때문이다. 문제의식이란 일종의 진단이며, 정확한 진단은 질병의 치유를 위해 필연적으로 전제되어야 한다. 질병에 대한 진단 없이 치유 방법을 논하기는 어렵다. 진단이란 문제를 발견하는 것이며, 문제를 발견하고 나서야 비로소 문제 해결을 위한 실천적 방법론이 나오기 때문이다.

이제 왜 '민인사학의 문제의식과 그 방법론'이라는 소제가 이 글의 출발점이 되는지 알 수 있을 것이다. 그 다음은 이러한 방법론을 통해 민인사학의 원리를 규명하는 일이다. 이를 위해 가장 선행되어야 할 것이 사학과 철학의 위상이다. '철학은 뿌리요6) 사학은 뼈대(동체)요 경제학과 정치학은 그 가지'7)이기 때문이다.

물론 여기서 말하는 뿌리와 동체, 그리고 가지를 주와 종의 관계나 상하 관계, 혹은 중심과 그에 대한 종속의 관계로 해석할 필요는 없다. 오히려 전체 학문을 동심원적 입체와 그 '성'과 '능', 즉 '성능'의 관계로 이해하는 것이 옳을 것이다.8) 혹은 체유(体有)와 발현(혹은 体解)의

---

6) 철학이 왜 뿌리인가? 흔히 철학을 '근원에 대한 탐구'라고 말한다. 이종률의 철학에 대한 규정도 비슷하다. 그는 "철학이란 무엇이, 왜, 어떻게 등 까닭을 밝히는 학문이며, 따라서 모든 철학은 반드시 문제성을 풍토로 하여 생겨나고, 작용되고, 소멸 혹은 발전한다"고 했다.[이종률, 『祖國史의 분렬과 統一의 主潮』(통문관, 1971), 31~32쪽 참조. 앞으로 이 책은 『祖國史의 분렬과 統一의 主潮』로 줄인다.] 여기서 말하는 '근원', '까닭', '근거' 등은 결국 어떤 사태나 사물의 뿌리를 가리킨다. 그리고 '옳은 의미의 철학자'는 무엇을 해야 하는가에 대해서는 산수이종률선생기념사업회 엮음, 『山水李鍾律 著作資料集』 제2집(도서출판 들샘, 2002), 80~83쪽 참조.(앞으로 이 책은 『자료집 2』로 줄인다.)

7) 이종률의 학문 체계론은 주로 사학과 정치학을 중심으로 구성되어 있으나, 궁극적으로는 과학적 사회과학의 중심을 사학에 두고 있다. 왜냐하면 역사라는 것이 정치, 경제, 사회를 포괄하고 있는 개념이기 때문이다. 그리고 역사가 성립되는 사회가 곧 '정치가 있는 사회'라는 점에서 본다면 결국 넓은 의미의 정치학은 사학과 같은 범주라고 볼 수도 있다. 이에 대해서는 본문에서 보다 구체적으로 상세하게 밝혀질 것이다.

8) '성'과 '능', 즉 '성능'에 관해서는 본문에서 상세하게 설명되고 있다.

관계로도 이해할 수 있을 것이다. 예컨대 철학은 뿌리이고 사학은 동체이고 경제학은 가지이고 정치학은 그 꽃이요 열매라고 할 때, 정치학은 경제학의 '능(發顯体)'이면서 동시에 사학과 철학의 '능'이기도 한 것이다.9) 정치학은 철학과 사학과 경제학을 체유하고 있고, 철학과 사학과 경제학은 정치학으로 발현되는 것이다. 따라서 정치학을 체해하는 것은 철학과 사학과 경제학을 체질화하여 그 자신을 구성하고, 그 구성에 따라 자신을 이해하는 것이다.

아무튼 철학이 뿌리이고 사학이 동체라면, 철학과 사학은 한마디로 민인사학의 근간(根幹)이 된다. 그리고 뿌리와 뼈대를 하나로 보면 이를 '역사철학'이라 해도 무방할 것이다. 이러한 근간과 그 가지들인 경제학과 정치학을 합해서 이종률은 하나의 '과학' 혹은 '옳은 사학'이라 부르는데10), 이 글에서는 그것을 편의상 '민인사학(民人史學)'이라 부른다. 민인사학은 하나의 과학으로서의 사학, 즉 '과학적인 사학'을 일컫는 말이기도 하지만, 다른 한편 민인혁명의 전진적 역사의식과 그 실천적 과학이라는 의미를 동시에 가지고 있다.11)

---

9) 예컨대 이론구체정치학의 구성을 ① 철학(구체정치학의 제1의 주력부대), ② 사학(구체정치학의 제2의 주력부대), ③ 경제학(구체정치학의 제3의 주력부대)으로서 설명할 때, 철학과 사학과 경제학을 하위학문으로, 그리고 정치학을 상위학문으로 이해하는 것보다는 오히려 철학은 뿌리이고 사학은 동체이며 경제학은 가지이고 정치학은 그 꽃이나 열매로 이해하는 것이 바람직하다는 것이다.[산수이종률선생기념사업회 엮음, 『山水李鍾律 著作資料集』 제1집(도서출판 들샘, 2001), 212~213쪽 참조. 앞으로는 이 책을 『자료집 1』로 줄인다.]

10) 『자료집 1』, 42쪽과 그 외 여러 곳.

11) '민인사학'에서 '사학'은 '역사과학'의 줄임말이다.[李一九 編著, 『己未를 알자』(무림사, 1979), 141쪽. 앞으로는 『己未를 알자』로 줄인다.] 그러면 '과학적인 사학'이란 무엇인가? 역사과학이 사학이라면 굳이 그 앞에 '과학적'이라는 수식이 필요가 없지 않은가? 물론 개념 구성상의 측면에서는 그렇다. 그러나 여기서 말하는 과학적 사학이란 반과학적 사학 혹은 비과학적 사학과 구별하고 대비시키기 위한 이름이다.

왜 그냥 사학이 아니고 과학적인 사학인가? 사로(역사의 길)와 노선, 전략, 전술, 실천 등을 역사적 조건성에 대한 분석을 통해 정립하는 것이 과학이고 과학에 대한 공부이기도 하거니와, 또한 역사의 위기기성을 구출하는 '전진적 역사의식'이란 것도 다름 아닌 '과학'이기 때문이다.[12]

이 글의 본론은 과학과 반과학, 과학적인 사학과 반과학적인 사학, 전진(발전)과 보수를 대비시키는 이상과 같은 문제의식과 그 방법론적 원리의 연장선상에서 후진성 우리 지역의 사로와 노선을 규정하고, 그 역사 사태의 구출과 전진의 길, 즉 '민족혁명과 인간혁명'의 과정을 탐색해 간다. 아울러 민족혁명과 인간혁명의 이념과 민인혁명의 이상을 그 원리의 측면에서 밝혀나간다. 민인혁명의 이상은 인간이 가질 수 있는 가장 아름답고 가장 가치 있는 삶이자 가장 인간다운 사회이다.

1. 민인사학의 문제의식과 방법론

민인사학의 문제의식은 무엇인가? 이 물음은 매우 중요하다. 문제의식이란 일종의 진단이며, 정확한 진단은 질병의 치유를 위해 필연적으로 전제되어야 하기 때문이다. 진단이란 문제를 발견하는 것이며, 문제를 발견하고 나서야 비로소 문제 해결을 위한 실천적 방법론이 나온다.

물론 방법론이란 이론의 영역에 속한다. 그러나 적어도 과학적 사학의 문제에 있어서는, 다시 말해서 역사를 시대적·단계적으로 전진시키는 실천에 있어서는 이론과 아울러 그 이론의 한 영역인 방법론이 반드시 있어야 한다.[13] '이론과 방법이 정확하지 않고서는 역사 전진

---

12) 『민족혁명론』, 84쪽.

의 실천이란 절대적으로 불가능하다.'14) 그렇다면 민인사학의 문제의
식은 무엇이며, 거기서 도출되는 방법론은 어떤 것인가?

　　이론이란 그것이 거짓 이론이 아닌 이상에는 반드시 존재 사실의 여실
한 파악과 그것을 자료로 한 비판적·분석적 태도를 가져야 한다. 그러므
로 거짓 정치이론이 아닌 과학적·대중적 정치이론은 전진적 대중의 세력
과 보수 특권적 세력이 항쟁하는 역사단계, 즉 정치학상의 용어로 말한다
면 '위기기 역사단계'에 있어서 전진적 대중의 것으로 요구되고 발전한다.
왜냐하면 전진적 대중은 존재되는 사실을 은폐하는 것이 아니라 있는 그대
로 파악하여 있는 그대로 인식하려 하기 때문이다. 그래서 그들은 언제나
비판적이고 분석적인 태도를 생리적으로 요구하게 마련이다.15)

　　그러나 '보수 특권의 세력'16)은 어떠한가? 그들은 사실을 은폐하
고 왜곡해야 하기 때문에, 사실을 오인시켜야 하기 때문에, 또 사실을
방편주의적으로 설교하고 설명해야 하기 때문에, 대중과는 정반대의
태도를 취한다.17) 그래서 그들은 비판적·분석적 태도를 갖는 것이

---

13) 이론 또는 방법론이라는 것은 대실천(大實踐) 안에 내포되는 한 부분이면서 대
　　실천 내의 소실천(小實踐)을 가능하게 하는 불가결의 요건이다(『민족혁명론』,
　　356쪽).
14) 『민족혁명론』, 357쪽.
15) 『민족혁명론』, 356쪽.
16) 보수 세력이란 역사의 전진을 막아 자기들의 특권을 유지하려 한다. 여기에 전
　　진 대 보수의 싸움이 있다. 요사이 일부 사람들 사이에는 보수세력을 반대하는
　　것이 '혁신' 운운하는 세력인 것처럼 선전하고 있으나 본질적으로는 그렇지 못
　　하다. 보수에 대한 정직한 혁신으로서 '혁신'도 있고 또 보수에 협력하는 관념
　　론적인 혁신도 있다는 점을 간과해서는 안 된다.[이일구 편저, 『現瞬間政治問
　　題小辭典』(국제신문사, 1960), 21쪽 참조. 앞으로는 『소사전』으로 줄인다.]
17) 여기서 대중이란 소수 특권계층의 사람들을 제외한 다수 사람들을 가리킨다.
　　(『소사전』, 14쪽) 그리고 민인사학에서 말하는 역사 전진 세력으로서 대중은
　　구체적으로는 '노력성 대중(努力性 大衆)'을 말한다. 우리의 역사 사실은 기형
　　적이고 매우 특수하기 때문에 노동자, 농민 등의 용어로서 그 역사적·사회적

아니라 오히려 비분석(非分析)과 무비판(無批判)을 요구한다. 그 이유가 무엇일까? 이유는 간단하다. 역사 사실을 있는 그대로 파악하고 비판적으로 분석하는 과학적 이론이란 그들에게 죽음의 길이 될 것이기 때문이다.

이제 민인사학의 지향점이 명확해졌다. 민인사학은 '생리적으로' 비판과 분석적 태도를 가지며, 과학적 이론과 그 일부로서 실천적 방법론을 요구하고 있다. 그래야만 비분석과 무비판을 요구하는 보수 특권계층의 폭력과 무원칙한 방편주의를 폭로하고 제압할 수 있다.

우리는 이러한 민인사학의 문제의식을 이 글의 논지에 맞추어 다음과 같이 몇 가지로 정리할 수 있다.

1) 비판적 분석과 반성

비판적 분석과 반성만이 역사의 전진을 가능하게 한다. 무슨 뜻인가? 사실을 있는 그대로 파악하는 것과 비판적 반성은 어떤 연관이 있는가? 사실을 있는 그대로 보지 않고 왜곡하는 세력들이 있어 왔고 또 현재도 있다는 말이다. 대표적인 세력이 보수 특권세력이다.

> 세상에는 추잡한 자기의 특권 추구나 그 감정 때문에 몇 백년 전에 죽은 백골을 들추어 그 무슨 무기인 양 휘두르는 무리가 있으니, 특권 의욕과 그 감정을 위해서는 이다지도 악착하다 하리로다. … 오래 된 선인들의 백골을 들추어 그것을 하나의 무기로서 난동의 검무(劍舞)를 춰대는 무리는 모두 캄캄한 역사 이 밤을 휘젓고 다니는 여우들이라 하리로다.18)

성능을 여실히 표현할 수 없다. 노력성 대중은 혁명적이고 건설적이고 생산적인 의욕의 소유자들이며, 그 의욕적인 자세 밑바탕에는 언제나 노동에 대한 긍정적인 의식이 깔려 있다. 그러므로 노력성 대중은 우리 지역과 같은 곳에서는 매우 중요한 의미를 갖는다. 왜냐하면 이들이야말로 우리 지역 역사 구출을 위한 중심적이고도 영도자적인 세력이기 때문이다(『자료집 2』, 157쪽 참조).

보수의 눈은 과거로 향해 있다. 설사 재래의 눈으로 보고, 재래의 귀로 듣고, 재래의 머리로 생각하여 옳다고 여겨지는 것이 있다고 하더라도, 그 눈과 귀, 그리고 거기에서 나온 생각으로 현재의 역사를 구출하지는 못한다. 그렇다면 예부터 이어져 온 과거는 무용한 것인가? 아니다. 그것은 반성을 위해 요긴한 자료이고 토양이다. 『祖國史의 분렬과 統一의 主潮』, 『己未를 알자』 등의 집필 의의와 가치가 바로 여기에 있다. 이종률은 이렇게 말한다.

> 유학은 고대사적(古代史的) 및 중세사적(中世史的) 국가의 자기 구성과 유지를 위해서 필요한 것이었다.19)
> 우리가 이러한 유학의 역사적 성능을 안다는 것은 우리가 토착적 부분의 역사 실태를 알기 위해 극히 긴요한 일 가운데 하나이다.20)

중세사적 국가의 존립을 위해 필요했던 유학의 역사적 성능을 아는 것이 오늘의 역사 실태를 알기 위해 긴요한 까닭이 무엇일까?

반성이란 되돌아오는 것이다. 보수의 눈은 과거로 향해 있지만 거기에 머문다. 그래서 그들에게는 반성이 없다. 반성이란 빛이 반사하듯이 출발한 곳으로 다시 되돌아온다. 회귀하지 않는 반성이란 있을 수 없으며, 역사에 있어서 그 회귀점은 역사적 현재이다. 그러므로 과거에 대한 반성은 곧 현재에 대한 반성이 된다. 그렇다면 반성을 통해 되돌아온 오늘날 우리의 역사적 현재는 어떤가?

이종률은 이렇게 말한다.

> 오늘날 각 지역 정치권 사회는 그 어느 것이든 간에 구체적인 각 지역의

---

18) 『祖國史의 분렬과 統一의 主潮』, 49~50쪽.
19) 『祖國史의 분렬과 統一의 主潮』, 25쪽.
20) 『祖國史의 분렬과 統一의 主潮』, 21쪽.

사실과 이와 관련된 일반 국제적 사실의 교착관계 위에서 그 역사적인 사태를 형성·작용·발전시키고 있다. 이러한 정치권 사회를 '국가'라고 한정지어서 말한다면, 그 역사적인 사태의 형성·작용·발전의 성능은 다음과 같은 과정을 거치게 된다.

(1) 어떤 경우에는 국제적인 사실보다 국내 사실이 위주로 되고
(2) 어떤 경우에는 양자가 양립 상태로 되고
(3) 어떤 경우에는 국내적 사실보다 국제적 사실이 위주로 되기도 한다.

현재 우리는 두 번째의 사정을 넘어서서 세 번째의 사정으로 들어서 있다.[21]

오늘날 각 지역 정치권 사회에 있어서 역사적인 사태의 형성·작용·발전의 성능이 이상과 같은 과정을 거치게 되어 있고, 또 우리의 처지가 이러하다면, 우리의 역사적 사태의 형성·작용·발전의 성능을 분석해 보기 위한 전제 조긴은 크게 두 가지라고 할 수 있다.

(1) 토착적(국내적) 역사 사태
(2) 국제적 역사 사태

이 두 가지 조건 가운데 어느 한쪽을 무시하고 한 가지 사실만을 생각한다면 그것은 추상적인 역사인식의 산물에 불과하다. 추상적인 분석이 아닌 구체적인 우리의 역사 사실, 즉 오늘날 우리의 역사적 현재를 들여다보려면 토착적 역사사실과 국제적인 역사사실의 교착관계 위에서 형성·작용·발전되어가는 역사사태를 정확하게 인식할 필요가 있다.

---

21) 『민족혁명론』, 65~66쪽.

2) 역사적 현재 :
후진성 조국의 역사적 현실을 자각(인식)하라.[22]

비판적 분석과 반성을 통해 되돌아온 역사적 현재를 이종률은 한 마디로 '후진성 지역(後進性 地域)'으로 규정한다. '후진성지역'이란 20세기에 들어 통용되는 용어이다. 특히 오늘날 우리가 말하는 후진성지역이라는 개념은 20세기 중에서도 신반기(新半期)에 들어서서 정립된 개념이라고 할 수 있다.[23]

'후진성 지역'이란 '중진성 지역(中進性 地域)', '선진성 지역(先進性 地域)' 등의 말에 대칭하여 부르는 말인데, 때로는 '근선진성 지역(近先進性 地域)' 또는 '근후진성 지역(近後進性 地域)'이라는 말도 쓰이고 있다는 점에 비추어본다면, 후진성 지역 역시 '정후진성 지역(正後進性 地域)', '근후진성 지역(近後進性 地域)' 등으로 나누어질 수 있을 것이다. 1917년 러시아혁명 이전의 러시아와 1937년 극동침략 이전의 일본을 일러 중진성 이상 선진성에 가까운 근선진성 지역이었다고 한다면, 1949년 국부 퇴각 이전의 중국을 일러 중진성 이하 후진성에 가까운 근후진성 지역이었다고 할 수 있으며, 오늘날 우리는 바로 후진성 지역 그것인 정후진성(正後進性) 지역이라고 할 수 있다.[24]

선진성, 중진성, 후진성 등은 각 지역의 역사적 실태를 비교하기 위한 상대적 용어들이다. 그렇다면 무엇을 기준으로 선진성, 중진성, 후진성으로 나눌 수 있는가? 그 기준은 곧 '토착민 사회의 자본제적 성능의 실태'[25]이다. '자본제적 성능'이란 근세사 사회의 성능을 말하

---

22) 여기서 역사 인식을 '자각'이라고 표현한 것은 '주체적' 혹은 '자주적' 인식을 강조하기 위해 필자가 사용한 수사적 표현이다.

23) 산수이종률선생기념사업회 엮음, 『山水李鍾律 著作資料集』 제2집(도서출판 들샘, 2002), 279쪽. 앞으로는 『자료집 2』로 줄인다.

24) 『자료집 2』, 279쪽.

25) 『민족혁명론』, 68쪽. 『자료집 2』, 281쪽.

며, 토착민 사회의 자본제적 성능의 실태란, 이러한 성능이 토착민 혹은 지역 정주(定住) 서민 대중에게 작용하여 형성되는 사회적 생활 사상(事象)의 역사적 형성물이다.[26] 그러므로 우리의 처지에서 보면 후진성 지역이란 토착적 역사사실과 국제적인 역사사실의 교착관계 위에서 전개되는 우리의 역사 사태를 가리킨다고 할 수 있다. 간단히 말하면 다음과 같은 조건의 지역을 말한다.

> (1) 토착사회 자신의 사회경제사적 성능이 아직 근세사시대, 즉 자본제적 실태로 되어 있지 못하다.
> (2) 모습은 어떻든 간에 경제·사회·통치 등의 사태에 외침의 힘이 들어와 있다.
> (3) 경제·사회·통치 등의 사태에 걸쳐 민족세력과 매판세력이 세력적으로 작용하게 된다. 경제에 있어서 이 매판세력은 자본의 국가와의 결탁을 가능하게 하고, 사회적으로는 이 거짓 철학의 학문과 천속·퇴폐·음란스러운 유행가와 춤들을 퍼트리게 된다. 그리고 통치에 있어서는 이 매판세력이 위장 민주주의를 가지게 한다.[27]

또 다른 곳에서는 이렇게 말한다.[28]

> 후진성지역이란 20세기 제3/4반기(半期)의 역사 사상인 한에는 다음과 같은 조건의 지역을 말한다.
> (가) 토착적 역사 실상이 아직 자주적 자본제사회를 이룩해 있지 못하다.

---

26) 이러한 형성물로서 자본제적 성능을 이해하기 위해서는 일반적인 자본제적 성능부터 먼저 파악해야 한다. 다시 말해서 자본제적 성능의 실체인 근세사적 체제들, 즉 경제체제, 정치체제, 사회체제의 성격과 그 성능에 대해 이해해야 한다. 이에 대해서는 『자료집 2』, 281~287쪽을 참조하라.

27) 『민족혁명론』, 68쪽.

28) 『민족혁명론』, 337~338쪽.

(나) 국제적으로는 자본제사회의 제3단계적 사실, 즉 금융자본제사회적
　　　국제권력이 어떤 형태로든 작용하고 있다.
(다) 민족자본의 미성립과 동시에 매판세력이 작용하고 있다.
(라) 기타

　우리의 역사적 현재는 18세기 말 프랑스 시민혁명의 사정과 같이 문제의 초점이 자국내 시민 대 봉건세력에 초점을 맞출 수 있는 처지가 아니다. 또 미국이나 영국처럼 '자국자본형성국가'도 아니다. 우리는 현실적으로 우리 자본의 축적이 없는 상태일 뿐 아니라, 아직도 토착적인 사실로서 중세사시대 말기적 '위기기 역사성'29)에 놓여 있는 처지이다.30)

---

29) 역사의 전개 과정에서 "부단히 발전하는 사회적 생산력과 그 발전을 저해하는 사회적 관계가 서로 서로 충돌을 일으키게 될 때, 이를 '위기기'라 하며", 그 위기기가 역사 사태로서 나타날 때, 그것을 위기기적 역사 사실이라고 말한다[李一九 編著, 『己未를 알자』(무림사, 1979), 164쪽].

30) 역사의 '위기기설'은 프랑스의 실증주의자인 꽁트(Comte, Auguste)가 제창한 이론이다. 그러나 그의 이론은 과학성과 반과학성을 함께 가지고 있다. 그런데 우리의 학문 풍토는 꽁트 정도의 과학성마저 부정하는가 하면 '위기기설' 자체까지도 무시하고 있는 형편이다. 위기기설에 비추어 예를 하나 들어보자. 고대사시대와 중세사시대에 있어서 고대사 말기는 역사적 유기기성을 완전히 잃어버리고 그 위기기 단계성을 노정하게 된다. 거기서 그 고대사의 시대성은 더 지속하려는 것만큼 모순과 병리성이 더욱 격화되고 만다. 그리하여 결국은 고대사시대의 '위기기적 역사단계성'이 그 자체 내부에서 모순적으로 발생하고 성장한 전진적인 역사세력의 힘에 의해 새로운 시대, 즉 중세사시대로 구출된다. 이렇듯 중세사시대로 구출된 중세사 첫 단계를 '유기기적 역사단계'라 한다. 그러나 이러한 중세사의 첫 단계인 유기기적 역사단계성은 절대적인 유기기성을 갖는 것은 아니다. 그 역시 상대적인 것으로서 그 유기기성 밑에서 새로운 위기기성이 발생하고 성장하게 된다. 이것을 '잠재적 위기기 역사단계'라 하고 그 잠재성이 성장 발전하여 역사시대의 말기에 이르게 되면 '결정적인 위기기 역사단계성'을 노정하게 된다(『자료집 1』, 211쪽 참조).

3) 사로(史路)와 노선(路線) : 역사의 길

역사는 늘 유동하는 과정에 놓여 있다.[31] 다시 말해서 "역사는 쉬지 않고 전진한다."[32] 그런데 우리는 중세사 시대 말기에 머물러 있다. 다른 지역은 이미 중세사 시대의 역사적 전진물인 자본제사회로 접어들어 그 성능을 발휘하고 있는데, 우리는 중진성 지역도 아닌 후진성 지역에 처해 있다.[33] 그리고 이미 지적했듯이 후진성 지역의 역사적 사태는 역사적인 것이면서 동시에 국제적인 성격을 띤다. 그래서 우리는 후진성 지역인 우리의 역사적 현재를 다시 이렇게 요약할 수 있다.

우리 지역은 자본제 작용의 하나인 제국주의 세력 밑에서 착취를 당하고 압박받으면서도 아직 자본제사회로 발전하지 못하고 있다. 물론 동족 내의 소수 세력이 자본제적 권력을 소유하고 있지만, 그것은 기형석인 의외파적(依外派的)인 성격을 띠고 있음과 아울러 자신의 봉건제적 사회 내에서 봉건제 사회체제를 대중적 투쟁을 동한 자기 부정을 통해 발달한 것이 아니고 오히려 봉건적 특권 세력의 변형물이기 때문에 봉건성과 아울러 절대적으로 의외파적 성격을 가질 수밖에 없는 기형적 존재이다.[34]

이제 우리는 비판적 분석과 반성만이 역사의 전진을 가능하게 한다든가 혹은 역사 사실에 대한 인식을 통해 노선이 나온다는 말을 실감할 수 있다. 역사에 대한 비판적 분석과 반성을 통해 역사적 현

---

31) 『祖國史의 분렬과 統一의 主潮』, 315쪽.

32) 『소사전』, 21쪽. 『자료집 2』, 230쪽.

33) 자본제 사회는 근세사의 역사적 형성물이며, 전제와 그 암흑의 폭위(暴威) 밑에서 짓밟혀오던 중세사 대중사회 안에서 잉태 성장하게 된 것이며, 인간의 역사 사태를 한 단계 시대적으로 전진시킨 것이다(『자료집 2』, 281쪽 참조).

34) 『민족혁명론』, 364쪽 참조.

재가 규정되고, 마침내 역사의 길, 이른바 사로(史路)가 보이기 때문이다. 역사적 현재를 제대로 인식하지 못한다면 오늘날 우리의 문제성을 올바르게 인식할 수도 없거니와 나아가 그 문제의 소재인 실체를 시대적으로 밝히는 것은 더더욱 기대할 수 없다.[35]

역사 인식과 역사적 실천에 있어서 사로는 매우 중요한 위치를 차지한다. 노선, 전략, 전술, 실천의 문제가 모두 거기에 걸려 있기 때문이다.[36] 사로가 보이지 않는 곳에 노선이 정립될 리가 없고, 노선이 정립되지 않는 곳에 전략과 전술, 그리고 실천이 있을 수 없다.[37] 그러므로 사로의 정립이 가장 요긴하고 일차적이다. 과연 우리의 사로는 어디로 열려 있는가? 우리의 역사는 어디로 나아가야 하는가?

이에 대한 해답을 얻기 위해서는 우리 역사의 현재(역사적 현재), 즉 후진성 지역의 현실적·구체적인 역사실태에 대한 보다 치밀한 분석이 뒤따라야 한다. 그래야만 우리가 가야할 사로와 노선이 보인다.[38]

---

35) 역사의 과거를 알아야 역사적 현재의 중요 구성과 그 작용을 알 수 있다. 그리고 "오늘을 옳게 알지 않고서는 내일을 위한 경륜이 옳게 세워지지 못한다." (『祖國史의 분렬과 統一의 主潮』, 20쪽).

36) 노선은 시대적 기간으로 하여 성립되는 것이고 전략은 그 노선 밑에서 행동의 효과를 가지게 되는 시간적 사실이며, 전술은 노선의 행동의 구체적 실천으로 나타나는 순간적 사실로서 성립한다(『민족혁명론』, 213쪽).

37) 노선은 물론 그 하위개념인 전략이나 전술도 모두 역사적 시간성의 것이라는 점에서는 동일하며, 따라서 셋 다 역사적 조건성에서 분석되고 정립되어야 한다(『민족혁명론』, 218쪽).

38) 『자료집 2』, 283쪽과 그리고 『己未를 알자』, 142쪽 등을 참조.

4) 방법론

역사는 '사로대로 전진'[39]한다. 역사가 '사로'대로 전진하는 것이 '역사의 순리'[40]이며, 두 개념을 함께 묶어 표현한다면 '역사의 순로(順路)'[41]라고 할 수 있다. 그렇다면 역사는 저절로 그의 길, 즉 역사의 길을 가는가? 아니다. 만일 그렇다면 그것은 역사가 아니라 자연이다.

이종률은 이렇게 말한다.

> 사회는 쉬지 않고 발전한다. 이러한 사회의 발전 법칙을 사회의 역사 법칙이라 말하고, 그 사회적 유전의 시간 위에 놓여진 사회 사태를 역사라고 한다. 다시 말해서 '사회적 유전의 시간' 위에 놓여 있지 않는 사태는 역사가 아니다. 자연적·물리적인 시간 위에 놓여져 있는 자연적인 사태는 역사가 아니다.[42]

역사는 자연이 아니다. 자연처럼 스스로 생성되고 스스로 움직이고 스스로 변화하지 않는다는 말이다. 그렇다면 역사는 어떻게 변화하고 전신·발전하는가? 다시 말해서 역사는 무엇 때문에 그 자체의 구성과 생리를 바꾸어가는 것인가?

이종률은 이렇게 말한다.

> 사람이 생존·생활하기 위해서는 반드시 경제적인 생산이 요구된다. 그리고 이 생산을 위한 생산력이 구성되고, 인간의 의식주 활동이 한시도 멈

---

39) 『민족혁명론』, 218쪽.

40) 『己未를 알자』, 169쪽.

41) 『민족혁명론』, 218쪽. '역사의 순로'란 역사가 순리대로 그의 길을 걷는다는 뜻이다.

42) 『민족혁명론』, 47쪽.

출 수 없듯이 그 생산력은 부단히 발전해 간다.

그런데 생산력이 부단히 발전하는 그 어느 단계에 이르면 발전된 생산력을 자기의 것으로서 생존하고 생활하고자 하는 한 구성의 인간 세력(피지배 세력)과 남의 생산력을 적당히 요리하여 자기의 것으로 만들려는 사회적 한 구성의 인간 세력(지배 세력) 사이에 사회적 이해의 불일치에 따른 모순적 상극이 생기게 된다. 전자의 세력은 그 생산력의 전진을 자기 세력으로 한 전체적인 역사 사태의 전진 위에서 이익을 획득하고 증진시키며, 후자는 그 생산력과 전체적인 역사 사태를 보수하고 개량함으로써 자신들의 이익을 유지하려고 한다. 흔히 전자를 민주 전진세력이라고 하고 후자를 특권 보수세력이라고 부른다.43)

이것이 개략적으로 설명될 수 있는 역사 구성의 원리이자 생리이다. 그리고 모순 상극적 투쟁을 거치는 과정에서 궁극적으로 승리하는 세력이 민주 전진세력이라는 것은 부정할 수 없는 역사의 법칙이다. 민주 전진세력만이 전체적인 위기기적 역사 사태를 시대적으로 구출하여 보다 높은 가치의 역사 시대로 전진시켜 나갈 수 있는 것이다. 특히 우리 지역과 같은 후진성 지역에서는 민족적 및 인간적 방향의 세력, 즉 '민인 세력'이라고 할 수 있는 대중적 세력이 그 역할을 담당하게 되며, 이 또한 역사의 철칙이다.

이상의 논지에서 보면, 역사 전진의 기본적인 힘은 간단히 말해서 '부단히 발전하는 생산력과 그 생산력을 자기의 것으로 해 있는 생산자적 인간의 생존 및 생활적인 욕구의 힘'44)이라고 할 수 있다.

그런데 사로와 노선의 문제에 대한 공부를 잠시 돌이켜 생각해보면, 그 힘에는 반드시 '전진적 역사의식'45)이 뒤따라야 한다. 아울러 우리는 옳은 사로와 노선의 정립 및 그 전개가 없는 곳에 옳은 전략,

---

43) 『민족혁명론』, 48쪽과 그리고 63~64쪽을 참조.

44) 『민족혁명론』, 65쪽.

45) 『민족혁명론』, 65쪽. 『祖國史의 분렬과 統一의 主潮』, 315쪽.

옳은 전술이 있을 수 없으며, 또한 거기에 옳은 실천이 있을 수 없다는 사실도 지적한 바 있다. 역사의 전진 및 항진을 위해서는 올바른 노선의 정립은 물론이고, 전략과 전술의 올바르고 효과적인 수립과 그 실천의 힘 또한 요긴한 것이다. 또 그 실천을 위한 통일적이고 체계적인 조직도 필요하다. 이러한 힘들이 모여 위기기 역사 사태를 구출하고 보다 높은 가치의 역사 시대로 전진시키는 것이다.

이러한 방법적 절차를 도식화하면 다음과 같이 정리될 수 있다. 사로→노선→전략→전술→실천→사로. 전진적 역사의식을 통해 사로와 노선이 정립되고, 그 노선에 따라 전략과 전술 및 실천이 나온다는 것이다.

여기서 우리가 주목해야 할 것은 사로와 실천의 관계이다. 횡적 전개의 과정에서 보면 사로가 시작이고 실천이 끝이다. 사로와 노선의 정립에서 전략이 나오고, 전략에서 전술이, 전술에서 실천이 나온다는 것이다. 그렇다면 실천은 사로와 노선의 끝이고 송결인가? 횡적 전개에서 보면 실천이 노선의 끝이고 완결인 것처럼 보인다. 그러나 실상은 그게 아니다. 도대체 실천이 무엇을 위한 실천인가? 역사의 전진을 위한 역사적 실천이다. 그렇다면 당연히 실천은 사로와 연결된다. 다시 말해서 실천은 사로의 완성이나 끝이 아니라, 실천은 원환적 구조에서 사로와 다시 만난다. 실천이 원환적 구조에서 사로와 다시 만난다는 것이 무슨 의미인가? 역사의 길(사로)이 실천을 통해 열린다는 것이다.

물론 실천 이전의 사로와 실천 이후의 사로는 다르다. 역사적 실천이 역사의 전진을 위한 것이라면 실천 이후의 사로는 전진된 역사의 길, 새로운 역사의 길이다. 그러므로 '사로→노선→전략→전술→실천'의 방법적 절차'를 횡적으로 나열한 것은 설명을 위한 방편일 뿐이며, 그 방법적 구조는 굳이 비유를 하자면 나무의 나이테와 같다.

말하자면 방법적 절차의 각 계기는 하나의 동심원적 구조에서 서로 유기적으로 연결되어 있다. '사로 → 노선 → 전략 → 전술 → 실천'의 방법적 절차에서 역사 인식과 역사 분석을 포함한 역사 공부가 공통적으로 중요한 까닭이 바로 여기에 있다. '하나의 동심원적 구조'를 가지고 있다는 말은 '하나의 역사적 조건성'에서 성립된다는 것을 뜻하며, 사로와 노선, 전략, 전술, 실천 등의 방법적 절차를 '역사적 조건성에서 분석되고 정립'하는 것이 바로 역사 공부이기 때문이다.

이종률은 이렇게 말한다.

역사적 '정치노선'46)은 물론이요, 그 하위개념인 전략도, 다시 그 하위개념인 전술도 모두 역사적 조건성에서 분석되고 정립되는 것이다. 그런데 다만 차이가 있다면 노선은 시대적 조건성에서 정립되고 움직이는 것이라면, 전략은 시대의 분기적 토막성에서 정립되는 것이고, 전술은 역사 사태의 구출과 그 전진을 위한 구체적인 시간적 사실에서 정립된다는 점뿐이다. 그러므로 노선이든 전략이든 전술이든 역사적 시간성의 것임에는 동일하다.47)

이제 우리는 과학과 과학의 공부가 왜 그토록 소중하고 요긴한지 이해할 수 있다.48) 사로와 노선, 전략, 전술, 실천 등을 역사적 조건

---

46) 민인사학의 견지에서 보면 '정치노선'은 곧 '역사의 노선'이다. 아울러 넓은 의미의 정치학과 사학도 그 내포적 의미를 보면 같은 범주의 학문이라고 할 수 있다. 이 점은 이 글의 전개 과정에서 차츰 밝혀질 것이다. 그리고 이에 대한 이해는 이종률의 사상과 이론을 이해하는 데 있어서 매우 중요한 요소라고 할 수 있다.

47) 『민족혁명론』, 218쪽.

48) 과학과 과학의 공부가 요긴한 까닭은 이렇다. 즉 특권 세력의 사람들이 하나를 알아야 한다면 대중들은 열을 알아야 하고 특권세력의 사람이 하루 한 시간씩 공부를 하면 대중들은 열 시간씩 공부를 해야 한다. 왜냐하면 특권의 옹호 밑에서 그 권리를 지키기에는 적은 힘으로써도 가능할 때가 있지만 권력 없는 백성들이 그 권력을 넘어뜨리고 순진하고 올바른 권력을 세워 갖기에는 언제 어

성에 대한 분석을 통해 정립하는 것이 과학이고 과학에 대한 공부이기도 하거니와, 또한 위에서 말한 '전진적 역사의식'이란 것도 다름 아닌 '과학'이기 때문이다.49) 과학은 진보로서의 항진성이 강하고 체계로서 구전성(具全性)을 갖추고 있는 학문을 말하며, 그 방법은 언제나 비판적 분석성을 가지고 있다. 당연히 비과학은 정반대이다. 그러므로 방법론의 문제에서 가장 중요하게 제기되는 대립은 곧 '과학과 비과학의 싸움'이라고 할 수 있다.50)

　　과학적 사학은 위기기 역사단계에 처한 어느 한 시공간의 역사적 사회 사태를 역사 자체의 재료와 그 철학적 이론을 중심으로 일반 역사와 아울러 그 구체적 역사시대의 구성 및 유동의 법칙과 방향을 분석하고 인식하는가 하면, 그 위기기 역사단계사실의 시대적인 구출과 전진을 돕기 위해서, 첫째로는 각종 사유와 방법을 구명함과 아울러, 둘째로 각종 반과학적이고 반전진적인 역사 소론의 본질과 그 작용성을 구명하고 비판하는 학문 행위를 말한다.51)

　　이에 반해 반과학적 사학이란 소극적으로는 비과학 내지는 비사실적인 사학일 뿐만 아니라 적극적으로는 과학적 사학과 맞서게 되는 말 그대로 '반–과학'52)으로서 사학을 말한다.53) 반과학적 사학의

　　디서든 훨씬 억세고 훨씬 올바른 과학적 학문력을 공부해 가져야만 하기 때문이다.

49) 『민족혁명론』, 84쪽.

50) 『자료집 1』, 189쪽 이하 참조.

51) 『자료집 1』, 210쪽.

52) 이 글에서 사용하는 '반과학'과 '반–과학'이라는 개념은 의미상으로 전혀 차이가 없다. 다만 필자가 과학에 대한 대립적 위치를 특별히 강조하고자 할 경우에 '반과학' 대신 '반–과학'이라는 표현을 사용하고 있을 뿐이다.

53) 반과학과 비과학은 다르다. 전자가 적극적 배격의 의미를 갖는 반면에 후자는 소극적 부정의 의미가 있다(『자료집 1』, 204쪽). '비과학적 사학의 본질'에 관해

특징을 간단하게 정리하면 다음과 같다.54)

첫째, 내용이 특권 보수적이다. 따라서 역사 자체의 성능인 전진성을 거부하는가 하면, 이를 위해 역사를 위장하고 조작하며 스스로 논리적 모순성을 갖게 된다. 그 결과 왜곡된 논리의 세력적인 제압과 승리를 위해서 학문적으로는 독단론을 지향하고 실천 권력으로서 문화적 폭위(暴威)를 행사하게 된다.

둘째, 사학의 임무를 오늘의 역사를 비판적으로 분석하고 인식하면서 오늘의 문제를 파악하는 데 두지 않고, 과거 역사의 설명이나 해석에 사학의 목적을 둔다. 따라서 무비판적 태도를 갖게 마련이고, 사료나 사기(史記)의 분석이 진정한 의미의 사학인 것처럼 호도한다.

셋째, 위기기적 역사 단계 사회 사태의 시대적 구출과 그 전진의 문제를 문제의식의 차원에서 긍정하지 않는다. 그것이 역사적 사회 사태에 대한 재래의 부정과 신흥의 긍정으로 되는 가장 중요한 학문적 계기론이 되기 때문이다.

넷째, 학문의 형식에 있어서는 과학적인 체계를 무시하고 자기들 나름의 무구체적 분산성(無具體的 分散性)에 의미를 부여한다.

이런 논지에서 본다면, '과학적 사학이란 언제나 존재하는 것이 아니다.' '역사와 관계되는 다른 모든 과학적인 학문이 그렇듯이 과학적인 사학도 위기기 역사 단계에 즈음하여 생겨나고 성장하고 소멸한다.'55) 우리에게 과학적 사학이 요구되는 이유가 바로 여기에 있다. 그 이유를 다시 간단하게 정리하면 다음과 같다.

서는 『자료집 1』 168~183쪽을 참조하라. 비과학적 사학은 허위를 진실인 것처럼, 부분을 전체인 것처럼, 현상을 본질인 것처럼 주장하는가 하면, 그것을 진리이고 사실인 것처럼 역설한다(앞의 책, 168쪽).

54) 『자료집 1』, 210~211쪽.

55) 『자료집 1』, 210~211쪽. 반과학적인 사학이 세력성을 떨치는 것도 같은 시기이다(같은 곳 참조).

후진성 지역인 우리의 역사 사태를 보면, 토착적으로는 중세 말기적 전근세사적인 실정에서 근세사적인 방향으로 전진을 요구하고 있을 뿐 아니라, 세계사적으로는(국제적으로는) 근세사 말기적 실정에서 현대사적 방향으로 전진을 요구하고 있다.56)

이런 처지에서 '반－전진(反－前進)'의 보수를 주장하는 것은 토착적으로 중세적 전제와 그 잔악성에 머물자는 것이고, 또 국제적으로는 근세사 말기적 집중성자본(集中性資本)의 강세를 허용하자는 것과 같다. 여기에 근세사 요구의 긍정성과 그 긍정의 부정성이 있게 되는, 이른바 우리 '정치사상의 기형성과 그 착잡성'이 있게 된다.57) 또한 이는 우리에게 특히 과학적인 사학이 간절히 요구되는 까닭이기도 하다.58)

2. 민인사학의 세 가지 기본 명제

1) 구체적인 역사 분석의 사례

지금까지 우리는 민인사학의 문제의식과 그 방법론을 살펴보았다. 그러나 비록 이 글에서는 전체 논문의 한 소제(小題)로 다루고 있지만, 그 문맥이나 내용은 심상치 않다. 민인사학의 문제의식과 그 방법론은 이종률의 전체 사상에서 매우 큰 비중을 차지하고 있을 뿐 아니라 그 내용 또한 매우 풍부하기 때문이다. 그래서 몇 편의 논문이나 책 한 권의 주제로도 전혀 부족함이 없다고 할 수 있다. 다만

---

56) 이를 두고 이종률은 우리 '정치 사상의 기형성과 그 착잡성'이라고 말한다(『자료집 1』, 201쪽).

57) 『자료집 1』, 201쪽.

58) 『자료집 1』, 201~202쪽 참조.

이 글에서는 이 글의 논지와 그 전개를 위해 필요한 개론적 성격의 내용만을 간추려서 간명하게 다루고 있을 뿐이다. 따라서 문맥이나 그 생각의 깊은 뜻이 쉽게 전달되지 못할 여지가 충분히 있다.

또 한편으로는 본다면, 이종률의 사학은 일반적으로 말하는 사학과 그 내포적 의미가 사뭇 다르다. 특히 그의 사론은 사학이나 정치학을 전공하는 사람들에게도 생소한 면이 없지 않을 것이다. 이른바 이종률 사학의 독창성이라고 할 수 있다.

이런 점에서 볼 때, 그가 수행한 구체적인 역사 분석의 사례들은 매우 유익하다고 할 수 있다. 또한 민인사학의 본질을 파악하고 이해하는 데도 결정적인 도움이 될 것이다.

(1) 노비 만적의 반란[59)]

노비 만적의 반란은 1198년 최충헌의 노비 만적(萬積)이 중심이되어 일으킨 반란을 말하며, 흔히 이 사건을 '노예해방 운동'[60)]이라고 말한다. 12세기 고려조의 노비는 중세기적 농노성 노예였다. 기록에 따르면 일차로 모이게 된 노비만도 수백명에 달했고, 차츰 그 숫자는 늘어났다. 당시 사회 실정에서 보면 결코 적은 수가 아니었다. 그러므로 이전에도 여러 번 노비반란이 있어 왔지만, 노비 만적의 반란은 그 규모가 매우 큰 것이었다. 반란의 약속 사항은 세 가지였다.

① 관노의 호응을 얻는다.
② 거사를 성공하는 즉시 노비 문서를 불태운다.
③ 현재의 권신들을 죽이고 자기들이 권신이 된다.

---

59) 『祖國史의 분렬과 統一의 主潮』, 316~318쪽.
60) 예를 들면, 이홍직 편저, 『국사대사전』 상권, 462쪽 '만적의 난' 조항.

그렇다면 과연 만적의 반란은 '노예해방 운동'이었는가? 그리고 그들은 왜 실패했는가?

과학적 사학에서 본다면 이는 노예해방 운동도 아니요 노비해방 운동도 아니었다. 설사 그들의 반란이 목적대로 성사되었다고 하더라도, 그들이 중세사적 농노성 노비가 해방되어 근세사적 자본제 시민으로 되는 것은 아니었기 때문이다. 그들이 약속한 세 번째 항, 즉 현재의 권신들을 죽이고 자기들이 권신이 된다는 항목은 이러한 사실을 단적으로 말해주고 있다.

그리고 '순정(順貞)의 밀고'61)가 없었다고 하더라도 만적의 반란은 노비 해방의 길을 갈 수는 없었다. 그 이유를 간단하게 말하면 이렇다.

첫째, 전진된 역사의식, 즉 중세사적 역사 성능을 전진된 새로운 역사의식인 자본민주주의62) 의식 위에서 분석하고 비판할 능력을 가지지 못했다.

둘째, 그 전진적 역사의식이 하나의 세력으로서 맹우적(盟友的)으로 지도하거나 영향을 미치지 못했다.

---

61) 거사가 진행되던 도중에 율학박사 한충유의 집 종이었던 순정의 밀고로 거사가 탄로되고, 만적 등 거사 준비 중심 인물들은 모두 결박되어 깊은 물에 던져지고 밀고자 순정은 노비 문적에서 삭제됨은 물론 80량이라는 거금을 상으로 받았다(『祖國史의 분렬과 統一의 主潮』, 317쪽).

62) 민주주의는 크게 자본민주주의(부르주아민주주의)와 노동민주주의(프롤레타리아민주주의)로 나누어지며, 자본민주주의는 다시 집중성자본민주주의와 서민성(반집중성)자본민주주의로 나누어진다. 흔히 말하는 자유민주주의는 집중성자본민주주의의 다른 이름이다(『민족혁명론』, 347쪽 참조). 그러므로 '집중성'과 '서민성'은 자본민주주의가 전개되면서 성능의 변화를 가져온 역사적 대립물이다.

(2) 반관의적(反官義賊) 임꺽정의 반란63)

임꺽정의 반란은 16세기 조선 명종 때 일어난 사건이었다. 임꺽정의 세력은 주로 황해도 장연, 옹진, 풍천, 재령, 경기도 개성 등지에서 대지주와 관청을 대상으로 맞서 싸웠으며, 실로 역사적인 사건이었다. 흔히 이 '임꺽정의 반란'을 앞서 말한 '만적의 반란'보다 작은 사실로 이야기하는 이가 있으나, 그 목표에 있어서나 규모에 있어서 만적의 반란과는 비교가 안 될 정도로 큰 것이었다.

임꺽정 세력의 공격 대상은 다음과 같다.

첫째, 백성의 순심을 짓밟고 백성의 생산물을 빼앗는 지방 관청.

둘째, 백성의 생활 의욕과 생산 능력을 억누르고 오히려 사화와 당쟁만을 일삼는 무리들.

셋째, 왕조 특권 체제를 뒷받침하고 체제 유지를 돕는 성리 유학과 그 추종자들의 근거지인 서당이나 서원 등이었다.

그러나 임꺽정 세력 또한 그 세력이 거창하긴 했어도 그것만으로는 전체 백성들의 생활 사정을 시대적으로 전진시킬 수는 없었다. 그 주된 이유는 전진적 역사의식과 그런 의식 위에서 기획된 조직적인 거사가 아니었기 때문이었다.

(3) 임술민란(壬戌民亂)64)

조국의 역사에서 수많은 민란이 있었지만, 특기할 만한 것들 중의 하나가 1862년 조선 철종 13년 임술년에 일어난 '임술민란'이었다. 임술년 2월에 경상도 진주에서 시작된 이 민란은 4월에는 경상도 개령, 전라도 익산으로 이어지고, 5월에는 공주, 은진, 청주, 장흥, 상주

---

63) 『祖國史의 분렬과 統一의 主潮』, 318~321쪽.
64) 『祖國史의 분렬과 統一의 主潮』, 321~324쪽.

등 전국으로 확산되다가 그 해 12월에는 마침내 제주도에까지 민란이 확산되는 등 그야말로 전국적인 규모의 농민항쟁으로 번져나갔다. 머리에 흰 수건을 두른 채[65] 손에는 몽둥이와 농기구를 들고 언문(諺文)으로 만든 항쟁가를 부르는 이들의 기세는 실로 드높았다. 심지어 이들은 관청을 헐어 '환곡'이라는 이름으로 창고에 쌓아두었던 곡식을 가난하고 배고픈 백성들에게 나누어주기도 했다.

그러나 임술민란의 물결이 전국적으로 확산되었으면서도, 이 역시 근본적인 농민 해방에는 이르지 못하고 '아깝게도 실패했다'. 그 이유가 무엇이었을까?

첫째, 전진적인 역사의식을 자각하지 못한 것.

둘째, 그런 면에서 구체적 행동을 성공적으로 취해나갈 지도적 조직과 그 이론을 갖지 못한 것.

(4) 3·4월 민족항쟁

구체적인 역사 분석의 대상이 이상에서 열거한 사건들만은 아니다. '임오군란'[66], '갑오농민궐기'[67] 등 수없이 많다. 오늘날 우리가 아주 가까운 시기에 일어났던 '3·4월 민족항쟁'도 그 중 하나이다.[68] '3·4월 민족항쟁' 역시 머리와 몸뚱이만 있고 결실의 꼬리가 없는 사태였기 때문이다.

1960년 3월 15일 마산에서 시작된 항쟁의 횃불은 4월 26일 이승만 대통령의 하야와 더불어 막을 내렸다.[69] 실로 안타깝고 통탄할 일

---

65) 그래서 임술민란을 다른 말로 '백건당 농민항쟁'이라고도 한다(『祖國史의 분렬과 統一의 主潮』, 321쪽).

66) 『祖國史의 분렬과 統一의 主潮』, 326~329쪽.

67) 『祖國史의 분렬과 統一의 主潮』, 329~332쪽.

68) 이에 대해서는 박준건, 「3·4월 민족민주항쟁」, 최장집 외 공저, 『한국민주주의의 회고와 전망』(도서출판 한가람, 2000)을 참조.

이었다. 어찌 항쟁의 대상이 체제가 아니라 이승만 개인의 성격이나 그 지위였단 말인가. 체제의 정치학은 재빨리 '학생들은 학원으로 돌아가라'는 구호를 외치기 시작하고, 일부 학생들은 팔뚝에 '청소'의 완장을 차고 피로 물들었던 길거리에서 무장해제적 투항의 청소에 가담했다. 전국 방방곡곡에 유혈이 낭자하던 길거리에 어찌하여 '학생들은 학원으로 돌아가라'는 체제의 정치학이 효과를 거두게 된 것일까? 이승만 체제 밑에서 과학적 정치학의 세력이 성장하지 못한 소치였다. 3·4월 민족항쟁 세력은 성난 사자처럼 기세를 올렸지만 전진적인 역사의식과 그 실천을 위한 구체적인 이론들을 교육받지는 못했던 것이다. 따라서 3·4월 민족항쟁이 혁명적인 수확을 거두지 못한 것은 임술민란과 마찬가지로 전진적 역사의식과 그 지도적 조직의 결여 때문이었다.

"아무리 사회적 불만이 격심하고, 자연발생적인 항쟁 기세가 아무리 높다 한들 그것만으로는 역사가 시대적으로 전진하는 것은 아니다."[70] 우리가 살펴본 역사사태를 시대적으로 구출하지 못한 사례들이 이를 입증하고 있다. 이제 우리는 더 이상 구체적인 역사 분석을 하지 않더라도 비판적 분석과 반성을 주축으로 하는 역사인식과 그 실천적 방법론이 어떤 연관을 갖는지 충분히 이해할 수 있다. 또 과학적 사학에 대한 요청이 왜 간절한 시대적 요구일 수밖에 없는지도 알 수 있다. 각 사례에서 공통적으로 지적되었던 '전진적 역사의식'이라는 것이 다름 아닌 과학이고 과학적 사학이기 때문이다. 그리고 그 지도 세력은 전진적 역사의식의 구체적인 행동 논책을 갖는 '사책당(史責黨)'이다.[71] 한

---

69) 3월 15일 시작된 유혈 항쟁은 3월 24일 부산 학생 유혈 데모, 4월 12일 제2차 마산의 시민 총궐기 데모, 4월 18일 서울 고대 학생 데모, 4월 19일 전국적 규모의 유혈 데모, 4월 25일 서울 교수단 데모, 4월 26일 서울 학생과 시민의 데모 등으로 전개되었다(『祖國史의 분렬과 統一의 主潮』, 324쪽).

70) 『祖國史의 분렬과 統一의 主潮』, 315쪽.

71) 사책당이란 과학적 정치노선의 실천을 위하여 대중조직과 함께 위기기 역사단

마디로 말해서, 민인사학에서는 과학적 사학과 사책당이 역사를 '역사의 순로대로 전진시키는'[72] 가장 효과적인 방책이다.

2) 세 가지 기본 명제

(1) 변화 – 발전(전진)

이상에서 살펴본 바와 같이, 민인사학의 사로와 노선에 있어서 중심 개념은 '전진'이다. 전진이란 앞으로 줄기차게 나아간다는 것이다. 그러므로 민인사학의 첫 번째 기본 명제는 '변화 – 발전'이다. 변화 – 발전을 전제하지 않는다면 앞으로 나아가는 전진 자체가 성립될 수 없기 때문이다. 민인사학이 '보수'와 '반과학'에 대해 치열한 비판과 문제의식을 갖는 까닭이 바로 여기에 있다.

과학에 대한 반과학, 전진에 대한 보수의 임무가 무엇인가?

반과학과 그 사학의 임무는 과학과 정반대로 어떻게 하면 오늘날 우리의 역사행정을 전진의 측면에서 분석하고 인식하는 것을 막고, 오히려 재래의 역사행정을 무비판적으로 수용하고 거기에 머물고자 한다. 왜냐하면 전진의 측면에서 역사를 파악하고 그 전진의 수행은 그들 기성 특권계층들의 생활에 유해할 뿐 무익하기 때문이다.[73]

민인사학이 '유학의 역사적 성능'에 대해 비판적 분석과 반성을 행한 것도 같은 맥락이다.[74] "성리학 '선비'와 도둑 '임꺽정'의 길은 달랐

계의 구출과 전진을 실천적으로 책임지고 보다 효능적으로 영도해 낼 수 있는 세력을 말한다(『己未를 알자』, 158~161쪽과 170쪽. 그리고 『祖國史의 분렬과 統一의 主潮』, 9쪽과 201쪽 등을 참조).

72) 『민족혁명론』, 218쪽.

73) 『자료집 1』, 203쪽.

74) 우리 왕조 과정(王朝 過程)의 하나인 이조 연간에는 흔히 말하는 이조 사화(李

다."75) 한 쪽은 특권 보수의 길이고 다른 쪽은 세상이 바뀌기를 바라는 '변화－발전'의 세력이었다.

> 일반 유학이나 성리학은 박해를 당하고 있는 대중들이 항진(抗進)하여 나아가려는 대중의 철학이 아니라, 지금까지의 체제를 유지하고 그들의 이익을 지키려는 특권 소유자들의 보수적 철학이다. 그러므로 유학이나 성리학은 항진하여 쟁취하려는 대중의 이익과 그 선(善)을 구심점으로 대아적(大我的) 단결을 가능하게 하는 것이 아니라, 현재 가지고 있는 특권의 연장선상에서 그것을 위해 상쟁하는 배타적 분열의 특성을 갖지 않을 수 없다.76)

한마디로 유학은 그들의 생활 이익 및 생활 감정에 사로잡혀 역사의 새로운 방향으로의 전진을 억제하려는 입장에서 비롯된 소산이었다.77) 이조 사화와 그 당쟁의 본질 또한 마찬가지였다. 사화와 당쟁은 그 성능이 정치적 항쟁과 달랐다. 그것은 역사 사태의 구출을 위한 것이 아니라 개인적 혹은 특정 집단의 사익과 사적 감정에서 비롯된 것이기 때문이다.78) 따라서 그것은 반드시 '반민성(反民性)'을 갖게 마련이었으며, 그들의 특권은 '반민특권'이었다.

만일 오늘날에도 이러한 노선에서 사학을 전개하거나 혹은 그 의식작용의 기저에 그 노선이 깔려 있다면, 그 또한 보수 특권의 학문이

朝 士禍)라는 것과 이조 당쟁이라는 것이 있어 왔으며, 그 여독은 아직도 깨끗하게 근전되지 않고 계속되고 있는 면이 없지 아니하다(『祖國史의 분렬과 統一의 主潮』, 91쪽).

75) 『祖國史의 분렬과 統一의 主潮』, 231쪽.

76) 『祖國史의 분렬과 統一의 主潮』, 237쪽 참조.

77) 『자료집 1』, 203쪽.

78) 사화와 당쟁은 역사의 시대적 전진에서 이익을 취하는 것이 아니라 보수와 그 미화를 통해서 이익을 보게 되는 특권 계층의 산물이었다(『祖國史의 분렬과 統一의 主潮』, 92쪽).

요 반과학적인 사학이라고 해야 한다. 과학과 반-과학의 차이는 역사 행정을 어떻게 인식하느냐에 대한 방법론적 차이에서 비롯된 것이기 때문이다.[79] 그리고 유학과 성리학의 세력이 '반민성'을 가졌듯이 '반-과학' 역시 '반민성'을 가지게 마련이다. 과학적 사학이 인간사적 구출성이 있는 반면에 반과학적 사학은 반인간적 속성을 지니는 것이다.[80] 그러므로 '사회적 재래 의식의 형태' 가운데 하나라고 할 수 있는 유학과 성리학을 분석하고 비판하는 것은 우리가 세워야 할 민주조국, 인간적인 조국의 건설을 위해서는 '불가피한 조건'이 된다.[81]

이제 우리는 과학으로서 민인사학이 왜 반-과학 및 반과학적인 사학의 보수성을 비판하고 있는지 이해할 수 있다. 민인사학은 전진적 역사의식을 가지고 인간사적 구출성이 있는 과학, 반-인간적이 아닌 인간적인 과학을 지향한다. 따라서 민인사학은 '보수'가 아닌 '변화-발전'을 그 기본원리로 갖지 않을 수 없다. 보수에 대한 반-보수의 명제가 무엇인가? 역사는 늘 '유동하는 과성'에 놓어 있으며 '쉬지 않고 전진한다'는 것이다.[82] 물론 경우에 따라서는 그 발전 과정에 상대적인 정체도 있을 수 있고, 또 상대적인 퇴보가 있을 수 있다. 그러나 결국은 발전의 길, 오직 이 '한 길'[83]을 가게 되어 있다. 아무리 강한 특권 권력일지라도 아무리 포악 강대한 권력일지라도 결국은 무너지고야 말기 때문이다.[84]

---

79) 『자료집 1』, 203쪽.

80) 『자료집 1』, 190쪽.

81) 『祖國史의 분렬과 統一의 主潮』, 90쪽.

82) 『소사전』, 21쪽. 『자료집 2』, 230쪽. 『祖國史의 분렬과 統一의 主潮』, 315쪽.

83) 『민족혁명론』, 61쪽과 65쪽 및 다른 여러 곳. 이종률은 역사가 변화 발전한다는 것을 강조하기 위해 오직 이 '한 길'이라는 표현을 자주 사용하고 있다. 변화 발전의 길이 역사의 유일한 길이다.

84) 『민족혁명론』, 61쪽.

(2) 옳은 방향으로 발전

이종률은 '사회적으로 이해관계를 달리하는 사람들이 있는 사회'를 '정치가 있는 사회'라고 말한다. 그러므로 정치가 있는 사회에는 어떤 형태이든 갖가지 사회적(사회적 성질을 갖는) 투쟁들이 있게 마련이다.[85] 그러므로 민인사학의 논지에서 본다면, 정치와 역사는 별개의 것이 아니다. '정치가 있는 사회'는 곧 '역사가 있는 사회'라고 할 수 있으며, '정치노선'은 곧 '역사의 노선'이라고 할 수 있다. 아울러 넓은 의미의 정치학과 사학도 그 내포적 의미를 보면 같은 범주의 학문이라고 할 수 있다.

고대사 이후 인간의 역사는 정치가 있는 사회에서 이루어지고, 이해관계가 다른 두 세력간의 투쟁이 이어져 왔다.[86] 그리고 그것은 서로 상반되는 세력간의 투쟁이므로 역사는 자기 모순의 대립적 운동을 통해 전개된다고 할 수 있다.[87] 다시 말해서 모순이 역사가 펼쳐지는 자기 변화의 원리인 것이다.

모순이란 대립하는 두 가지 이상의 물건이나 세력이 발전하여 하나로 되는 것이 아니라, 서로 갈등이 증폭되어 그 어느 쪽이든 대립자가 반드시

---

85) 『자료집 2』, 230쪽 참조.

86) 이종률은 역사를 '사전사단계(史前史段階)'와 '사회사단계(社會史段階)'로 나누는데, 두 단계의 차이점은 전자는 생산기구와 생산활동이 없었으나 후자의 단계에는 생산기구와 생산활동이 있었다는 점이다. 그리고 사회사단계는 다시 상고사시대, 고대사시대, 중세사시대, 근세사시대 등으로 나누어지는데, 상고사시대와 상고사시대 이후 시대의 차이는 상고사시대에는 사회적으로 정치성이 존재하지 않거나 매우 희박했다는 점이다(『민족혁명론』, 53~61쪽 참조).

87) 가장 대표적인 모순 관계들을 든다면, '역사적인 것'과 '반역사적인 것', '민족적인 것'과 '반민족적인 것', '가치'와 '반간치', '선'과 '악', '과학 혹은 과학적인 사학'과 '반과학 혹은 반과학적인 사학', '전진(발전)'과 '보수', '민주'와 '반민주(특권)', '민중'과 '반민중', '인간적인 것'과 '반인간적인 것', '혁명적인 것'과 '반혁명적인 것' 등이다.

없어지는 것을 말한다. 다시 말해서 양자가 동시에 존립할 수 없다는 것이다. 그러나 어느 한 쪽이 없어진다고 해서 다른 한 쪽이 이전과 같은 동일물로 존재하는 것은 아니다. 예컨대 대립되는 두 가지 역사적 사실인 갑과 을이 있다고 하자. 모순적 관계인 이 양자가 서로 싸우게 되어, 갑이 져서 없어지게 될 때, 을은 승리자로서 이전과 같은 동일물로 그대로 존재하는 것이 아니다. 을도 자기변화를 일으켜 그 결과는 갑도 을도 아닌 제3의 사실로서 나타나게 된다.[88]

그러므로 역사의 변화는 단순한 변화가 아니라 '발전' 혹은 '전진'일 수밖에 없다. 위에서 말하는 '제3의 사실'이란 갑도 을도 아닌 '지양적 발전의 형태'[89]이기 때문이다.

지양이란 모순의 타개 과정인 갑에 대한 을의 싸움을 거쳐서 갑도 아니고 또 을도 아닌 병의 형태로 보다 높은 새로운 가치성 또는 새로운 세력성으로 발전하는 것을 말한다. 이때의 병은 지양된 형태의 발전물이다.[90]

여기서 우리는 첫 번째 명제에서 말한 역사의 발전적 성능을 다시 한번 더 확인할 수 있다. 그리고 역사적 성능의 발전은 단순히 시간적인 흐름이나 그 전개가 아니라 '새로운 가치성' 혹은 '새로운 세력성'의

---

88) 『민족혁명론』, 57쪽.

89) 『민족혁명론』, 57쪽. 변증법적 논리에서 말하는 '지양'의 의미와 상통하는 맥락이다. "변증법에서 지양은 두 가지 의미를 지니고 있다. 한편으로는 '끝을 낸다'는 의미를 지니면서 다른 한편으로는 '보존하고 유지한다'는 의미도 지닌다. 지양된 것은 보존되어 있을 뿐 아니라, 모름지기 이렇게 보존되어 있는 것은 다만 그 직접성만을 상실했을 뿐 결코 소멸되어 사라진 것은 아니라는 말이다. 따라서 결국 따지고 보면 '지양'이라는 말에는 이러한 두 가지 의미 외에 제3의 의미, 즉 보다 높은 차원의 형성물로 고양되어 간다는 의미도 깃들어 있다."[니콜라이 하르트만, 박만준 옮김, 『헤겔의 변증법』(형설출판사, 1991), 71쪽].

90) 『민족혁명론』, 58쪽.

생성을 말한다. 그러나 "세력이 있다고 해서 반드시 가치가 있는 것은 아니다. 세력에는 가치의 보장을 받는 세력도 있고 또 그 보장을 받지 못하는 폭위(暴威)로서의 세력도 존재하기 때문이다."91) 모순적인 두 세력은 가치 기준이 다르다는 말이다.

그렇다면 여기서 하나의 의문이 생긴다. 즉 지양된 형태의 발전물이라고 해서 반드시 새로운 가치성을 갖는다고 해야 할 근거가 무엇인가? 세력이 있다고 해서 반드시 가치가 있는 것이 아니라면, 지양적 산물인 새로운 세력성도 가치 보장을 받지 못하는 폭위의 세력으로 존재할 수 있지 않은가?

이 물음은 민인사학에 있어서 매우 중요하다. 왜냐하면 이는 곧 역사의 방향성에 관한 문제이기 때문이다. 모순하는 두 세력의 성격을 다시 주목해 보자. 모순하는 두 세력은 '힘'과 '힘'의 사태로서 대립한다. 그리고 이미 지적했듯이 두 세력의 가치기준은 다르다. 하나는 새로운 역사 가치, 성장 과정에 있는 대중적인 항진의 힘, 승리를 자신하는 희망적인 힘 등과 같은 자기 성장의 힘을 가지고 있다. 그리고 다른 하나는 지속되어 온 보수 특권의 권위와 현재 행사되고 있는 통치 권력 등을 자기 보존의 힘으로 삼고 있다.92) 역사의 전진 방향은 두 세력의 가치 가운데 어느 쪽일까? 당연히 전자이다. 진퇴(進退)의

---

91) 『자료집 2』, 111쪽.

92) 특히 위기기 역사단계의 두 대립적인 역사적 세력은 대체로 다음과 같은 형태로서 작용한다. 즉 갑은 역사를 가변론(可變論)의 입장에서 시대적으로 전진시키려 하고, 을은 역사를 외요적(外要勤) 권위론의 입장에서 보수(保守)·미화시키려고 한다. 갑은 역사적·비판적 가치론의 처지에서 그 세력을 획득하려 하고, 을은 옹호적 세력론의 처지에서 가치를 조작하거나 이미 고물로 되어버린 이데올로기를 현실적 가치물인 양 주장하려고 한다. 대체로 갑은 정치적 시비론의 선상에 서 있고, 을은 통치적 권위론의 선상에 서 있다. 을은 절대주의나 파시즘 혹은 양자의 기형적 혼성물로 나아가게 되고, 갑은 이를 부인하기 위한 실질적인 자유와 민주를 주장한다(『자료집 2』, 109~110쪽 참조).

측면에서 전자는 앞으로 나아가는 것이고 후자는 뒤를 바라보고 있기 때문이다. 역사의 발전적 성능은 언제나 '새로운' 가치, '새로운' 세력을 지향한다.

다시 이종률은 이렇게 말한다.

> 역사가 발전한다는 말은 역사적 사실이 귀결적으로 확호하게 늘 가치 아닌 것에서 가치 있는 것으로 전진하고, 보다 낮은 가치의 단계에서 보다 높은 가치의 단계로 전진한다는 말이다.93)

역사는 모름지기 선(善)94)의 방향으로 나아간다. 대중적인 항진의 힘과 이를 제압하는 힘이 있다면, 승리하는 쪽은 언제나 전자이다. 전자가 가치론적인 측면에서 좋은 방향으로 나아가는 세력이기 때문이다. 역사의 자기 성능은 '선'이고 '정의'이다. "아무리 강하고, 아무리 용의주도한 세력일지라도 그것이 특권적일 때는 무너지고야 마는" 까닭이 여기에 있으며, "아무리 포악 강대한 특권체일지라도 백성들이 그닐만의 고통을 당할 뿐이요 그 내일을 두려워하지 않는 이유도" 바로 여기에 있다.95)

역사는 '유동변경체'이지 '고정불변체'가 아니다.96) 역사는 발전하며, 선의 방향으로 발전한다. 역사는 보다 낮은 가치의 단계에서 높은 가치의 단계로 나아간다. 그렇다면 민인사학은 단순한 '낙관론'인가? 만일 그렇다면 헤겔을 비롯한 서양의 근대 관념론적 역사철학과 무엇이 다른가? 이 문제를 해명할 수 있는 방법적인 통로는 '실천'이다.

앞에서 우리는 '사로 → 노선 → 전략 → 전술 → 실천'의 방법적 절차

---

93) 『민족혁명론』, 61쪽.

94) 선(善, Good)이란 일반적으로 가치론의 최고 개념으로 이해되고 있다.

95) 『민족혁명론』, 61쪽.

96) 『민족혁명론』, 61쪽.

는 원환적 구조이며, 따라서 실천은 다시 사로와 만난다고 했다. 그리고 실천이 다시 만나는 사로는 이전의 사로와 다른 전진된 사로라고 했다. 이를 방금 이야기한 '옳은 방향으로 발전'의 내용과 연결시키면 어떻게 될까? 전진된 사로는 곧 새로운 가치, 새로운 세력으로 발전한 사로이다. 그리고 이 발전된 사로는 곧 '역사적 현재'이다. 역사적 현재는 언제나 역사적 실천을 통해 '현재'의 시간으로 생성한다. 그렇다면 실천의 문제는 곧 '역사적 시간'의 문제라고 할 수 있다. 그래서 이종률도 '역사에 대한 인식이 올바르다'는 것은 곧 '역사시간 위에 놓여진 사회적 사태들을 잘 안다'는 의미임을 강조하고 있다.[97] 그러면 민인사학에 말하는 '역사적 시간성'의 구조는 어떤 것인가?

민인사학에서 보면, 옳은 방향으로 발전하는 것은 곧 역사의 사태를 '시대적'으로 구출하는 것이며, 여기서 말하는 '시대'는 곧 '역사적 시간'을 의미한다. 그리고 역사의 사태를 시대적으로 구출한다는 것은 역사의 '단계'나 그 '과정'이 바뀐다는 것이다. 달리 말한다면 역사적 시간은 역사적 단계나 그 과정으로도 표현될 수 있다는 말이다.[98] 역사적 사태를 시대적으로 구출하는 것은 역사의 단계나 그 과정을 구출하는 것이고, 또 달리 말한다면 역사적 시간성이 바뀌는 것이기도 하다. 그러므로 역사적 시간성의 구조를 밝히려면 이러한 역사적 단계나 그 과정이 지닌 시간적 계기의 의미부터 밝혀보아야 한다.

---

97) 『민족혁명론』, 47쪽.

98) 『근未를 알자』, 164쪽 참조. 역사적 과정이나 그 단계를 달리 말한다면 '역사적 시간'이라고 할 수 있다. 그러므로 역사적 시간은 하나의 시대라고도 말한다 (같은 책, 같은 곳 참조).

(3) 실천을 통한 옳은 방향으로의 발전

시간이란 무엇인가? 전통적으로 시간을 규정하는 관점들은 여러 가지였으며, 그 개념적 규정의 내용 또한 매우 다양하다. 예컨대 아리스토텔레스는 시간을 '운동의 수(數)'[99]라고 했다. 일상적으로 우리가 가지고 있는 시간 관념 역시 운동과 무관하지 않다. 운동을 지각함으로써 시간을 느끼고 체험하고 있는 것이다. 이는 곧 운동을 통해 어떤 사물이 움직인 공간적 변화를 측정하고 있다는 것을 의미한다. 그래서 아리스토텔레스도 시간에 의해 운동의 양이 한정될 수 있으며, 그 한정된 내용을 수로써 나타낼 수 있다고 본 것이다. 아리스토텔레스에 따른다면 운동의 존재근거는 시간이며, 시간의 인식근거는 운동이다.[100] 그러므로 아리스토텔레스의 시간 개념은 비록 시간의 존재근거를 운동의 수를 셈하는 인식주관에 두었기는 하나, 그것을 셈할 수 있는 한에서 시간을 구성한다는 객관적인 시간의 측정은 결국 물리적 시간의 성격을 버릴 수 없는 경험적 시간, 즉 양의 개념과 수적 다양성이 복합적으로 첨가된 공간적 시간이다.[101] 아리스토텔레스가 말하는 운동은 시작과 끝이 없는 원운동이며, 모든 사물의 운동은 단지 그 원주상의 장소 이동일 뿐, 운동하고 있는 하나의 체계로서의 세계는 변함이 없다.[102]

그러나 플로티누스는 아리스토텔레스와 달리 운동에 의한 시간의 인식 가능성을 부정한다.[103] 그에 의하면 이 세상은 존재화 과정에

---

99) Aristoteles, Physics, trans. by R. P. Hardie and R. K. Gage, Encyclopaedia Britannica, 1952, p.299(219a).

100) Ibid, pp.301~303(221b-223a).

101) 운동의 시작과 끝은 시간의 시작과 끝이며, 시간은 운동의 한 성능으로서 존재한다(Ibid, p.335(251b)).

102) Ibid, p.291(221a).

103) Plotinus, Ennead, trans. by Stephen Mackenna and B. S. Page, Encyclopaedia

있는 유한성이며, 본질적으로는 영원한 일자(一者)의 현상이다. 그러므로 시간은 영원의 문제로서 공간이나 시간과 무관한 것이다.104) 오히려 시간은 일자의 본질을 인식하는 의식 내재적 차원에서 이해되어야 한다. 그러므로 플로티누스의 시간은 공간화할 수 없는 의식의 시간이며, 시간의 존재 근거는 영원 그 자체이다.

이러한 플로티누스와 일맥 상통하는 것이 바로 베르그송의 시간 개념이다. 베르그송에 의하면, 사물을 지속적인 것으로 지각하는 것은 의식의 내재적 흐름과 교류함으로써 가능한다. 다시 말해서 '의식이 상호침투하면서 전체를 조직화하는 기억에 의해 사물의 위치가 보존되고 동시에 그것을 배열시킨다는 것이다.'105) 그러므로 모든 사물의 변화는 의식 속에서만 현실적인 것이 된다. 그의 말대로 시간(지속)과 운동은 "정신의 종합이지 결코 사물적인 것이 아니다"106)

그런데 하이데거는 이러한 베르그송의 시간을 존재론적으로 불충분한 해석이라고 말한다. 하이데거에 의하면, 시간의 문제를 다루기 위해서는 존재자의 존재근거를 해명할 수 있는 유일한 존재인 인간(현존재)의 존재론적 구조를 먼저 분석해 보아야 한다. 그는 인간을 역사의 제일차적인 주체라고 했다. 현존재는 역사에 의해 구성되기 때문에 현사실적으로 그때마다 자기의 역사를 갖는다.107) 그러므로 인간의 역사성은 현실적 다양성을 통한 생의 도정이 아니라, 스스로에 의한

Britannica, 1952, third Ennead, VII(7-8), p.123.

104) Ibid, p.128.

105) Bergson, Time and Free Will, trans. by F. L. Pogson, George Allen andUnwin Ltd., 1950, pp.108~109.

106) Ibid, p.120.

107) Heidegger, Sein undZeit, Max Neimeyer Verlag, 1972, p.381. 그리고 이차적인 역사적 존재는 세계이며, 가장 넓은 의미의 역사적 기반은 환경세계적 자연이다.

자기 전개이다. 그리고 이 전개는 곧 현존재의 생기(生起)이다.108)

이제 우리는 몇 가지 시간 개념을 살펴보았으며, 대체로 이것들은 널리 알려진 대표적인 시간 개념들이다. 우리는 이를 시간 개념 자체를 이해하기 위해 언급한 것이 아니다. 역사적 시간의 의미를 밝히기 위한 소재로 제시한 것이다. 한마디로 이러한 시간 개념들로서는 역사를 설명할 수 없다는 것이다. 민인사학의 입장에서 보면 더욱 더 그렇다. 이미 지적했듯이, 민인사학의 기본 명제는 역사가 전진·발전한다는 것이다. 그러나 아리스토텔레스의 원환론적 구조의 시간 개념은 물론이고 플로티누스의 영원의 시간 역시 역사의 변화를 설명할 수가 없다. 그뿐만 아니라 베르그송의 의식의 시간이나 하이데거의 실존적 시간 개념도 마찬가지이다. 그렇다고 해서 우리가 가지고 있는 일상적인 시간 개념, 즉 물리적 자연의 시간 개념으로서도 역사를 설명하기 어렵다. 자연의 시간으로 보면 아프리카나 파리나 뉴욕이 모두 2005년이지만 그 역사성은 판이하게 다르기 때문이다.

그래서 이종률은 이렇게 말한다.

역사란 무엇인가? 역사란 어떤 구체적인 시간과 그 공간 위에서 생겨나고 유전되는 경제적 생산 및 그 분배 관계를 주된 유대관계로 한 사회 성능의 사태를 말한다. [그러므로] 여기서 말하는 시간은 자연적·물리적 시간이 아니라 사회적·역사적인 시간이며, 여기서 말하는 공간은 자연적·지리학적 공간이 아니라 사회적·역사적인 공간이다.109)

자연적·물리적 시공간과 사회적·역사적 시공간이 다르다는 것이다. 그래서 "사회적 유전의 시간 위에 놓여 있지 않은 것은 역사가 아니다"110)고 했다. 그러므로 역사를 배운다는 것은 역사적 시간 위에

---

108) Ibid, p.375.

109) 『자료집 2』, 205~206쪽.

놓여진 여러 가지 사회적 사태를 공부한다는 것이다. 그렇다면 자연적·물리적 시간과 사회적·역사적 시간의 차이는 무엇인가?

이종률은 "생물적 인간 시대에는 역사가 없었다"[111]고 말한다. 그리고 '사회적 유전의 시간 위에 놓여진 사회 사태'를 역사라고 말하기 때문에 역사가 없었다면 당연히 사회도 없었다. 그러면 생물적 인간 시대에는 왜 사회도 없었고 역사도 없었을까? 사회란 '경제적 생산력과 그것을 밑바탕으로 한 인류 관계를 유대로 하여 성립되고 유지되는 인간 생활의 연결체이다'[112]라는 규정을 한번 생각해 보자. 역사와 사회가 없었던 시대라는 것은 사회적 생산활동이 없었던 시대임을 의미한다. 그리고 사회적 생산활동이 없었다면 역사적 위기기성을 갖지도 않을 것이며, 따라서 역사 전진을 위한 실천적 노력이 없었다는 말이기도 하다. 왜냐하면 사회한 경제적 생산력을 가장 기본적인 힘으로 하여 성립되는 것이므로, 그 생산력의 발전이 없다면 사회와 역사의 전진·발전도 있을 수 없고, 나아가 경제적 이익을 둘러싼 대립과 투쟁도 없었을 것이기 때문이다.

만일 인류가 생물적(혹은 자연적) 인간의 단계에서 전혀 역사 전진의 실천적 활동을 하지 않았다면 지금의 모습은 어떻게 되었을까? 답은 명확하다. 필시 큰 변화는 없었을 것이다. 설사 변화가 있었다 하더라도 그것은 자연적인 변화의 범주를 벗어나지 못했을 것이다. 그렇다면 역사적 시간이란 무엇을 의미하는가? 역사(혹은 사회) 발전을 위한 인간의 실천적 행위를 의미한다. 그래서 역사적 시간을 달리 말한다면 '실천적 시간', 보다 정확히 말한다면 '역사적 실천의 시간'이라고 할 수 있다. 역사 전진을 위한 실천이 없다면 역사적 시간은 존재

---

110) 『민족혁명론』, 47쪽.

111) 『민족혁명론』, 148쪽.

112) 『민족혁명론』, 46쪽.

할 수가 없다. 자연적 시간이 동일하면서도 각 지역마다 역사적 시간이 다른 가장 큰 이유는 그 지역에서 이루어지는 역사적 실천의 문제이다. 물론 여기서 말하는 실천은 위에서 말한 방법론적 절차 속의 바로 그 실천을 의미한다. "과학이 줄기라면 실천은 꽃이요 역사의 발전은 그 열매이다."[113]

민인혁명 이후의 '무역사'[114]의 시대를 이야기하는 것도 같은 맥락에서 이해할 수 있을 것이다. 이제 우리는 민인사학이 결코 낙관론이 아니라는 것을 이해할 수 있다. 오히려 민인사학은 위기기 역사성을 구출하고 전진시키는 역사적 실천을 강조하고 있다.

3. 민인혁명[115]의 역사철학

위에서 우리는 '민인사학의 세 가지 기본 명제'라는 소제로서 민인사학의 원리를 살펴보았다. 그 첫 번째 원리가 바로 '변화–발전'이었다. 역사는 쉬지 않고 변화하면서 발전한다. 그런데 역사 발전의 기본적인 힘이라는 것이 무엇이었는가? 그것은 곧 '부단히 발전하는 생산력과 그 생산력을 자기의 것으로 해 있는 생산자적 인간의 생존 및 생활적인 욕구의 힘'이다. 이러한 규정에서 보면 '사회'도 그 발전의 방향이 역사와 동일하다. 왜냐하면 "경제적 생산력과 그것을 밑바탕으로 한 인륜관계를 유대로 하여 유지되는 인간생활의 연결체"가 바로 사회이기 때문이다. 그래서 이종률은 발전하는 사회의 법칙을 '사회의 역사 법칙'[116]이라고 말한다.

---

113) 『민족혁명론』, 86쪽.

114) 『己未를 알자』, 165쪽.

115) 민인혁명은 '민족혁명 – 인간혁명'의 줄임말이며, 경우에 따라서는 '민인사(民人史) 혁명'이라고 한다(『己未를 알자』, 165쪽 참조).

사회란 경제적 생산력을 가장 기본적인 힘으로 하여 성립하는 것인데, 이 경제적 생산력이란 쉬지 않고 또 그치지 않고 언제나 발전만 한다. 그렇기 때문에 사회는 언제나 오직 발전의 한 길을 걷게 된다.117)

역사와 사회는 별개의 것이 아니다. 사회를 통해 역사를 규정한다면, 역사는 "사회적 유전의 시간 위에 놓여진 사회 사태"이고, 역사를 통해 사회를 규정한다면 사회는 '역사적 시간 속에서 이루어지는 인간 생활의 연결체'이기 때문이다. 다시 말해서 "사회는 역사성을 가지며 역사는 반드시 사회성을 갖는다."118) 그리고 역사와 사회는 오직 '발전의 한 길을 걷는다'119)는 점에서 공통적이다. 굳이 차이를 말한다면 사회는 역사적 공간성을 가지는데 반해 역사는 그 공간성과 더불어 역사적 시간성을 갖는다는 점이 약간 다를 뿐이다.

그렇다면 역사와 사회만이 변화·발전하는가? 아니다. 역사는 인간의 역사이고 사회는 인간의 삶의 터전이다. 그러므로 당연히 인간도 "발전의 과정 위에 놓여 있다."120)

　… 무사회(無社會)의 단계에서 사회사(社會史) 형성의 단계로 접어들면서 인간과 사회는 함께 존재해 왔다. … 인간은 사회가 형성되는 가운데 바로 그 사회의 사회적 작용 안에서 존재해 왔던 것이다.

116) 『민족혁명론』, 47쪽.

117) 『민족혁명론』, 46쪽.

118) 『민족혁명론』, 48쪽. 여기서 말하는 '역사성'이란 '역사적 성능의 것'이라는 말의 줄임말이다(『자료집 2』, 205쪽).

119) 사회가 발전의 길을 걷게 되는 까닭이 무엇인가? 사회란 경제적 생산력을 가장 기본적인 힘으로 하여 성립되는데, 경제적 생산력이란 쉬지 않고 발전하기 때문이다. 사회가 발전하는 과정에서 어느 단계에 이르게 되면 특정한 사회적 조건에 의해 그 발전이 일시적으로 정체되거나 지체되는 경우가 있기는 하나 결국 발전의 과정으로 나아가게 되어 있다(『민족혁명론』, 46쪽 참조).

120) 『민족혁명론』, 31쪽.

그리고 처음 사회가 형성되고 나면 사회는 늘 인간 개개인의 생활과 그 의사보다 먼저 존재하게 되며, 사람은 그 사회 안에서 태어나고, 성장하고, 살다가 죽는다.[121]

흔히 말하는 '인간은 사회적 존재'라는 명제가 민인사학에서는 더욱 더 적극적인 의미를 갖는다. 인간은 사회 속에서, 사회적으로 변화·발전한다.[122] 그리고 인간이 사회적으로 변화·발전한다면, 인간 역시 역사적 존재이다.

사회가 성립된 이후의 인간은 모두 사회적인 삶을 영위하며 살아가는 사회적 인간이다. 이 사회적 인간을 다른 말로 표현하면 '역사적 인간'이라고 할 수 있다. 사회라고 하는 것은 역사적 산물이며, 또한 역사는 사회적 성능을 갖고 작용되는 것이기 때문이다.[123]

이제 우리는 민인사학의 첫 번째 명제인 '변화-발전'의 원리를 인간과 사회, 그리고 역사에 함께 적용할 수 있게 되었다. 그리고 그 변화-발전의 방향은 두 번째 명제와 세 번째 명제가 가리키듯이 '옳은 방향으로', '실천을 통해 옳은 방향으로' 변화-발전한다.

여기서 잠시 '제2장 : 민인사학의 문제의식과 그 방법론'에서 이야기한 우리의 역사적 현재를 다시 떠올려보자. 그 대표적인 개념이 바로 '후진성 지역'이었다. 과연 후진성 지역에서의 사로와 노선은 무엇이며, 사책당과 대중조직의 역할은 무엇인가? 지금까지 원리적으로만 해명된 '옳은 방향'이라는 것이 우리의 역사적 사태에서는 어떤 의미를 갖는 것일까? 이것이 바로 오늘날 민인사학이 갖는 실질적인 문제의

---

121) 『祖國史의 분렬과 統一의 主潮』, 32~33쪽.

122) 이종률은 기본적으로 인간을 진화적 관점에서 고찰하고 있다(『민족혁명론』, 38~40쪽 참조).

123) 『민족혁명론』, 29~30쪽.

식이자 민인사학의 임무이다. 사학의 임무는 "역사의 행정을 올바르게 분석하고 인식하는 데" 있기 때문이다.124)

4. 민족혁명과 그 이념

1) 민족혁명125)

후진성 지역인 우리 역사의 현재(역사적 현재)가 나아가야 할 전진의 길은 무엇인가? 이에 대한 구체적인 접근을 위해서는 먼저 역사 발전의 제 단계부터 알아야 한다. 왜냐하면 이미 지적했듯이, 역사적 단계나 그 과정이 바로 변화-발전의 역사적 시간성을 가리키기 때문이다. 다시 말해서 역사적 시간성을 따져보지 않고서는 역사적 현재가 나아갈 전진적 방향성을 논할 수가 없다는 말이다. 이종률이 '시대'를 과학적으로 분석하고 그 구분성을 명확하게 하는 것이 매우 중요한 문제임을 기회가 있을 때마다 강조하는 까닭이 바로 여기에 있다.126)

과학적 역사이론, 즉 과학적인 사론(史論)에 있어서 '역사시대' 혹은 '시대'라는 말을 무규정적으로, 무책임하게 사용하지 않는다. 이를테면 고려시대, 이조시대, 춘추시대, 전국시대 등과 같은 용어를 허용하거나 사용하지 않는다는 말이다. 왜냐하면 사론에서 말하는 '시대'라는 것은 그 자체가 반드시 하나의 개념적 한계를 가지고 있기 때문이다.127)

---

124) 『자료집 1』, 203쪽.

125) 우리가 '민족혁명'이라는 말을 가장 처음에 조직적으로 사용한 것은 1935년 5월 조선민족혁명당(위원장 김규식, 서기장 김원봉)이 창당되면서부터였다(『민족혁명론』, 239쪽).

126) 『자료집 1』, 216쪽. 『민족혁명론』, 49쪽과 53쪽. 『己未를 알자』, 163쪽. 그리고 그 외 여로 곳.

127) 『민족혁명론』, 49쪽. 개념적 한계라는 것은 사물 자체가 가지고 있는 본질적

시대란 '객관적 규정'128)이다. 그러므로 시대라는 말을 주관적으로 혹은 편의대로 사용할 수는 없다.129) 시대란 "인간의 사회사 단계에 해당하는 제1시대, 제2시대, 제3시대, 제4시대 등을 그 개념적 한계에 따라 사용해야 한다."130) 그러면 이 네 시대의 객관적 규정과 그 개념적 한계는 무엇인가?

먼저 역사적 시간성의 측면에서 보면 역사는 네 단계의 시대로 나누어지고, 그 네 단계는 상고사시대, 고대사시대, 중세사시대, 근세사시대로 전개된다.131) '상고', '고대', '중세', '근세'라는 것이 곧 각 시대가 갖고 있는 역사적 시간성의 개념적 한계를 지칭하는 말이다. 그러나 역사는 역사적 시간성의 측면에서만 발전적으로 전개되는 것이 아니다. 이미 지적했듯이, 역사와 더불어 사회도 그리고 인간도 변화 - 발전한다. 사회의 변화는 주로 '사회경제사적 조건'을 위주로 구별되는데, 그 기본조건은 대체로 다음과 같은 것이다.132)

첫째, 생산도구의 변화. 이는 사회경제사적 조건에서는 물론이고 전체 역사의 조건에서도 그 구성과 작용에 있어서 가장 기본이 되는 부분이다.

둘째, 생산력과 그것을 둘러싼 권력적인 생산지배의 관계에서 일어

인 존재성이나 또는 그 구성작용과 그 갈피를 말한다(같은 책, 같은 곳 참조).

128) 『민족혁명론』, 51쪽.

129) 예컨대 '고려왕조'와 '조선왕조'를 놓고 볼 때, 918년 무인년에서 시작하여 1392년 임신년에 끝난 고려왕조의 기간이나 1392년 임신년에 시작하여 1910년 경술년에 끝나게 된 조선왕조는 각기 다른 역사적 시대로서 개념적 한계를 갖는 것이 아니다. 고려왕조와 조선왕조는 그 역사성에 대한 객관적 규정성에 있어서 큰 차이가 없으며, 따라서 고려시대나 조선시대와 같은 용어는 성립될 수 없다(『민족혁명론』, 51~52쪽 참조).

130) 『민족혁명론』, 50쪽.

131) 『己未를 알자』, 167쪽. 『민족혁명론』, 53~61쪽 참조.

132) 『민족혁명론』, 51쪽.

나는 사회적 변화.

셋째, 생산수단의 성격 변화.

넷째, 생산수단의 사회적인 소유관계의 변화.

다섯째, 위의 네 가지 사항과 두루 관계가 있는 통치구조의 사회적 성격의 변화.

이러한 조건들이 변하면 사회적 조건133)의 측면에서 시대가 바뀐다. 사회적 변화의 측면에서 보면, 역사의 네 단계는 원시시대134), 노예제시대135), 봉건제시대136), 자본제시대137)로 전개된다.138)

---

133) 이 글에서 말하는 '사회적 조건'은 '사회사적 조건'이라는 말이나 혹은 '사회경제사적 조건' 등과 거의 같은 의미로 쓰인다.

134) 사회적 변화의 측면에서 원시시대의 개념적 한계는 다음과 같은 것이다. 첫째, 석기 중심의 도구를 사용한다. 둘째, 주요 생산수단이 괭이, 호미, 칼, 낫 등이었다. 셋째, 생산력을 저해하는 특별한 권력작용이 없었다. 넷째, 도구나 수렵 영역, 농경지, 목축지 등 모든 생산수단이 공동소유였다. 다섯째, 통치구조에 있어서 정치성이 없었다. 입법기관의 형태로서 부락회의 등이 있었으며, 행정은 그 회의 결정에 따라 임시로 수행되다가 나중에는 상설적인 유사(有司)가 맡아서 행하게 되었다. 상설기관이 아닌 사법 형태의 행위가 있었던 것이다. 삼권분립이 아닌 일권이작용(一權二作用)의 형태였다(『민족혁명론』, 53~54쪽 참조).

135) 사회적 변화의 측면에서 노예제시대의 개념적 한계는 다음과 같다. 첫째, 석철(石鐵) 병용의 도구를 사용하였다. 둘째, 생산력을 저해하는 노예 소유주의 반생산적 생활처세가 있었다. 셋째, 주요 생산수단이 노예였다. 넷째, 노예, 도구, 농경지 등 모든 생산수단이 노예 소유주들의 것이었다. 다섯째, 통치구조에 있어서 정치성이 생겨났다. 삼권이 한 곳으로 집중되고 노예 및 일반 백성들은 통치의 피지배적 대상이 되었다. 여섯째, 신분적 차별 및 남녀 불평등 관계가 형성되었다. 일곱째, 거짓철학, 거짓정치학 등의 문화가 생겨났다(『민족혁명론』, 54~55쪽 참조).

136) 사회적 변화의 측면에서 봉건제시대의 개념적 한계는 다음과 같다. 첫째, 철제 도구를 사용했다. 둘째, 생산력을 저해하는 토지 소유주의 반생산적 생활처세가 있었다. 셋째, 생산수단의 하나였던 노예가 농노가 되고, 주요 생산수단인 토지가 그 자리에 들어서게 되었다. 넷째, 토지와 주요 도구의 일부 등

'원시', '노예제', '봉건제', '자본제' 등이 사회 변화의 측면에서 각 시대의 개념적 한계를 가리키는 용어들이다. 그러므로 이들은 자연스럽게 '원시사회', '노예제사회', '봉건제사회', '자본제사회'라는 말로 표현될 수 있다.

인간의 사회사 단계의 역사는 역사적 시간성의 측면에서 상고사시대, 고대사시대, 중세사시대, 근세사시대로 전개되고, 사회적 조건의 변화에서 보면, '원시시대', '노예제시대', '봉건제시대', '자본제시대'로 전개된다.139) 그러면 역사적 시간과 사회적 조건이 이렇게 변할 때, 인간의 변화는 어떻게 규정되는가? 민인사학에서 인간의 변화는 '사회족 social family'의 형태로 나타난다. 왜냐하면 인간이란 모두 '사회 안의 삶을 갖는 사회적인 인간'140)이기 때문이다. 그리고 이미 여러 번 지적했듯이 인간은 사회적 존재이면서 동시에 역사적 존재이다. 그러므로 사회족 역시 시대에 따라 변하며 그 시대의 역사성을 갖는다.

생산수단은 모두 지주의 것이었다. 다섯째, 통치는 지주세력의 집약적 권력체로서 전제 왕정이 성립되고, 그 주변에 특권 귀족과 그에 상응하는 세력이 둘러싸여 있었다. 여섯째, 사회적으로 신분과 남녀의 차별이 극심해졌다(『민족혁명론』, 55쪽 참조).

137) 사회적 변화의 측면에서 자본제시대의 개념적 한계는 다음과 같다. 첫째, 생산도구가 기계로 바뀌었다. 둘째, 초기에는 생산력을 돕다가 말기에는 오히려 그 반대되는 성능의 사회적 권력체계가 존재한다. 셋째, 토지가 주요 생산수단의 자리에서 물러나고 기계, 공장, 공업원료 등이 주요 생산수단이 된다. 넷째, 생산수단은 대부분 자본가의 소유가 되고, 나머지는 지주의 것이 된다. 다섯째, 경제체제 전체가 기계공업적 상공업 중심체제로 되고, 사유재산제가 확립된다. 여섯째, 통치는 자본민주주의 형태로 되고, 국토가 자주적이고 통일적인 것이 된다. 일곱째, 신분차별이 법적으로 부정되고, 민족의 말과 글이 통일적으로 확립된다. 여덟 번째, 반봉건 및 반외압의 문화가 성립된다(『민족혁명론』, 59~60쪽 참조).

138) 『己未를 알자』, 167쪽. 『민족혁명론』, 53~61쪽 참조.

139) 『己未를 알자』, 167쪽. 『민족혁명론』, 53~61쪽 참조.

140) 『민족혁명론』, 29쪽.

물론 역사 이전 단계에는 사회족이라는 것이 없었다. 동물에 가까운 인간, 이를테면 동물군(動物群)이 있었을 뿐이다. 유사단계(有史段階)가 전사(前史)의 시대와 나누어지면서부터 비로소 사회족도 그 시대에 따라 달라진다.141)

그러면 네 단계의 시대에서 사회족은 어떻게 달라지게 되는가? 씨족(clan, klano), 부족(phratry, fratrio), 종족(tribe, tribo), 민족(nation, nacio)으로 바뀌어 간다. 상고사시대의 사회족은 씨족이고, 고대사시대의 사회족은 부족, 중세사시대의 사회족은 종족, 근세사시대의 사회족은 민족인 것이다.142) '씨족', '부족', '종족', '민족' 등이 역사의 네 단계를 인간의 변화의 측면에서 규정하는 개념적 한계를 가리키는 중심말이다. 그리고 인간이란 사회적·역사적 존재이기 때문에, 각 사회를 씨족사회, 부족사회, 종족사회, 민족사회로, 그리고 각 시대를 씨족시대(혹은 씨족사시대 혹은 씨족사회사시대), 부족시대(혹은 부족사시대 혹은 부족사회사시대), 종족시대(혹은 종족사시대 혹은 종족사회사시대), 민족시대(혹은 민족사시대 혹은 민족사회사시대)로 부를 수 있다.143)

이제 후진성 지역인 우리 역사의 현재가 나아가야 할 전진의 길이 보인다. 이미 지적했듯이, 후진성 지역인 우리의 역사적 자기 실정은 국내적으로 '중세사시대 말기의 사태, 즉 종족사회사시대의 말기 사태

---

141) 『己未를 알자』, 167쪽. 민인사학에서는 역사를 크게 세 단계, 즉 사전사(史前史), 전사(前史), 정사(正史)로 나눈다. 사전사는 역사가 있기 이전의 단계를 말하고, 전사는 정사 이전의 역사를 말한다. 전사와 정사의 구분은 시대와 그 시대의 사학이 있느냐 없느냐에 따라 나누어진다. 정사는 시대와 그 시대의 사학이 없는 역사적 시간을 말한다(『己未를 알자』, 142쪽과 184쪽 등을 참조).

142) 『己未를 알자』, 167쪽. 『민족혁명론』, 53~61쪽 참조.

143) 여기서 '씨족시대', '부족시대', '종족시대', '민족시대' 등은 사회족을 중심으로 시대를 나눈 것이며, 민인사학의 시대 명칭을 약간 바꾸어 필자가 붙인 이름들이다.

에서 벗어나지 못하고 있다'고 했다. 따라서 우리는 '중세사시대적 위기기성을 구출하여' 중세의 종족사회로부터 근세의 민족사회로 전진시켜야 할, 이른바 '민족혁명'이 요구되는 역사사태에 놓여 있다. 우리는 민족혁명을 통해서 "토착적인 역사 사실로서 중세사시대의 말기적 위기기성과, 이 토착 지역의 역사 사실과 불가분의 관계를 갖고서 교착되어 있는 국제적 사실로서 근세사시대 말기적 위기기성을 함께 구출해야만 한다."144) 토착적으로 중세사시대 말기적 역사사태와 근세사시대 말기적 역사사태, 그리고 이 양자의 교착 작용으로 발생하는 갖가지 기형적이고도 특수한 역사사태 등 삼중적인 다층적 역사사실이 노정되고 있기 때문이다. 그래서 이종률은 우리 지역에 있어서 최고 가치의 철학은 민족주의 혁명, 민족혁명 등으로 지칭되는 '민족론 철학'임을 거듭거듭 강조하고 있는 것이다.145) 그리고 후진성 우리 지역의 역사 사태를 구출하고 전진시켜야 할 사책당은 민족주의자를 중심으로 한 전진적 역사의식의 소유자들과 그 대중적 조직이어야 한다.146) 민족론 철학과 그 사책당의 역사적 요구와 그 당위성에 대해서는 앞으로 이 글의 전개를 통해 상세하게 해명될 것이며, 이는 이 글의 가장 중요하면서도 근본적인 취지이기도 하다.

2) 민족혁명의 이념

세계사적으로 보면 오늘의 역사 사태는 자본제사회, 민족사회사시

---

144) 『민족혁명론』, 69쪽. 우리에게 고도의 과학이 요구되는 까닭이 바로 여기에 있다. 왜냐하면 이렇듯 기형성(奇形性) 위에서 성립되는 역사 사실의 분석적 파악은 쉽지 않기 때문이다(『민족혁명론』, 177쪽과 『己未를 알자』, 142쪽 등을 참조).

145) 『자료집 2』, 84쪽 참조.

146) 『己未를 알자』, 158~162쪽.

대로 불리는 근세사시대 말기에 해당한다. 따라서 반-봉건과 반-외압의 문화가 이미 정착되어 있고, 국토도 자주적이고 통일적인 모습으로 형성되어 있다.147) 그러나 우리의 사정은 다르다. 반-봉건과 반-외압의 문화가 형성되어 있지도 않거니와 국토가 자주적이고 통일적인 모습으로 형성되어 있지도 않다.148) 어디 그뿐인가? 중세사시대의 말기적 위기기성과 근세사시대 말기적 위기기성을 함께 구출해야 하는 기형적 역사 사태에 놓여 있다. 앞에서도 잠시 언급했듯이, 역사적·시대적 '위기기'는 사회적 생산력과 그 발전을 저해하는 사회적 관계가 충돌할 때를 말한다.

> 역사가 어느 시기에 이르면, ① 이 위기기가 원성적(遠性的)으로 체유화(体有化) 되어 있는 역사적 시간, 그리고 ② 이 위기기성이 잠재적으로 작용하는 역사적 시간, 그리고 세 번째로 ③ 이 위기기가 결정적으로 드러나는 역사적 시간을 거치는데, 여기서 구출되어 새로운 역사로 전진하게 되는 역사적 시간을 하나의 '시대'라고 말한다.149)

또한 위의 세 단계를 제1의 내분기인 원성적 위기기성의 체유 단계, 제2의 내분기인 잠재적 위기기성의 작용단계, 제3의 내분기인 결정적 위기기성의 발작단계로 표현하기도 하고, 또 경우에 따라서는 '초기', '중기', '말기'로 표현하기도 한다. 이를 근세사시대에 적용하면, 초기인 제1의 내분기는 상업자본제 단계, 중기인 제2의 내분기는 산업자본제 단계, 말기인 제3의 내분기는 금융자본제 단계가 된다.

이렇듯 '위기기성'은 시대적 역사성을 가질 뿐 아니라 같은 시대에

---

147) 『민족혁명론』, 59~60쪽 참조.

148) '민족통일론'이 민인사학의 중심적인 주제 중의 하나가 되는 이유가 여기에 있다(『자료집 2』, 84~91쪽과 『민족혁명론』, 281~285쪽 등을 참조).

149) 『己未를 알자』, 164쪽.

속하는 것이라고 하더라도 초기와 중기 그리고 그 말기의 단계성은 차이가 있다. 이를테면 초기는 '잠재적 성능'을 가지며, 중기는 '안위백중적(安危伯仲的) 성능'을 가지고, 또 말기는 '결정적·파국적 성능'을 가진다. 그래서 초기를 '잠재적 위기기' 혹은 '잠재적 위기기 역사 단계'라 부르고, 중기를 '성장적 위기기' 혹은 '안위백중적 위기기', 그리고 말기를 '결정적·파국적 위기기' 혹은 '결정적 위기기 역사 단계'라고 부른다. 사회적으로 모순적 세력의 성능이나 그 투쟁이 가장 격렬하게 빚어지는 단계가 바로 이 결정적 위기기 역사단계이다.150)

그러면 이러한 세 단계를 중세사시대에 적용하면 어떻게 될까?

중세사시대의 제1의 내분기는 고대사시대의 위기기성이 구출·전진되었기 때문에 그 위기기성이 밖으로 표면화되지 않는다. 그러나 그 시대의 위기기성이 드러나지 않았을 뿐, 체질적으로는 원성적으로 그 위기기성이 체유해 있었던 것이다. 그러다가 그 시대의 제2의 내분기로 접어들게 되면 잠재적·미세적으로 그 위기기성이 드러나게 되고, 제3의 내분기에 들어서게 되면 그 위기기성이 결정적으로 발작하게 된다. 그리고 이러한 결정적 위기기적 발작 사실이 시대적으로 구출되어 새로운 시대인 자본제시대로 지양·선진한다.151)

위에서 살펴본 근세사시대와 중세사시대의 위기기성에 대한 분석을 보면, 후진성인 우리 지역에 사회적 생산력과 그 발전을 저해하는 사회적 관계가 어떻게 충돌하고 있는지 분석해낼 수 있다. 그리고 이러한 역사적 성능에 대한 분석과 인식을 통해 후진성 지역인 우리 역사의 사로와 노선이 나오게 된다. 이른바 '민족 삼반'의 민족혁명이다. 왜 '삼반'인가?

---

150) 『민족혁명론』, 64쪽 참조.
151) 『己未를 알자』, 164~165쪽.

후진성 지역의 현실적·구체적 역사실태란,

첫째, 사회경제사적 및 전체 사회사적 조건이 아직 중세사적 사상(事象)에서 벗어나지 못한 실정이다.

경제·통치·사회 전반의 역사 사상에 걸쳐 그 밑바탕에 이러한 중세사적 잔혹성과 잔인성이 남아 있어 역사의 시대적 전진을 가로막고 있다는 말이다. 그래서 그 '一反'으로서 '반-봉건'이 요구된다.

둘째, 근세사 제3단계적 국제 세력의 힘과 그 외압의 영향이 반드시 작용하게 되어 있다. 그래서 또 하나의 '一反'으로서 '반-외압'이 요구된다.

셋째, 위 첫 번째의 변형적 산물의 일부이면서 또 위 두 번째의 기술적 작용의 일부로서 그 대행물의 성격을 지닌, 성능을 분리할 수 없을 정도로 자기성격화한 민족매판세력의 작용이 있게 된다. 그래서 또 하나의 '一反'인 '반-매판'이 요구된다.

이 세 가지가 이른바 '三反 '이다. 후진성 지역에서 이루어지는 역사의 시대적인 전진을 위한 역사적 실천은 바로 이 '삼반' 위에서 수행되어야 하며, 우리는 그 전진의 길, 역사적 항진의 길을 "삼반-요구의 길" 혹은 "서민성 자본민주주의적 민족혁명의 길"152)이라고 부른다. 역사적 지향은 세 갈래지만 노선상으로 삼반-요구의 길은 하나의 길이다. 왜냐하면 위에서 말한 세 가지 세력들은 "불가분의 한 '포괄체(包括體)'로서 작용하면서 그 지역의 지배적 권력을 형성"하기 때문이다.153) 그래서 삼반 요구 노선이 곧 민족혁명 하나이다.

그런데 왜 단순히 '이행'이나 '전개'가 아니고 혁명인가? 그리고 왜 민족혁명은 '서민성 자본민주주의 혁명'인가? 우선 첫 번째 물음부터 살펴보자. 이는 역사 사태와 그 개념상의 문제이기 때문에 별다른 논

---

152) 『자료집 2』, 283쪽.

153) 『자료집 2』, 283쪽.

의가 필요 없다. 혁명이란 무엇인가? "위기기 역사 사태를 시대적으로 구출하여 전진시키는 실천 사업"154) 자체를 혁명이라고 말한다. 좀 더 근본적인 측면에서 설명하면 다음과 같다.

생산수단의 소유관계를 주된 내용으로 한 경제와 그 보장세력이 되는 통치와 아울러 전체적인 사회 사실에 걸친 국가적 권력 행사 사태를 역사적·시대적으로 변화시켜 보다 대중적인 사회적 구성원들 앞으로 이관시키는 행위가 혁명이라고 할 수 있다.155)

이런 점에서 '민족혁명'이란 후진성 지역의 위기기 역사 사태를 시대적으로 구출하여 전진시키는 실천 사업인 셈이다. 그리고 그 구출·전진의 내용은 '민족 삼반'에 따라 규정되어야 한다.

그러면 두 번째 물음에 대한 답은 무엇일까? 왜 그냥 민주주의가 아니고 서민성 자본 민주주의일까? 근세사시대에서 말하는 일반적인 의미의 민주주의는 선진성 지역에서 시민의 생성과 그 세력화 과정에서 생성된 역사적 산물이다. 그러므로 후진성 우리 지역에는 그 민주주의가 이념적인 것으로만 존재할 뿐 역사적 실재물(實在物)일 수가 없는 것이다. 그래서 서민성 자본 민주주의를 지향한다.156) 여기서 말하는 '자본'은 '민족 자본', '서민성 민족 자본'157)을 말하며, 따라서

---

154) 『민족혁명론』, 69쪽.

155) 그러므로 같은 사회적 성원들끼리 국가 권력을 탈취하는 행위인 쿠테타와 혁명은 엄격히 구별된다. 혁명은 합목적적인 행위이지 어떤 목적의 수단이 되는 것은 아니다(『민족혁명론』, 69쪽 참조).

156) 일부 공산주의 추종자들은 자본주의를 맹목적으로 배척하거나 부정적 시각에서 비판하는 경우가 있다. 그러나 이는 발생기 자본주의의 인류 역사에서의 공헌을 무시하는 '무지(無知)'의 소치이다. 근세사시대에 들어서면서 제기된 자유와 평등의 역사적 이념은 자본제사회 초기 사람들이 높이 들었던 고귀한 인류사 전개의 깃발들이었다(『己未를 알자』, 175쪽 참조).

157) 민족 자본이라는 말은 반외압, 반봉건, 반민족매판, 즉 3반성(三反性)이 내포

서민성 자본민주주의 민족혁명이 된다.

> 서민성 자본민주주의란 우리 후진성 지역에 있어서 하나의 역사적 전진을 저해하는 매판적 성격의 정치 및 경제 권력을 부인한다는 점에서 반-집중적 서민성을 지향하는 것이다. 그러므로 서민성 자본주의는 집중성 자본주의를 부정할 뿐, 자주적인 상공업의 발전과 그 시장 관계의 역사적 이중성을 높이 강조하지 않을 수 없다 … [인간이 지향하는 가장 이상적인 사회] 즉 정사 단계의 사회는 자본의 시대성을 거쳐서 비로소 가능한 것이다.158)

민족혁명을 시대 구분의 세 가지 측면인, 역사적 시간성, 사회적 조건, 그리고 인간 혹은 사회족 등의 변화와 연결시켜 '함축적으로'159) 정리해 보면 다음과 같다.

첫째, 역사적 시간성의 측면에서 보면 우리 지역의 사로는 중세사시대 말기에서 근세사시대로 나아가야 한다.(중세사시대 → 근세사시대)

둘째, 사회적(혹은 사회경제사적) 조건의 측면은 토착 사회의 자

되어 있는 높은 역사적 가치의 개념이다. 그리고 서민성민족자본이란 경제적인 면에서 중세사적 및 식민지적 정체성(停滯性)을 부정하면서 자주적이고 서민적으로 육성된 민족 자본을 의미한다(『자료집 2』, 156쪽 참조).

158) 『己未를 알자』, 175쪽. '정사'와 '정인간'에 관해서는 다시 설명할 기회가 있을 것이다.

159) 사실 이 문제는 우리의 역사적 현재를 분석하고 인식하는 데 매우 중요한 사안일 뿐 아니라, 이러한 인식을 바탕으로 성립되는 사로와 노선, 전략, 전술, 그리고 실천의 문제와도 직접적으로 연결되어 있다. 따라서 이 문제는 매우 구체적이고도 세밀한 분석을 필요로 하는 부분이다. 그래야만 현 역사사태에서 우리가 지향해야 역사 전진의 길과 그것을 위한 효과적이고 실천적인 전략 및 전술이 확립될 수 있기 때문이다. 그러나 이것만으로도 엄청나게 방대한 작업이기 때문에 여기서는 우리의 논지를 전개하는데 필요한 최소한의 범위로 축소하지 않을 수 없다. 그래서 '함축적으로' 정리한다는 말이다.

본제적 성능의 실태를 기준으로 분석될 수 있다.

　후진성 지역인 우리는 사회경제사적 성능이 자본제적 실태로 되어 있지 못하고 있는데다 구조적으로 사회 전반에 외침의 세력이 침투해 있다. 또한 여기에다 매판세력이 세력적으로 작용하면서 자본과 국가권력의 결탁을 가져오기도 한다. 우리의 역사 사태에서 집중성 자본의 문제보다 '반-매판'이 강조되는 이유가 바로 여기에 있다. 현실적으로 우리에게는 집중된 우리 자본의 처리가 문제시되지 않기 때문이다. 그래서 통치 형태상으로는 '자본민주주의'로 나아가야 하는가 하면, 전진적 역사의식의 행정으로 보면 선진성 지역의 '시민 혁명'과는 달리 '민족혁명'을 지향한다.160) 그리고 비록 근세사 말기인 금융자

---

160) 선진성 지역의 전진적 역사 행정은 '자본민주주의 시민혁명', 약칭 '시민혁명'이었다. 선진성 지역에서는 '반봉건'과 '반외압'의 세력이 구축되고 아울러 사회경제적으로는 '민족 자본'이 형성되어 역사적 시간성의 측면에서는 중세사시대에서 근세사시대로, 사회적 조긴에 있어서는 봉건제사회에서 자본제사회로, 그리고 사회족의 측면에서는 종족시대에서 민족시대로 전진한 것이다. 이것이 이른바 '시민혁명'이다. 그들에게는 근세사시대 말기적인 현실이 작용하지도 않았고 또한 매판세력의 세력적인 영향도 없었다. 그러나 우리의 처지는 이와 다르다. 후진성 지역인 우리의 역사 사태는 시민혁명을 통해 지양·발전할 수가 없다. 그래서 우리의 길은 '민족혁명'이다. 우리의 사정을 단순히 중세사시대에서 근세사시대로 나아가야 할 사태, 다시 말해서 선진성 지역과 동일한 것으로 본다면 선진성 지역과 마찬가지로 시민혁명의 길로 가야 하겠지만, 이는 우리의 구체적인 역사 사실을 추상적으로 보는 것에 불과하다. 다시 말해서 자국자본 형성 국가인 선진성 국가들에 있어서는 근세사시대 말기에 수정자본민주주의로 나아가야 하겠지만, 우리 지역에 작용하는 근세사시대 말기적 역사사태는 그와 다르다. 우리는 토착적으로 중세사시대 말기적 역사사태와 근세사시대 말기적 역사사태, 그리고 이 양자의 교착 작용으로 발생하는 갖가지 기형적이고도 특수한 역사사태 등 삼중적인 다층적 역사사실이 노정되고 있는 것이다. 만일 우리의 처지를 두고 수정자본민주주의로 나아가야 한다고 주장한다면, 이는 이러한 여러 가지 역사사태를 사상(捨象)해버리고 오로지 근세사적 말기의 역사사태만을 주목하는 추상적(抽象的) 역사인식인 것이다. 후진성 지역의 문제성의 본질과 그 구출의 방법에 관해서는 『민족혁명론』과 『자료집 2』(특히 279~287쪽)를 참조하라.

본주의의 세력적 영향을 받고 있기는 하나 노동자계급혁명이나 공산주의혁명을 운위할 수 없는 까닭도 바로 여기에 있다.161) 우리 지역에 있어서는 민족적인 것이 노동자의 이익으로도 되고, 더 나아가서는 인간적인 것으로도 된다. 이를 무시하고 노동계급적인 것을 주장하게 되면 이는 전체 민족대중에게는 위해를 입히는 것이 된다.162) 특수가 보편을 규정해서는 안 된다는 말이다.163) (봉건제 사회 → 자본제 사회 혹은 서민성자본민주주의 사회)

셋째, 사회족의 측면에서는 '민족'164) 구성으로 지향해야 한다. 이는 중세사시대의 사회족인 종족의 인간적 성능이 근대적 시대성을 갖는 사회적 구성물로 바뀐다는 것이다. 그러므로 사회족의 측면에서 민족혁명이란 "이미 이룩되어 있는 민족이 자기를 유지하기 위해 가지는 혁명이 아니다."165) 후진성 지역인 우리 지역의 역사 사태를 볼 때, 아직 우리는 민족 성립 이전의 겨레, 즉 중세사시대의 사회족인 '종족'의 잔재가 남아 있는 실정이다. 따라서 한편으로는 이러한 존재 형태가 민족의 방향으로 전개되고 또 다른 한 편으로는 재래의 종족

---

161) 『己未를 알자』, 162쪽 참조.

162) 『민족혁명론』, 127쪽.

163) 물론 후진성 우리 지역의 노동자도 노동자로서의 계급적 성능을 가질 수 있다. 그러나 그것은 노력성 민족 대중에 포함되는 하나의 속층성(屬層性)일 뿐 독자의 계급성을 지니는 것은 아니다. 따라서 독자적인 계급으로 형성되는 것도 아니다(『민족혁명론』, 128쪽).

164) 민인사학에서 보면, '민족'이란 씨족, 부족, 종족과 마찬가지로 역사적 시대성을 갖는 사회적 구성물이다. 따라서 민족이라는 개념을 '겨레'라는 말과 혼동해서는 안 된다. 민족은 근세사시대에 한정해서 사용되는 사회족의 명칭이고, 겨레는 온 역사 단계에 두루 쓰일 수 있는 사회족의 명칭이기 때문이다. 다시 말해서 상고사시대의 겨레는 씨족이고, 고대사시대의 겨레는 부족이고, 중세사시대의 겨레는 종족이며, 근세사시대의 겨레는 민족인 것이다(『소사전』, 1~3쪽과 『민족혁명론』, 60쪽 등을 참조).

165) 『민족혁명론』, 196쪽.

으로 잔재하거나 변화하는 기형적 역사 사태, "민족 성향 백성들과 반민족적인 일부 세력의 대립이 상존하는 역사사태"166)에서 겨레의 민족적 성립을 위한 혁명이 민족혁명이다. 한마디로 종족에서 민족으로 사회족이 바뀌는 것은 인간의 실존적 위상이 달라지는 것이고 또 존재론적으로 본다면 인간의 존재성이 변하는 것이다.(종족시대 → 민족시대)

5. 인간혁명과 그 이념

1) 인간혁명

1920년 7월 20일 제2차 국제공산당대회 보고 연설에서 레닌은 "후진성 지역인 중국과 조선에 있어서의 혁명은 사회주의 혁명이 아니라 민족혁명으로 해야 한다"고 천명했다.167) 이는 한국과 중국 등 극동의 역사 사태에 대한 분석적 파악과 그 구출 및 전진에 관한 인식이 달라야 한다는 것과 그리고 각 지역(특히 선진성 지역과 후진성 지역)의 역사적 사실의 준별성(峻別性한)을 과학적으로 분석해 밝히는 것이 매우 중요한 일임을 역설하는 것이라고 할 수 있다. 그리고 이 점이 바로 같은 마르크스주의의 길을 걷고 있으면서도 레닌이 마르크스와 엥겔스는 물론 일반 마르크스주의자들과 구별되는 점이라고 할 수 있다.

---

166) 『민족혁명론』, 144쪽 참조.

167) 『자료집 2』, 739~740쪽, 『민족혁명론』, 177쪽과 238~239쪽 등을 참조. 그리고 1922년 1월 모스크바에서 열린 '동양 약소민족대회'에 고려공산당 대표 이동휘를 초청한 것이 아니라 대한민국 임시정부 의정원 대표 나용균, 신한청년당 대표 여운형, 대한애국부인회 대표 권애라, 의열단 대표 김시현 등을 초청한 것도 이러한 혁명 노선의 연장선상이라고 볼 수 있다(『민족혁명론』, 177쪽).

마르크스와 엥겔스는 둘 다 근세사시대 제2의 내분기인 산업자본제 시기의 사람들이었다. 또 그들의 사회적 생활 영역이 주로 선진성 지역인 영국이나 프랑스, 독일 등이었다. 그렇기 때문에 그들의 주론(主論)인 '제1차 공산당선언'이나 그 사상적 토대라고 할 수 있는 『자본론』과 『경제학비판』 등도 모두 이러한 선진성 지역을 소재로 삼았던 것이다. 그래서 그들의 주장이나 논문에는 민족혁명 운운의 말이 있을 수 없었다.168)

한마디로 금융자본제 단계에 살았던 레닌은 마르크스와 역사적 시간성이 달랐을 뿐 아니라, 후진성 지역의 역사 행정을 분석적으로 파악하고 있었던 것이다. 마르크스에 따른다면, 노동자와 자본가의 대립은 필연적이고 종국적이지만, 민족혁명의 과정에서는 민족 노자(勞資)가 민족 대아 동승(民族 大我 同乘)의 처지에서 손을 잡고 제국주의적 세력의 외압을 물리치는 것이 더 근본적이고 요긴한 일이다. 만일 이를 무시하고 사회주의 혹은 공산주의 혁명을 주장하는 것은 "민족 성향 민족 인민 대중들에 대한 너무나도 중대한 범죄적 사실"169)이 될 뿐 아니라 "반민족적 반혁명적인 행위"170)가 되는 것이다. 예컨대 해방 전후 조선공산당 '서북5도총국' 책임자였던 현준혁 등이 주장한 민족혁명 – 사회주의혁명 – 공산주의혁명 등, 이른바 3단계 혁명론이 바로 그 단적인 예라고 할 수 있다.

이런 점에서 볼 때, 민족혁명은 두 가지 종류가 있다. 위에서 말한 현준혁 등이 말하는 민족혁명은 민인사학에서 말하는 민족혁명과는 그 역사적 성격이 판이하게 다른 것이다. 그리고 민족혁명이라는 용어를 처음 사용한 레닌의 민족혁명 역시 마찬가지이다. 레닌이 말한 민족혁명은 소위 '2단계 혁명론'의 한 구성 부분이며, 민족혁명 그

---

168) 『민족혁명론』, 238쪽.

169) 『민족혁명론』, 238쪽.

170) 『민족혁명론』, 239쪽.

자체로서 목적적 단계성을 갖는 것이 아니었기 때문이다. 다시 말해서 민족혁명의 성공은 곧 이어서 사회주의 혁명으로 이행 전개된다는 것이다.171)

민인혁명의 사로, 그 역사적 순로(順路)의 측면에서 이종률은 이렇게 언명한다.

> 후진성 지역에서 요구되는 민족혁명은 중세사시대적 위기기성을 구출하여 근세사시대로 올려놓게 됨으로써 완결되는 것이지 거기서 다른 새로운 시대적 혁명 노선이 요구되는 것은 아니다.172)

민족혁명 외에 사회주의 혁명이나 공산주의 혁명 등 새로운 시대적 혁명 노선이 필요하지 않다는 말이다. 모름지기 우리의 역사가 나아갈 사로는 민족혁명 뿐이라는 것이다.

그런데 위의 말을 잘못 이해하면 마치 역사가 민족혁명의 단계에서 완성되는 것으로 받아들일 수 있다. 그러나 여기서 말하는 '완결'이란 한 시대의 역사성을 두고 하는 말이지 역사 자체의 완성을 가리키는 말이 아니다. 그리고 새로운 시대적 혁명 노선이 필요 없다는 말은 이러한 역사성을 완성시키는 데 또 나른 혁명적 노선이 필요한 것이 아니라는 말이다.

그래서 이종률은 이어서 이렇게 말한다.

> 혁명 과정에 있어서 민족혁명이란 하나의 시종성(始終性)을 갖는 것이 아니라, 전단계적(前段階的) 과정성을 갖는 것이다. 그러면 그 후단계의 과정은 무엇일까? 그것이 사회주의 혁명이라는 것일까? 아니다.173)

---

171) 『자료집 2』, 391~392쪽 참조.
172) 『민족혁명론』, 69쪽.
173) 『민족혁명론』, 70쪽.

여기서 '아니다'라고 단언하는 것을 보면 분명한 답을 가지고 있음에 틀림없다. 그렇다면 민족혁명 다음의 단계는 무엇일까? 그것은 곧 '인간혁명'이다.

2) 인간혁명의 이념

인간혁명의 단계는 어떻게 오는 것일까? 역사 행정에서 볼 때 민족혁명은 기계적으로 인간혁명으로 이어지는 것일까? 역사의 지양·전진의 과정을 볼 때 결코 그렇지는 않을 것이다. 오히려 민족혁명은 '그 혁명의 후속과정이면서 동시에 인간혁명의 서막 과정'174)이다. 그러므로 인간혁명은 민족혁명의 후단계로서 그 완성이라고 할 수 있다. 다시 말해서 민족혁명은 후진성 지역의 역사적 위기기성을 시대적으로 구출하는 경제사적·사회사적 혁명임과 동시에 노선상으로는 인간사적 내용을 갖게 되는 인간혁명의 과정을 함께 달성해 나가는 것이다. 그래서 우리는 이를 "민족혁명 – 인간혁명", 약칭 "민인혁명(民人革命)"이라 부른다.175) 민인혁명의 과정을 간단히 도식화하면, "민족혁명 → 생산 및 윤리의 사회화 과정 → 인간혁명"176)의 과정이다. 그러므로

> 민족혁명의 모든 성과는 인간혁명의 뿌리이고, 인간혁명의 모든 성과는 민족혁명의 가지요 꽃이다. … 그리고 뿌리와 가지와 꽃은 제각기 상대적인 각이성(各異性)을 가지고 있지만 하나의 유기적 일체성을 가지고 있다.177)

---

174) 『자료집 2』, 392쪽.

175) 『민족혁명론』, 71쪽.

176) 『자료집 2』, 392쪽.

177) 『민족혁명론』, 71쪽.

여기서 말하는 '유기적 일체성'이란 달리 말한다면 민인혁명(혹은 민인사혁명)의 총체적 위상이자 그 이념적 지표라고 할 수 있다. 왜냐하면 이는 인류의 전사(前史)가 가졌던 모든 위기기성을 모두 구출하여 새로운 인류의 역사 단계로 올려놓게 되는 바로 그 총체적 내용을 가리키는 것이기 때문이다. 그러므로 인간혁명이 완수되기까지는 각 지역(후진성 지역, 중진성 지역, 선진성 지역)의 역사 사태가 각양각색의 모습을 취할 수 있으나, 인간혁명이 완수되어 세계사적 통일의 체제에 이르게 되는 길과 그 역사적 성능에 있어서는 모두가 동일한 것이다.

그런데 전사의 모든 위기기성을 총체적으로 구출·전진시키는 혁명이 왜 인간혁명인가? 왜 그 이름이 하필이면 '인간혁명'인가? 모든 시대의 명칭이 그렇듯이 인간혁명 역시 가장 소중하면서도 가장 특징적인 부분을 그 이름으로 삼았다. 그러면 인간혁명에 있어서 가장 특징적인 부분이란 무엇인가?

세계사적으로 오늘날 근세사 말기적 위기기성을 구출하여 현대사 방향으로 전진시키는 역사적 성능은 이전에 있었던 것들과 동일한 것이 아니다. 중세사 말기적 위기기성을 구출하여 근세사 방향으로 전진시킨 것은 동일한 인류의 전사 안에서의 일이지만(중세사와 근세사는 똑 같이 전사에 속한다는 말이다), 그러나 근세사 말기의 위기기성을 구출하여 현대사 방향으로 전진시키는 것은 이러한 전사의 모든 위기기성을 모두 구출하여 정사(正史) 단계 그 제1의 시대로 올려놓게 되는 내용이기 때문이다. 다시 말해서 중세사 말기에서 근세사로 시대적 전진을 하게 되는 혁명은 흔히 말하는 자본민주주의혁명 혹은 시민혁명일 따름이지만, 근세사 말기적 위기기에서 현대사로 시대적 전진을 한다는 것은 시대적인 전진이면서 동시에 총 전사 단계의 위기기성을 하나의 대역사(大歷史) 단계적으로 구출하여 새로운 대역사 단계로 올려놓게 되는 혁명인 것이다. 그러므로 전자는 주로 경제적 사회사의 혁명인데 반하여 후자는 경제적 사회사의 혁명임과 동시에 인간사적 내용을 갖는 인간혁명을 함께 달성해야 하는 것이다.[178]

인간혁명에 있어서 '가장 귀중하고 특징적인 것'은 한마디로 '인간 사적 내용'이다. 물론 이 말은 사회경제사의 역사적 성능을 경시하거 나 부정하는 것이 아니라 옳은 방향에서 평가하고 중시하자는 것이며, 그 옳은 방향이 곧 인간사적 방향이라는 말이다. 그러므로 인간사적 내용이란 결국 인간 가치 및 인간 윤리의 새로운 차원을 말한다. 인간 혁명은 "전사 단계의 전－인간(前－人間)들이 생산 수단의 소유 관계 를 중심으로 혹은 여러 가지 악착스러운 조건들에 의한 인간 상호간의 대립 분쟁을 반드시 사회경제사적 및 인간사적 새 조건들을 통해 지양 하는가 하면, 거기서 정사 단계의 제1의 시대인 현대사시대의 사태를 경제·사회·통치 등 전체적인 역사 사태에 걸쳐서 새로이 건설하는 것"179)이다.

민인노선의 방향에서 역사적 위기기성을 구출하는 것은 민족적· 인간적 방향의 전체 대중을 구출하는 것이다. 다시 말해서 민인혁명은 우리 민족의 역사적 성능(역사성)과 인간적 성능(민족성과 인간성), 특히 그 인간성의 구출이라고 할 수 있다.180) 그래서 인간혁명이다. 그리고 오늘날 사회과학에서 흔히 쓰이는 '인간 소외' 혹은 '인간성 소 외'의 극복이라는 말도 이념상으로는 같은 맥락이다. 왜냐하면 인간

---

178) 『민족혁명론』, 70쪽.

179) 『민족혁명론』, 71~72쪽. 일반적으로 우리가 알고 있듯이, 여러 가지 '깨어진' 인간 상호간의 대립 분쟁 가운데서도 가장 악착스런 것은 생산수단의 소유 관계를 둘러싼 경제적인 대립 투쟁인데, 경제적 생산력의 일대 혁신과 그와 관련된 전체적인 인간의 물질적·정신적 생산능력의 향상으로 말미암아 그 대립 투쟁이 지양된다는 말이다.

180) 이종률이 민족 통일을 강조하는 이유도 이와 직결된다. "통일 없는 곳에서는 어느 누가 그 어떤 좋은 말이나 훌륭한 글로써 반증을 세우려 해도, 우리 겨 레가 열병적인 국제 호열자 경제생활을 면하기 어려울 것이며, 그와 아울러 민족성은 괴상망측하게 찢어지고 악화된 현상으로서 땅에 떨어지기만 할 것" 이다. 이렇듯 "땅에 떨어지기만 하는 겨레의 인간성을 구하는 오직 하나의 길"은 바로 조국의 통일뿐이다(『민족혁명론』, 117쪽 참조).

소외나 혹은 인간성 소외는 경제적 생산력과 그것을 둘러싼 사회적 관계의 모순 대립에서 빚어지는 것이며, 이 모든 소외가 인간혁명을 통해 해소·구출되기 때문이다.

그렇다고 해서 이러한 해소·구출을 '인간성 회복'이라고 말할 수는 없다. 인간성 회복이란 본래 가지고 있었던 인간성을 다시 되돌려 찾는다는 것인데, 도대체 우리가 다시 되찾아야 할 인간성이 언제의 것이란 말인가? 이 세상에는 이미 성립된 '표준형의 인간성'이라는 것이 존재하지도 않을뿐더러 우리가 태어나기 이전부터 가지고 있었던 것도 아니다. 인간성이란 한마디로 우리가 "물질적·정신적으로 생활해 나가는 과정에서 차츰 생겨나고 발전된 것"181), 다시 말해서 "전체적인 생활환경에 의해 구성되고 변화·발전되는 것"182)이다.

이런 점에서 볼 때 이제 민인사학에서는 인간사 방향의 역사 이론과 그 인간성과의 관계에 대한 이해가 매우 중요한 문제로 대두되게 된다. 왜냐하면 그 모든 방향성이 인간사적 인산싱의 형성에 전진적으로 기여하는 것이어야 하기 때문이다. 그렇다면 인간성 형성에 전진적으로 기여하는 방향이란 구체적으로 무엇을 의미하는 깃일까? 인간혁명의 구체적인 내용을 분석해 보기 위해서는 이에 대한 해명은 불가피하다. 왜냐하면 인간성 형성에 전진적으로 기여하는 방향이라는 것이 곧 인간혁명의 이념이기 때문이다.

인간혁명의 이념을 파악하기 위해서는 전사 시대에 인간의 위치가 어떻게 변해 왔는가(인간성 형성의 과정)를 먼저 살펴보아야 한다. 왜냐하면 인간혁명이 구출하고자 한 인간적인 이념이란 전사시대의 모든 비인간적·반인간적인 사실이기 때문이다. 그러면 전사 시대에 인간의 역사적·사회적 위치는 어떻게 변해 왔을까? 이종률은 이를 '역

---

181) 『민족혁명론』, 199쪽.

182) 『민족혁명론』, 115쪽.

사의 주인공들'에 관한 이야기로 풀어나가고 있다.183)

　(가) 전사의 제1의 시대인 원시시대 역사의 주인공들은 생산성 근로의 능력과 순심을 가진 백성들이었다. 그러나 제2의 내분기로 접어들게 되면서 그 역사성을 계속 지키려는 백성과 이를 빼앗으려는 일부 남성과 그들의 거짓 철학이 차츰 세력화되고, 제3의 내분기에는 순심을 가진 그들이 원시시대 말기적 역사의 주인공들로 남게 된다.

　(나) 고대사시대에는 역사를 빼앗은 세력이 정착되고 그 권력을 위임받은 일부 세력은 노예 소유주 계급이 된다. 이 시대 역사의 주인공들은 노예와 그 방향의 백성들이다.

　(다) 고대사시대가 중세사시대로 바뀌면서 역사의 주인공들은 농노와 농노성 백성들이 된다.

　(라) 근세사에 들어서면서 역사의 주인공은 시민계급으로 된다. 그리고 근세사시대가 제1의 내분기(상업자본제 시기), 제2의 내분기(산업자본제 시기), 제3의 내분기(금융자본제 시기) 등으로 나누어지는데, 이에 따라 역사 주인공들의 사회적 생활의 성능도 그 내분기성에 따라 차이가 생기게 된다.

　(마) 후진성 지역인 우리 지역의 사실로서는 역사의 주인공 구성 역시 선진성 지역과 다르다. 따라서 역사의 주인공은 시민도 노동자도 아닌 민족성향 백성들이다. 물론 우리와 다른 후진성 지역에서는 비록 역사적 조건이 약간씩 다를지라도 생산자적 노력성을 가짐과 아울러 '인간적 및 사회 협여적(協與的) 순심을 가진 백성들'이 역사의 주인공이라는 점에서는 동일하다.

　이제 우리는 인간혁명이 지향하는 인간사적 이념이 무엇인지 충분히 짐작할 수 있다. 위에서 밝혀진 다섯 가지 반인간적 및 비인간적

---

183) 『민족혁명론』, 150~151쪽 참조.

성향을 지양하고 인간적 및 사회 협여적 순심을 가진 백성들이 역사의
주인공들이 되어 "인간이 요구하는 가장 간절하면서도 가장 높은 이상
적인 요구라고 할 수 있는 인간사 단계"184)를 이룩하는 것이다. 특히
주목해야 할 것은 후진성 우리 지역에서는 민족 문제가 인간 문제로
연결되고 인간의 문제는 반드시 민족 문제의 출발점이 된다는 사실이
다. 왜냐하면 우리 지역의 역사의 주인공은 민족 성향의 백성들이기
때문이다.

6. 민인혁명의 사로와 이상 :
인존성 인의능(人存性 人義能)

　민인사학에서는 역사를 크게 세 단계, 즉 사전사(史前史), 전사(前
史), 정사(正史)로 나눈다. 사전사는 역사가 있기 이전의 단계를 말하
고, 전사는 정사 이전의 역사를 말한다. 그리고 전사와 정사를 대역사
(大歷史) 단계의 구출·전진이라고 말한다. 도대체 전사와 정사의 차
이는 무엇이며, 또 대역사 단계의 구출·전진이란 무슨 의미인가?
　이미 살펴본 바와 같이, 전사의 시대적 전진은 상고사시대→고대
사시대→중세사시대→근세사시대 순으로 전개되었다. 그러므로 전
사에 있어서 역사적 단계의 구출·전진은 한 시대에서 다음 시대로 발
전하는 것이었다. 그런데 전사에서 정사로 나아가는 것은 왜 대역사
단계의 구출·전진인가? 간단히 말한다면 전사의 시대적 구출·전진
과 그 역사적 성능이 다르다는 말이다. 민족건양회의 '민인사 혁명 3
단계론'을 긍정적으로 받아들이면서, 이종률은 이렇게 말한다.

---

184) 『민족혁명론』, 150쪽 참조.

민인사 혁명 3단계론이란 제1의 과정 ; 민족혁명 과정, 제2의 과정 ;
사회적 생산력의 절대치적 및 인간사적 증대와 유관한 인간성과 인류능의
사회화 과정, 제3의 단계 ; 정사의 정인간 사회화의 과정 등을 말한다. 이
는 민족혁명, 사회주의혁명, 공산주의혁명 등 계급혁명 3단계론과 큰 차이
가 있다. 왜냐하면 민인사 혁명이 완수되면 무시대(無時代), 무사학(無史
學) 역사의 길을 걷기 때문이다.[185]

전사 시대의 시대적 변화와 전사에서 정사로 전진하는 것은 판이하
게 다르다. 전사의 시대적 변화는 한 시대에서 다른 시대로 전진한다
는 것이지만, 전사에서 정사로 전진하는 것은 무시대, 무사학의 길로
들어선다는 것이다. 정사는 시대와 그 시대의 사학이 없는 역사적 시
간을 말한다. 그러면 시대가 없다, 사학이 없다는 것은 무슨 뜻인가?

첫째, 시대가 없다는 것은 사로와 노선(혹은 정치 노선)이 없다는
말과 같다. 역사가 가야 할 길이 있다면 반드시 그 과정의 단계성이
있어야 하고, 그 단계의 규정성이 바로 노선이기 때문이다. 노선이 그
시대의 시대적 단계성에 대한 구체적인 인식에서 성립하는 이유가 바
로 여기에 있다.

그러면 노선이 없다는 것은 무슨 말인가? 노선이 없다는 것은 정치
가 없다는 것이고, 정치가 없다는 것은 이해 관계를 달리하는 사회적
세력간의 투쟁이 없다는 것이다.[186]

인간사 방향의 인간은 악착과 궁색이 있지 아니하며, 인간사적인 정서
와 아량으로서 너와 내가 대립하지 않고, 우리가 서로 협력해서 존재한
다.[187]

---

185) 『己未를 알자』, 184쪽.
186) 『자료집 2』, 230쪽 참조.
187) 『己未를 알자』, 184쪽.

결국 시대가 없다는 것은 모순 대립하는 세력간의 투쟁이 없으므로 구출·전진할 새로운 시대성이나 시대적 단계성을 갖지 않는다는 뜻이다. 그러면 사학이 없다는 것은 무슨 뜻인가?

민인사학에 따른다면, "사학은 역사의 주인공이 맡아서 하는 것"[188]이다. 그리고 사학은 생리적으로 시대적·사회적 구성물이며, 역사적 위기기 시간의 '항진체(抗進体)'로 존재하기 때문이다. 사학의 생명, 즉 사학의 생리성은 항진성이다. 그러므로 만일 역사 위기기성의 구출과 그 전진을 위한 시대적 상황이 아니라면, 항진적 생명력을 발휘하는 역사의 주인공도 없을 것이고, 또한 사학도 존재하지 않는다.

이렇게 본다면 결국 '무시대'와 '무사학'은 동일한 내포적 의미를 갖는 말이라고 할 수 있다. 그러나 민인혁명의 사로와 노선이 무시대, 무사학의 길로 간다고 하더라도 민인혁명의 이상이 구체적으로 해명되었다고 볼 수는 없다. 이에 대한 해명을 위해서는 민인혁명의 '역사적 가치의 정치노선', 달리 말한다면(인간혁명의 측면에서 보면) '인간적 가치의 노선'에 대한 보다 상세한 분석이 뒤따라야 한다. 그래야만 민인혁명의 주인공인 '인간적 방향의 노력성 대중(역사 구출의 중심세력)'이 지향한 이상적인 인간형, 즉 '정인간'의 상이 어떤 것인지 그 구체적인 실상이 밝혀질 것이기 때문이다.

이종률은 인간을 크게 세 단계로 나눈다.[189]

제1 과정의 인간 : 동물인
제2 과정의 인간 : 전인간(前人間)[190]
제3 과정의 인간 : 정인간

---

188) 『己未를 알자』, 141쪽.

189) 『민족혁명론』, 30쪽.

190) 전인간은 '준인간(準人間)이라고도 한다(『민족혁명론』, 70쪽과 71쪽).

'동물인'이란 사회사 이전의 넓은 뜻의 인간을 말한다. 그리고 사회사가 성립된 이후부터 세계사적 인간 행활 체제가 성립될 때까지의 인간을 전인간이라고 하며, 전인간 이후의 인간을 정인간이라고 한다.191) 민인혁명은 전인간의 단계에서 정인간의 단계로 나아가는 역사 과정이다. 그러므로 민인혁명이 지향하는 '인간적 가치'란 세 번째 과정의 인간인 정인간의 '인간의 성능', 다시 말해서 정인간의 인간성이다. 그리고 이미 지적했듯이 인간성은 인간의 '전체적인 생활환경에 의해 구성되고 변화 발전한다'.192) 그러면 정사 단계에서 인간의 전체적인 생활환경은 어떻게 달라졌는가부터 먼저 따져보아야 한다. 단순히 '악착과 궁색'193)에서 벗어났다는 말만으로는 부족하다. 이에 대해서는 정치, 경제, 사회, 문화 등 각 분야에 대한 많은 이야기가 필요하겠지만, 여기서는 지금까지의 역사 사태 분석에서 인간성 구성에 가장 큰 영향을 미친다고 판단되는 부분만 간단히 언급하고자 한다. 그것이 무엇인가? 경제적 갈등과 대립이다.

　　이에 대해 이종률은 함축적으로 이렇게 말한다.

　　　경제적 생산력의 일대 혁신이 일어나고 또 이와 밀접한 연관이 있는 전체적인 물질적 및 정신적 생산 능력이 향상되어 인간사적 인간 가치에 대한 새로운 차원이 열리게 된다.194)

---

191) 종족사회에서는 부족이나 씨족의 자취가 사라지고, 그리고 민족사회에서는 씨족과 부족, 그리고 종족의 자취가 없어지듯이, 정사 단계에서는 씨족, 부족, 종족, 민족 등이 모두 사라진다. 그러면 이제 사회족이 되는 것은 무엇인가? 정사 단계에 이르면 그 사회를 지칭할 만한 특수한 규정성이 없다. 굳이 말한다면 인간다운 사회라고 해야 할 것이다. 그래서 정사 단계의 사회족을 인간 혹은 정인간이라 하고, 자멘호프의 말을 빌린다면 '인류족' (homarano)이 되는 것이다(『민족혁명론』, 149쪽과 『己未를 알자』, 168쪽 등을 참조).

192) 『민족혁명론』, 115쪽.

193) 『己未를 알자』, 184쪽.

[그리하여] 부정적인 인성은 모두 소멸하고 세계사적 전체 인간성이 구성되게 된다.([ ]은 필자의 것)195)

여기서 말하는 세계사적 전체 인간성이 바로 '인간사 방향의 인간', 즉 정사의 정인간이 가지는 인간성이며, 정인간의 인간적인 성능이다. 정인간의 성능과 연관시켜 정인간의 사회가 갖는 특징에 대해 이렇게 말한다.

> 정인간 사회의 특징은
> ① 인간의 '일련탁생적 정귀미' 생존성('一蓮托生的 精貴味' 生存性)
> ② 인간의 '사회협여적 대의가' 생활능('社會協與的 大義價' 生活能)이라고 할 수 있는데, 이 양자가 성능적으로 또 교호 관계 위에서 작용하는 사회를 인간사 사회라고 한다. 얼핏보면 이는 경제적 생활 사실(史實)과는 관계가 없는 인생론적 문제로 이해하기 쉬우나, 이러한 싱능의 자각과 감행은 역시 물질적 인간 사유의 가능력으로써 되는 것이다.196)

인간성의 형성은 인간의 생존성과 생활능, 간단히 줄여서 인간적 성능의 교호작용 위에서 이루어지는데, 여기다 인간사적 가치를 부여하여 정인간의 성능을 '인존성 인의능(人存性 人義能)'이라고 말한다. 그리고 이러한 성능의 발현이 민인혁명의 궁극적인 이상이다.

'인존성'과 '인의능'은 지금까지 인간이 가졌던 '부정적인 인간성'이 모두 사라진, 그야말로 인간이 가질 수 있는 최상의 '성능'이자 가장 이상적인 '성능'이다.197) '성(性)'이란 인간의 존재론적 지위와 그 가

---

194) 『민족혁명론』, 71쪽 참조.
195) 『민족혁명론』, 115쪽. 우리 겨레의 분열은 인간성의 분열이며, 우리 겨레의 인간성을 구출하는 길은 오직 하나, 통일뿐이다(『민족혁명론』, 117쪽).
196) 『민족혁명론』, 198쪽.

치 규정을 가리키는 말이며, '능(能)'이란 실천적 생활의 위상과 그 가치 규정을 가리키는 말이다(위의 글에서는 '일련탁생적 정귀미'와 '사회협여적 대의가'가 여기서 말하는 가치 규정이다).198) '성'이라는 존재론적인 규정성에다 '능'이라는 실천적 규정성을 덧붙여 '성능'이라고 말한 것은 인성은 사회적·역사적 조건에 따라 변화·발전한다는 것을 가리키기 위한 것이다.199) 인간의 존재성인 '성'은 '능'에 따라, '능'은 '성'에 따라, 보다 더 정확하게 말한다면 '성'과 '능'의 교호작용에 따라 변화·발전한다.200) 그리고 인성은 사회적·역사적 조건에 따라 변화·발전한다는 점에서 보면, 성과 능의 변화 원리는 모순 혹은 대

---

197) '성능'이라는 개념은 이종률의 사상을 이해하는 데 가장 중요한 개념 중의 하나이다. 왜냐하면 인간, 사회, 역사 등의 전진적 발전을 설명하는 기본 원리가 거기에 담겨 있기 때문이다. 따라서 이 자체만으로도 하나의 '논제'로서 충분한 가치가 있다고 하겠다. 그러나 이 글에서는 지면 관계상 그 기본적인 의미만 서술하고 있다.

198) '성'과 '능'은 전통적 존재론이나 형이상학에서 말하는 '본질'과 '현상', '실체' 혹은 '본체' 와 '속성'에 비유할 수 있으나 그 의미가 일치하는 것은 아니다. 그보다 오히려 '성능'은 '실존'의 존재론적 구조에 더 가까운 것처럼 여겨진다. 특히 '능'의 능동적, 실천적 규정성에서 볼 때 그렇다.

199) 민인사학의 인성론은 유학이나 성리학의 인성론도 아니며 존 로크(로크의 『인간오성론』), 흄(흄의 『인성론』, 톨스토이(톨스토이의 『인생론』) 등이 주장하는 것도 아니다. 다시 말해서 인간의 본성은 성선설로서도 성악설로도 설명할 수 없다는 것이다(『민족혁명론』, 32~33쪽과 242쪽 등을 참조). 인간성은 환경에 의해 규정되며 환경의 변화에 따라 달라진다. 그러므로 인간은 타고날 때부터 인성을 가지고 있다는 주장이나 본질주의적 입장은 단호히 부정될 수밖에 없다.

200) 인간의 성능이라는 표현뿐만 아니라, 사회의 성능, 역사의 성능, 정치의 성능, 철학의 성능, 사학의 성능 등의 표현들도 같은 맥락이라고 할 수 있다. 다시 말해서 사회, 역사, 정치, 철학, 사학 등도 '성'과 '능'의 교호작용을 통해 변화·발전한다는 것을 말하기 위해 '성능'이라는 개념을 사용하고 있는 것이다. 따라서 변화·발전적으로 구성되는 것은 모두 성능을 통해 이해되어야 한다. 예컨대 역사성은 '역사적 성능의 것'이며, 인간성은 '인간적 성능의 것', 사회성은 '사회적 성능의 것', 정치성은 '정치적 성능의 것' 등이다.

립이다. '능'은 모순과 대립을 지양·전진하는 실천적 운동이다. 그러면 역사적 발전물인 정인간의 성능은 어떤 존재론적 및 실천적 가치 규정성을 갖는 것일까? 그것이 가지고 가치 규정의 포괄적인 의미를 다음과 같이 간략하게 정리해 볼 수 있다.

첫 번째로 지적할 수 있는 것은 '인본성(人本性)'이다.[201] 민인사학에 따르면, '생물적 인간의 시간에는 역사가 없었다.'[202]

이종률은 이렇게 말한다.

인류 역사 초기에는 계급이 있었던 것도 아니고 계급투쟁이 있었던 것도 아니다. 동시에 그 때는 시대가 있었던 것도 아니고 사학이 있었던 것도 아니다. 역사가 있기 이전, 다만 물리적 시간이 흐르고 있었던 그 때는 인간성향 동물은 있어도 성립된 인간은 없었다.[203]

역사는 인간성향 동물에서 인간으로 진화하면서 비로소 시작된다. 역사는 인간의 역사이다. 그래서 인간의 생물석 생존에서부터 인간적인 생활에 이르는 시기를 '유사시기'라고 하는데, 이는 다시 전사와 정사로 나누어진다. 그리고 정사 단계에는 다시 역사가 없다. 그러므로

---

201) 『민족혁명론』, 150쪽 참조.

202) 『민족혁명론』, 148쪽.

203) 『자료집 2』, 766쪽. 역사와 사회가 있기 이전 그 물리적 시간이 흐르는 그 때는 계급도 없었고 투쟁도 없었다는 이야기는 마치 루소의 '자연상태'를 연상시키는 듯하다. 그러나 계급과 투쟁이 없었다는 점만 보면 그렇게 보일 여지가 있으나 역사를 보는 눈은 본질으로 다르다. 루소가 관념론적 관점에서 역사를 보고 있는 데 반하여, 민인사학은 기본적으로 유물론적 관점에서 역사를 이해하고 있다. 그리고 민인사학의 관점에서 역사 이전에는 투쟁이 없었다는 것은 인간 상호간의 투쟁이 없었다는 데 초점이 맞춰져 있다. 자연상태에서의 투쟁까지 부정하는 것은 아니라는 말이다. 그러나 루소에게서 강조되는 것은 불평등이 없는 '이상적인 세계'에 역점을 둔다. 사회가 성립되기 이전의 상태에서 '불평등'이 존재하느냐 아니냐를 따지는 것부터가 과학적인 발상이 아니라고 할 수 있다.

인간의 역사는 역사가 없는 무역사의 시간에서 역사가 없는 정사의 시대로 나아가는 하나의 과정이다. 그러나 전자와 후자는 분명한 차이가 있다. 정사 단계의 인간은 생물적 혹은 동물적 인간이 아니라 진정한 의미의 종차를 가진 인간이며, 바로 이러한 인간이 사회적 삶과 이념의 근본이 된다는 것이다.

두 번째로 지적할 수 있는 것은 '능동성'이다. 정인간의 존재론적 지위와 실천적 위상에 대해 이종률은 이렇게 말한다.

> 인류의 전사 단계에 있어서는 인간이 [능동적으로] 생존하는 것이 아니라 [수동적으로] 생존되게 되고, 또 [능동적으로] 생활하는 것이 아니라 [수동적으로] 생활되게 된다. [한마디로] 전인간 혹은 준인간으로 불리는 그들은 생존되며 생활되는 그 악착스러운 가지각양의 역사적인 사태 안에 존재하고 있다.([ ]와 그 안의 말은 필자의 것임)204)

전인간과 정인간의 차이는 전자가 수동적인 데 반해 후자는 능동적이라는 것이다. 전인간 혹은 준인간은 존재론적으로 수동적으로 존재하고 실천적으로 수동적으로 생활되지만, 정인간은 존재론적으로 [능동적으로 존재하고] 실천적으로 [능동적으로 생활한다]. 인존성과 인의능은 '인간으로서 생존'하고 '인간으로서 생활'하는 정귀(定貴)한 인간의 모습을 개념화 한 것이다.205) 인존성은 '능동적인 생존성'이고 인의능은 '능동적인 생활능(生活能)'이다.

세 번째로 지적할 수 있는 것은 자주성과 주체성이다. 정사 단계의 사회는 '정치가 없는 사회'이다. 정치가 없다는 것은 사회적 권력 관계의 대립이 없다는 말이다. 다시 말해서 지배와 피지배가 없고, 서로 주인이 되고자 싸우지도 않는, 그야말로 인간 모두가 그 사회의 주인이

---

204) 『민족혁명론』, 71쪽.
205) 『민족혁명론』, 72쪽 참조.

며, 부단히 발전하는 경제적 생산력을 그들 자신의 것으로 하고 있다. 정사의 단계를 무역사, 무사학의 시대라고 하는 까닭이 바로 여기에 있다. 정치가 없는 사회에서는 역사도, 사학도 필요 없는 것이다. 정인간은 대립 속에서 자신의 존재성을 지키고 유지하기 위해 실천하는 것이 아니라 스스로의 생존 그 자체를 위해 실천하고 생활한다. 인존성은 주체적 존재성의 체유(體有)이고, 인의능은 주체성을 체해(體解)함으로써 얻게 되는 자기 성능의 자발적이고 창발적인 발로이다.

네 번째로 지적할 수 있는 것은 대아성(大我性)이다. 흔히 '대인(大人)'과 '소인(小人)', '대아(大我)'와 '소아(小我)', '대로(大路)'와 '소로(小路)'를 대비시키는 데, 그 내포적 의미의 핵심은 '사회'와 '개인'이다.

> 자아는 두 가지가 있다. 하나는 소아이고 다른 하나는 대아이다. 소아는 작은 자아, 단순한 자아, 악착스러운 자아라 할 수 있으며, 대아는 가치의 자아, 폭넓은 자이, 대도로운 자아, 남을 용납하는 자아, 너와 내가 함께 살 수 있는 자아로서 소아와 대칭되는 자아이다.[206]

정인간의 성능이 대아성을 갖는다는 것은 개인보다는 내중과 사회성, 즉 공동체적 성향을 지향한다는 것을 의미한다. 그러므로 대아성을 달리 말한다면 '협친적(協親的)' 사회성이라고 할 수 있다. 민인사학이 유학이나 성리학의 역사적·사회적 성능을 분석·비판한 것도 바로 이 점을 강조하기 위한 것이었다. 유학과 성리학은 소수 특권 소유자들과 대중의 대립 속에서 특권과 이기적 욕심의 유지·충족을 돕는 대표적인 보수 철학이었으며 분열과 갈등의 철학이었다.[207] 그러나 이제 정인간의 사회는 대중의 이익과 그 선(善)을 구심점으로 '대아적 단결'[208]을 이루고 있는 일통적(一統的) 사회이며, 정인간은 인

---

206) 『민족혁명론』, 82쪽.
207) 『祖國史의 분렬과 統一의 主潮』 참조.

간 가치의 새로운 차원이다. 가치의 측면에서 본다면, 인존성은 인간의 존재성, 즉 존재론적 가치의 '대아적' 사회화이고 인의능은 인간의 실천적 가치의 '대의적' 사회화이다.209) 인존성은 대아성 내지는 인류성이며 인의능은 대의능(大義能)이다.

다섯 번째, 정인간의 대아성과 대의능의 대표적 성능은 사랑이다. 인간사 노선의 방향에서 역사적 위기기성을 구출하는 것은 민족적·인간적 방향의 전체 대중을 구출하면서, 반민족적 반인간적 방향의 사람들도 함께 구출하는 것이며, 이것이 곧 정인간적 인간애이며.210) 대아적 품격이다. 대아성은 협친적 사회성이면서 동시에 '애인적(愛人的)' 사회성이다. 사람들이 '화복스럽고 영예롭게 활개를 펴고 잘 살게 되기 위해서는' 서로를 '사랑하는 성열(誠烈)을 더욱 깨끗하게, 한층 더 강력하게 닦아 가져야 한다.' 사람들이 서로를 사랑하는 것은 "인간의 보편적인 품격을 높이는 것이면서 동시에 우리 각자의 인생의 내용을 보다 더 향기롭게 하는 것"211)이기 때문이다.

여섯 번째, 정인간의 성능은 관용적이다.

소아적인 너와 싸워 너를 멸하고자 하는 것이 아니라, 너를 대아 안에 내포되는 우리의 일부로서 귀중히 여기며, 때에 따라서는 동련의 비정으로써 책선하고 제도하는 정대성과 관용성을 지닐 때, 오히려 정인간적 기쁨을 느끼게 된다.212)

---

208) 『祖國史의 분렬과 統一의 主潮』, 237쪽.

209) 『己未를 알자』, 184쪽 참조.

210) 『민족혁명론』, 85쪽.

211) 『민족혁명론』, 23쪽 참조.

212) 『민족혁명론』, 352쪽. 그렇다고 해서 무조건 관용하자는 것은 아니다. 성공적이고 효과적인 통합을 이루기 위해서는 먼저 세척적(洗滌的)인 분리가 필요할 때가 있는 것과 마찬가지로, 관용을 위해서도 역사 사태에 대한 정대·여실(正大·如實)한 분석이 필요하다(같은 책, 같은 곳 참조).

따라서 '민인노선'의 사회와 그 조직들은 '이겨서 적을 용납하는 그야말로 대아적·관용적 성품'을 그 체질로 하고 있다.

> 원수를 갚는 것은 사로를 걸고 사론을 주장하던 그들만이 하는 일이다. 우리의 길은 공도요 우리의 소론은 공리이기 때문에 사적인 원수가 없으며 사적인 보복도 있을 수 없다. … 세상에 이겨서 적을 관용하는 것보다 더 큰 즐거움이 어디 있겠는가.213)

"이겨서 관용하는 것이 우리의 길이요 … 우리의 생리이다."214) 인존과 인의, 특히 대의의 측면에서 보면 "너를 죽이는 것은 곧 나를 죽이는 것이 된다."215) 관용성은 인존성이 체유(体有)하고 있는 성품이고 인의능 혹은 대의능은 그 성품을 발휘하는 것이다. 정인간은 인존성의 체유를 요구하게 되지만, 그것을 스스로 체유하고 체질화하기 때문에 인존성은 정인간의 '자존적' 성품이다. 그리고 그것의 체유를 요구하는 것은 인의능의 효율적인 발현을 위한 것이기 때문에 그 체유와 발현은 한마디로 정인간의 성능이 되는 것이다. 인존성과 인의능은 '하나로서의 양자성'이다.

맺음말 : 오늘날 우리에게 민인사학은 무엇인가?

과연 이종률은 살았는가 죽었는가?

우리는 이러한 문제의식을 그 밑바탕에 깔고 이 글의 주제인 「민인혁명의 역사철학과 그 이념」을 체계적으로 분석하고 그 원리를 규명

---

213) 『민족혁명론』, 385쪽.
214) 『민족혁명론』, 385쪽.
215) 『祖國史의 분렬과 統一의 主潮』, 298쪽.

하고자 했다.216) 과연 민인사학은 오늘날 우리의 역사 사태를 시대적
으로 구출하고 전진시키는 구체적이고도 효과적인 힘일 수 있는가?
이 물음에 대답하기 전에 먼저 우리는 이종률이 말하는 '활성유물론
(活性唯物論)'217) 혹은 '능변유물사관(能變唯物史觀)'에 주목할 필요
가 있다. 왜냐하면 이것이 문제 접근의 기본적인 전제가 될 것이기 때
문이다.

활성유물론과 능변유물사관은 기계적 유물론 혹은 기계적 유물사
관에 대한 대칭어이다. 한마디로 유물론 자체가 고정물이 아니라는 것
이다. "만일 마르크스의 유물론이 그대로 수세기 동안 몇 천년이고 계
속된다면, 그것은 유물론이 아니라 역사적 사실과는 등진 관념론이 되
고 말 것이다."218) 그래서 이종률은 사회성을 갖는 모든 학문은 '반드
시 시대적 조건의 역사적 시간성을 갖는다'219)는 점을 강조한다. 특
히 학문이나 학설의 "절대적·무비판적 신봉이나 그 교조적인 인
용"220)을 경계한다. 역사와 사회, 그리고 역사성과 사회성을 갖는 학
문은 마치 성숙하면서 체질을 바꾸어가는 짐승과도 같은 것이다.

그렇다면 민인사학은 우리에게 무엇인가? 당연히 무비판적 신봉이
나 그 교조적 인용은 금물이다. 민인사학의 생리가 비판과 반성이듯
이, 우리도 이 물음에 접근하기 위해서는 무엇보다 먼저 비판과 반성
을 요구하고 있는 것이다. 글의 순서대로 따라 가보자.

---

216) 원리적으로 해명하고자 한 것은 '부분'이나 혹은 '특수성'을 가지고 전체 체
　　계를 규정하거나 단정하는 오류를 범하지 말자는 취지이다.

217) 이는 이관용(1895~1937) 교수가 제시한 개념이다(『민족혁명론』, 197쪽). 이종
　　률은 '활성유물론'을 여태까지 있어 온 비기계적 유물론이나 변증법적 유물
　　론보다 훨씬 더 발전된 유물론이라고 말한다(『민족혁명론』, 198쪽).

218) 『민족혁명론』, 198쪽.

219) 『민족혁명론』, 238쪽.

220) 『민족혁명론』, 241쪽.

1) 민인사학의 문제의식과 방법론

첫째, 민인사학은 비판과 반성을 체질적 생리로 하며, 과학적 이론과 그 일부로서 실천적 방법론을 요구한다. 그 이유가 무엇인가? 무비판을 요구하는 보수 특권 계층의 폭력과 무원칙한 방편주의 및 그 왜곡을 폭로·제압하고 사실을 있는 그대로 보기 위해서이다. 사실을 있는 그대로 보지 않고 왜곡하는 세력들이 있어 왔고 또 현재도 엄연히 존재한다.

둘째, 반성은 되돌아오는 것이며, 돌아오는 곳은 현재이다. 보수의 눈은 과거로 향해 있으나 돌아오지 않는다. 그러므로 그들에게 역사적 반성을 기대하기는 어렵다. 반성이 되돌아오는 곳이 현재라면 반성은 과거에 대한 반성이자 동시에 현재에 대한 반성이 된다. 그리고 이것이 역사 전진의 출발점이다.

위의 두 가지 시실은 오늘날 우리에게도 요긴하고 절실하다. 민인사학의 기본적인 문제의식은 '현재'221)에도 통한다는 말이다.

2) 민인사학의 현실 인식 : 후진성 조구의 역사적 현실

우리의 토착적 역사 사상(事象)을 규정할 수 있는 대표적 개념은 '후진성 지역'이다. '후진성지역'이란 20세기에 들어 정립되고 통용되는 용어이다. 그러면 이는 21세기 오늘날 우리 지역에 여전히 통용되는 것인가? 이는 우리 지역의 자본제적 성능의 실태, 그 성능이 우리

---

221) 여기서 말하는 '현재'는 자연적 혹은 물리적 시간으로서 2005년 현재를 의미하는 것이 아니라 역사성을 갖는 시간으로서 현재, 즉 '역사적 현재'를 가리킨다. 이종률은 우리말로 쓴 문학이라고 해서 모두 민족 문학이 아니며 현존하는 철학이라고 해서 모두 현대철학은 아니라고 말한다.(『민족혁명론』, 147쪽) 이러한 말 역시 문학과 철학이 갖는 그 역사적 시간성을 두고 하는 말이다.

의 서민 대중에게 작용하여 형성되는 사회적 생활 사상(事象)의 역사
적 형성물에 대한 분석에서 알 수 있다. 그리고 이는 자본제적 정치체
제, 경제체제, 사회체제의 성능에 대한 과학적인 분석과 함께 이루어
져야 하며, 그 분석이 구체적이고 상세할수록 그 지역의 역사성이 보
다 더 정확하게 규정될 수 있다. 특히 우리 지역의 실태를 규정하기
위해서는 자본제적 정치체제, 경제체제, 사회체제의 성능에 대한 일반
론과 우리 지역의 특수한 역사 실태에 대한 분석과 비교·검토가 반드
시 선행되어야 한다. 그러나 이것이 역사인식에 있어 매우 중요한 일
이고 또 반드시 필요한 일이기도 하지만, 이 글을 마무리하는 지금 우
리로서는 이를 감당하기 어렵다. 다만 여기서는 이종률의 포괄적인 역
사 분석을 중심으로 판단할 수밖에 없다. 그에 따르면, 우리 지역은
① 사회경제사적 성능이 아직 자본제적 실태로 되어 있지 못하고, ②
경제·사회·통치 등의 사태에 외침의 힘이 들어와 있을 뿐 아니라,
③ 경제·사회·통치 등의 사태 전반에 걸쳐 민족세력과 매판세력이
세력적으로 작용하고 있으며, 특히 통치에 있어서는 이 매판세력이 위
장 민주주의를 가지게 한다.222)

'후진성'을 규정하는 가장 핵심적인 부분은 ①항이다. 그리고 ① 항
의 사실이 명확해지면 ②항과 ③항은 큰 문제가 없어 보인다. 당장 ①
항과 연관하여 이런 문제가 제기될 수 있다. 과연 이종률이 우리 지역
을 후진성 지역으로 규정했던 당시와 오늘의 역사 사정을 동일하다고
할 수 있는가? 이에 대해서는 의견이 분분할 것이다. 또 경우에 따라
서는 첨예한 대립이 있을 수도 있다. 따라서 문제의 효율적인 접근을
위해 문제의 방향을 바꾸어 이렇게 물어보자.223) 과연 오늘날 우리는

---

222) 『민족혁명론』, 68쪽.

223) 분석의 방향을 '중세사시대 → 근세사시대'의 방향에서 '중세사시대 ← 근세사
시대'의 방향으로 바꾸어보자는 것이다. 전자는 중세사시대의 사실을 가지고
근세사 방향의 현재를 바라보는 것이고 후자는 근세사시대의 사실을 가지고

근세사시대의 역사성을 완성한 단계인가?

　여기서 주의할 것은 그 시대를 규정하는 보편적 시대성을 기준으로 판단해야 한다는 점이다. 왜냐하면 "어느 시대이든 시대는 모두 순수하게 그 시대의 시대성만을 가지게 되는 것이 아니기" 때문이다.

　　한 예로서 중세사시대를 보면, 거기에는 그 이전 시대인 노예제시대의 사실들이 남아 있기도 하고, 또 그 다음 시대인 자본제시대의 사실들이 선행적으로 생성·성장되면서 드러나는 부분도 있다.[224]

　그러면 우리 사회의 현재를 조명해볼 수 있는 근세사시대의 보편적 시대성은 무엇인가? 경제적으로는 ①자본제사회, 정치적으로는 ②민주주의사회, 사회적으로는 ③평등 사회가 근세사회의 역사성을 대표하는 것들이며, 이를 실현하기 위한 전제로서, ④사유재산제가 확립됨과 아울러 경제적 생산력이 증대되고, ⑤국토가 자주적으로 통일되어야 하며, ⑥사회족으로서 통일된 민족이 성립되고, ⑦법률직으로 신분상의 차별이 부정됨과 동시에 남녀 평등이 보장되고, 문화적으로는 ⑧말과 글이 민족의 차원에서 통일적으로 세워져야 한다.

　후진성 지역에 대한 분석과 위의 내용을 두고 볼 때, 이종률이 분석할 당시의 역사 사태와 오늘의 사정은 다소 차이가 있다고 할 수 있다. 특히 후진성지역에 대한 분석 ①항을 염두에 둔다면, 자본제적 성능과 경제적 생산력은 상당한 발전을 거두었다고 주장할 수도 있을 것이다. 그러나 동일한 시대라도 여러 가지 단계의 내분기를 가지듯이 이는 민족사시대의 완성으로 나아가는 하나의 과정으로 보는 것이 옳을 듯하다. 자본민주주의의 정치경제적인 성능으로 보나, 국토나 사회족의 측면에서 아직 민족사회가 주체적으로 성립되지 못한 점, 그리고

　중세사시대적 현재를 보는 방식이다.

224) 『민족혁명론』, 59쪽.

남녀 차별을 비롯한 사회적 불평등이 전세계적으로 거의 최하위권에 머물고 있으며, 반외압의 문화가 성숙되지 못한 점 등을 볼 때, 여전히 민족사시대(근세사시대)는 우리 역사의 전진적 목표일 수밖에 없다. 특히 19세기 말부터 20세기 중반까지 직접적으로 우리 역사의 민족체제로의 전진을 총체적 차원에서 막아왔던 일제 식민세력과 그 세력에 기대어 예속적 형태로 성장해 온 친일세력의 잔재가 사회 전반에 산재해 있을 뿐 아니라 그와 더불어 그 변형물이라고 할 수 있는 각종 의외파적(依外派的) 세력들이 작용하고 있다는 점을 주목하지 않을 수 없다.

3) 민인사학의 세 가지 기본 명제

민인사학은 보수와 반과학에 대한 치열한 비판의식을 가지고 있다. 달리 말한다면 이는 곧 역사를 진보적 혹은 전진적인 산물로 보고 있다는 말이다. 그 과학적 논리는 무엇인가?

첫째, 역사는 '쉬지 않고 전진한다'.225)

역사의 길은 발전과 전진의 길, 오직 이 '한 길'을 가게 되어 있다. '정치가 있는 사회'가 곧 역사가 있는 사회이고, 그 사회에는 어떤 형태이든 갖가지 사회적(사회적 성질을 갖는) 투쟁들이 있게 마련이다. 역사는 서로 상반되는 세력, 즉 자기 모순의 대립적 운동을 통해 전개되며, 모순은 역사가 펼쳐지는 자기 변화의 원리이다.

둘째, 역사는 옳은 방향으로 전진한다.

역사적 성능의 발전은 '새로운 가치' 혹은 '새로운 세력'의 생성이다. 왜냐하면 대립하는 두 세력, 즉 보수적 세력과 역사 전진의 길을 걷는 세력 가운데 궁극적으로 승리하는 것은 전진의 세력이기 때문이

---

225) 『소사전』, 21쪽. 『자료집 2』, 230쪽. 『祖國史의 분렬과 統一의 主潮』, 315쪽.

다. 역사는 모름지기 선(善)226)의 방향으로 나아간다. 그렇다면 민인 사학은 단순한 '낙관론'인가?

셋째, 역사는 실천을 통해 전진한다.

"생물적 인간 시대에는 역사가 없었다."227) 역사가 없었다면 당연 히 사회도 없었다.228) 역사와 사회는 인간 상호간의 대립적 세력이 형성되고부터 성립하기 시작된다. 그러므로 역사와 사회가 없었던 시 대에는 경제적 이익을 둘러싼 대립과 투쟁도 없고, 따라서 역사 전진 의 요구도 없었다. 만일 이러한 시대가 계속되었다면 지금의 역사는 어떻게 되었을까? 당시와 큰 변화가 없었을 것이다. 그렇다면 역사는 전진적 역사의식, 즉 역사적 실천을 통해 전진한다. "과학이 줄기라면 실천은 꽃이요 역사의 발전은 그 열매이다."229)

4) 민족혁명

우리의 역사는 어디로 전진해야 하는가? 아직도 우리는 "역사적 민 족의 완성"230)을 보지 못하고 있을 뿐 아니라, 민족 성립 이전의 겨 레로서 민족 성향의 세력과 반민족적인 일부 세력들이 대립하고 있다.

---

226) 선(善, Good)이란 일반적으로 가치론의 최고 개념으로 이해되고 있다.

227) 『민족혁명론』, 148쪽.

228) 역사 성립 이전에도 비록 '인간성향 동물'이었을지라도 인간들은 있었다. 그 리고 그들 상호간에 생존을 위한 투쟁이 있었을 수도 있다. 그러나 그것은 역 사와 사회가 성립된 이후의 투쟁과는 구별되는 것이었다. 이 때의 투쟁은 본 격적으로 인간과 인간 사이에서 이루어졌지만, 역사 이전의 본격적인 투쟁은 오히려 인간성향 동물과 다른 동물, 혹은 그들과 자연 사이의 투쟁이었다고 할 수 있다. 그러므로 그들의 삶은 인간의 역사가 아니라 동물사 혹은 자연사 의 일부였다.

229) 『민족혁명론』, 86쪽.

230) 『민족혁명론』, 143쪽.

그러므로 우리의 노선은 민족의 생성과 그 혁명적 완성이다.231) 우리 지역에 있어서는 민족적인 것이 노동자의 이익으로도 되고, 더 나아가서는 인간적인 것으로도 된다. 그러므로 노동자의 이익을 계급적 관점에서 이해해서는 안 된다.

특히 우리의 현실에서는 '자본민주주의 시민혁명'이 아닌, '민주 사유재산적이고 민족 자주적인 서민성 자본민주주의'가 요구된다고 한 것은 이종률의 탁월한 과학적 분석이 아닐 수 없다.232) 이는 오늘날 우리의 역사 사태, 즉 '무(無)의 현실'233)에 대한 과학적 분석의 산물이다. '무의 현실'이란 무엇인가? 한마디로 '민주성', '자주성', '주체성', '서민성', '평등성', (민주적) 생산성 등이 결핍되어 있다는 것이다. 이러한 결핍, 즉 무의 현실을 '유(有)의 현실'로 전진시켜, 민주적이고, 자주적이고, 주체적이고, 서민적이고, 생산적이고, 평등한 민족사회를 건설하는 것이 바로 '민족혁명'이다.

5) 인간혁명

민족혁명은 내재적으로 인간사로의 지향성을 가지고 있어야 한다. 왜냐하면 종족에서 민족으로 사회족이 바뀌는 것은 인간의 실존적 위상이 달라지는 것이고 또 존재론적으로 본다면 인간의 존재성이 변하는 것이기 때문이다. 그러므로 민족혁명은 '인간혁명의 서막 과정'234)

---

231) 통일이 우리에게 요긴하고 시급한 과제임을 강조하는 이유가 바로 여기에 있다. 통일이 없는 곳에는 우리 겨레의 사회경제적 삶은 피폐하고 민족성은 분열과 악화를 면치 못한다. 통일만이 겨레의 삶을 구하는 오직 하나의 길이며, 겨레의 인간성을 구하는 단 하나의 길이다(『민족혁명론』, 143쪽).

232) 『민족혁명론』, 68쪽.

233) 『민족혁명론』, 385쪽.

234) 『자료집 2』, 392쪽.

이며, 그 전진 과정을 도식화하면, "민족혁명 → 생산 및 윤리의 사회화 과정 → 인간혁명"[235]의 과정이 된다. 그러므로 민족혁명의 모든 성과는 인간혁명의 뿌리이다. 왜 하필이면 그 이름이 '인간혁명'인가? 모든 시대의 명칭이 그렇듯이 인간혁명 역시 가장 소중하면서도 가장 특징적인 부분을 그 이름으로 삼았다. 그리고 그 특징은 '전사 단계의 전-인간'이 '인간' 혹은 '정인간'으로 바뀌는 것이다. 그리고 정인간의 성능을 함축적으로 표현하는 말이 곧 '인존성 인의능'이다. '인존성'과 '인의능'은 지금까지 인간이 가졌던 '부정적인 인간성'이 모두 사라진, 그야말로 인간이 가질 수 있는 최상의 '성능'이자 가장 이상적인 '성능'이다.

---

235) 『자료집 2』, 392쪽.

이종률의 근대사이해와 시대구분론

하원호 | 성균관대학교 동아시아학술원 연구교수

머리말

이종률은 식빈시 시기부터 1960년대 민족일보사건과 민자통운동에 이르기까지 실천적 삶을 살아왔다. 그에게 역사란 항상 현재성의 역사였다. 그의 실천적 운동 과정에서 정립된 이론은 민족혁명론으로 요약된다. 민족혁명론은 20세기 한국의 현실에 기반한 것이었고, 이종률 특유의 역사인식이 반영된 것이었다. 그의 역사인식은 마르크스주의에서 출발했지만, 철저히 한국적 현실을 인식했고 인간을 역사의 주체로 한 인간혁명을 추구했다. 그러나 한국적 현실에서는 먼저 민족혁명론이 우선 되어야 하고, 민족혁명이 완성된 후 세계사적으로 인간혁명이 이루어져야 한다고 했다. 그래서 그 선후를 따져 민인혁명론을 주장했다.

그리고 그의 근대사에 대한 인식은 과거역사를 들여다보는 근거이다. 그는 실천하는 행동의 공간과 시간으로서의 근대에서 출발해 과거를 체계화시킨다. 물론 그 근대는 한국적 근대이다. 따라서 그의 한국

근대사 인식은 그의 역사인식, 시대구분론만이 아니라 실천적 미래와 직접 연결되어 있다.

그래서 이 글에서도 그의 근대사 인식에서 출발해 시대구분론의 내용을 살펴보고자 한다.

1. 한국근대사 인식

1) 민족혁명론의 역사인식

이종률은 근대를 '근세사 시대'라고 부른다. '근세사 시대'는 근대자본주의의 일반적 규정에 따르고 이 시대의 "사회족을 일러 민족(nation)"이라 한다. 그에게서 민족은 근대의 산물이다.

그런데 이 시대는 세계자본주의체제에 포섭된 만큼 전근대와는 달리 국제적 환경 또한 역사발전에서 주요한 요인이 되고 있다. 그러나 국내 '토착적 역사사태' 역시 한국사회의 현실에서 무시될 수 없고, 반드시 '토착적 역사사태'와 '국제적 역사사태'는 반드시 함께 고려되어야 한다고 본다. 그리고 그 차이는 다음과 같다고 본다.

> 1) 우리 구체적인 토착적 역사사태는 경제, 사회, 통치의 성능 그 전체 사실에 걸쳐서 중세사시대의 말기적인 현실에 놓여 있고
> 2) 관련성을 강하게 가지게 되는 국제적인 역사사태는 경제, 사회, 통치의 성능 그 전체 사실에 걸쳐서 근세사시대의 말기적인 현실에 놓여 있는 것이 사실(史實)의 사실 그대로의 인식인 것이다.[1]

물론 이 '토착적', '국제적' 역사사태에 대한 이해는 단순히 상호 참

---

[1] 이종률, 『민족혁명론』(들샘, 1989), 66쪽.

작하는 수준의 것은 아니다. 그의 전 저작이 변증법적 사유를 바탕에 두고 있다는 점을 고려하면, 이 같은 논의는 방법론상으로 현실의 모순을 끌어내기 위한 수단이다.

인용문에서 보듯이 근대사에서 한국적 현실과 국제적 현실은 모순관계에 있다. 한국적 현실은 중세사시대의 말기이고, 국제적 현실은 근대의 말기적 단계(제국주의단계)이다. 이 같은 상호 모순되는 현실이 작동하는 사회에서의 현실 극복 문제 역시 일면적으로 이해할 수 없다. 그리고 근대 극복의 대안도 역시 반드시 이 모순에 대한 이해에서 출발해야 한다고 본다.

인용문 1)의 한국 근대의 전근대적 요소 극복 문제만 논의할 때는 결과가 '자본민주주의 시민혁명'을 주장하게 되고, 2)의 세계자본주의의 모순 문제만 주장하게 되면 "'수정자본민주주의'로서의 민족사회주의 또는 '베른스타인과 사회민주주의, 레닌파 볼세비즘 사회주의' 등의 주장하게 되는 것이나"하고 힌다. 한국 근대의 특수성을 고려한 근대적 모순의 변증법적 극복을 위해 그는 '서민성 자본민주주의 민족혁명', 약칭 민족혁명을 주장한다.

그는 이 같온 '토착적', '국제적' 역사사태의 모순 문제라는 역사인식에서 출발해 그는 한국의 근대사회를 특징짓는 정의로서, 또 현실의 실천 운동의 대상으로서 '후진성 지역'이란 말을 사용하고 있다. 그는 후진성 지역을 다음과 같이 정의한다.

> 후진성지역이란 20세기 제3/4반기(半期)의 역사 사상인 한에는 다음과 같은 조건의 지역을 말한다.
> (가) 토착적 역사 실상이 아직 자주적 자본제사회를 이룩해 있지 못하다.
> (나) 국제적으로는 자본제사회의 제3단계적 사실, 즉 금융자본제사회적 국제권력(제국주의) 작용이 모습은 어떻든 간에 들어와 있다.

(다) 민족자본의 미성립과 동시에 매판세력이 작용하고 있다.
(라) 기타2)

한국사회는 '후진성지역'이고 20세기 3/4반기 곧, 1960년대에 이르기까지 여전히 토착적으로 자본주의가 뿌리내리지 못하고 외침의 위기 속에 있을 뿐 아니라 '매판세력'이 위장민주주의를 가지게 한다고 한다. 특히 이 '매판세력'은 (가)와 (나)의 모순을 현실에 실현하는 주체로서 이에 대한 비난은 신랄하다. "경제에 있어서 이 매판세력은 자본의 국가와의 결탁을 가능하게 하고, 사회적으로는 이 거짓 철학의 학문과 천속·퇴폐·음란스러운 유행가와 춤들을 퍼뜨리게 된다. 그리고 통치에 있어서는 이 매판세력이 위장 민주주의를 가지게 한다3)"

여기서 '후진성 지역'이란 '중진성 지역', '선진성 지역' 등의 말에 대칭하여 부르는 말이다.

그런데 "때로는 '근선진성 지역(近先進性 地域)' 또는 '근후진성 지역(近後進性 地域)'이라는 말도 쓰이고 있다는 점에 비추어본다면, 후진성 지역 역시 '정후진성 지역(正後進性 地域)', '근후진성 지역(近後進性 地域)' 등으로 나누어질 수 있을 것이다. 1917년 러시아혁명 이전의 러시아와 1937년 극동침략 이전의 일본을 일러 중진성 이상 선진성에 가까운 근선진성 지역이었다고 한다면, 1949년 국부 퇴각 이전의 중국을 일러 중진성 이하 후진성에 가까운 근후진성 지역이었다고 할 수 있으며, 오늘날 우리는 바로 후진성 지역 그것인 정후진성(正後進性) 지역이라고 할 수 있다"4)고 한다.

---

2) 『민족혁명론』, 337~338쪽.

3) 『민족혁명론』, 68쪽.

4) 산수이종률선생기념사업회 엮음, 『山水李鍾律 著作資料集』 제2집(들샘, 2002), 279쪽(이하 『자료집 2』로 함).

이 같은 민족국가간 '역사적 사태'의 차이는 그 극복을 위한 대안에서 이미 차이가 날 수밖에 없다. 이 국가간의 공간적 차별성은 앞서의 역사적 단계의 차이와 함께 그의 한국근대사 인식을 규정하는 요소이다.

이러한 '후진성 지역'으로서의 한국 근대의 극복방법은 무엇일까. 한국 근대사가 당면한 '후진성 지역'의 극복을 위해서 다음과 같은 삼반(三反)을 주장한다.

'후진성 지역'에서는 중세적 성격이 정치 경제 사회 전체적인 역사상의 기저에 깔려 역사를 전진시키지 못하게 하게 한다. 따라서 반봉건은 필수적이다. 또한 '근세사 제 3단계적 국제세력', 곧 제국주의의 외압이 작용한다. 반외압 역시 반드시 필요하다. 그리고 봉건적 성격이 변형된 연장의 일부이고, 외압의 기술적 작용의 일부로서 외압의 대행적 성격임을 분리할 수 없게끔 자기 성격화를 시킨 '민족매판세력'의 작용이 있게 되므로 반매판 역시 요구된다.5) 이 삼반이 그의 민족혁명론의 내용이다.

삼반투쟁을 일제하의 역사 속에서 보다 구체적으로 예를 들은 저술에서는 다음과 같이 말한다.

중세사말기적 종족체제에서 근세사방행의 민족체제에로 시대적 전진을 가져오기 위한 역사작용이 시작되었던 19세기 후기에 있어서 노(露)의 자본주의, 청의 침략, 일의 자본주의 등 외침세력은 이 땅 역사사상(歷史事象)의 민족체제로의 전개를 진압하려 했다. 그리하여 이 땅을 강점하게 된 일본제국주의＝일본제국주의 폭세(暴勢)는, 약 반세기간의 역사시일에 걸쳐서 우리들의 민족체제에로의 발전을 철저히 억압했다. 여기서 토착적 봉건제 특권세력계층은 이 일제 세력을 지주로 거기에 맹우적(盟友的) 또는 예속적 동맹을 하게 되고, 이 세역의 연장 확대물이며 일제세력의 바로 앞

---

5) 『자료집 2』, 283쪽.

잡이인 세력들은 구성적 맹우물이 되어 민족매판세력을 형성하게 되었던 것이다. 그래서 8·15이전 우리들은 (1) 반일제 (2) 반봉건 (3) 반매판 즉, 세칭 '삼반투쟁(三反鬪爭)'을 전개해 오게 되었던 것이다.6)

그의 '후진성 지역론'과 이의 극복을 위한 민족혁명론은 1960년대의 현실 분석에서도 그대로 적용되지만, 그 인식은 바로 근대이행 과정에서 겪은 고통스러운 식민지 현실에 대한 역사에서 출발했던 것이다.

이 삼반투쟁을 내용으로 한 민족혁명론은 구체적으로 '서민성 자본민주주의 민족혁명론(庶民性 資本民主主義 民族革命論)'이다.

서민성 자본민주주의란 우리 후진성 지역에 있어서 하나의 역사적 전진을 저해하는 매판적 성격의 정치 및 경제 권력을 부인한다는 점에서 반-집중적 서민성을 지향하는 것이다. 그러므로 서민성 자본주의는 집중성 자본주의를 부정할 뿐, 자주적인 상공업의 발전과 그 시장 관계의 역사적 이중성을 높이 강조하지 않을 수 없다. … [인간이 지향하는 가장 이상적인 사회], 즉 정사 단계의 사회는 자본의 시대성을 거쳐서 비로소 가능한 것이다.7)

그는 자본주의를 '집중성(集中性)' 자본주의와 '서민성' 자본주의로 나누어 인식하였다. '집중성'은 독점 자본주의를 의미한다. 전자는 '선진성 지역'의 권력 실체이고, 후자는 '후진성 지역'의 대중이 요구하는 것일 뿐 아니라 선진성 지역의 서민성 산업대중들도 현실적으로 요구하고 있는 것이라고도 하였다.8)

첫째, 경제체제는 사유재산제적이며 기계공업적이며 계획적이며

---

6) 『민족혁명론』, 348쪽.

7) 李一九, 『己未를 알자』(茂林社, 1979), 175쪽.

8) 민족혁명론에 대해서는 다음의 연구가 참조된다. 장동표, 「산수 이종률의 민족운동과 민족혁명론」, 『지역과 역사』 제10호, 2000.

서민적인 것을 지향한다. 토지가 가장 중요한 생산수단인 재래에서 성격의 변화를 가져와 종위상의 것으로 되고, 그 대신 공장·기계·원료 등이 제일의적 중요생산수단의 처지로 되게 된다. 기계·원료·자본·고급기술 등은 국제유입으로 하게 되고 저급기술 및 노무력만을 토착적으로 제공하게 되는 등의 사태에서 탈각된다. 둘째, 통치체제는 명실상부 주권재민의 자주적 민주적 통치를 행한다. 셋째, 사회체제는 신분·성별 등에 의한 차별이 부인된 만인평등과 자유와 박애를 사회적 통념으로 한다. 영토는 물론이요, 언어·문자 등도 통일을 기한다.

그의 민족혁명론은 사회주의적 성격이 내포되어 있지만 사회주의혁명의 서막은 아니다.

우리들의 대답은 간명하게 될 수 있다. '우리들의 민족혁명은 그 사회주의 혁명의 서막전이 아니다'라고. 민족혁명으로 발정되어 인간혁명으로 완결될 이 우리의 혁명과정엔 물론 사회주의 혁명적인 체질이 내포적으로 중간 등정으로서 있어지게 된다. 그러나 사회주의적 부분은 인간혁명의 대상 구조에 많은 부분 포함되기 때문인 것이요 '민족혁명 → 사회주의혁명'의 내용인 것은 아니다. 우리들에겐 어느 경우라도 러시아 10월 사회주의혁명과 같은 작용의 실체는 있어지지 아니할 것이다. 그와는 다르게 우리도 신세계사 체제의 한 구성세력으로서 부아란 듯 작용하게 될 것이다. 그 날에는 오늘에 불려지고 있는 사회주의사회 그것이 가진바 좋은 부분의 것은 전부 그것과 그것이 악착스럽지 않고 활달성 높게 내포의 하나로 섭양될 것이다.9)

이종률은 민족혁명에 대해서 두 가지 종류가 있다고 말한다. 하나는 1920년 7월 코민테른 2차 대회에서 보고된 레닌의 민족혁명과 다른 하나는 바로 자신이 말하는 민족혁명이라 하였다.10) 레닌의 민족

---

9) 『민족혁명론』, 369쪽.
10) 『자료집 2』, 391~392쪽.

혁명은 그 자체가 목적이 아니라 민족혁명의 성공으로 바로 사회주의 혁명단계로 이행한다는 2단계 혁명론의 한 구성부분이며, 자신이 말하는 후진성지역의 민족혁명은 시초 단계의 것이면서도 인간혁명의 서막에 해당하는 개념의 것이라 하였다. 결국 러시아에서의 20세기혁명은 부르조아혁명 → 프롤레타리아 혁명 → 인간혁명의 과정을 거쳐서 완수되고, 우리와 같은 후진성 지역에서의 20세기혁명은 민족혁명 → 생산 및 윤리의 사회화과정 → 인간혁명으로써 완수된다는 개념의 혁명론을 체계화하였다.[11]

민족혁명과 인간혁명의 상관성은 다음과 같다.

오늘의 각 나라는 토착성과 아울러 세계사적 국제 성원이다. 후진성지역 식민지에 있어서는 근대사 시대를 지향하면서 국제자주의 방향으로 구출해 나아가는 민족혁명이 당면 요구로 되고, 세계사적 정치사태에 이르러서는 현대사 시대를 지향하면서 정인간사적(正人間史的) 방향으로 구출해 나아가는 인간혁명이 당면 요구로 되는 것이다. 민족혁명과 인간혁명은 전후 관계는 있지만 개별적인 것이 아닌 하나인 것이고 '민인혁명론'이라 약칭한다. 민족혁명은 인간혁명의 정인간사적 방향으로 역사가 발전하는 기조성을 갖는 것이며, 인간혁명은 민족혁명의 역사 발전 단계를 거쳐 나오는 과정의 결실성을 갖는 것이다. 한 마디로 뿌리와 둥치인 민족혁명과 가지와 꽃인 인간혁명의 관계로서 유기적 일체성을 갖는다는 것이다.[12]

인간혁명의 완수과정은 대체로 어떻게 그려지고 있는가. 먼저 민족혁명까지의 前史 단계에서 생산수단의 소유관계를 중심으로 인간 자기끼리의 대립분쟁이 사회경제사적 및 인간사적 새 조건들에 의하여 반드시 지양되고, 거기서 인류 정사의 제1시대인 현대사 시대의 경

---

11) 『자료집 2』, 394쪽.

12) 『민족혁명론』, 253~254쪽.

제·사회·통치 등 전체적인 역사사태에 걸쳐서 신건설을 이루게 된다. 여기서는 인간 대 인간의 악착스런 대립분쟁인 것이 아니라, 일통화된 인간 즉 정인간으로서 인간대 자연의 싸움으로서 우주사 단계의 제1역사시대를 창발해 내게 된다. 여기서 정인간은 인간 자기들끼리 대립분쟁 차원의 낮은 단계의 생존과 생활을 어쩔 수 없이 하게 되는 것이 아니라, 높은 단계의 생존과 생활을 자발적으로 영위하게 되는 것이라 하였다.[13]

이종률의 민족혁명론은 한국의 역사와 현실을 토대로 한 새 사회건설론이다. 그의 근대사 인식은 한국 근대 사회의 역사성과 세계자본주의체제의 역사단계와의 상호 모순의 이해에서 출발했다. 그리고 그 모순을 내포한 한국 근대의 공간을 '후진성 지역'이라고 정의했다. 그리고 '후진성 지역'의 역사성을 극복하기 위해 '삼반투쟁'을 내용으로 하는 민족혁명론을 주장한다. 민족혁명을 통해 '서민성 자본주의'를 달성해야 하고 나아가 '생산 및 윤리의 사회화과정'을 거쳐 인간혁명으로 나아가야 하는 '민인혁명론'을 주장한다. 민족혁명론은 '후진성 지역' 모순의 자주적 극복을 위한 것이지만, 인간혁명은 세계사적 성원으로서의 혁명을 의미한다. 결국 그의 한국근대사 인식은 공간적으로는 철저히 한국근대의 특수성에 기반하고 있지만, 그 극복 과징과 결과는 공간을 거친 인류의 보편성을 지향하는 것이었다.

2) 한국 근대사 전개에 대한 평가

(1) 임술민란

1862년의 임술민란은 수많은 농민항쟁이 있었지만 전국적이라는 데 특징이 있다고 보았다. 그 원인은 가혹한 수세에 있었고, 첫 봉기

---

13) 위의 책, 72쪽.

가 일어난 진주민란의 경우 하급병사와 관노들도 반란군의 편에 서게 되었다. 진주관아를 점령한 농민은 6일 동안 백성들이 직접 관리했고, 다른 고을에도 충격을 주어 "임술민란의 횃불은 개령, 함평 기타 전국적인 들판으로 번져가기 시작한 것이었다"고 한다.14)

그러나 임술민란은 하나의 역사적 반항의 정열 내지는 그 숭고한 감정의 실천적인 표지로만 되게 되었고 구체적인 열매를 맺지는 못했다고 본다. 그 이유를 다음과 같이 들었다.

> 1. 전진적인 역사의식을 감각해 가지지 못한 것.
> 2. 그 면에서 구체적 행동을 성공적으로 취해나갈 그 지도적 조직과 그 이론을 가지지 못한 것.15)

그런데 이의 실패는 다음과 같은 결과를 초래했다. '전자본제사회적 자본축적(前資本制社會的 資本蓄積)'이 극히 영세해 전국적 규모의 임술민란을 '자본시민적 역사의식'과 그 조직적 영도로써 발전시키지 못하고 실패했고, "여기에 국내 봉건적 특권세력은 (A) 안으로의 대중박해를 자심하게 하면서 (B) 밖으로의 국제적 사대주의에 난동적으로 흡흡하게 되었고 거기서 역사사태의 민족체제적 발전 즉 자본민주주의적 발전을 혁명적으로 성취해 나가지 못했던 것이다"라고 한다.16)

결국 임술민란 당시의 역사적 조건의 한계와 그 실패가 봉건체제의 억압을 강화시키고 근대사회로의 이행을 가져오지 못해 일본에 의한 강제적 개항을 가져왔다는 것이다.

---

14) 이종률,『祖國史의 분렬과 統一의 主潮』(통문관, 1971), 321~324쪽.

15) 위의 책, 324쪽.

16)『자료집 2』, 373쪽.

(2) 강화도조약

1876년의 강화도조약은 일본자본주의가 조선을 "(1) 원료획득대상지 (2) 상품판매대상지로 만들고 (3) 앞으로의 자본투하의 대상지로 만들게 되는 결정적 계기"가 되었다고 한다. 이 시기 일본과 조선은 사회적으로 차이가 있었다고 보았다. 일본도 '지주적 특권작용'이 심했던 지역의 하나였지만 조선에 비해 절대치적인 생산량이 많았고, '대중의 「이중국민적 피해관계」' 없는 형편이었고 1866년 명치유신으로 기형적이지만 자본제적 사회체제를 이루고 있었다. 반면에 조선은 생산량이 적은데다가 자국과 종주국 등 착취와 박해가 더욱 심해 「이중국민적 피해관계」의 위에 놓여져 전자본제적 자본축적이 극히 영세했다고 본다. 이 같은 차이에서 운양호 사건에서의 양국간 충돌은 일본의 승리로 끝날 수밖에 없었다는 것이다.

강화도조약의 내용은 한마디로 "일본의 상품판매와 그것과 유관한 전체적인 시장권 획득을 위한 강압적인 체약"이었다. 그리하여 부산, 인천, 원산 등이 개항하게 되면서 "일본의 상품은 「평화」와 「복리」라는 사상적 「특혜」의 그늘을 타고 밀려들기 시작하고 아울러 토지는 겸병되고 원료는 헐한 값으로 수탈 또는 강제점령을 당하고 자본이 수출되어 오고하는 등 일본자본주의 그 다음의 일본제국주의의 침략은 우리들에게 군림하게 되었다"고 한다.[17]

강화도조약단계에서의 양국간 역사발전의 차이를 앞서 본 임술민란의 실패와 관련시키면서 보는 것은 독특한 견해이다. 대중운동의 고양과 성장에 기대를 걸고 있는 그의 역사의식(강화도조약은 1960년 옥중 저술)은 여전히 정체론적인 입장에서 양국간 사회적 발전단계의 차이에서만 강화도조약을 보던 당시의 역사인식 수준에 비하면 역사를 보다 동태적으로 파악하고 있었음을 보여준다.

---

17) 『자료집 2』, 372~375쪽.

(3) 임오군란

1882년의 임오군란은 13개월이나 녹봉을 지급받지 못한 군인들이 일으킨 반란으로 "자연발생적인 분노의 병사대중들이 사건현장에서 쌓여오던 분노를 참지 못해 일을 일으키"게 되었다고 한다. 하지만 수습의 방법을 찾기 위해 "불행하게 함께 왕조특권세력이면서 자기 파쟁의 한 세력인 흥선대원군 이하응의 응원을 청했던 것"이었다. 이 대원군과의 연대는 비판받아야 한다고 보고 그로 인해 근본적 '민주적 혁명'의 성과를 거두지 못하게 되었다고 한다. 그 원인은 역시 "전진된 역사의식에서의 의식교양과 그 지도조직에서의 지도를 받지 못했기 때문"이었다.

임오군란의 실패는 '반민특권적 군대로서의 조청연맹(朝淸聯盟) 세력인 청병'과 붙은 것이 직접적 원인이었고, 그 결과 반민특권 왕조세력은 다시 한번 자기세력의 강화를 꾀하게 되었다고 보았다.18)

(4) 갑신정변

1884년은 갑신정변은 "혁신보수세력(革新保守勢力)들이 원형보수세력(原形保守勢力)인 민씨 중심세력을 물리치고서 국가체제를 쇄신해 보려고 「쿠-떼타」를 일으켰던 절대주의적 작용의 정변. 자체의 조직적 준비의 부족과 청군의 간섭으로 실패되다"로 규정한다.19)

갑신정변은 민주주의 서전(序戰)이 될 수 없다고 한다. 봉건전제체제의 자기강화와 유지를 위한 그 개화작용 이상의 것이 아니었다고 본다. 그 이유는 개화가 혁명적 변경을 의미하지 않고, 그 정책에서도 "중국으로부터의 독립획득 등은 얼마쯤 절대주의적 성질을 가진

---

18) 『祖國史의 분렬과 統一의 主潮』, 326~329쪽.

19) 『자료집 2』, 400쪽.

왕조체제 자기 강화를 위한 요구"였고, 조직의 인물들도 모두 특권가
계의 사람들로서 그들의 결코 민주주의 싸움을 할 처지가 아니었을
뿐만 아니라 고종의 이해 밑에서 일을 계획 진행시켰다는 것이다. 대
중세력 내지 주변세력의 조직화를 시키지 못한 것 또한 한계였다고
본다. 따라서 진보세력으로 자처했지만 혁신특권세력에 머물 뿐이었
다는 것이다.[20]

대중운동을 중시하는 역사인식의 입장에서 갑신정변은 소수의 개
화파가 대중이나 주변세력과 연계를 맺지 않고 일으킨 쿠데타로서 여
전히 봉건체제 내의 자기 혁신에 불과하다는 지적이다.

(5) 갑오농민궐기

1894년의 '동학란'은 '농민궐기'로 규정했다. 동학의 역할에 대해서
는 극히 부정적이다. "동학방향의, 동학 성질의 농민궐기인 것은 아니
었다"고 한다. 따라서 '동학농민항쟁', '동학란'으로 부를 수 없다는 것
이었다.

농민들이 처음부터 전봉준 등 동학교도들의 지도 밑에서 조직화된
것은 아니었고, 농민대중의 항쟁 속에 전봉준 등 동학교도들이 참가하
여 지도적 지위들을 차지하게 되었다고 한다. 오히려 동학간부인 전봉
준과 같은 인물이 지도부가 된 것이 한계였고 본다. 농민대중의 불평
과 반항의 물결을 전진된 역사의식과 그 조직의 힘으로 조직되었다면
성공할 수 있었던 역사적 사건이었지만, 대원군 이하응의 문객이요 동
학간부의 하나인 전봉준과 그 일당의 사람들에게 중도좌절적 지도의
밑에 서게 되고 말았다는 것이 실패의 원인이었다고 한다.[21]

대중운동의 지도부 문제를 중시하는 입장에서 전봉준과 같은 지도

---

20) 『祖國史의 분렬과 統一의 主潮』, 187~194쪽.

21) 위의 책, 329~322쪽.

부의 한계가 결국 실패를 가져올 수밖에 없었다고 보아 동학의 역할을 부정하고 '농민전쟁'론도 부정한 채 '농민궐기'로 규정했던 것이다.

(6) 갑오경장

1894년의 갑오경장을 근대화의 과정이라는 평가에 대해 비판적이었다. 이유는 다음과 같다.

> 역사사태의 근대사적 발전엔 반드시 [제 1] 외세의 침략적 간섭 또는 그 원조가 있지 아니해야만 하고 [제 2] 주권재민(主權在民)의 실체가 나타나야만 하는 것인데 이 양자가 보장되지 않는 곳의 「근대화」란 있을 수 없는 것이었다.22)

그가 과거의 역사를 재구성하고 평가하는 것은 다음 장에서 보듯이 민인혁명론을 끌어내기 위한 것이었다. 따라서 19세기말 조선을 봉건적 후진성 지역으로 보는 그의 역사인식에서는 근대화란 삼반(三反)에 근거해야 하는 것이었는데 갑오경장에서는 그것을 찾을 수 없다고 한다.23) 그래서 갑오경장은 그 본질에서 "(1) 일제의 침략을 효과적으로 맞아들이기 위한 (나) 중세적 전제특권세력의 그 면에서의 연장을 위한 자기 요구인 것이었고 옳게 민주시민적인 요구로서의 그것인 것은 아니었다"라고 규정한다.24)

(7) 3·1운동

3·1운동은 1919년의 기미운동의 제2전루(戰壘)로 규정된다. '대

---

22) 『자료집 2』, 400쪽.

23) 삼반에 대해서는 이 글 1-1) 참조. 근대화의 개념에 대해서는 『자료집 2』, 426~427쪽 참조.

24) 『자료집 2』, 400쪽.

기미민족항쟁(大己未民族抗爭)'의 제1전루는 2·8독립선언투쟁이다. 2·8독립선언이 3·1운동에 영향을 주면서 3·1운동이 일어났다고 한다.

그런데 선언문에 대한 평가는 2·8독립선언문이 훨씬 높다. "민주성의 기초가 놓여져 있고", "민족구성의 통일성이 고조되어 있으며", "민족혁명의 쟁취적 혈전론(爭取的 血戰論)이 강조되어 있는 것으로" 평가했다.[25] 3·1독립선언서는 한용운의 지적대로 '민족적 정치항쟁의 원서'로 보기 어렵다는 것이다. 그러나 시간이 촉박해 전체적 시정은 어려워 최남선의 독립선언서를 채택하는 대신 한용운 집필의 공약 3장을 덧붙이기로 했다고 한다.[26] 3·1독립선언서는 문제가 있었지만, "반외침, 반봉건을 해야 할 생활적 조건인지라 대중은 모여 들었고" 시위가 시작되었다고 한다.[27] 이 생활적 조건이 대중운동의 기초라는 지적은 대중의 봉기가 사회적 모순에서 출발한다는 것이다.

그리고 제3전루는 4월 10일 민족대표자 회의와 임시정부이다. "대한민국 임시정부는 이 대기미민족항쟁의 모든 의사와 세력을 기울여 역시 눌리우고 또 발전되다고 발전"하게 된다고 보았다.[28]

그는 3·1운동이 반봉건 반외침인 민족이반(民族二反)하고 민족삼반으로 발전한다고 본다. 전 저작을 통해 근대의 기점을 언제부터라고 분녕히 못박고 있지는 않지만, '삼반'이야말로 근대화운동이라고 보는 견해를 고려하면 3·1운동이 근대, 그의 시기 구분에 따르면 근세사시대로의 주요한 기점이라고 생각하는 것을 알 수 있다.[29]

---

25) 『己未를 알자』, 36쪽.

26) 위의 책, 39쪽.

27) 위의 책, 47쪽.

28) 위의 책, 52~55쪽.

29) 그런데 그는 3·1운동의 민족대표자 중에 천도교 세력에 대해서는 좀 더 부연해 역사적 맥락을 연결시킨다. 손병희는 1894년 갑오농민항쟁의 계승자로 그 뒤 오세창, 권동진을 거쳐 박래원 등 민자통 세력으로 연결된다고 본다. 이 계

(8) 신간회

이종률은 조선민흥회가 신간회의 산파 역할을 했다고 본다.[30] 일본 동경지회에서 신간회 활동을 한 그는 신간회에 대한 깊은 애정을 가지고 있었다.

1932년 봄 경성제대 미야께(三宅鹿之助)교수를 만나 이종률은 다음과 같이 신간회 해소에 대한 견해를 밝혔다.

> 후진성지역인, 그래서 일본제국주의의 직접적 식민지인 우리 땅에 있어서 혁명담당 대표세력은 민족성향백성 대중들인 것이고 사회주의적 노동자 농민 계급세력은 혁명수행에 있어서 속층 세력인 것인데 우리 신간회는 민족혁명 담당 주체적 집결체임에도 불구하고 이번에 이 신간회가 뜻밖에도 해체되었으니, 반가워할 자는 일본제국주의 세력이요 유감스럽게 여길 사람은 민족성향 그 전체 백성들인 것입니다.[31]

해소론의 반대편에 서 있었던 것이다. 1979년의 저작에도 신간회 해소에 대해서는 "조선총독부 밀정세력들과 사회주의 일부세력들과의 결과적인 제휴에 의한 이 대회 허가에 정신을 옳게 차리지 못한 민족진영 회원들은 그 대회가 개회되자 말자 신간회 해소라는 이름 밑에서 해체결의를 하고 나서는 사회주의세력들에게 끌려 결국은 신간회가 해체되고 말았다"고 하여 부정적 인식을 보이고 있다.[32]

사상적으로 맑스주의의 영향을 받고 있지만, 신간회 해소에 대한 인식에 대해서는 사회주의진영과 궤를 같이 한 것이 아니었고 민족통일전선체로서 신간회를 인식하고 있었다. 해방이후 민족건양회와 민족

열이 아닌 이용구는 일진회로, 3·1운동의 33이었던 최린은 천도교신파로 자치운동을 하다가 8·15이후 중단된다고 보았다. 위의 책, 37쪽.

30) 『민족혁명론』, 160~161쪽 ; 『자료집 2』, 730쪽.

31) 『민족혁명론』, 159쪽.

32) 『己未를 알자』, 205쪽.

자주통일중앙협의회로 연결되는 그의 운동과 활동의 배경에는 이같은 민족통일전선에 대한 인식이 있었던 것이다. 민인혁명론의 전단계인 민족혁명론에 대한 그의 인식론의 배경에는 신간회와 같은 역사적 경험이 바탕이 되었던 것이다.

(9) 4·19의거

4·19를 1960년 3월과 4월에 걸친 의거로 보는 그는 3·4월 민족항쟁 세력은 성난 사자처럼 기세를 올렸지만 전진적인 역사의식과 그 실천을 위한 구체적인 이론들을 교육받지는 못했다고 한다. 체제의 정치학은 재빨리 '학생들은 학원으로 돌아가라'는 구호를 외치기 시작하고, 일부 학생들은 팔뚝에 '청소'의 완장을 차고 피로 물들었던 길거리에서 무장해제적 투항의 청소에 가담했다고 본다. 따라서 그에게는 4·19는 결코 혁명이 아니었다.[33]

학생이 학원으로 돌아간 것은 이승만 체제 아래에서 과학적 정치학의 세력이 성장하지 못한 결과였다. 따라서 3·4월 민족항쟁이 혁명적인 수확을 거두지 못한 것은 전진적 역사의식과 그 지도적 조직의 결여 때문이었다. 그래서 4·19의거가 제대로 진행되었다면 다음과 같아야 한다고 본다.

구체적인 실천을 위한 논책들을 가진 지도조직의 선에서 영도되면서 거기서 학원으로 후퇴하지 않고,

1. 민주 애족적 지도세력을 중핵으로서 민주 애족적 시민과 그 장병과 그 학도와 기타 해내외의 전체 민주애족 세력이 하나에로 뭉쳐 민주 존재제 즉 손문주의 훈정기적(孫文主義 訓政期的) 임시 집정부를 구성한다.

---

33) 『자료집 2』, 329~332쪽

  2. 이 민주독재 기간 즉 선거에 의한 민주정권의 수립을 위한 민주애족
     적 정치정지(政治整地) 공정을 1년쯤으로서 끝내고 곧 이어 일반선
     거에 의한 헌정실시를 행한다.

등의 주장을 갖고서 그 피의 3·4월의 기세를 그대로 밀고 나갔다고 하며
는 이승만체제의 한 사람인 허정씨 등의 손에 행정권이 쉽게 계속 장악되
지는 못했을 것이다.34)

  그래서 4·19의거에서 얻는 교훈은 "혁명적 건설적인 상설적인 정
치지도조직과 그 정치과학이여 있어지라"였다.35)

  이종률의 근대사의 인식은 이상에서 본 대로 대중운동을 중요시하
면서 대중운동의 실패원인에 대해서는 "아무리 사회적 불만이 격심하
고, 자연발생적인 항쟁 기세가 아무리 높다 한들 그것만으로는 역사가
시대적으로 전진하는 것은 아니다."36)라고 한다. 근대 대중운동의 성
공을 위해 요구되었던 '전진적 역사의식'은 그가 주장하는 '민인혁명론'
이고, 인간혁명의 전단계에서 요구되는 '민족혁명론'이다. 그리고 그
지도세력은 전진적 역사의식의 구체적인 행동 논책을 갖는 '사책당(史
責黨)'이다. 사책당이란 과학적 정치노선의 실천을 위하여 대중조직과
함께 위기기 역사단계의 구출과 전진을 실천적으로 책임지고 보다 효
능적으로 영도해 낼 수 있는 세력을 말한다.37) 따라서 그의 근대사
인식은 이같은 과학적 전진적 역사인식을 끌어내기 위한 과정이었고,
시대구분론 역시 과학으로서의 역사인식을 추출하여 대중적 운동을
보다 실천적이고 과학적으로 수행하기 위한 것이었다.

---

34) 『祖國史의 분렬과 統一의 主潮』, 325쪽.

35) 『자료집 2』, 332쪽.

36) 『祖國史의 분렬과 統一의 主潮』, 315쪽.

37) 『己未를 알자』, 158~161, 170쪽 ; 『祖國史의 분렬과 統一의 主潮』, 9, 201쪽.

2. 시대구분론

1) 시대구분의 전제

이종률의 역사인식의 출발점은 '인간'이다. 물론 이 인간은 '사회적 인간'이고 '역사적 인간'이다. 그는 넓은 뜻의 인간을 세 단계로 구분한다.

제1 과정의 인간 : 동물인
제2 과정의 인간 : 전인간(前人間)
제3 과정의 인간 : 정인간(正人間)

사회가 형성되기 이전 넓은 뜻의 인간이 동물인이다. 그리고 사회사가 성립된 이후부터 세계사적 인간생활 체제가 성립될 때까지의 인간을 전인간이라고 하고, 전인간 이후 3과정의 인간을 정인간이라고 한다. "오늘날의 우리들은 전인간인 처지에서 정인간의 길로 발전되면서 있는 현실"이라고 한다.38) 따라서 정인간은 '민인혁명'을 통해 궁극적으로 이루어야 할 미래의 인간이다. 역사도 인간의 단계와 마찬가지로 세 단계, 곧 사전사(史前史), 전사(前史), 정사(正史)로 나눈다.39) 이 역시 인간의 단계와 일치한다.

사회사 성립이후 인간은 사회 속에서 생활하게 된다. 사회는 "경제적 생산력과 그것을 밑바탕으로 한 인류관계를 유대로 하여 성립되는 인간생활의 연결체"라고 규정한다. 사회는 쉬지 않고 발전하는 것인데 역사는 바로 이 '사회적 유전(流轉)의 시간' 위에 놓여져 있다고 한다.40)

---

38) 『민족혁명론』, 30쪽.
39) 『己未를 알자』, 142쪽.
40) 『민족혁명론』, 47쪽.

인간은 사회적 환경의 변화에 따라 규정되고 변화되어 간다. 그의 시대구분은 궁극적으로 인간의 변화에 대한 관심에서 출발하지만, 그 구체적 시대 환경의 변화는 인간의 변화와 발전을 규정하는 역시 중요한 문제이다. 그래서 "역사의 시대라는 것은 반드시 사회경제적 조건을 기본으로 구별되는 것이다"라고 한다.

사회경제적 조건을 기초로 한 시대구분론의 근거는 다음과 같다.

1) 역사에서 그 구성과 작용에 기본조건이 되는 생산도구의 결정적 변동 여부
2) 생산력과 그것을 둘러싼 권력적인 생산지배의 관계에 사회적 변동 여부
3) 1) 2)와 함께 주요 생산수단의 성격 변동 여부
4) 1) 2) 3)과 함께 생산수단의 사회적 소유관계의 변동 여부
5) 1) 2) 3) 4)와 함께 통치구조의 사회적 성격의 변동 여부[41]

이상의 상황에 결정적 변동이 있게 되면 하나의 시대는 다른 시대로 넘어간다고 보는 것이다. 그런데 이 시대적 변동의 기초에는 사회적 모순의 발생이 있다.

사람이 생존·생활하기 위해서는 반드시 경제적인 생산이 요구된다. 그리고 이 생산을 위한 생산력이 구성되고, 인간의 의식주 활동이 한시도 멈출 수 없듯이 그 생산력은 부단히 발전해 간다.
그런데 생산력이 부단히 발전하는 그 어느 단계에 이르면 발전된 생산력을 자기의 것으로서 생존하고 생활하고자 하는 한 구성의 인간 세력(피지배 세력)과 남의 생산력을 적당히 요리하여 자기의 것으로 만들려는 사회적 한 구성의 인간 세력(지배 세력) 사이에 사회적 이해의 불일치에 따른 모순적 상극이 생기게 된다.[42]

---

41) 『민족혁명론』, 51쪽.

각 시대를 이행하게 하는 원동력은 바로 이 모순의 지양이다. 각 시대의 말기는 "역사적 유기기성을 완전히 잃어버리고 그 위기기 단계성을 노정하게 된다." 거기서 그 시대성은 더 지속하려는 것만큼 모순과 병리성이 더욱 격화되고 만다. 그리하여 결국은 "시대의 '위기기적 역사단계성'이 그 자체 내부에서 모순적으로 발생하고 성장한 전진적인 역사세력의 힘에 의해 새로운 시대"로 나아간다. 새로운 시대의 첫 단계는 '유기기적 역사단계'라 한다. 그러나 첫 단계인 유기기적 역사단계성은 절대적인 유기기성을 갖는 것은 아니다. 그 역시 상대적인 것으로서 그 유기기성 밑에서 새로운 위기기성이 발생하고 성장하게 된다. 이것을 '잠재적 위기기 역사단계'라 하고 그 잠재성이 성장 발전하여 역사시대의 말기에 이르게 되면 '결정적인 위기기 역사단계성'을 노정하게 된다고 한다.43)

결국 하나의 시대는 전시대의 모순을 지양하면서 출현하지만, 새로운 시대 역시 '잠재적 위기'가 성장 발전하면서 다시 '결정적 위기'를 드러내게 되고 새로운 모순의 지양으로 나아간다는 것이다. 그래서 이종률은 역사는 발전한다는 입장에 서 있다.

역사가 발전한다는 말은 역사적 사실이 귀결적으로 확고하게 늘 가치 아닌 것에서 가치 있는 것으로 전진하고, 보다 낮은 가치의 단계에서 보다 높은 가치의 단계로 전진한다는 말이다.44)

하지만 역사의 발전이 결코 그냥 주어지지는 않는다. 인간의 실천적 행동이 필요하다고 한다. 그 중에서도 '역사의 시대적 전진을 책임

---

42) 『민족혁명론』, 48쪽.

43) 『자료집 1』, 211쪽.

44) 『민족혁명론』, 61쪽.

질 인간', 곧 지도자의 전진적 역사인식이 필요하다고 한다.[45]

이 같은 역사인식을 기초로 한 그의 역사시대의 개념은 엄격하다.

> 과학적 역사이론, 즉 과학적인 사론(史論)에 있어서 '역사시대' 혹은 '시대'라는 말을 무규정적으로, 무책임하게 사용하지 않는다. 이를테면 고려시대, 이조시대, 춘추시대, 전국시대 등과 같은 용어를 허용하거나 사용하지 않는다는 말이다. 왜냐하면 사론에서 말하는 '시대'라는 것은 그 자체가 반드시 하나의 개념적 한계를 가지고 있기 때문이다.[46]

그의 시대에 대한 용어가 엄격한 이유는 마르크스주의의 사회구성체론에서 시대구분론이 출발한 탓이라고 본다. 사회경제적 조건 변화에 따른 시대구분은 내용상 사회구성체론과 동일하다. 그러나 인간과 역사의 세 단계 구분은 근본적으로 인식의 출발점이 다르다. 그의 역사 속 인간에 대한 이해는 기원의 역사에서 나왔다기 보다는 현재적 관점에 서 있다. 바로 민족혁명과 인간혁명을 주장하는 민인혁명론이 그 뿌리라고 본다. 이종률 역사인식의 특징이 여기 있다.

그리고 그의 시대구분론의 특징 중 하나는 각 역사 단계에서의 '사회족'의 추출이다. 후술되지만 사회사이후의 단계의 사회족이 역사시대에 따라 씨족, 부족, 종족, 민족으로 발전했다고 한다. 이 부분의 강조가 강한 것은 근대 '민족'의 추출을 위한 것이라고 보여진다. 한국 근대 사회의 민족이 안고 있는 모순을 극복하기 위해 민족혁명을 이루어야 하고, 나아가 정인간(正人間)으로 나아가는 인간혁명으로 가야 한다는 것이다. 결국 이종률의 시대구분론의 출발은 '민인혁명론'에 근거하는 것이다.

---

45) 『민족혁명론』, 75~89쪽.

46) 『민족혁명론』, 49쪽.

2) 시대구분의 내용

이종률은 시대를 인간의 사회사단계에 내포되는 4시대로 구분한다.

제 1시대 ; 상고사시대, 원시시대, 씨족사회사시대
제 2시대 ; 고대사시대, 노예제시대, 부족사회사시대
제 3시대 ; 중세사시대, 봉건제시대, 종족사회사시대
제 4시대 ; 근세사시대, 자본제시대, 민족사회사시대

그리고 이 시대는 초, 중, 말기 등으로 내분할 수 있다고 한다. 예를 들면 근대의 시대인 제 4시대는 초기 상업 자본제단계, 중기 산업자본제단계, 말기 금융자본제단계 등으로 구분이 가능하다는 것이다.
각 시대의 성격을 간단히 요약하면 다음과 같다.47)

제 1시대 상고사=원시시대
1) 석기 중심의 도구를 사용한다.
2) 생산력을 저해하는 특별한 권력작용이 없었다.
3) 주요 생산수단이 괭이, 호미, 칼, 낫이었다.
4) 도구나 수렵 영역, 농경지, 목축지 등 모든 생산수단이 공동소유였다.
5) 통치구조에 있어서 정치성이 없이 입법기관의 형태로서 부락회의 등이 있었고, 행정은 그 회의 결정에 따라 임시로 하다다가 나중에는 상설적인 유사(有司)가 맡아서 행하게 되었다. 상설기관이 아닌 사법 형태의 행위가 있었던 것이다. 삼권분립이

---

47) 『민족혁명론』, 53~61쪽.

아닌 일권이작용(一權二作用)의 형태였다.

6) 평등한 사회였고, 남녀협친(男女協親)의 평등이었다.

7) 문화로 노래와 춤 등이 있었다.

제 2시대 고대사시대＝노예제시대

1) 석철(石鐵) 병용의 도구를 사용하였다.

2) 생산력을 저해하는 노예 소유주의 반생산적 생활태도가 있었다.

3) 주요 생산수단이 노예였다.

4) 노예, 도구, 농경지 등 모든 생산수단이 노예 소유주들의 것이었다.

5) 통치구조에 있어서 정치성이 생겨났다. 삼권이 한 곳으로 집중되고 노예 및 일반 백성들은 통치의 피지배적 대상이 되었다.

6) 신분적 차별 및 남녀 불평등 관계가 형성되었다.

7) 문화로 지배를 위한 특권 문화, 곧 거짓철학, 거짓정치학 등이 생기게 되었다.

제 3시대 중세사시대＝봉건제시대

1) 철제 도구를 사용했다.

2) 생산력을 저해하는 토지 소유주의 반생산적 생활태도가 있었다.

3) 생산수단의 하나였던 노예가 농노가 되고, 주요 생산수단인 토지가 그 자리에 들어서게 되었다.

4) 토지와 주요 도구의 일부 등 생산수단은 모두 지주의 것이었다.

5) 통치는 지주세력의 집약적 권력체로서 전제 왕정이 성립되고, 그 주변에 특권 귀족과 그에 상응하는 세력이 둘러싸여 있었다.

6) 사회적으로 신분과 남녀의 차별이 극심해졌다.

7) 문화는 보다 철저한 신권위의 종교와 그것을 중심한 각종문화
   가 발달했다.

제 4시대 근세사시대＝자본제시대

1) 도구를 부정하고 기계를 사용한다.

2) 초기에는 생산력을 돕게 되고 말기에는 그와 반대되는 성능의
   사회적 권력체계가 있게 된다.

3) 토지가 주요 생산수단의 자리에서 물러나고 기계, 공장, 공업원
   료 등이 주요 생산수단이 된다.

4) 생산수단은 대부분 자본가의 소유가 되고, 나머지는 지주의 것
   이 된다.

5) 경제체제 전체가 기계공업적 상공업 중심체제로 되고, 사유재
   산제가 확립된다.

6) 통치는 자본민주주의 형태로 되고, 국토가 자주적이고 통일적
   인 것이 된다.

7) 사회는 신분차별과 남존여비가 법적으로 부정되고, 민족의 말
   과 글이 통일적으로 세워진다.

8) 반봉건 및 반외압의 문화가 성립되고 그것이 다시 '인간혁명'
   방향으로 전개될 체제를 갖추게 된다.

이상을 도표로 제시한 것이 다음의 〈표〉이다.

표. 前史時代의 時代的 細分과 正史段階의 그 大觀表

내용 시대	시대 명칭	그 타칭	주요 생산 요구	그 소유주	주요 생산 수단	역사의 주인들	남녀 지위	통치권 자	정치 유무	정치학 유무	역사학 유무	종교 유무	社會族
제1 시대	상고사 시대	원시사 시대	도구 (돌멩이 등)	원시사 人間 전부	토지와 수렵 임야	원시사 人間 전부	여자 특대의 남녀 평등	여자 중심의 부락 회의	무	무	무	원시 미신 있음	씨족
제2 시대	고대사 시대	노예제 시대	도구 (괭이와 호미)	추장과 그 귀족들	토지	노예들 과 생산성 백성	남존 여비 시작	노예 소유 군주와 그 귀족들	다스리 기 위한 정치 있기 시작	다스리 기 위한 정치학 시작	歷史 僞學 시작	종교 시작	부족
제3 시대	중세사 시대	봉건제 시대	도구 (괭이와 쟁기들)	지주	토지	농민들 과 생산성 백성	남존 여비	군주와 그 귀족들	對立 정치 있음	다스리 기 위한 정치학 있음	歷史 僞學 시작	유	종족
제4 시대	근세사 시대	자본제 시대	기계	자본가	공장과 원료와 기계들	노동자 와 생산성 백성	명목상 남녀 평등	자본제 국가 의회	對立 정치 있음	대립 정치학 있음	歷史 僞學과 그 과학 있음	유	민족
外稱 제4 시대의 시기	後進性 사회	기형적 중세, 근세 외침수 난시기	기계	기업가	外資와 유관한 기계, 원료, 공장	性向的 민족 대중	명목상 남녀평 등	外資와 유관한 국가 의회	유	대립 정치학 있음	유	유	性向的 민족
時代 없는 正史 단계		人間史 사회	기계와 원자력 시설	생산성 인간 전부	공장과 원료와 기계들	생산성 인간 전부	실질적 남녀 평등	세계 체제 인간 의회	무	무	무		인류족 (혹은 terano)

1. 넓은 의미의 人類史를 史前段階, 前史段階, 正史段階로 대별한 것임.
2. 史前段階란 도구가 사용되지 않던 시기임.
3. 前史段階 제4시대 揚棄期까지를 前史, 그 止揚 기점부터를 正史라 함. 無時代, 無政治, 無史學과 부단한 물리적 전진이 있을 뿐이요, 변증법적 혁명적 전진이 없는 것이 이 正史 특징의 일부임.
4. 正史段階의 社會族을 人類族 혹은 Terano라 부르게 된 것은 현재 小觀이 갖는 한 제의적 의견임.
5. 시공간적 특성을 구분점으로 하는 구체적 역사지역에서의 사정은 各異性이 있으나 그 기본적 經濟性能에서는 大同함.
6. 民族三反이 요구되는 後進性 지역인 우리들의 史實로서는 시대의 제3, 제4의 史實이 그대로 나눠져 작용되는 것이 아님. 그러나 성립된 그 민족이 다시 지양 발전되어 人間史 사회로 들어간다는 역사이론은 일반과 大同함.
※ 위의 <별표>와 아래 해설은 1979년 이종률 자신이 직접 정리한 것임.

출전 : 장동표, 「산수 이종률의 민족운동과 민족혁명론」, 『지역과 역사』 제10호, 2002.

위의 4시대 시대구분론은 인류사의 보편적 시대구분을 제시한 것이다. 그런데 위의 표에는 '외칭 제 4시대의 시기'와 '시대 없는 정사단계'가 제시되어 있다. '외칭 제 4시대의 시기'는 바로 민족혁명의 대상이 되는 '후진성 지역'이고 한국근대사를 의미한다. '시대 없는 정사단계'는 인간혁명으로 얻어진 사회를 의미한다. 이 시대는 민족을 넘어 '인류족'으로 나아가는 것이다. 결국 시대구분의 실질적 내용 역시 '민인혁명론'을 추출하기 위한 논리적 근거였던 것이다.

그의 시대구분론은 목적론적 역사인식을 가지고 있었음을 잘 보여준다. 철저히 한국적 현실에 기반한 그의 인식론은 '민인혁명론'이라는 독특한 역사인식으로 발전하면서 이에 기반한 역사의 체계화를 이루었던 것이다. 한국적 현실에 기반한다는 면에서는 한국적 특수성을 중시하고 있지만, 궁극적으로 그가 추구하는 역사상은 한국 근대의 모순을 넘어선 인간혁명이후 인류사의 보편성을 가진 이상사회였다.

맺음말

이종률의 역사인식은 현재에서 출발했다. 고통스러운 식민지 현실을 실천적으로 살아온 그에게 해방후의 분단된 역사 또한 넘어야 할 대상이었다. 그래서 20세기 한국의 근대사 극복은 철저히 한국적 현실에 기반해야 한다고 보았다.

이종률의 민족혁명론은 한국의 역사와 현실을 토대로 한 새 사회건설론이었다. 그의 근대사 인식은 한국 근대 사회의 역사성과 세계자본주의체제의 역사단계와의 상호 모순의 이해에서 출발했다. 그리고 그 모순을 내포한 한국 근대의 공간을 '후진성 지역'이라고 정의했다. 그리고 '후진성 지역'의 역사성을 극복하기 위해 '삼반투쟁'을 내용으로 하는 민족혁명론을 주장한다. 민족혁명을 통해 '서민성 자본주의'를 달성해야 하고 나아가 '생산 및 윤리의 사회화과정'을 거쳐 인간혁명으로 나아가야 하는 '민인혁명론'을 주장한다. 민족혁명론은 '후진성 지역' 모순의 자주적 극복을 위한 것이지만, 인간혁명은 세계사적 성원으로서의 혁명을 의미한다. 결국 그의 한국근대사 인식은 공간적으로는 철저히 한국근대의 특수성에 출발하고 있었지만, 민인혁명을 통해 극복과정을 거치면서 세계사적 보편성을 획득하고자 했던 것이다.

그리고 그의 인식론의 근거는 모순의 지양에 있다. 변증법적 인식론이 그의 사상의 기조에 깔려 있었고, 한국 근대인식이나 그 극복의 대안 역시 여기에 기초한다. 마찬가지로 시대구분론도 이같은 사상적 배경이 있었다.

이종률은 근대의 대중운동을 중요시하면서 대중운동의 실패원인을 전진적 역사인식과 이를 과학적으로 지도할 지도부가 수립되지 못한 데서 찾았다. 그 지도세력은 과학적 역사인식으로 무장되고 역사의식의 구체적인 행동 논책을 갖는 '사책당(史責黨)'이었다. 사책당은 구체적으로는 과학적 정치노선의 실천을 위하여 대중조직과 함께 위기기 역사단계의 구출과 전진을 실천적으로 책임지고 보다 효능적으로 영도해 낼 수 있는 세력을 말한다. 따라서 그의 근대사 인식은 이같은 과학적 전진적 역사인식을 끌어내기 위한 과정이었고, 시대구분론 역시 과학으로서의 역사인식을 추출하여 대중적 운동을 보다 실천적이고 과학적으로 수행하기 위한 것이었다.

그의 시대구분론은 맑스주의의 영향 아래에서 만들어져 목적론적 역사인식에서 보편적 인류사의 발전과정을 수용하지만 한국 근대의 특수성에 기반하고 민인혁명 이후의 시대를 설정한다는 점에서 그 특징이 있다. 또한 인간을 중시하고 인간을 역사발전의 주체로 본다는 점 역시 그의 역사인식에서 주목되어야 할 것이다.

山水 李鍾律의 민족해방운동과 민족통일전선론

전명혁 | 성공회대학교 연구교수

머리말

이 글에서 필자는 평생을 민족의 해방과 조국의 통일을 위해 치열하게 살아왔던 산수 이종률 선생의 삶과 투쟁 가운데, 일본제국주의에 맞서 투쟁한 선생의 민족해방운동과 민족통일전선론 인식의 궤적을 추적해 보려고 하였다.

그는 일제가 조선을 식민지화한 을사늑약이 체결된 해에 태어나서 해방이 될 때까지 40여년간을 일본제국주의의 식민지 지식인으로서 살았다. 그는 해방직후인 1946년 1월 민족건양회(民族建揚會)를 창립하여 민인혁명론을 주창하고 1960년 4·19이후에는 민족자주통일 중앙협의회(이하 민자통) 결성을 주도하면서 민족혁명적 민족통일을 제시하였다. 이러한 그의 정치사상과 사론의 형성과정을 이해하기 위해서는 1920년~30년대 그의 반제민족해방운동에 대한 이해가 선행되어야 한다.

필자는 이종률의 경성청년회 활동(1924~1926년)에서 신간회활동(1927~1928년) 그리고 『이러타』社 활동(1931~1933년), 형평청년전위동맹사건(1933년)에 이르는 주로 1920~30년대 그의 활동을 중심으로 추적해보면서 특히 신간회 활동과 그의 민족통일전선론 형성과정에 대해 고찰해 보려한다.

필자는 그의 일제하 신간회 활동과 민족통일전선론 인식은 이후 민족건양회, 민자통 활동으로 이어지는 통일전선체론 형성의 기반을 제공하였다고 생각한다. 그리고 산수 이종률 선생의 활동을 통해 일제하 민족해방운동이 단절된 것이 아니라, 해방공간과 1960~70년대 민주화운동, 사회운동에 이르기까지 이어져왔음을 구체적으로 확인할 수 있었다고 생각한다.

1. 이종률의 민족해방운동

1) 경성청년회와 공학회(共學會) 활동

1924년 12월 11일 저녁 7시 30분 서울 재동 84번지 북풍회 사무소에서 경성청년회 창립총회가 열렸다. 북풍회의 송봉우(宋奉瑀)는 개회 인사에서 "서울에 2개의 청년회(서울청년회, 신흥청년동맹을 지칭하는 것 같음 - 원문그대로)가 있지만 30만 대도시에서 그 모든 청년을 가입시키는 것은 불가능"[1]하기에 경성청년회를 창립하기에 이르렀다는 경과를 보고하였다. 총회에서는 51인의 회원 중 16인의 집행위원을 선출하고[2], 「선언과 강령」, 「규약」을 통과시키고 밤 11시 30분에 폐회를 하였다.

---

1) 京城鐘路警察署, 「京城靑年會 創立總會ノ件」, 京鍾警高秘 第15141-1, 1924.12. 12. 1쪽.

2) 京城鐘路警察署, 위의 자료, 5쪽.

• 경성청년회 창립당시 집행위원 : 총 16인

宋奉瑀, 李浩, 金章鉉, 辛鐵, 李玟漢, 韓弼權, 李種, 鄭秀日, 申昌浩, 劉鉉, 鄭然大, 金明喆(金明哲), 金平山, 崔承一, 金石然, 車敬坤

• 경성청년회원 : 35인

朴種秀, 朴尹錫, 朴光一, 宋金相, 金韞, 李順伯, 金嘉鎭, 鄭順明, 曺哲, 辛錫甲, 金守龍, 金永辰, 李圭海, 申鉉虎, 李時馥, 權奇百, 李中遂, 許亮均, 裵赫秀, 玄一二, 柳璟, 趙致益, 南逸星, 李建爀, 張仁玉, 洪貞熙, 許秀龍, 白基浩, 金若水, 申弼模, 李鍾喆, 李鍾律, 鄭然明, 姜聲中, 許圭龍

• 강령3)

一. 아등은 아등의 전술에 필요한 사회과학의 준비와 노동입법에 관한 기초지식과 아울러 자연과학을 포함한 사회위생의 교양에 치중함.

一. 아등은 아등의 역사적 임무수행상에 필요한 우애연대의 관념과 훈련, 자각희생적 정신과 기타 계급윤리의 함양에 노력함

一. 아등은 과학사상의 보급상에 절대의 장벽이 되는 봉건적 가족제도와 종교사찰의 본질과 그 발달의 유래를 연구 천명함

一. 아등은 아등의 전체가 무산계급전술상에 일대 신세력이 되는 동시에 모든 개혁운동의 기세와 정열을 진작함

一. 아등은 특히 무산청년의 경제직 이익을 옹호하며 청년노동의 착취에 반항하고 경제적 동권을 주장하는바에 무산청년체질과 아울러 무산계급적 미의 관념의 양성에 유의함

• 경성청년회 규약4)

1. 본회는 경성청년회라 칭함

---

3) TY生, 「사회운동단체의 현황-단체, 강령, 사업, 인물-」, 『開闢』 67호, 1926.3, 55쪽 ; 일제는 경성청년회가 "무산계급청년에 대해 마르크스사상의 교양과 계급적 단결을 목적으로 국제적 청년운동을 전범으로 조선청년운동의 선구가 됨을 기함"이라는 '강령'을 지녔다고 서술했다[京畿道警察部, 『治安槪況』, 1925.5(李在華・韓洪九 編, 『韓國民族解放運動史資料叢書』 2(京沅文化社, 1988), 393쪽)].

4) 京城鐘路警察署, 앞의 「京城靑年會 創立總會ノ件」, 6쪽.

2. 본회의 사무소는 경성에 둠
3. 본회는 조선청년에게 '마르크스' 사상의 교양과 계급적 단결을 목적
   으로 함
4. 본회는 아래의 각부를 설치하고 집행위원 약간인을 총회에서 선거하
   여 회무를 분장집행하는 것으로 함
   一. 서무부 一. 교양부 一. 편집부
   단, 각부에는 위원중 간사 1인을 집행위원회에서 선정하여 각 부 사
   무소에 연락하는 것으로 함
5. 본회 집행위원의 임기는 1개년으로 하고 위원의 보선, 증선은 例會
   에서 행함

　　　　　……

8. 본회원은 본회의 강령을 시인하고 규약을 존중하고 의무를 이행하여
   야 하되, 만 25세 이하의 남녀로 하고 입회는 회원 2인 이상의 보천
   으로 집행위원회의 결재를 요함

　　　　　……

　　이종률은 1924년 12월 11일 경성청년회 창립회원 51인 중 1인
이었고, 창립총회에 참석한 것으로 보인다.5) 이종률은 1924년 서울
로 와 정동에 있는 배재중학 2학년에 다니면서 경성청년회 회원으로
참가하였던 것이다.

　　1924년은 4월에 조선노농총동맹과 조선청년총동맹이 창립되는
등 식민지 조선에서 일제에 대항하는 노동, 농민, 청년, 학생운동이
활발하게 전개되는 시기였다. 특히 조선공산당 결성을 둘러싸고 이
무렵 서울파, 화요파 그리고 북풍파의 노선대립이 치열하게 전개되는
상황이었다. 서울파는 김사국, 이영, 정백 등이 고려공산동맹을 결성
하여 서울청년회를 매개로 활동하였고, 화요파는 신사상연구회(1924
년 11월 화요회로 개칭)를 표면단체로 하여 김찬, 박헌영, 조봉암 등
코민테른 산하 꼬르뷰로 국내부(1923년 5월 조직) 멤버를 중심으로

---

5) 총회에는 회원 51인 가운데 31인이 출석하였다(위의 자료 3쪽).

당창건과 대중활동을 전개하였다.6)

한편 북풍파는 1923년 1월 15일 동경에서 김약수, 김종범, 송봉우 등이 조직한 북성회에서 유래하는데 이들이 1924년 4월 17일 '까엔당'(К.Н.Дан)7) 과 建設社를 조직하고 1924년 11월 25일 북풍회를 결성하였다.8) 이들은 일본에 있던 조선인 유학생들을 주축으로 조직되었고 이후 1925년 4월 17일 조선공산당 1차당대회 때 김약수, 정운해, 송봉우 3인은 참석자 19인 가운데 북풍파대표로 참석하였다. 그러나 1925년 11월 당내에서 북풍파는 정권처분을 받아 축출당하였다.9)

'까엔당'('북풍파')은 경성청년회를 조직하여 청년총동맹에 자신의 영향력을 미치려 하였다. 그들은 "조선의 해방을 위한 투쟁에서 전위가 되자!" "청년운동은 청년 자신의 임무" "청년단체 성원의 연령은 25세까지"라는 슬로건을 내걸었다.10) 이 무렵 청년운동에서는 연령제한의 문제가 뜨거운 이슈였다. 화요파의 신흥청년동맹은 '30세론'

---

6) 전명혁, 「1920년대 국내사회주의운동 연구－서울파를 중심으로」(성균관대 사학과 박사논문, 1998) 참조.

7) СИНЧЕР и КИМЕНУ, ИСПОЛКОМУ КОМИНТЕРНА, 1926.2.11(러시아현대사문서보관연구센터 ф.495 оп.135 д.125 л. 81-100) 신철·김영우, 「코민테른집행위원회에게 : 까.엔.당(북풍회 내부의 비합법적 그루빠)대표의 보고」, 1926.2.11, 93쪽(러시아현대사문서보관연구센터 ф.495 оп.135 д.125). 까엔당은 '고려(조선)인민당' 또는 '고려(조선)민중당'으로 추정된다.

8) 북풍파에 대해서는 전명혁, 「1920년대 전반기 까엔당과 북풍회의 성립과 활동」,『성대사림』제12·13합집, 1997.12 ; 박철하, 「북풍파 공산주의 그룹의 형성」,『역사와 현실』제28호, 1998.6 참조.

9) 전명혁, 「조선공산당 제1차당대회연구」, 성대경 엮음,『한국현대사와 사회주의』(역사비평사, 2000), 34쪽 ; 朝鮮共産黨中央執行委員, 「報告書－思想運動ノ狀況ト黨ノ影響」,『朝鮮共産黨事件重要書類證據物』, 1926.3(高等法院檢事局思想部,『朝鮮思想運動調査資料』第1輯, 1933, 30쪽).

10) 신철·김영우, 앞의 자료.

을 서울파의 서울청년회는 '시기상조론'을 주장한 반면, 북풍파는 '25
세론'을 주장하였다. 북풍파의 송봉우는 동경에서 발행되는 『斥候隊』
(임시호, 1924년 7월 15일) 1면에서 「연령제한론, 25세를 主唱」이
라는 제언을 하기도 하였다.

 1924년 4월에 조선청년총동맹 창립대회 석상에서도 연령제한을
둘러싼 일대 논쟁이 벌어져 결국 연령제한문제는 결정되지 못하고
1925년 3월에 만16세 이상 30세 미만으로 하는 '30세론'을 채택하
였다.11)

 훗날 이종률이 '청년학생대중단체운동'을 논하면서 "청년단체운동
에 반드시 연령제한이 문제되기 되는 것이다. 이청천장군의 대동청년
단 참가 등 연령의 무제한은 옳은 일이 아니다. 청년이란 그 개념이
연령성을 조건으로 하는 것이기 때문이다"12)라고 회고하면서 1960
년 6월 조직되는 민주민족청년동맹(민민청)에서는 연령을 30세로 제
한하였다는 것을 언급하고, 청년운동의 조직적 측면에서 "연령제한이
엄격히 행해져야 한다. 이것이 청년운동에의 노장년 군림을 방지하는
길의 하나로도 된다"13)고 주장하는 것은 바로 북풍파의 연령제한론
의 영향에 의한 것이라고 생각된다.

 경성청년회 창립대회 이틀 후인 1924년 12월 13일 저녁 8시 경
성청년회는 긴급임시총회를 소집하였다. 12일 밤 경성청년회 집행위
원회를 개최하는 도중 '赤雹団 폭행사건'이 발생하여 손영극과 신철이
중상을 입고 병원에 입원하는 사건이 발생하였던 것이다. 이러한 긴

---

11) 안건호 · 박혜란, 「1920년대 중후반 청년운동과 조선청년총동맹」, 『한국근현대
　　청년운동사』(풀빛, 1995), 92~98쪽 ; 박철하, 「1920년대 전반기 사회주의 청년
　　운동과 고려공산청년회」, 『역사와 현실』 제9호, 1993 참조.
12) 이종률, 「역사위기기 구출을 위한 인식의 골격」, 1963 ; 산수이종률선생기념사
　　업회 엮음, 『山水 李鍾律 著作資料集』 第2輯(들샘, 2001), 167쪽.
13) 이종률, 위의 책, 168쪽.

급사태가 발생하자 경성청년회는 임시총회를 개최하여 이종률을 비롯하여 박종수, 김영진, 신현호, 정연명 등을 조사위원으로 선출하여 적박단이 폭행을 감행한 동기와 경찰당국이 이를 묵인 또는 후원했는지의 여부에 대한 전문적 조사를 할 것을 결정했다. 또한 임시총회에서는 이 사건으로 인한 집행위원 증선(增選)을 제안하여 이종률은 이민행(李敏行), 박종수(朴鍾秀), 김영진(金榮鎭), 신현호(申鉉浩), 정연명(鄭然明)과 집행위원으로 선출되었다.14)

한편 3·1운동 직후인 1920년 5월 전국학생들의 역량을 집결하는 전국적 학생조직으로 조선학생대회가 결성되어 주로 조선학생의 친목과 단결을 도모하고 조선물산의 장려를 제시하는 활동을 하였으나 국내외 운동상황의 변화로 조선학생대회가 학생운동의 구심역할을 다하지 못하게 되자 1922년 11월 서울 시내 각 전문학교 대표들을 중심으로 하여 조선학생회가 창립되었다. 조선학생회는 동아, 조선, 중외일보 등 우리말 신문들의 후원을 받으며 주로 문화 종교 교육 언론의 영역에서 활동하였다. 그러나 이 무렵 사회주의 운동과 노동, 농민운동이 성장하면서 '조선학생총연합회'의 건설이 추진되는 등 학생운동의 내부 분화가 일어났다.15)

이러한 상황 속에서 이종률은 북풍파 경성청년회의 집행위원으로 활동하다가 최초의 사회주의적 학생단체인 共學會 창립을 주도하였다.16) 1925년 5월초 전문학교와 고등보통학교 학생 60여명이 낙원동 284번지에서 '사회과학의 연구, 민중본위의 교육'17) 등을 내걸고

---

14) 京城鐘路警察署, 「京城靑年會臨時總會に關スル件」, 京鍾警高秘 第15236號, 1924.12.15. 5쪽.

15) 독립운동사편찬위원회, 『독립운동사 – 학생독립운동사 – 』 제9권, 1977, 328~336쪽.

16) 독립운동사편찬위원회, 위의 책, 335쪽.

17) 坪江汕二, 『朝鮮民族獨立運動秘史』(巖南堂書店, 1959), 159쪽.

공학회를 조직하였다. 공학회는 북풍파 계열의 학생이 주도하고 일부 중립파가 참가하였다.[18]

이종률은 1960년대 감옥에서 집필한 '사회운동용어사전'에서 공학회에 대하여 다음과 같은 사실을 전하고 있다.

공학회(共學會)란 1925년 3월(5월의 착오인 듯-필자) 서울에서 조직되어 활동 중 그해 4월(10월-필자) 일제관헌으로부터 강제 해산을 당하게 된 학생사회과학연구 및 그 학생항일제투쟁단체다. "1. 공동(共同)의 힘으로써 사회과학을 공부하며 2. 공동의 단결로써 일제의 식민지적 교육에 반대한다." 등을 주장하고서 나서게 된 이 공학회(共學會)는 우리 나라 사회과학연구 학생단체로서의 효시(嚆矢)였다. 보성전문학교의 권정근(權政根) 임영달(林榮達) 연희전문학교의 이관희(李觀熙) 이화여자전문학교의 주린석(朱麟碩) 중앙고등보통학교의 유면희(柳冕熙) 권기백(權寄百) 양근영(楊根永) 남만성(南晚星) 협성실업학교의 김익환(金翊煥) 조치기(趙致基) 휘문학교의 김창수(金昌洙) 김정수(金正洙) 송도고등보통학교의 이재유(李載裕) 광주고등보통학교의 최규창 기타가 중심간부들이었다. 일제관헌은 학생들의 사회과학연구와 항일제민족적(抗日帝民族的)인 단결을 너무도 두렵게 여기게 된 나머지 그렇게 그만 강제해산의 폭압에 나오게 된 것이다. 이해 9월에 보다 넓은 규모로 발족하게 된 「조선학생과학연구회(朝鮮學生科學硏究會)」는 이 「공학회」의 해산 탄압에 대한 일면의 「항의적 대답」의 결과로 되기도 하는 것이었다.[19]

여기서 주목할 사실은 공학회 간부로 송도보통학교의 이재유와 광주고등보통학교의 최규창이 참여하였다는 사실이다. 1930년대 중반 '경성트로이카그룹'으로 세상을 떠들썩하게 했던 이재유와 이종률은 1925년 5월 공학회 활동을 같이하였다.[20] 또한 이재유가 1927년 5

---

18) 독립운동사편찬위원회, 앞의 책, 335쪽.

19) 이종률, 「事典(1)」, 1960년대(앞의 『山水 李鍾律 著作資料集』 第2輯, 327쪽).

20) 김경일, 『이재유연구-1930년대 서울의 혁명적 노동운동-』(창작과비평사,

월 신흥과학연구회21) 활동을 하였던 시기는 이종률이 일본에 건너가 와세다대 정치경제학부에 다니며 신간회 동경지회 활동을 하던 시기였다.

광주고보의 최규창은 이종률과 공학회 활동을 같이 하였는데, 이후 최규창은 1926년 8월 전남 광주에서 비밀결사 성진회(醒進會)를 조직하였다. 이종률은 "1905년 전남 영암군 구림(靈岩郡 鳩林)에서 출생한 최규창은 1925년 학생사회과학연구 겸 그 사업단체 '공학회(共學會)'의 광주지방간부의 하나로 되게 되고 1926년엔 뒷날 광주학생투쟁의 조직단체인 성진회(醒進會 – 지하단체)를 창립하는 중심인물의 하나로 되었다. 1929년에 일어난 光州學生抗日帝투쟁은 이 성진회를 중심조직자로 하여 전개되게 되었다"22)라고 언급하였다.

그러나 이종률이 성진회에 직접 관여하였는지는 분명치 않다. 그런데 이종률이 성진회에 대하여 다음과 같은 상세한 언급을 하고 있는 점을 볼 때 그가 성진회에 간접적으로 관여하였을 가능성은 배제할 수 없다.

醒進會 1926년 8월 전남 영암군 구림(全南 靈岩郡 鳩林) 그 때 광주고등보통학교 학생 최규창(崔圭昌)의 집을 장소로 하여 서울서 지방학생지히단체조직의 「오르그나이저」로서 내려간 서울 휘문고등보통학교 학생 김창수(金昌洙)를 좌장(座長)으로 전남지방학생지하단체조직 간담회를 열었다. 여기서 광주시(光州市)에 본부를 두는 성진회(醒進會)를 조직키로 했다. 그 여름방학이 끝나고 9월 개학이 되게 되자 바로 곧 즉 1926년 9월 광주시 부동정(不動町)에 있는 최규창의 하숙집을 장소로 왕재일(王在一) 최규창(崔圭昌) 장재성(張載性) 임주홍(林周弘) 김부식(金扶植) 유치오(兪致吾) 기타 학생들이 모여 성진회를 창립하게 되었다. 집행책 최규창

1993) 참조.

21) 이종률, 「事典(1)」, 앞의 『자료집』 2집, 362쪽.

22) 이종률, 위의 『자료집』 2집, 787쪽.

등 간부를 선출하게 된 성진회는

1. 각 학교를 연결한 종합적인 또는 각 학교 단위의 사회과학연구활동
   을 성실히 행한다.
2. 일본제국주의의 식민지교육정책을 적극반대한다.
3. 학생의 단결을 기한다.
4. 비밀을 엄수하며 어떠한 경우라도 회의 조직을 노출시키지 않는다.
5. 항일제선배조직과 긴밀한 연락을 가지며 지도를 받는다.

등의 결정을 가지게 되었다.23)

이종률은 "1929년 11월에 광주를 발화점으로 하여 일어서게 된 그 전 민족적인 규모의 기사학생항일제투쟁(己巳學生抗日帝鬪爭·他稱 光州學生事件)은 이 성진회가 중심이 되어서 진행시킨 사업의 하나"24)라고 평가하였다. 일제의 판결문에 따르면 성진회는 1926년 11월 3일 광주고보와 광주농업학교 학생들을 중심으로 결성되었다고 하였다. 또한 창립회원은 이종률이 언급한 최규창, 왕재일 등과 일치하였다.25) 그런데 이종률이 언급한 '오르그나이저 김창수'는 경성청년회 출신으로 공학회 회원이었다.26) 이종률은 경성청년회와 공학회가 광주학생운동의 지도부였던 성진회의 실질적 산파역할을 하였음을 언급한 것이다.

1925년 10월 5일 종로경찰서 고등계는 "공학회 간부 권혁(權赫) 이종률 두 사람을 불러 엄중히 경고한 후 돌연히 해산을 명령하였다는

---

23) 이종률, 위의 『자료집』 2집, 787쪽.

24) 이종률, 위의 『자료집』 2집, 401쪽.

25) 김정화, 「1920년대 중반 이후 학생운동 연구 – '광주학생운동'을 중심으로 – 」
   (성균관대사학과 석사논문, 1997), 26쪽.

26) 1926년 서울파의 전북민중운동자동맹에 가입하고 1928년 '제3차조선공산당사
   건'으로 투옥되었던 김철수의 동생 김창수(金昌洙)와는 동명이인으로 여겨
   진다.

데 이유는 그 회의 선언한 4개강령이 매우 불온하다고 인정함이라는 바 이에 대하여 그 회에서는 즉시 일반회원을 모아가지고 긴급히 대책을 강구"27)하였다.

1925년 10월 31일 오후 8시 김평산의 주재로 경성청년회 월례회의가 개최되었다. 그 자리에서는 일제 당국의 '공학회 해산명령'에 대한 열띤 논의가 있었다.28) 여기서는 공학회 해산에 대하여 3개의 입장이 제기되었다. 첫째는 서범석, 김동철이 주장한 것으로 "단순한 학생 등이 집합하여 과학연구하는 것을 어떠한 이유로 해산을 명하였는지 그 해산의 이유를 당국에게 상세히 질문하고 그 회답을 충분히 연구하여 공정하게 판단한 결과를 일반 민중에게 공표할 것", 둘째는 이민행 외 4인의 주장으로 "당국에 질문하는 것은 전례에 비추어 볼 때 효력이 없기 때문에 교섭 운운을 폐하고 우리들의 손으로 별개의 조직으로 과학연구와 같은 조직기관을 설치할 것" 그리고 세 번째는 첫 번째와 두 번째 주장을 비판하며 당국이 "고압적으로 민중을 처우하는 증거의 하나로서 일반 민중에게 주지시키는 운동을 전개할 것"으로 김상학 외 3인이 주장하였다. 결국 3개안 가운데 첫 번째 서범석의 주장으로 결정되어 당국에게 질문하는 '질문교섭위원'을 집행위원에게 일임할 것을 결정하였다.29)

그런데 당시 경성청년회 월례회의에 참석한 이종률이 어떠한 입장을 취했는지 기록만으로는 알 수 없다. 공학회 해산을 즈음하여 1925년 9월 27일 화요파의 주도로 조선학생사회과학연구회가 서울파의 주도로 1925년 11월 23일 경성학생연맹이 창립되었고, 북풍파는 공학

---

27) 『동아일보』 1925.10.6.

28) 京城鐘路警察署, 「京城靑年會月例會ニ關スル件」, 京鐘警高秘　第12405號-1, 1925.11.2.　1~5쪽.

29) 京城鐘路警察署, 위의 「京城靑年會月例會臨ニ關スル件」, 4~5쪽.

회의 후신으로 1925년 11월 17일 서울학생구락부를 창립하였다.[30] 이와같이 이종률이 주도했던 공학회는 이 무렵 학생단체와 비밀결사 운동을 촉진하였고 특히 조선학생사회과학연구회는 1926년 6·10만 세운동을 주도한 한 축을 이루었다.

2) 경성고학당 활동과 '전국학생동맹휴학옹호동맹사건'

1928년 12월 9일자 동아일보에는 다음과 같은 기사가 실려있었다.

> 시내 가회동(嘉會洞) 일백오십칠번지 고학당(苦學堂) 선생 리종률(李鍾律)(24)이가 주동이 되어 이현철(李玄徹)(21), 장홍염(張洪琰)(19), 황호연(黃鎬然)(21), 김운선(金雲善)(21)이가 서로 모의하고 전국학생동맹휴학옹호동맹(擁護同盟)을 조직하여 지난 십일월육일에 전조선에 "전조선 학생들은 궐기하라 OOO(식민지-필자)교육을 OO(철폐-필자)하라"는 등의 '비라'를 뿌린 일로 시내 종로서에 검거되었든바 전기 이종률외의 다섯명은 저간 치안유지법(治安維持法) 위반으로 취조를 받다가 7일 전기 다섯명중 네명(한명은 서대문서에서 검사국에)이 일건서류와 한가지로 경성지방법원 검사국으로 넘어갔다는데 그들의 비밀결사 조직내용을 보면 비단 조선뿐만아니라 일본에 있는 조선사상단체와도 연락이 있다더라.[31]

이 내용에 따르면 1928년 11월 6일 이종률은 '전국학생동맹휴학 옹호동맹사건'을 주도하여 치안유지법위반으로 구속되었다. 그리고 당시 이종률은 '고학당 선생'이었다. 고학당은 1923년 송강(松崗) 이 준열(李駿烈)이 창립한 경성고학당(京城苦學堂)을 말한다.[32] 즉 이

---

30) 장석흥, 『6·10만세운동연구』(국민대 국사학과 박사논문, 1995), 141쪽 ; 坪江汕
    二, 『朝鮮民族獨立運動秘史』, 1966, 160쪽.

31) 『동아일보』 1928.12.9, 2면 2단.

종률은 1928년 7월 귀국하여 9월 무렵 경성고학당 교사로 활동하였다.33) 이종률은 당시 와세다대 정치경제학부를 다니다 '우리말사건'34)으로 학업을 포기하고 1928년 7월 중순경 귀국하여 고학당 교사로서 국어와 작문을 가르치고 있었다.

1928년 12월 10일 있었던 이종률의 「신문조서」에 따르면 이종률은 "1927년 4월 와세다 대학 전문부의 정치경제과에서 약 1년 정도 통학하고 있었는데 금년 7월중 가사형편으로 퇴학하였다. … 이전 경성경신학교(고등보통정도)에 통학하고 있었는데 대정 15년(1926년) 7월 제4학년의 중도에서 퇴학하고 면학을 위하여 동경으로 가서 신문 배달을 하면서 소화2년(1927년) 4월 와세다대학 전문부에 입학하였는데 동년 12월에 귀향하여 학자 조달을 하였지만 생각대로 되지 않아 금년 4월 다시 동경으로 가서 전과 같이 와세대 대학 전문부에 입학하여 금년 7월 중순경 하기 휴가에 향리로 돌아와서 그대로 退하된 것이다. 그후 동대문밖 중학 정도의 사립고학당의 교원으로 동 당에서 국어와 작문을 교수하고 있었다"35)라고 진술하였다.

이종률이 교사로 있었던 경성고학당은 단순히 학교만은 아니었다.

---

32) 송강 이준열은 1889년 충남 아산 출신으로 1919년 경성공업전문학교를 졸업하고 1926년 중반 무렵 '서울파'의 고려공산동맹에 관련하였다(李駿烈, 『松崗小史』 1집-2집, 필사본, 1974, 50쪽).

33) 1929년 3월 13일 이종률의 「공판조서」에 따르면 그는 1928년 9, 10월경 고학당 교사가 되었다고 진술하고 있다. (경성지방법원, 「공판조서(이종률외 2인)」, 1929.3.13 (국사편찬위원회 편, 『韓民族獨立運動史資料集 49－同盟休校事件 裁判記錄 1－』, 2002, 91쪽).

34) '우리말사건'에 대해서는 좀 더 연구가 필요하다. 조선어학회로 이어지는 우리말운동과 다른 맥이 있었던 것으로 여겨진다.

35) 경성지방법원검사국, 「이종률신문조서」(제2회), 1928.12.10(국사편찬위원회 편, 앞의 『資料集 49』, 30쪽).

1919년 3·1운동 이후 신식학교 혹은 신지식을 열망하는 욕구가 분출되었지만 식민지 교육체제는 그 욕구를 수용할 수 없는 열악한 상황이었다. 1922년 당시 전국 고등보통학교와 여자고등보통학교의 1/3 내지 1/2 정도가 경성에 집중되어 있을 정도로 고등수준의 교육기회는 거의 서울에 집중되어 있었다.[36] 1920년 6월 21일 서울 중앙예배당에서 창립된 조선고학생갈돕회(총재-이상재, 회장-최현)나 1922년 4월 1일 창립된 조선여자고학생상조회는 이러한 '향학열'의 산물이었다. 고학생갈돕회는 고학생들의 '相扶相助', 친목도모 등의 취지로 창립되어 1922년 8월 25일 기관지『갈돕』을 발행하다가 1925년 1월 24일 임시총회 이후 사회주의적 경향을 띠게 되었다.[37]

이종률은 1925년 무렵 고학생갈돕회 회원으로도 활동하였다. 1925년 8월 24일 종로경찰서장이 경성지방법원검사에게 보낸 한 문건에는 북풍파의 핵심인물인 김종범이 "고학생갈돕회 이종률과 통도사를 방문하여 正論社의 주를 사들인 것에 대해 주지 김구하를 협박하여 양산서의 수배를 받고 경성에 잠입하고 있는 흔적이 있다"[38]는 보고를 하고 있는 것을 볼 때, 이종률은 이 무렵 북풍파의 주요 성원이었고 경성청년회와 공학회 그리고 고학생갈돕회 활동을 하였음을 알 수 있다.

그는 1926년 7월 무렵 일본에 건너가 와세다대 정치경제학부에 다니면서 신간회 동경지회 등의 활동을 하다가 1928년 7월 귀국하여 '1928년 9, 10월 경 사숙 고학당의 교사'[39]로 활동하였다. 1928년

---

36) 南信東, 「경성고학당연구 : 1923~1931」(서울대 교육학과 석사논문, 1998.2), 15~17쪽.

37) 김준엽·김창순, 『한국공산주의운동사』2(청계, 1986), 187쪽.

38) 京城鐘路警察署, 「李憲等渡支ノ件」, 京鍾警高秘 第9425號1, 1925.8.24, 1쪽.

39) 경성지방법원, 앞의 「공판조서(이종률외 2인)」, 1929.3.13(국사편찬위원회 편, 앞의 『資料集 49』, 91쪽).

이종률이 고학당 교사였을때는 창립자이며 초대교장인 이준열이 물러나고 교사였던 연학년(延學年)이 신임 교장으로 취임하고 난 후였다. 이 무렵 고학당은 숭인동 61번지 300여평의 신교사로 이전하고 새로운 전환을 맞는 시점이었다. 고학당은 "무산자 집단의 힘을 인식시키고 지식을 넣어주고 집단적 훈련을 시키어 어떤 방향으로 나아갈 것인가 하는 것을 머리에 깊이 넣어 주는" '프로학교'였다.40)

고학당의 교사진은 이준열의 공전 동창생들과 현직교사들 및 교육사업가 그리고 해외 유학생출신들로 구성되었고 대체로 젊은 고등지식인이며 사회주의 경향을 지니고 있기도 하였다. 고학당 학생 출신 정관진, 김태래, 이학종 등은 1927년 2월 조선학생혁명당을 이준열의 집에서 결성하였고 1929년 3월 조선학생전위동맹으로 개편하여 각 학교의 독서회를 조직하여 '전위학생'의 양성에 주력하였고 1929년 11월 광주학생운동 전국적 확산의 견인차 역할을 하였다.41)

이와같이 이종률은 9월 무렵부터 경성고학당 교사로서 2개월가까이 활동하다가 1928년 11월 6일 '전국학생동맹휴학옹호동맹사건'으로 구속되었다. 이 사건은 당시 빈번하게 발생하는 학생들의 동맹휴교의 연속선상에서 발생하였다. 1921년부터 1929년까지 9년간 학생들의 동맹휴학 발생건수는 평균 54건으로 매년 증가하여 이종률이 구속된 1928년에는 83건의 맹휴가 발생하여 1920년대 맹휴 중 가장 발생횟수가 많았다.42)

동맹휴학에 참여한 학생들은 대체로 민족적 감정이 원동력이 되었지만 당시 사회주의운동의 영향력하에 조직된 다양한 학생조직이 조직적 리더쉽을 가지고 있었다. 1926년 6·10만세운동이나 1929년 11

---

40) 「閉鎖된 프로 學校」, 『조선일보』 1931.7.16.
41) 남신동, 위의 글, 68~72쪽.
42) 朝鮮總督府警察局, 『最近に於ける同盟休校の考察』, 1929, 6~9쪽.

월 광주학생운동 때 학생들을 시위에 참가하도록 조직했던 조선학생과
학연구회나 성진회, 조선학생전위동맹 등이 큰 역할을 하였던 것이다.
　이종률은 「신문조서」에서 다음과 같이 '전국학생맹휴옹호동맹사건'
의 배경을 말하고 있다.

　　금년 9월경으로 생각된다. 그 당시 조선내 광주, 고창, 대구 등지의 고
등보통학교에서 맹휴사건이 근래 빈발하는 것은 조선교육제도에 결함이 있
고 봉건적 교육제도이므로 학교맹휴를 조장하여 조선인 본위의 교육제도
실현을 달성하도록 생각하여 동경에 있는 조선교육신문사의 경영 동업인
동지 김정수, 이현철 등과 상의하여 하자고 교육신문사 귀중이라는 편지를
보냈다.43)

　이종률의 진술처럼 당시 전국 각 지에서 학생들의 맹휴가 빈번히
발생하였다. 특히 1928년 10월 22일 휘문고보 3학년생의 맹휴로 78
명이 검거되고 94명이 무기정학을 받는 사건이 일어나자 10월 27일
4학년 전체가 자진퇴학원을 학교당국에 제출하는 등 확대되자 일제
경찰당국의 대대적인 탄압과 개입이 본격화되기 시작하였다.44)

　이러한 상황 속에서 이종률은 와세다대 재학중 동지였던 이현철,
김정수와 연락하여 '전조선 학생은 궐기하라'는 격문을 일본에서 인쇄
하여 국내에 우편으로 우송하여 배포함으로써 맹휴를 전국적인 반일
투쟁으로 확산시키려 하였던 것이다. 당시 배포된 삐라는 "전선학생은
궐기하라. 식민지 교육제도를 타도하라" "휘문맹휴, 대구고맹휴 사수하
라, 전국학생동맹휴 동정 10일간 휴업" 등으로 쓰여져 있었고 발행자
는 학생스트라이크옹호 전국동맹이라고 되어 있었다".45)

---

43) 경성지방법원검사국, 「이종률신문조서」, 1928.12.21(국사편찬위원회 편, 앞의
　　『資料集』49, 44쪽).
44) 독립운동사편찬위원회, 앞의 책, 406쪽.
45) 「장홍염신문조서」, 1928.12.6(앞의 『資料集』49, 15쪽).

이종률46)과 맹휴사건으로 구속된 이현철(또는 李守燮), 김정수47)는 '재동경교육신문사원'48)이었고, 이현철은 재동경조선청년동맹과 신간회 동경지회에서 활동하였다. 장홍염, 황호연, 김운선은 휘문고보 출신이었고, 서정관(徐廷觀)은 보성전문학교 법과생이었는데 이들 중 장홍염과 서정관은 조선학생과학연구회49) 회원이었다.

장홍염은 "경성부 가회동 157번지에서 같이 하숙하고 있는 고학당 교원 이종률이 나에게 동경에서 맹휴를 선동하는 삐라를 보내온 것이 있는데 이것을 휘문학교에 배포하여 달라"고 하여 이를 황호연에게 주고 황호연이 다시 이를 휘문고보에 배포하였다.50) 목포 출신인 장홍염은 그 후 1929년 11월 3일 광주학생운동에 참여하였으며, 각 학교 대표들과 함께 회합하여 1930년 1월 15일 9시를 기해 궐기할 것을 결의하고 항쟁하다가 퇴학을 당했다.51)

이 사건으로 이종률을 비롯한 7인은 치안유지법위반혐의로 경성지

---

46) 이종률은 이때 아명 이남철(李南鐵)이란 이름을 동시에 사용하였다.

47) 김정수(金正洙)는 휘문고보를 졸업하고 와세다대 재학중 이 사건 발생이후 동경에서 송치되어왔다[경성종로경찰서, 「김정수 신문조서」, 1928.12.18(국사편찬위원회 편, 앞의 『資料集』 49, 39쪽)]. 그는 이종률과 공학회 동지였다.

48) 이종률은 조선교육신문사는 "나, 김정수, 이수섭, 박야민이 조선교육상황을 널리 일반에게 보도할 목적으로 소화 3년 여름경 조직하였"다고 진술하고 있다(「이종률신문조서」, 1929.1.25, 앞의 『資料集』 49, 59쪽).

49) 조선학생과학연구회는 화요파 계열의 학생조직이었는데 1926년 6·10만세운동 이후 화요파는 상당수가 검거되면서 조직적 타격을 받았다. 이후 1926년 12월 2차당대회를 통해 안광천 등 일월회 출신과 서울파(고려공산동맹)신파가 '합동'한 'ML파' 조선공산당이 재조직되었다. 그러나 1928년 2월과 'ML당'에 대한 대검거로 안광천 등이 30여명이 검거되었다. 1928년 2월 27~28일 3차당대회에서 차금봉을 책임비서로 집행부가 조직되었지만 1928년 7월에 10월 사이에 170여명의 대량검거되면서 조선공산당은 사실상 활동이 중지된 상황이었다.

50) 「장홍염신문조서」, 1928.12.6(앞의 『資料集』 49, 15쪽).

51) 國家報勳處, 『大韓民國 獨立有功者 功勳錄』 第 11卷, 1994, 260쪽. 해방후 그는 한민당과 무소속으로 제헌국회의원과 2대 국회의원으로 선출되었다.

방법원 검사국에 송치되어 이종률은 징역 10월, 이수섭, 김정수는 징역 6월 판결을 받았다.52)

3) 사회실정조사소와 『이러타』, '형평청년전위동맹사건'

1929년 8월 한여름 서대문형무소를 출감한 이종률이 이후 1929년 11월 광주학생운동에 참여하였는지에 대한 명확한 기록은 없다. '맹휴사건'으로 감옥을 나온지 2개월 남짓 지난 그가 직접 광주학생운동에 참여할 수는 없었을 것이다. 그러나 공학회 활동에서 알게된 광주고보의 최규창이 광주학생운동을 주도한 성진회의 핵심인물이었고 '맹휴사건'의 동지였던 장홍염이 광주학생운동에 참여한 것으로 볼 때 이종률이 직간접적으로 광주학생운동에 관련되었을 것이라 추정된다.

이후 이종률은 1930년 4월 15일 숭인동 57번지 常春園에서 열린 근우회 京東지회 설립대회에 참여하였다. 그는 신간회 경동지회 이석과 근우회 본부의 김정원, 근우회 경성지회 정정옥에 이어 네 번째로 "본 지회는 공장노동부인을 본위로 한다고 들었다. … 제군은 노동자로서 또한 운동자의 한 사람으로 오히려 우리들 남자보다 우월한 지위에 있다고 생각하는 프랑스 여성운동을 따라가는 것은 매우 주의해야 한다. 이해관계만을 생각하는 남성과 투쟁해야 한다"53)라는 축사를 하였다.

경동지회는 동대문, 창신동, 숭인동 일대로 노동자가 상대적으로 많은 지역이었다. 여성으로서 노동자로서 식민지 피억압민족으로서 이중 삼중의 억압을 받는 근우회 소속 여성들에게 이종률은 동지적 연대

---

52) 「공판조서」(제2회), 1929.3.20(앞의 『資料集』 49, 97쪽).

53) 京城東大門警察署, 「槿友會京東支會設置大會取締狀況報告」, 東京警高秘 第891號, 1930.4.16. 300~301쪽. 근우회 경동지회의 설립대회는 신간회 경동지회가 후원하였고 여성 45인과 남성 50인 총 95인이 참석하였다.

의 뜻을 표현하였던 것이리라. 설립대회에는 정종명(북풍회), 정칠성(화요회), 우봉운(불교여자청년회) 등 여성운동가와 북풍파의 핵심인물인 徐廷禧, 宋奉瑀 등이 참석하였다. 이종률이 근우회 경동지회에 참여하여 축사를 하게된 배경은 아마도 그가 동경에 있을때 신간회 동경지회 지도하에 있던 재일본조선인단체협의회 부인부 부장[54]으로 활동하면서 여성문제에 대한 강좌를 개최하는 등 여성문제에 대한 식견이 탁월하였기 때문이었다.

또한 그는 1931년 6월 27세때 월간지 『이러타』의 편집 겸 발행인으로 활동하였다. 이무렵은 1931년 5월 민족통일전선체인 신간회가 개량화되었다고 해체되는 등 사회운동에서 '초좌익적' 경향이 풍미하던 시기였다. 1931년 9월 20일 발행된 『이러타』 3호 첫페이지는 "신간회를 해소하자! 청년동맹을 해소하자! 근우회를 해소하자! 학생회 및 학생과학연구회를 해체하자! 형평사를 해소하자! 소년회 및 소년군을 해체하자!" 등의 해소론과 "노동조합의 산업별적 조직 및 그의 확대강화! 농민조합의 노동자동맹적 조직 및 그의 확대강화! 노동조합 및 농민조합에의 청소년부 및 부인부 확립! 노농총의 재조직! 반해소파의 칠지적 배격!"[55] 등의 '계급적 노선'을 담은 글이 게재되기도 하였다. 이글의 필자는 "이들의 슬로건 은 조선노동자 및 ××(계급 – 인용자)적 농민대중이 제출한 자기요구로서의 코스이며 아울러 당면 실천하고 있는 그 자신의 중대한 과업"[56]이라고 설명하고 있다.

신간회 해소는 이 무렵 코민테른의 '초좌익적' 노선 선회에 영향을 받았다. 1928년 7~8월에 열린 코민테른 6차대회에서의 '계급 대 계

---

54) 이종률, 「민족과 민족성향백성의 인식을 위한 隨錄」, 앞의 『민족혁명론』, 154쪽.

55) 秋腕, 「確乎히 解消되면서 있는 朝鮮各部門運動의 그 現狀」, 『이러타』 Vol.1 No.3(10월호), 1931.10, 3~4쪽.

56) 秋腕, 위의 글, 4쪽.

급' 전술은 '소부르주아 인텔리 중심의 당'을 '노동자, 빈농 중심의 당'으로 재조직할 것을 사실상 지시한 「12월테제」(조선농민 및 노동자의 임무에 관한 테제」)로 나타났다. 특히 1930년 9월 프로핀테른의 「9월테제」(「조선의 혁명적 노동운동의 임무에 관한 테제」)는 신간회를 '민족개량주의적 단체'로 규정하면서 결국 국내에서 신간회해소론이 제기되는 이론적 배경이 되었다.

이러한 상황 속에서 『이러타』는 국내 사회운동의 동향과 국제정세를 소개하는 월간지로서 그가 '형평청년전위동맹사건'으로 구속된 이후에도 계속 발간되어 1936년 1월 통권 56호로 종간될때까지 4년 7개월간 발행되었다.57) 『이러타』는 '국내 및 국제정치·경제·사회정보' 월간지로서 스스로를 선전하였고, "1.국제적 정세의 정확한 보도 2. 국제적××(혁명 – 인용자)적 이론의 공급과 보편화 3. 계몽적 활동"58) 3가지 목적을 지향하였다.

---

57) 1931년 6월 20일 사회실정조사소(社會實情調査所)에서 창간한 월간 잡지. 1936년 1월 통권 제56호로 종간되었다. B5판 60면 내외. 편집 겸 발행인은 이종률(李鍾律), 이러타사에서 발행하였다. 1930년 4월 노동자들에게 조선과 세계의 구체적인 실정을 알려주기 위하여 결성된 '사회실정조사소'는 국내외 정세에 대한 조사, 연구 및 관련 문헌의 번역을 행하는 한편 기관지 『이러타』를 발간하여 조직의 확대, 강화를 추구하였다. '사회실정조사소'는 군부도세(郡府道勢), 노동조합, 일반단체, 특별사건, 각종 집회, 공장 등의 사항을 조사하여 기관지에 싣고 있다. 창간호에 실린 「활동시작에 제(際)한 대중에게의 통문」에서는 "'사조'(=사회실정조사소) 및 기관지 『이러타』의 존재는 오직 대중적 비판과 지지 밑에서만"이라는 슬로건을 내걸고 노동자들이 사회실정연구소의 레포터(보고자)가 되어야 하며 방방곡곡에 『이러타』 지사를 세워야 한다고 촉구하고 있다. 주로 국내외 정치 정세 소개, 사회운동 및 노동운동의 현황 및 문제점, 노동문제에 대한 조사, 자본주의 분석 등에 대한 조사보고서를 싣고 있으며, 말미에는 자료난과 통계난을 두고 있다. 노동대중의 잡지를 표방하는 『이러타』는 국제 정세, 사회문제, 노동운동에 대한 좌파의 인식을 보여주고 있다(배성준, 「이러타 해제」, 서울대 도서관 홈페이지 참조).

58) 「독자란」, 『이러타』 Vol.2 No.2(4-5월합호), 1932.4, 79쪽.

이 배경에는 1930년 4월 14일 창립된 社會實情調査所(社調)가 직접적인 계기가 되었다.59) '사조'는 국내 노동, 농민운동 등 대중운동에 대한 자료를 수집하고 정세를 분석하는 사회과학연구소의 역할을 하였다. 이종률은 사회실정조사소 창립 직후인 1930년 5월 초 고학당 교사 안균(安均)과 김기석과 함께 일경에 검거되기도 하였다.60)

사회실정조사소는 1932년 12월 신간회 자료 일체를 입수하여 보존하였다. 사조 자료부는 1933년 1월 1일 『이러타』를 통해 "신간회 각지 지회, 근우회 본부 및 그의 각지 지회, 청총 및 각 청년동맹 및 기타 혹 간의 형평사 지부 등 해소를 결한 제집단의 문서류는 즉시 우리 조사소 자료부에로 보내 그를 보관케 하는 것이 조흔 일이라고 우리는 仰告하는 바이다. … 그러면 우리는 그를 귀중히 보관할 것이며 나아가서는 그를 어데까지든지 한 대중적 활동에의 산재료로 供할 것이다"61)라고 하는 광고를 냈다. 사조는 이와같이 사회운동 자료의 센터로시의 기능을 하고자 하였다.

이종률은 사회실정조사소를 배경으로 1931년 6월『이러타』창간호를 발행하고 '사회실정조사소 維持所員'과 『이러타』社의 지지사원 배가운동을 벌여 전국에 지국과 지방조직을 확대하였다. 1932년 3월 말 무렵 부산, 신의주, 원산지국 등 전국 24개 지국과 大阪, 延吉縣市지국 등 국외 2개지국 총 26개 지국으로 늘어났다.62)

『이러타』편집을 주관했던 이종률은 「원고쓰는방법」이란 글을 게

---

59) 「사조창립기념일을 압두고」, 『이러타』 Vol.2 No.2(4-5월합호), 1932.4, 82쪽. 흥미로운 사실은 1932년 말 解消된 新幹會의 문서류 일체와 看板마저 社會實情調査所에 移管되었다는 사실이다(『조선일보』 1932.12.23).

60) 『중외일보』 1930.5.6.

61) 「新幹本部及 그 京支文書類手入에 際하야」, 『이러타』 제3권 제1호, 1933.1, 6쪽.

62) 앞의 『이러타』 Vol.2 No.2(4-5월합호), 83~84쪽.

재하는데 여기서 그는 이 글은 "특히 이로부터 막 과학적 대중적 문
필전선에로 나서려는 우리의 친애하는 전 젊은 노력자 동무 제국 및
抗進的 전신홍과학도 제군에게 보낸다"가 하면서 '글은 정확하게' '명
확하게 또 쉽게 알아보도록 쓰'기 위해서는 "변증법적 유물론적 과학
적 실력이 충실하여야 하는 것이며 … 거기에는 기술적 방법론적 실
력을 요하게 되는 것"63)이라고 언급하고 있는데, 이 무렵 그의 사상
과 관심의 일면을 엿볼 수 있다. 그는 역사유물론의 입장 즉 "사물의
본질과 현상을 머리와 끝을 잘 連해 보고서의 (과)학적 기술을 갖고
서"64) 글을 써야한다는 '과학적 글쓰기'를 제창하기도 하였다.

한편 그는 1931년 11월 14일 개벽사, 농민사, 농민신문사, 동아
상공시보사, 교육휘보사, 삼천리사, 동광사, 대중시대사, 비판사, 문
예월간사, 신동아사, 실업휘보사 등이 회원단체로 참가하는 서울잡지
협회 임시총회에 주요한, 송봉우 등과 이러타사 대표로 참가하였
고65), 같은해 11월 18일 서울 종로2가 중앙기독교청년회관에서 열
린 연희전문학교학생기독청년회 주최 토론회(주제 : 조선현실에 적응
한 산업이 공업인가 농업인가)에 연사로 참석하여 강연을 하기도 하
였다.66)

또한 이종률은 이 무렵 조선형평사67)에 관여하였다. 1931년 4월
24~25일 서울 경운동 88번지 천도교기념관에서 개최된 제9회 조선

---

63) 南鈵(이종률), 「原稿쓰는 方法」, 앞의 『이러타』 Vol.1 No.3(10월호), 3~4쪽.

64) 위의 글, 79쪽.

65) 京城鐘路警察署, 「集會取締狀況報告(通報)」, 京鍾警高秘 第14032號, 1931.11.16,
3쪽.

66) 京城鐘路警察署, 「集會取締狀況報告(通報)」, 京鍾警高秘 第14144號, 1931.11.18,
10~11쪽.

67) 1923년 4월 25일 진주에서 결성된 백정에 대한 신분해방운동단체로 1935년 4
월 25일 해소되어 大同社로 개칭되었으나 1939년 대동사 활동도 사실상 중단
되어 해체되었다(고숙화, 「일제하 형평사 연구」, 『史學研究』 제40호, 1989.6).

형평사 전체대회에 대한 종로경찰서의 '집회취체상황보고'에 따르면 이 무렵 천도교는 신구파 사이의 대립이 심해졌는데, "공산계인 비형평사원인 이종률은 정경열, 안균, 김혁 등과 기맥을 통해 형평운동을 무산운동으로 전환하려고 책동"[68]하고 있다고 보고하고 있다. 1931년 10월 일제 경찰은 "최근 신파측 길한동의 입성에 의해(要注) 李鍾律 등과 활발히 책동을 하고 있는 모양으로 張志弼 등도 심히 우려하고 있다"[69]는 보고를 하고 있다.

일제 경찰의 이러한 보고자료에 근거해보면 이 무렵 그는 장지필[70]과는 노선을 달리하였는데 1929년 4월 20일 이동환, 서광훈, 이준호, 박평산 등이 조직한 '형평청년전위동맹'과 관련된 것으로 여겨진다.

당시 신문은 "1931년에 형평사 해소문제를 중심으로 길한동, 박평산, 이남철(이종률 - 인용) 등의 해소파와 이동환, 서광훈, 최석, 김수동 등의 반해소파가 서로 대립하게 되어 청년전위동맹도 두 파로 갈리워지게 되었던바 그 후 두파가 서로 양보하여 ××(사유 - 인용자) 재산제도의 부인과 ××(공산 - 인용자)사회건설을 목표로 하고 봉건층과 칠지적 항쟁을 부르짖으면서 다시 이면운동을 조직적으로 전개하다가 금년(1933년 - 인용자) 1월 광주 경찰에게 탐지한 바 되어"[71] "1933년 4월 대회 이후는 다시 동맹을 해소하고 공산주의자협의회를 조직하여 형평운동을 완전히 해소하고 공산주의운동의 일부분을 만들

---

68) 京城鐘路警察署, 「集會取締狀況報告」, 京鐘警高秘 第5271號, 1931.4.27, 11쪽.

69) 京城鐘路警察署, 「衡平社本部動靜ニ關スル件」, 京鐘警高秘 第13143號, 1931. 10.27. 2쪽.

70) 장지필은 명치대 출신으로 형평사 창립에 참여하여 1924년 형평사혁신동맹을 주도하였다. 이후 1926년 12월 고려혁명당사건으로 서광훈 등과 검거되었다(고숙화, 위의 글 참조).

71) 『조선일보』 1933.8.12.

려고 활동"[72]하였다고 보도하였다.

한편 이 사건은 '증거신청을 수리한 최초의 사상사건'으로 세인의 주목을 끌었다. 이 사건을 담당한 안전(安田) 판사와 홍(洪)판사는 경성지방법원에서 증인으로 전 형평사 중앙집행위원 김종택, 박경환, 황길수, 서운성 등 4인을 심문하고 형평사 사무소였던 운니동 23번지 건물 내부를 세밀히 검증하고 취조 경관까지 증인으로 환문하는 등 이례적으로 진행되었다.[73]

1936년 3월 5일에 3회공판에서 장지필 등 5인의 증인은 형평사 안에는 공산주의운동가가 한명도 없을 뿐만 아니라 해소문제도 비밀결사를 조직할 목적으로 해소운동을 일으키려 한 것은 아니라고 유리한 진술을 하였다. 1936년 3월 6일 광주지방법원에서 열린 이 사건에 대한 공판에서 서광훈, 길한동 등은 6년, 이종률은 5년, 이한용 등은 4년을 구형받았다. 1936년 3월 20일 광주지방법원에서 안전(安田) 재판장은 형평청년전위동맹 사건 관련자 13인에게 범죄의 증거가 없다는 이유로 전부 무죄판정을 언도하였는데, 단지 이종률만 '목포공산주의자동맹사건'에 관련이 있다하여 2년 6개월의 유죄판결을 받았다.[74]

이종률은 1933년 7월 31일 '형평청년전위동맹사건' 관련하여 치안유지법위반으로 광주경찰서에 체포되어 광주형무소에 수감되어 1936년 11월 25일 서광훈 등 관련자 14인과 무죄로 석방될 때까지 이 사건으로 3년 6개월을 차디찬 감옥에서 보내야 했다.[75]

---

72) 『조선일보』 1935.11.28.

73) 『조선일보』 1936.3.5.

74) 『조선일보』 1936.3.21.

75) 1933년에서 1936년까지 당시 조선일보 등 일간지에는 '형평청년전위동맹사건'을 20여차례 보도하였다.

2. 신간회와 이종률의 민족통일전선론

1) 이종률과 신간회 동경지회 활동

1927년 2월 15일 신간회가 창립된지 3개월후인 5월 7일 와세다대 스콧트홀에서 신간회 동경지회의 설립대회가 회원 61명, 방청자 150명의 출석하에 개최되었다. 지회장에는 조헌영, 총무간사에 전진한 등 7인과 함상훈, 홍양명, 정헌태 등 간사 14인이 선출되었다.[76]

이종률은 6·10만세운동 직후인 1926년 7월 무렵 일본으로 건너가 신문배달을 하면서 1927년 4월 와세다대 정치경제학부에 입학을 하였다.[77] 그의 신문조서와 그 자신의 기록에 따르면 그는 신간회 동경지회 정치문화부에서 활동하고 있었다. 그가 창립대회에 참석을 하였는지는 불분명하지만 와세다대 재학생으로 이종률은 당연히 참석하였을 것이다. 이종률은 "東京支會長 그 때 日本東京留學生 學友會代表 趙憲泳 … 그 때 필자는 … 野民 朴魯洙君과 함께 무大 힉생이었다. 朴君은 東京支會 政治文化部 部長일을 보게 되었고 필자는 그 部員의 하나로 일을 도왔다"[78]고 당시를 회고하였다.

이무렵 그는 재일본조선인단체협의회 부인부장으로 활동하면서 매주 부인문제강좌를 조직하였다. 이종률은 당시 학우회대표로 신간회동경지회장이었던 조헌영의 추천으로 조선인단체협의회 부인부장으로 천거되어 활동하였던 것이다.[79]

---

76) 水野直樹, 「신간회 동경지회의 활동에 대하여」, 스칼라피노·이정식 외, 『新幹會研究』(동녘, 1983), 124쪽.

77) 「이종률신문조서(제2회)」, 1928.12.10(국사편찬위원회 편, 앞의 『資料集 49』, 30쪽).

78) 이종률, 앞의 『자료집』 2집, 731쪽.

79) 이종률, 「민족과 민족성향백성의 인식을 위한 隨錄」, 앞의 『민족혁명론』, 154쪽.

조선인단체협의회는 1927년 3월 재일본조선인유학생학우회가 일본지역 조선인들의 상설적 연합체의 설치를 제의하면서 조직되어 신흥과학연구회, 재일본조선노동조합동맹, 조선협동조합운동사, 학우회 등이 참가하고 있었다.80) 재일본 조선인 민족주의, 무정부주의, 사회주의계열의 모든 단체들이 망라되어 있었다. 신간회 동경지회는 이러한 기반 위에서 조직될 수 있었다.

이 무렵 신간회동경지회는 일제의 식민지지배 자체를 부정하는 조선총독 폭압정치 반대운동을 전개하였다. 1927년 8월 3일 신간회 동경지회는 동경조선노동조합 서부지부, 노동농민당 성서지부와 조선총독폭압정치 폭로연설회를 개최하였다. 1927년 9월 17일 신간회 동경지회 회관에서 조선총독폭압정치반대 관동지방동맹이 결성되었다. 여기에는 재일본조선노동총동맹, 신간회동경지회, 학우회, 동경조선청년동맹, 신흥과학연구회 등 14단체가 참가하였다. 이들은 조선인단체협의회 또는 신간회동경지회와 거의 같은 인적, 조직적 구성이었다. 이들 구성원 대부분은 조선공산당 일본부에 소속되어 있었다.81) 그러나 이종률은 조선공산당에 가입하지는 않았던 것으로 보인다.

1927년 11월 'ML파' 조선공산당 책임비서였던 안광천이 『조선지광』에 게재한 「신간회와 그에 대한 임무」에서 "신간회에 있어서 우리의 당면임무는 헤게모니의 전취에 있다"고 주장한 것에 대한 엄청난 반발이 쏟아졌다. 안광천은 1927년 9월 '영남친목회사건'으로 당책임비서에서 물러나자 실추된 그의 이미지를 회복하기 위해 고심하다가 신간회내 '프롤레타리아 헤게모니 쟁취'를 주장한 것이었는데, 이 문제는 국내 뿐 아니라 동경에까지 확산되어 당시 사회운동의 일대 소용돌

---

80) 김인덕, 『식민지시대 재일조선인운동연구』(국학자료원, 1996), 139쪽 ; 이종률, 위의 책, 155쪽.

81) 이들은 東京府 戶塚町 取訪 164에 사무실을 두고 있었다(김인덕, 위의 책, 135・149쪽).

이를 가져왔다.[82]

　1927년 12월 18일 上野 자치회관에서 신간회 동경지회 2회대회가 개최되었다. 동경지회 2회대회에서는 안광천 등 ML파 조선공산당의 노선에 비해 상당한 반발을 보였다. 2회대회에서 제출된 「운동방침에 관한 의견서」는 신간회의 당면한 역사적 사명을 '민족적 비타협적 단일당의 결성'으로 규정하여 모든 분열주의를 배격하고 자치운동을 배격하고 전선의 통일, 단일당의 결성을 강조하였다.[83]

　신간회 동경지회 회원들은 2회대회 직후인 1928년 1월 「全民族的 單一戰線 破壞陰謀에 關해 全朝鮮民衆에 呼訴한다」는 성명서를 제출하여 "統一戰線을 錯亂시키려는 新派閥鬼의 正體를 暴露하고 新幹會 東京支會 臨時大會의 召集을 要求"하였다. 이 성명서는 조헌영 등 143인이 서명을 하였고 이종률은 李南鐵이란 이름으로 서명에 참가하였다.

　　작년 12월 18일 신간회 동경지회 제2회 대회는 이리하여 그들 신파벌의 마수에 독점되어 순진한 비파벌대중의 의지는 그들의 조직적 음모 하에 유린되고 전인민의 의지의 반영장이라할 대회는 정치적 야욕에 미친 그들 신파벌의 독점적 난무장으로 되어버렸다. 이리하여 전인민의 각층을 망라하여 구성되어야 할 간사회는 그들 일파에게 독점되고 전국대회대의원 11인은 전부 그들 신파벌 일파에게 독점됨으로 간부 8인도 3일내에 사직한 것이다. 신간회를 壟斷하기 위해 신파벌은 그 프랙션에 의한 추악한 의회전술을 조직적으로 이용하여 대중을 여지없이 우롱한 것이다. 이는 말할 나위없이 '헤게모니 탈취'라는 반동이론의 구체적 실행이었다." "全民族的 單一戰線을 死守하자!! 新派閥의 傀儡를 打倒하자!!"[84]

---

82) 전명혁, 「일월회와 ML파의 성립과 활동」, 『홍경만교수정년기념 한국사학논총』, 2002.2, 437~438쪽.

83) 조지훈, 「신간회의 창립과 해소」, 앞의 스칼라피노·이정식 외, 『新幹會研究』, 15쪽.

84) 성명서에 서명한 사람은 다음과 같다. 조헌영 김삼봉 김원석 박원 황진국 전진한 이하영 박애민 박호규 홍순담 김충한 김태을 김봉호 연일회 양희득 임일식

　　이 성명서가 제출되자 신간회 동경지회 간부들은 1928년 1월 13일 간사회 이름으로 "임시대회 소집요구는 동경지회를 분열시키려는 일부 파벌주의자의 책동에 의한 것"이라고 반비판 성명서를 제출하였다.[85] 이에 대해 신간회 동경지회 임시대회소집을 요구하는 서명회원들은 「파벌귀의 괴뢰인 간사회의 비행에 대해 또다시 전민중에게 호소한다」는 성명서를 통해 "만약 간사회가 끝까지 대중의 요구를 유린하는 한 우리들은 회원대중 자신에 의한 임시대회를 개최하여 목숨을 바쳐 민족적 협동전선을 지킬 것을 밝힌다"[86]고 재차 선언하였다.

　　이종률이 동경에서 신간회 활동에 참가할 무렵은 이와같이 사회운동 내부의 분파 대립이 극심하게 전개되는 시기였다. 이종률을 포함하여 서명에 참여한 140여명의 신간회 동경지회 회원들은 홍양명, 오상철, 문달 등 『朝鮮運動』을 발행하는 '서울파 사회주의자 그룹'과 전진한, 함상훈, 이선근 등 '협동조합운동사 그룹', 그리고 조헌영, 박야민 등 '민족주의자 그룹' 등으로 구성되어 있었다. 이무렵 이종률은 사회

신홍조 정상태 고희석 박봉규 박훈 김주훈 류한상 함상훈 현철 이출 노연 문달 양홍석 오상철 오현대 오현준 강영욱 김위경 여영숙 김공묵 임현칠 김윤기 이현철 김길지 김민직 김동량 이준덕 정덕묵 김동욱 유영호 문권 이기홍 이선근 김진 오희직 김익호 정발 김봉두 남진우 김정희 홍재범 조우기 정규창 김광휘 남철 이홍록 김항교 이영훈 최성문 김상선 김돈평 김황우 윤승룡 김성훈 박건 김재원 이기방 전봉 안진 이현계 이종태 이영한 김윤경 황보욱 정석봉 김준석 류동진 허영훈 정상일 김철수 안상록 이헌래 김준성 홍양명 오희병 유원우 남호영 김장안 이순 안영제 신현길 김창제 조시영 오현영 신철 李南鐵 윤희갑 임경성 김경기 김상한 정웅 성유경 박병조 정동필 (이외 32인)[新幹會 東京支會 會員, 「全民族的單一戰線 破壞陰謀に關し全朝鮮民衆に訴ふ－統一戰線を錯亂せんとする新派閥鬼の正體を暴露し新幹會東京支會の臨時大會の召集を要求す－」, 1928.1(大原社會問題研究所 所藏)].

85) 신간회 동경지회, 「반동적 파벌주의군의 춘동에 대하여 만천하동포제군에 격함」, 1928.1.13(水野直樹, 앞의 글, 141쪽).

86) 新幹會東京支會 臨時大會召集要求 會員一同, 「聲明書－派閥鬼の傀儡たる幹事會の非行に對して再ぴ全民衆 に訴ふ」, 1928.1.

주의적 의식을 가지고 있었지만 그의 정치적 행보는 조헌영, 박야민 등 민족주의자그룹과 가까웠다고 여겨진다.

이와같이 신간회 동경지회가 심각하게 분열되자 서울의 신간회 본부는 1928년 2월 4일 임시 간사회를 열어 李灌鎔을 파견하여 표면적 봉합을 시도하였으나 대립이 해소되지는 않았다.[87]

1928년 7월 근우회 임시전국대회를 맞아 이종률은 그의 민족해방운동 과정 속에서 커다란 시련에 봉착하게 되었다. 1928년 5월에 개최하기로 예정되었던 근우회 2회 전국대회를 안건이 불온하다는 이유로 일제가 금지하자 근우회 본부는 교섭위원을 보내 문제가 되는 토의안에 대해 언급하지 않는다는 조건으로 대회를 허락해 줄 것을 요구하여 7월 임시대회 개최를 허락 받았다.

이에 대해 근우회 동경지회와 신간회 동경지회는 「槿友會 臨時全國大會에 際하야」[88]라는 장문의 성명서를 통하여 근우회 본부가 투쟁을 통하지 않고 협상을 통해 대회를 개최한 것에 대해 맹렬한 비판을 가하였다.

　　이러한 금지만능의 우리의 근우회는 解禁되었다―물론 조건부의 해금이다―우리는 이 해금의 報를 받을 때 그 해금에 대한 두가지 견해를 가시세 되나니, 하나는 우리의 대중적 및 정의적 맹렬한 투쟁, 투쟁 거기에 의한 해금이오, 또 하나는 저들의 교활한 또 야비한 기만정책의 정책적 해금, 저들이 우리를 기만하려는 정책의 해금이거나 또는 우리 본부의 ××간부의 관료적 교섭, 굴종적 동시에 흑막의 내부에 의한 해금이거나 좌우간 이 두가지 이면을 생각지 않을 수 없게 된다.[89]

---

87) 水野直樹, 앞의 글, 142쪽.

88) 槿友會東京支會・新幹會東京支會,「槿友會 臨時全國大會에 際하야 우리는 이러케 聲明한다―特히 大會 代議員諸君에게 檄함―」, 1928.7[金仁德 편, 『植民地時代　民族運動史　資料集―일본지역편―』 2권(國學資料院, 1997), 166~168쪽].

　근우회 동경지회와 신간회 동경지회는 이와같이 강도높은 성명서를 제출하여 신간회와 노총, 농총, 청총 등 3총의 전국대회가 금지되어 있는데 유독 근우회만이 해금되는 것에 대해 문제를 제기하고 대회 금지 이후 근우회가 아무런 구체적 대중적 해금운동의 투쟁이 없었음을 비판하고 "1.전민족적 단일당 신간회를 戰守하자 1.신간전국대회를 대중투쟁으로 획득하자 … 1.근우전국대회를 대중투쟁으로 戰守하자 " 등 10개 슬로건을 내걸었다.

　동경지회의 성명서에 대해 근우회 본부는 7월 12일 집행위원회를 열어 동경지회를 정권처분할 것을 결의하였다. 이러한 상태에서 7월 14일 임시대회에 참가한 근우회 동경지회장 김순실과 위원 양봉순은 본부의 정권처분에 항의했으나 결국 성명서를 취소하고 사과 성명서를 신문지상에 내는 것으로 조정이 되었다. 그런데 이 과정에서 김순실은 "신간회 동경지회 위원 이종률과 협의하여 자기는 이 작성을 이종률에게 일임하였는데 이종률 일 개인이 모욕적 문구를 작성하여 자기는 이를 알지 못했다고 변명"90)하였던 것이다.

　이와같이 근우회 본부와 동경지회 사이의 대립 속에서 당시 24세의 열혈청년 이종률은 원칙에 의거하여 '타협적'인 근우회 본부의 태도를 비판하는 성명서 초안을 작성하였던 것이다. 그러나 이종률은 근우회 동경지회장 김순실의 이러한 태도에 참담한 심정으로 귀국을 결심하게 되었다. 1928년 7월 귀국 직전 그는 동경부 하호총정 상호원 338번지 하숙집에서 이수섭, 김정수, 박야민과 조선교육신문사를 창설하였다. 귀국후 이종률은 이수섭, 김정수와 함께 1928년 11월 '전국학생동맹휴학옹호동맹사건'을 주도하였다.

---

89) 위의 자료, 166쪽.

90) 京城鐘路警察署, 「槿友會全國臨時大會狀況報告」, 京鍾警高秘 第8038號, 1928. 7.18, 78쪽.

2) 신간회와 이종률의 민족통일전선론 인식

이종률은 1927년 2월 15일 창립된 신간회를 '전민족적 단일당'으로 인식하였다. 그는 신간회 동경지회에서 직접 활동하기도 하였고 그가 남긴 저서와 구술 기록 등에 따르면 그가 신간회에 대해 지극한 애정을 가지고 있음을 알 수 있다. 그의 민족해방운동과 해방이후 민족건양회와 민족자주통일중앙협의회로 이어지는 활동 속에는 바로 민족통일전선체로서 신간회에 대한 인식과 사상이 바탕에 깔려 있었다.

이종률은 '전민족적 단일당'으로서 신간회의 결성에 앞서 조선민흥회에 대해서 주목하였다. 조선민흥회는 서울청년회 출신의 사회주의자와 조선물산장려회 출신의 민족주의자를 주축으로 종교계와 해외에서 귀국한 전투적 민족주의자 등이 참가한 제한된 범위이나 최초로 실현된 통일전선체였다.91) 조선민흥회는 사실 서울파의 통일전선론의 산물이었으나 당시 조선공산당('ML파')의 '신간회 계획' 속에서 해소되었다.92) 이종률은 조선민흥회가 신간회의 산파 역할을 하였음을 다음과 같이 기록하고 있다.

> 신간회가 '조선민흥회'라는 이름으로 발기되던 그때의 서울에는 조선청년총동맹·조선노동총동맹·조선농민총동맹 그리고 사회주의 사상단체로서 화요회, 북풍회, 전진회, 조선노동당 등이 있었으나 모두 집회가 금지되어 있었다. 이 조선민흥회가 1927년 2월 15일 신간회로 창립될때도 기본강령3개조와 그 인선을 지상으로 발표했을 뿐이고 …"93)

---

91) 이균영, 『신간회연구』(역사비평사, 1993), 87~88쪽.

92) 서울파의 조선민흥회와 조선사회단체중앙협의회에 대해서는 전명혁, 「'서울파'의 민족통일전선론 연구 – 'ML파'와의 논쟁을 중심으로 – 」, 『역사연구』 제6호, 1998.12 참조.

93) 이종률, 「민족과 민족성향백성의 인식을 위한 隨錄」, 앞의 『민족혁명론』, 160~161쪽.

  이 사건을 세상에서 6·10萬歲事件이라 하는데 이 사건이 있은 두달 뒤
인 8月 城北洞에 있는 力田 崔益漢(煥의 잘못 - 인용자)이 자기의 가짜 生
日턱을 口實로 同志들을 모아 뼈에 젖은 宿願인 民族黨 發起會를 열었는데
그 이름은 朝鮮民興會라 하고 合法的 代表로서는 崔益漢(煥 - 인용자) 그
이가 選定되었다. 이 朝鮮民興會가 준비에 준비를 거친 뒤 그 이듬해인
1927年 2月 15日에 가서 創立케 되는데 그야말로 大部分 非合法 一部 合
法인 이름 新幹會로 發足이 되었다.94)

  이와같이 이종률은 조선민흥회에서 신간회가 비롯되었다고 서술하
였다. 조선민흥회의 최익환, 김항규, 명제세, 송내호, 권태석, 이경호
등은 비타협적 민족주의자이며 일부는 서울파 사회주의자들이었다. 북
풍파 계열의 경성청년회와 공학회에서 활동했던 이종률은 비교적 객
관적으로 신간회 창립의 前史를 회고한 것이다.
  이종률은 배재학교를 다닐 때 연희전문 교수로 있던 한별 이관용
으로부터 다음과 같은 말을 들었다.

  歷史的史實로서 中世史의 退去가 一般的으로는 商工市民혁명으로서 되
는 것이고 우리들과 같은 後進性地域史實에서는 民族革命으로써 되는 것
이 史理인데 나에게 이 학문적 信念을 더욱 實踐的으로 가지게 한 것은 내
가 독일 있을 때 獨文으로 된 國際共産黨第2次世界大會 會議錄을 읽는 中
에 1920年 7月 20日에 行한 그 니코라이·레닌 국제情勢報告演說 가운데
서 後進性地域인 中國과 朝鮮에서는 社會主義혁명이 아니라 民族혁명으로
서 해야한다는 것이 기록되어 있었고 그 大會는 이 레닌의 報告를 全的으
로 贊成採擇케 되었다는 그것이 나로 하여금 오늘의 實踐的政治信念을 갖
게 한 것이요.95)

  그가 평생동안 민족혁명에 대한 사상을 간직하게 되는 것은 이관

---

94) 이종률, 앞의 『자료집』 2집, 730쪽.
95) 이종률, 위의 『자료집』 2집, 734쪽.

용으로부터 들은 레닌의 「민족·식민지 문제에 대한 위원회보고」에서 비롯되었다. 레닌은 코민테른 2차대회에서 식민지 피억압민족의 부르주아 민주주의운동은 '개량주의운동'과 구별하여 '민족혁명운동'이라고 언급한 바 있었다.96)

　이러한 생각은 1920년 7월 코민테른 2차 대회에서 「민족·식민지 문제에 관한 테제」로 채택되어 당시 식민지 반식민지 국가들의 혁명운동에 광범위하게 영향을 미치게 되었다. 이 테제는 "코민테른은 식민지나 후진국의 부르주아 민주주의파와 일시적 협정 때로는 동맹도 맺어야 하지만, 그것과 융합해서는 안되며, 비록 맹아적 형태일지라도 프롤레타리아 운동의 자주성을 무조건 유지해야한다"97)라고 규정하였다.

　이것은 식민지에서의 모든 공산당이 이들 나라에서의 혁명적(민족) 해방운동(부르주아 민주주의 운동)을 적극 지원해야 하지만, 식민지에 있어서 공산주의 운동은 그 독사성과 자주성을 유지해야 함을 의미하였고, 반제민족통일전선 형성의 원형을 제공해 주었다.

　그러나 1931년 5월 민족단일당이며 반제민족통일전선체로서 신간회가 사회주의자의 해소론에 의해 해체되자 이종률은 사상적 혼란을 겪게 되었다. 이무렵 1932년 봄 그는 맑스주의 경제학자인 경성제대 미야께(三宅鹿之助) 교수를 찾아가 그의 '경제학교실'에서 학습하면서 미야께 교수와 특별한 인연을 맺는다. 미야께 교수와의 만남은 그가 1933년 7월 '형평청년전위동맹사건'으로 투옥될때까지 1년 4개월간 지속되었다. 그는 스스로를 '삼택교수님의 末弟子의 하나'98)

---

96) V.I. 레닌, 「민족·식민지 문제에 대한 위원회보고」, 1920.7.26[편집부 엮음, 『코민테른자료선집』 3(동녘, 1989), 233~234쪽].

97) 레닌, 「민족·식민지 문제에 대한 테제」, 1920.7.28(위의 『코민테른자료선집』 3, 230쪽).

98) 이종률, 「民族自主統一運動小史片言」, 앞의 『資料集』 第2輯, 488쪽.

로 표현하였고 미야께 교수가 옥고를 치를 때 미야께 교수 부인인 미야께 히데 여사에게 2,000원이 든 봉투를 전하는 등 뒤를 돌보기도 하였다.99)

이종률이 미야께 교수를 처음 만났을 때 미야께 교수의 첫 질문은 "신간회 해체에 대하여 어떻게 생각하느냐?"는 것이었다. 이종률은 "유감으로 생각합니다"라고 답하였고 그 이유를 다음과 같이 이야기하였다.

> 이종률 : 후진성지역인, 그래서 일본제국주의의 직접적 식민지인 우리 땅에 있어서 혁명담당 대표세력은 민족성향백성 대중들인 것이고 사회주의적 노동자 농민 계급세력은 혁명수행에 있어서 속층 세력인 것인데 우리 신간회는 민족혁명 담당 주체적 집결체임에도 불구하고 이번에 이 신간회가 뜻밖에도 해체되었으니, 반가워할 자는 일본제국주의 세력이요 유감스럽게 여길 사람은 민족성향 그 전체 백성들인 것입니다.100)

> 미야께 : 옳소. 신간회의 해체를 반가워할 자는 일본제국주의 세력과 정신없이 그 일본제국주의 세력의 농락에 넘어가서 신간회 해체를 앞에 나서서 결의하게 된 젊은 관념론적 사회주의 계급론 세력들입니다.101)

이와같이 이종률은 미야께 교수와 신간회 해체에 대한 인식을 공감하였고 미야께 교수로부터 많은 이론적 학습을 하게 되었다. 미야

---

99) 이종률, 「사로정치학노퇴일졸이 유사조국 추풍에 부치는 '임술민족화사업' 그 항양욕의 연하답장(안)」, 위의 『資料集』 第2輯, 741쪽.

100) 이종률, 「민족과 민족성향백성의 인식을 위한 隨錄」, 위의 『민족혁명론』, 159쪽.

101) 이종률, 「민족과 민족성향백성의 인식을 위한 隨錄」, 위의 『민족혁명론』, 159쪽.

께 교수는 이종률에게 이관용으로부터 들었던 레닌의 「민족·식민지 문제에 대한 테제」를 다시 한번 새겨주었다.

미야께 교수는 이후 1934년 5월 21일 '권형태그룹'의 '경성공산주의자그룹'과 관련하여 검거되었다가 1936년 12월 25일 출옥하였는데, 이 날은 경성트로이카그룹의 이재유[102]가 검거되는 날이었다.[103]

맺음말

산수 이종률 선생은 해방이 될 때까지 경성청년회, 신간회, 사회실정조사소 그리고 형평청년전위동맹 등 다양한 민족해방운동에 참가하여 숱한 고난을 겪었다. 그는 1938년부터는 조선총독부로부터 보호관찰대상으로 감시를 받다가 일제징병 또는 강제일제관리임용을 피해 1940년 경기도 가평에 들어가 목탄을 구으면서 해방을 준비해 왔다. 1944년 4월 여운형의 건국동맹 참가제안을 완곡히 거절하면서 그곳에서 그는 윤승현, 이상태, 원창국, 홍익표, 홍용섭 등과 '고려민주공화국' 건립을 위한 준비를 하기도 하였다.

해방후 정국을 주시하던 이종률은 1946년 1월 민족건양회 창립

---

102) 1928년 8월 '제4차 조선공산당사건'으로 체포되어 1932년 12월 만기출옥한 이재유는 1933년 7월 조선공산당재건 경성트로이카를 결성하였고 이 무렵 1933년 11월말 정태식의 소개로 미야께 교수와의 관계를 갖는다. 그가 1934년 4월 14일 서대문경찰서를 탈출하여 미야께교수 관사 지하실에서 1개월간 은신한 사건은 당시 신문에 사진과 함께 대서특필되었다(『조선중앙일보』 1935.8.24 참조).

103) 京城地方法院檢事局, 「城大敎授三宅鹿之助ヲ中心トスル朝鮮內赤化工作事件 檢擧ニ關スル件」, 1934.8.31(京高特秘第2410號)(김준엽·김창순 편, 『韓國共産主義運動史 – 資料篇 II』, 1980 참조) ; 김경일, 앞의 책, 115쪽.

을 주도하며 반외압, 반봉건, 반민족매판의 민족혁명론을 주창하
였다.104)

> 오늘날 우리 인민조국의 걷는 길은 정치 경제 사회의 전반에 걸쳐 혁명
> 적민족무산자계급의 전투적 영도에 의한 인민적 부르주아민주주의民族體
> 勢의 건설과 아울러 그의 보다 고차한 과학적사회주의사회에로의 止揚을
> 指向하고 나아가며 또 나아가게 하지 않으면 아니된다. 그러므로 현순간에
> 있어서의 보다 치중되어야할 과업은 인민적 부르주아민주주의민족체세의
> 건설인 것이다.105)

그는 해방정국에서 '과학적사회주의사회'로 가기 위한 현단계의 과
제를 '혁명적 민족무산자계급'에 의한 '부르주아민주주의민족체' 건설로
보았던 것이다. 그는 4·19이후인 1960년 5월 민주민족청년동맹(약
칭 – 민민청) 창립을 주도하고 '서민성자본민주주의 민족혁명'을 주창
하였다. 또한 1960년 10월 민자통을 발기하고 1961년 2월 민자통
창립대회를 주도하였다. 또한 조용수와 함께 『민족일보』창간을 주도
하다가 5·16쿠데타로 구속되기도 하였다.106)

일제하에서 해방공간 그리고 4·19에 이르기까지 그의 머리 속에
서 끝까지 변치 않는 것은 민족이라는 화두였다. 이러한 그의 인식에
는 이관용과 미아께 교수를 통해 전해진 1920년 코민테른 2차대회에
서 레닌의 '민족식민지문제에 관한 테제'가 바탕이 되었다. 그러나 그
에게 민족은 지양해야할 대상이었지 궁극적 귀결은 아니었다.

---

104) 이종률, 앞의 『민족혁명론』, 234쪽.

105) 申皓(이종률), 『現政治路線批判과 그 新方向 – 革命 '正展開' 캄파 組織의 提
　　訴로서 – 』(聯建出版部, 1949), 49쪽.

106) 장동표, 「산수 이종률의 민족운동과 민족혁명론」, 『지역과 역사』 제10호,
　　2002.6 참조.

일제강점기 이종률의 민족혁명운동*

김승 | 동아대학교 석당전통문화원 연구교수

머리말

　山水 李鍾律은 일제강점기로부터 4·19에 이르기까지 한국근현대 사의 한복판에 있었던 중요 인물 중의 한 사람이었다. 그러나 山水가 추구한 민족혁명론은 한국근현대사에서 민족주의·사회주의, 좌파· 우파, 우파 민족주의·좌파민족주의 등과 같은 이분법적 틀로서 해석 하기 어려운 독특한 정치사상이었다. 그러나 최근까지 우리사회 전체 는 물론이고 한국근현대사 전공자들의 이분법적 이념구분의 편향성 때문에 그 동안 山水의 삶과 그 자신의 항일운동에 대해 일찍 주목하 지를 못했다. 그러다가 1990년대 이후 현대사에 대한 연구 역량이 축 적되고 사회적 분위기 또한 탈냉전화 하면서 山水에 대해 주목하기 시 작하였다.[1] 그러나 기존의 山水 연구는 대부분 해방이후부터 4·19까

---

* 이 글은 『지역과 역사』 제18호(2006.4)에 발표된 것으로 필자의 양해를 얻어 본 연구총서에 수록한 것임.

[1] 한겨레신문기획, 『발굴 한국현대사인물』, 1991 ; 김지형, 「4·19 직후 민족자주 통일협의회 조직화 과정」, 『역사와 현실』 21, 1996 ; 김선미, 「부산의 4월민주

지의 활동에 초점이 맞추어져 있을 뿐 정작 청장년기에 해당하는 일제 강점기 때의 민족혁명운동에 대한 연구는 아직까지 미비한 실정이다. 이처럼 山水에 대한 기존의 연구가 주로 4·19 직후 전개된 혁신운동 에 집중되는 것은 山水 자신이 남긴 많은 원고와 저작물이 주로 해방 이후 작성되었던 것과 일정 정도 관련이 있었다. 한 인물의 사상이 후 대에 미친 영향이 크다고 했을 때 장년시절과 노년시절 완숙된 형태의 완성태 못지 않게 청년시절의 인식체계와 실천행위 등을 이해하는 것 역시 매우 중요하다고 생각된다.

본고는 이러한 문제의식 하에서 되도록이면 일제강점기 당시의 山 水관련 1차 사료를 중심으로 살펴볼 것이다. 따라서 논지의 전개를 위 해 부득이 山水의 후대 저작물을 활용할 경우에도 山水 자신이 일제강 점기를 회고한 직접적인 대목만을 우선시하고 최대한 山水 나이 50代 이후에 완성된 논지 부분은 배제하려고 한 점을 미리 밝혀둔다.[2]

______

항쟁과 주도세력」, 최장집외 공저, 『한국민주주의 회고와 전망』(도서출판 한가 람, 2000) ; 장동표, 「산수 이종률의 민족운동과 민족혁명론」, 『지역과 역사』 제 10호, 2002의 글.

2) 덧붙여 본 글이 나오게 된 약간의 배경을 설명하면, 필자는 1987년 봄 대학원 1학년으로서 한국근현대사를 본격적으로 연구할 마음을 다잡던 시기 山水를 자택 수일원(秀一苑)에서 처음 만날 수 있었다. 당시까지만 하더라도 山水선생 은 의식을 완전히 놓기 전이었는데, 필자의 부친 또한 젊은 시절 山水의 문하 에 출입한 적이 있었기 때문에 필자는 山水선생이 예사롭게 보이지 않았다. 이 런 인연 때문에 필자는 山水에 대해 체계적인 글을 적어야겠다는 생각을 갖고 기회 있을 때마다 山水 관련 자료들을 모으기 시작했다. 그러나 필자의 옹졸함 탓에 연구자로서 시민권 획득에 급급하다 보니 산수에 대한 체계적인 글들을 발표할 기회를 놓치게 되었다. 이런 와중에 작년 2005년 6월 산수이종률기념 사업회에서 山水 탄생 100주년 기념으로 山水에 대한 역사적 재조명[산수이종 률선생기념사업회, 『산수 이종률 선생 탄생 100주년기념 심포지움』(부산민주 공원기념관, 2005.6.3)]을 한다는 소식을 듣게 되었다. 이에 평소 山水관련 자 료들을 모았던 필자는 그 동안 준비했던 자료를 사장(私藏)하는 것이 본인은 물론이고 주위의 근현대사 연구자들에게도 도움이 되지 않는다고 판단하여 작 년 5월 27일 부경연구소에서 '일제강점기 山水 李鍾律의 항일운동'이란 제목

1. 경성학생회와 공학회에서 학생운동

산수는 1902년 경북 경주 안강에서도 더 산골인 북동대산(北東岱山) 자락에서 경주 이씨 부친 퇴하(退下) 이규환(李圭煥, 1860~1925)과 성주 이씨 이점실(李占實) 사이의 삼남 중 차남으로 태어났다.[3] 따라서 전후 상황을 보면 산수는 북동대산에서 태어났지만 소년 시절은 경북 의성에서 보내게 되며 구체적 정황은 파악되지 않지만 그 뒤 경북 영덕과 인연을 맺은 것으로 판단된다. 산수의 형제는 삼형제였는데 막내인 종화(鍾和)는 어릴 때 죽었으며 3, 4살 많았던 형 종만(鍾萬) 역시 27세로 요절하였다. 집안의 가산은 부친이 오랜 세거지였던 북동대산을 떠나 경북 의성으로 이거한 것으로 보아 그렇게 넉넉한 편은 아니었던 것 같다. 그러나 山水 자신이 밝혔듯이 스스로 상당한 한학적 소양을 지닐 수 있었던 것은 부친의 가르침 덕택이었다. 부친은 "한학과 국내 및 중국 사정 등에 대해서 상당한 식견"을 갖고 있었는데 山水에게 어려서부터 "爲天下者 不顧家事"의 나라사랑과 성삼문의 "此鐵冷 更煮來"의 불의에 굴하지 않는 올곧은 정신, "人不知而

으로 발표하게 되었다. 본고는 이런 배경에서 나오게 된 것을 미리 밝혀 둔다. 2005년 6월 산수이종률기념사업회에서 발표된 전명혁의 「산수 이종률의 민족해방운동과 민족통일전선론」은 동일한 주제로 성균관대학교 사학과 『사림』 제24호(2005.12)에 공간되었음을 본고의 심사과정에서 확인할 수 있었다.

3) 출생 연도를 1902년으로 보는 것은 장동표, 앞의 글, 89쪽 주 5) 참조 바람. 산수의 출생지와 본적지는 기록에 따라 차이가 있다. 예를 들어 산수이종률선생기념사업회 엮음, 『山水李鍾律 著作資料集』第1輯(도서출판 들샘, 2001), 1071쪽 「年譜」에서는 1905년 경북 영일군 북면 동대산에서 출생한 것으로 되어 있다. 그러나 山水 본인이 밝힌 내용(『山水李鍾律 著作資料集』第1輯, 364·660쪽)에 따르면 태어난 곳은 원래 세거지였던 경주 안강 북동대산 자락임이 분명하다. 본적 역시 1929년 당시 일제의 기록(「昭和 4년 刑公 第140, 141號 判決」)에 의하면 경북 영덕군 南亭面 南亭洞으로 기술되어 있다. 山水의 큰 자제분 雨訥 선생은 어릴 때 영덕군 남정면 읍골에 가 본 적이 있다고 증언했다 (2005.3.13 자택 인터뷰).

不慍 不亦君子乎"로 일상에서 남이 알든 모르든 영욕에 귀를 기울이지 말고 올바른 일만 해야 한다는 심성을 심어주었다.[4] 어려서부터 듣게 된 이러한 이야기들은 山水가 한평생 고난의 시기를 살아가는데 삶의 좌표가 되었다. 경북의성으로 이거한 산수는 그곳에서 15, 16세의 나이로 중앙고보 2학년을 중퇴한 민족운동의 선각자 박명진(朴明璡)을 만나 상해 임시정부의 존재와 신학문의 중요성 등을 자각하게 된다. 그리하여 산수는 박명진이 회장이며 재무부장을 맡았던 호경(虎警)체육회에 재무부차장으로 활동하면서 "민족사상"에 눈을 뜨게 된다. 이후 산수는 1921년 4월 점곡(點谷)공립보통학교 2학년에 입학하여 근대교육을 받기 시작하여 1924년 서울의 배제고보에 진학하였다. 그러나 얼마 되지 않아 사립경신학교로 옮긴 山水는 1926년 7월 4학년 때 중도 퇴학을 하기에 이른다.[5] 1924년부터 서울 생활을 시작한 山水는 이미 박명진을 통해 자각하게 된 민족의식 때문에 자연스럽게 학생운동에 많은 관심을 갖고 이 방면에 적극적으로 활동하였다. 3·1운동이후부터 1925년까지 전개된 서울지역 학생운동의 조직들을 보면, 민족주의 성향의 1920년 5월 조선학생대회, 1922년 11월 조선학생회를 거쳐 사회주의 이념유입과 함께 결성된 1924년 6월 조선학생총연합회, 그리고 1925년 11월 조선학생사회과학연구회 등이 활동하였다.[6] 서울의 배재고보에 진학한 山水는 1924년 12월 북성회계에서

---

4) 산수이종률선생기념사업회 엮음,『山水李鍾律 著作資料集』第1輯(도서출판 들샘, 2001), 850·857쪽.

5) 산수이종률선생기념사업회 엮음, 앞의 책, 제1집 661쪽과 제2집 27~29쪽 ; 朝鮮新聞社의 同盟休校檄文配布事件(二) 李鍾律 신문조서(제2회)(국사편찬위원회,『韓民族獨立運動史資料集』49－同盟休校事件裁判記錄 Ⅰ, 30쪽).

6) 자세한 설명은 정세현,『항일학생민족운동사연구』, 169~174쪽 ; 장석흥,「조선학생과학연구회의 초기조직과 6·10만세운동」,『한국독립운동사연구』제8집(독립기념관 한국독립운동사연구소, 1994), 207~210쪽. 1920년대 사회주의 성향의 학생운동에 대해서는 김동춘,「1920년대 학생운동과 맑스주의」,『역사비평』(역

결성한 경성청년회 회원으로 활동을 시작하였다. 당시 국내의 학생운
동은 사회주의 이념의 확산에 따른 사상단체들의7) 세력 확대와 맞물
려 여러 가지 불협화음을 낳고 있었다. 그 중에 대표적인 사건이 서울
파계열의 적박단(赤雹團)이 화요회와 북풍회계열의 청년단체를 습격
한 사건이었다.8) 이 사건은 세간을 떠들썩하게 하였는데 습격을 받은
경성청년회는 조사위원회를 구성하여 서울파의 폭행사건에 대해 진상
조사에 착수하였다. 경성청년회는 집행위원 숫자가 적었던 것이 폭행
을 당한 하나의 원인으로 보고 집행위원들을 증선하였다. 이때 山水는
진상조사위원과 증선된 집행위원으로서 경성청년회에서 활동을 하였
다.9) 이러한 내용들을 볼 때 山水는 최소한 1924년 연말을 전후한
시기 북풍회계열의 조직인 경성청년회에서 집행위원을 역임할 정도로
상당히 적극적으로 학생활동을 하였음을 알 수 있다.10)

　　이후 山水는 1925년 정론사(正論社) 사원, 공학회(共學會) 간부
로서 활발한 항일운동을 계속해서 전개하였다. 이하에서는 1925~

　　사문제연구소, 1989) 참조.

7) 1920년대 전반기 사회주의 이념유입과정과 사상단체의 활동은 진명혁, 「1920
　　년대 국내 사회주의운동연구－서울파를 중심으로－」(성균관대학교 박사학위
　　논문, 1998) ; 박철하, 「1920년대 사회주의 사상단체 연구」(숭실대학교 박사학
　　위논문, 2003) ; 지역단위에서 사상단체를 통한 사회주의 운동은 김승, 「1920년
　　대 경남동부지역청년운동」(부산대학교 박사학위논문, 2003), 79~83쪽.

8) 김준엽·김창순, 『한국공산주의운동사』 2(청계연구소, 1986), 제7장 1절 참조,
　　북풍회에 대해서는 전명혁, 앞의 논문, 1998, 26~43쪽 및 박철하, 앞의 논문,
　　81쪽.

9) 京鍾警高秘 第15141號／1, 「경성청년회 창립총회의 건」(1924.12.12), 540쪽 ; 京
　　鍾警高秘 第9866號／1, 「경성청년회 제4차 임시총회에 관한 건」(1925.9.5), 216
　　쪽 ; 京鍾警高秘 第15236號, 「경성청년회 임시총회에 관한 건」(1925.12.15),
　　648쪽.

10) 산수는 경성청년회에 친구 권유로 가입했다고 법정에서 진술하였다[朝鮮新聞
　　社의 同盟休校檄文配布事件(二)　李鍾律 檢事訊問調書(국사편찬위원회, 『韓民
　　族獨立運動史資料集』 49－同盟休校事件裁判記錄 Ⅰ, 30쪽)].

1926년 시기 山水가 일본으로 출국하기 전까지 국내에서 활동한 山水의 행적을 추적해 보도록 하겠다. 1925년 당시 山水가 잡지『正論』에 배재고보생의 자격으로 게재한「自律的良心을 高調하라」글을 통해서 20세 때 山水의 생각을 엿 볼 수 있다.11)

그렇습니다. (A) 현하 조선의 일반 사회풍기가 이와 같이 頹廢不振하게 된 것은 실로 통곡할 일이외다. 그 중에도 특히 장래에 사회의 柱石이 될 우리 학생계의 風紀가 근일 신문에 보도된 거와 같이 浮蕩하다는 것은 言語道斷의 恨事라 아니할 수 없습니다. 그 원인은 무엇보다도 모도가 自我律的하는 양심이 부족한데서 生하는 것이라 생각하며 동시에 그것은 (B) 빈곤한 苦學生系에는 殆희 絶無한 일이요 대개는 名을 학업에 籍하고 京城에 來하여 다만 閑游을 是事로 하는 돈 있는 지방 부호의 자제 중에 가장 많이 보이는 현상이외다. 이러한 악풍을 匡救하메는 그 부형되는 이가 엄중히 감독하여 학업이외의 다른 방면에 접촉치 않도록 노력하여야 되겠습니다. 그러나 遠方에 있는 부형들의 감독은 사실상 力不及할 듯합니다. 이러한 自律的 방법보다도 학생 각자의 장래를 顧하고 그 양심에 訴하야 항상 그 본분을 늘 염두해 刻記함과 동시에 불행히 빈궁한 가정에 生하여 학업을 修하려 하여도 그것도 부득하는 많은 청년이 있음을 생각하여 자율적으로 자아를 警惺하고 鞭責함이 가장 필요한 것이라 생각합니다. 불량학생

---

11)『正論』은 1925년 6월 正論社에서 발간한 잡지이다. 분량은 A4 용지로 30장 정도이다. 정론사는 잡지의 첫 페이지에 정론사의 5대 사명으로 '1. 문화생활의 보급, 1. 도덕, 종교의 진흥, 1. 良風美俗의 보존, 1. 風紀匡救와 勸善懲惡 1. 實業과 農村啓發 以上의 諸問題의 조사 및 연구'를 밝히고 있다. 지면 관계상『正論』의 전체 목차를 기술할 수 없지만『正論』에 실린 주요 기획 주제들만 보면 ①「현하 조선의 頹廢한 풍기를 匡救함에 무엇을 급무로 할가?」(5편), ②「일반연구의 참고자료」(4편), ③「종교문제」(3편), ④「사업계의 功勞者와 희망 많은 인물」(4편), ⑤「社會裡面에 潛在한 可驚할 醜惡面」(3편) 등으로 기획 성격의 논문 19편이 실렸다. 이 중에서 山水의 글은 기독교 이상재, 천도교 이종린, 변호사 김병로, 동덕여학교장 趙東植 등과 함께 ①에 실렸다. ⑤에 실린 글들은 ④의 글과 대조를 이루면서 친일 악덕기업주로서 사회적 지탄의 대상이 될 수 있는 인물(魚乙彬, 秋永求, 崔柱煥) 등의 "悖倫貪婪"을 폭로하는 내용이었다.

문제에 대하여는 학교당국에서도 수으로 상당한 取締를 한다하거니와 (C)
우리 학생계 자체에 있어서도 여러 가지로 思考한 결과 어떠한 自律的機關
을 設하고 그에 의하여 충고와 警責도 힘써야 하려니와 만일 그래도 듣지
않는 자가 있으면 그에 대하여는 학교당국에까지 교섭하여 그런 자는 學籍
에 두지 않도록 최후의 결정적 方策까지라도 취하려 합니다. 그러나 우리
는 학생임으로 너무 모든 것이 미약하고 兼하여 모든 것에 사정이 허치 아
니하오니 일반사회 有志諸氏의 좋은 지도를 바라나이다.

위의 논지를 보면 당시 有閑子弟의 학생층들 사이에서 번지고 있
던 모던보이적 퇴폐경향에 대해 山水는 심히 우려(A, B)하고 이런
문제점들을 시급히 해결하기 위한 방도로 학생들 스스로의 '自律的機
關의 설립'(C)을 주장하였다. 이는 잡지『正論』이 표방한 "근본적 중
대 문제인 정치적, 민족적, 계급적 諸問題를 떠나서 우리의 목전에 切
迫한 각 개인의 생활문제를 연구"하여 "사회의 부분적 문제를 一步一
步式 개량함에" 있다는 정론사 "조직과 목적"성의 지향점과 관련이 있
었을 것이다. 그러나 이 글을 통해 최소한 1925년 무렵까지만 하더
라도 山水 자신이 당시 학생계에 전염병처럼 확산되고 있던 사회주의
사상에 확연하게 눈을 뜬 것 같지는 않았음을 알 수 있다. 그러나
1925년 일제는 山水가 몸담았던 共學會에 대해 해산 명령을 내리면
서 "在京城 중등학교 이상의 韓人男女學生으로 조직된 共學會가 공산
주의자 李鍾律외 2명이 介在하고 또 화요회, 적박단, 북풍회와도 연
락하며 주의운동의 渦中으로 휩쓸리는 경향이 있다하여 해산"하였
다.12) 이 대목에서 山水는 일면 "공산주의자 이종률"로 분류될 정도
로 상당히 급진성을 지닌 친사회주의적 모습 또한 일면 드러내고 있
었다. 山水가 몸담았던 공학회는 1925년 5월 초 서울 계통에 본부를
두고 전문학생과 고등보통학생을 망라하여 조직된 학생단체였다. '조

---

12)『高等警察關係年表』1926.10.5.

선학생은 모두 한뭉텅이 단결시키고 그 당면한 모든 문제를 연구해결하기 위해 민중생활에 적합한 교육과 농촌문화건설 등에 힘쓸 것'을 목표로 설립된 "학생사상단체"였다. 공학회는 자신들이 세운 단체의 목적을 수행하기 위해 사회 저명인사를 초청하여 강연회를13) 개최하는 등 1925년 9월 이후 왕성한 활동을 하였다. 그러나 그해 10월 일제는 공학회에서 선언한 4개 강령이 불온하다는 것을 문제 삼아 공학회 간부 山水와 權赫를 불러 해산을 명령하였다.14) 이에 山水를 비롯한 공학회 간부 4명은 종로경찰서 경찰부장을 찾아가서 공학회의 해산이 부당함을 진정하였다.15) 집행위원들의 이와 같은 노력에도 불구하고 공학회의 활동은 더 이상 지속될 수 없었다.

그런데 山水가 활동했던 공학회는 민족주의 성향의 학생들만이 참가한 단체는 아니었다. 사회주의 계열의 북풍회계통 학생들과 중립성향의 학생들이 섞여서 공동으로 결성한 학생조직체였다.16) 따라서 이런 성향 때문에 일제는 공학회에서 선언한 4개의 강령을 문제시하여 공학회를 해산시켰던 것이다. 실제 山水가 집행위원으로 활동한 공학회와 북풍회는 일정 정도 관계를 맺고 있었다. 이는『正論』잡지와 관련된 '正論社事件'를 통해서 확인되는 바이다.

북풍회계열의 김종범(金鍾範)은17) 이우형(李宇珩) 등과 함께

---

13)『동아일보』1925.9.19. 강연회의 연사와 연제는 이종린 '학생다운 학생'과 백성욱 '우리학생의 방향'이 강연되었다.

14)『동아일보』1925.10.6. 1925년 9월 공학회의 집행위원은 남만성(南晩星), 임해(林海), 박노수(朴魯洙), 이한수(李翰洙), 권혁(權赫, 화요파로 2차 조선공산당에 관련되었던 이준태이다), 김명수(金明守), 서정관(徐廷觀), 양근영(梁根永), 이종률(李鍾律) 등이었다(『동아일보』1925.9.15). 실제 9월 15일 기사에서는 이종률이 아니고 김종률로 되어 있다. 그러나 이 기록은『동아일보』10월 6일 기사를 통해 이종률의 誤字임을 확인할 수 있다.

15)『동아일보』1925.10.8.

16) 坪江汕二,『朝鮮民族獨立運動秘史』, 1966, 159쪽.

1925년 5월 초 변호사 김병로를 비롯한 몇 사람으로부터 발기인 승낙을 받은 뒤 일본인 前田三七南 명의로『正論』잡지 발간을 당국에 신청하였다. 이때 일제는 기사의 내용 중에 인신공격이(본문 주 11의 ⑤번 수록 3편의 글) 많다는 이유로 그 부분을 삭제할 것을 전제로『正論』3천부의 발간을 허가해 주었다. 그러나 잡지 발간의 주체였던 김종범과 이우형은 문제시되었던 기사의 삭제 없이 그대로 잡지를 발간했으며, 잡지 42부를 지참하고 南鮮各地를 돌면서 한국인 부호 또는 회사를 상대로 그들의 非行罪惡 등을 폭로하겠다고 공갈하여 금품을 탈취하는 일을 단행하였다. 그리하여 1925년 6월 경북의성 읍내 道東의 김규수(金圭壽), 경남 밀양군 읍내 대부호 손영돈(孫永暾), 박장억(朴章億), 김해군 진영 하경균(河慶均), 동래군 구포 허걸(許杰), 양산읍내 배영복(裴永復), 통도사 주지 김구하(金九河), 통영군 읍내 김상용(金尙用) 등을18) 순서대로 방문하여 이들에게 인신공격과 함께『正論』에 게재된 인물들을 제시하면서 만약 正論社에 찬조금을 내지 않을 때는『正論』2호에 각자의 죄악상을 폭로하겠다고 으름장을 놓았다. 이에 김구하, 김상용 처럼 요구조건을 거부한 경우도 있었시만 김규수, 박장억, 손영돈, 허걸 등과 같이 각각 1천을, 하경균은 약속어음 500원, 배영복은 현금 100원을 자의반타의반으로 일정 금액을 넘겨주게 된 사건이 발생했다. 이 사건으로 김종범(35세)

---

17) 본적 창원. 그는 1920년 부산부두총파업, 남선노농동맹 등 20년대 전반기 부산을 중심으로 활동하면서 전국적 명망을 지닌 사회주의자였다. 부산부두총파업 당시 김종범의 활동에 대해서는 이귀원,「1920년대 전반기 부산지역 민족해방운동의 전개와 노동자계급의 항쟁」,『한국근현대지역운동사』Ⅰ・영남편(여강, 1993) 참조.

18) 밀양의 박장억은 김승,「한말・일제하 밀양지역 민족운동과 사회운동」,『지역과 역사』제15호(부경역사연구소, 2004), 211쪽. 양산의 배영복은 김승,「일제하 양산지역 민족운동과 사회운동」,『지역과 역사』제14호(부경역사연구소, 2004), 296~298쪽.

과 이우형(31세), 고학생(苦學生)갈돕회의 산수(20세) 등 3인은 경
남경찰부에 송치되었다.19) 실제 이들 3인은 1925년 6월 14일 평양
발 부산행 기차로 부산에 들어와 영주동 동제여관(東濟旅館)에 머물
다가 체포되었다.20)

　이상의 내용들을 볼 때 1925년을 전후한 시기 山水는 이 당시 북
풍회의 중심인물이었던 김종범과 거사를 함께 할 정도로 사회주의에
대해 일정 정도 교감을 갖고 있었다. 일제강점기와 해방공간에서 활
동한 사회주의자들에 대해 매우 부정적 입장을 지녔던 山水는 젊은
시절 자신과 함께 활동했다는 경험 때문인지 초기 사회주의자였던 김
종범과 북풍회계에 대해 비교적 우호적인 감정을 지니고 있었다.21)
이는 山水가 언급한 아래의 글에서도 확인할 수 있다.

　김종범씨는 이 부산 조선방적파업(1930년 파업-옮긴이)을 말하여 물론
노동자계급대 자본가계급인 계급적 노동쟁의의 구석도 전연 없지는 않았으
나 그러나 실제의 사실은 무산노동계급계층인 조선민족노동자와 일본제국
주의 자본 박해와 여기에 동원된 일본제국주의 부산경찰서 탄압으로 된 민
족적인 사상단체 북풍회 강령에서 사회주의이면서도 특히 민족투쟁의 의의
를 강조하고 있다. … 김종범은 동경유학생 때의 북성회 시절로 거쳐 … 조
선노농총동맹 중앙위원이 되었으나 … 부산진조선방직 1930년 1월 파업을
자기의 체험으로서 말하는 바 그것은 계급적 노동파업이라기 보다 민족적
노동파업이라 하여 일면은 그들 북풍회의 민족관을 옳다고 설명하면서 그

---

19) 경상북도경찰국, 『高等警察要史』, 282~283쪽 및 「李憲等渡支ノ件」京鍾警高
　　秘 第9425號 906~907쪽. 고학생갈돕회에 대해서는 본고 주 99) 참조.

20) 『朝鮮時報』 1925.6.23(3면). 이날 기사에서는 김종범이 "일찍 눈치 채고 도주"한
　　것으로 되어 있다. 그러나 위의 경상북도경찰국, 『高等警察要史』의 기록에서처
　　럼 김종범 또한 얼마되지 않아서 체포된 것으로 보여진다. 이 사건으로 검거된
　　山水는 그해 11월 4일 종로경찰서 유치장에서 부친의 訃告를 듣게 된다[이종
　　률 지음, 『민족혁명론』(도서출판 들샘, 1989), 317쪽].

21) 李一九, 『己未를 알자』(茂林社, 1979), 219~220쪽. 이일구는 山水의 필명이다.

보다도 민족혁명론적 노동운동체질의 정당성을 말하고 있기도 했다.

김종범과 북풍회에 대한 山水의 호의적 평가는 1923년 계급주의 운동노선을 표방한 전조선청년당대회에 대한 山水의 부정적인 평가와 대비를 이룬다. 山水가 말한 "북풍회의 민족관"이란 다름 아닌 1924년 북풍회의 강령에서22) "4항 우리는 계급관계를 무시한 단순한 민족운동을 부인한다. 그러나 조선현하에 있어 민족운동도 또한 避치 못할 현실에서 발생한 것인 이상, 우리는 특히 양대운동 사회운동과 민족운동의 병행에 대한 시간적 협동을 기함"이란 대목을 염두한 것이다. 山水의 입장에서 본다면 후진성 지역에서 민족운동의 중요성을 강조한 북풍회의 강령 4항은 올바른 것으로 평가할 수 있는 것이었다.

한편 '정론사사건'과 관련하여 1925년 북풍회 내에서는 김종범의 돌출적 행동이 조직에 나쁜 영향을 미칠 수 있다는 비판의 목소리가 터져 나오기도 하였다.23) 이에 김종범 자신은 이헌(李憲)과 함께 중국으로 빠져나갈 구상을 하였는데, 이런 점들로 보아 正論社사건은 북풍회 전체의 내부적 결정에 따른 조직적 차원의 행동이었던 것이 아니라 초기 사회주의자였던 김종범의 테러적 사업 작풍과 山水의 전투적 민족주의가 결합된 사건으로서 성격이 강했다.

한편 1925년 10월 산수가 몸담았던 공학회가 해산조치를 당할 쯤 새로운 학생조직의 통일적 중심체로서 그해 11월 조선학생과학연구회가 결성되었다. 그런데 조선학생과학연구회가 창립될 무렵 사회주의 계열의 학생단체들은 저마다 사회주의 사상단체들과 연결되어 있었다. 예를 들어 서울학생구락부의 경우는 북풍파, 경성학생연맹은 서울파,

---

22) Ty生, 「사회운동단체의 현황 ─ 단체, 강령, 사업, 인물 ─」, 『開闢』 제67호, 1926.3, 48쪽. 북풍회에 대한 자세한 설명은 전명혁, 앞의 논문 Ⅱ장 1절, 1998 및 박철하, 앞의 논문, Ⅰ장 3절 참조 바람.

23) 「李憲等渡支ノ件」 京鍾警高秘 第9425號, 907쪽.

그리고 조선학생과학연구회의 경우는 화요회의 영향력이 강한 실정이었다.24) 그런데 山水는 이 시기 정론사사건 때문에 조선학생과학연구회에서 직접 활동할 수는 없었다.

1925년 조직적으로 급성장한 학생운동세력은 1926년 6·10만세운동에서 중요한 역할을 담당하였다. 조선학생과학연구회와 관련하여 6·10만세에 적극적으로 참여한 학생층은 세 부류로 분류된다. 하나는 사회주의 세력 내에서 ① 6·10만세 이전부터 활동한 학생층(정달헌, 권오설, 이병립) ② 6·10만세 이후부터 활동한 학생층(이현상, 강병도, 한일청) ③ 사회주의계열에 적을 두지 않고 활동한 민족주의계열(이선호, 박두종, 유면희, 이천진, 박하균) 등으로 대별해 볼 수 있다.25)

그런데 여기서 유의할 점은 山水 자신이 1926년 6·10만세의 실질적 추진세력을 ③의 세력으로 파악하고 있었다는 점이다. 이는 山水 자신이 6·10만세 사건에 대해 "延專의 이병립, 박하균, 중앙기독청년학관의 박두종, 중앙중학의 이선호, 경성제대예과의 이천진 등 항일제민족학생들이 앞으로 나와서 일본제국주의의 타도 조선민족독립만세를 부르짖자, 시민들은 모두 그 상여에는 눈을 돌리지 않고 이 만세소리에 호응을 했던 것"이란 지적에서 알 수 있다. 실제 山水가 언급한 이들은 1926년 6·10만세 당시 사직동계통의 학생그룹에 속하는 민족주의 계열의 인물들이었다.26) 山水의 6·10만세 사건에 대한 이런 평가는 그

---

24) 장석홍, 앞의 논문, 210쪽. 장석홍의 조선학생과학연구회 구성원의 분석에 의하면 조선학생과학연구회는 꼭 화요파 그룹만 참가한 것이 아니고 사회주의계열(-1926년 6·10만세운동 이전의 참가자와 이후의 참가자) 못지 않게 민족주의 계열이 참가한 학생계의 민족협동전선체로 파악하였다(장석홍, 앞의 논문, 217·220쪽). 필자가 인용한 장석홍의 글에는 '서울학생구락부의 서울파, 경성학생연맹의 북풍파'로 되어 있는데 이것이 잘못된 분류임을 전명혁 선생은 지적해 주셨다(김준엽·김창순, 앞의 책, 225쪽).

25) 장석홍, 앞의 논문, 217~220쪽.

26) 李一九, 앞의 책, 89·213쪽. 사직동 계통의 학생들 움직임에 대해서는 정세현,

의 민족혁명론적 시각과 무관하지 않을 것이다. 6·10만세사건 당시 山水는 그해 5월 예비검속이 되는 바람에 직접 항쟁에 참여할 수는 없었다. 그러나 山水는 경기도 경찰부 유치장에서 만해 한용운을 1개월 정도 모시면서 많은 가르침을 배울 수 있는 좋은 기회를 갖는다.[27] 山水가 언급한 이 대목의 숨은 의미를 간취한다면 만해와 만남을 통해서 山水는 유치장에 많은 것을 생각했던 것으로 보여진다. 대략 이 시점을 기준으로 만해와 최익환 같은 민족주의 운동의 큰 인물들을 만나면서 山水는 초기 친북풍회 성향의 입장에서 벗어나 나름대로 민족운동의 방략에 대해 좀 더 깊은 성찰과 고민의 시간을 가질 수 있었다. 이는 일제의 탄압 때문이기도 했지만 山水 자신이 유치장에서 나온 뒤 곧 바로 제주도로 여행을 간 것을 보면 이 당시 향후 자신의 삶에 대한 진지한 고민이 있지 않았겠는가 짐작된다. 그 결과 山水는 1926년 7월 경 성경신(儆信)학교 4학년을 중도에서 퇴학하고 좀더 많은 것을 배우기 위해 일본으로 건너가게 된다.[28]

앞의 책, 190~191쪽.

27) 李一九, 앞의 책, 198~199·212~213쪽. 만해와 만님에 대해 산수는 자세히 언급했다. "민족혁명운동원로들이신 만해 한용운 力田 최익환과 기타들을 예비검속이라는 이름으로 잡아다 가두었다. 필자도 그때는 어린 중학생의 몸이지만 그해 5월 어느날 경기도 경찰부 유치장으로 잡혀가게 되었다. 그때 말만 높이 들었고 아직 한번도 뵈온 적은 없는 만해 한용운선생님이 계시는 감방으로 들어가게 되었다. 만해 선생은 다정하시고 박학이시고 의지가 굳은 분이시었다. 필자는 이것이 기회라고 생각하고 자꾸자꾸 배우려고 했다. 그때 만해 선생의 말씀 중에 아직도 깨침 깊게 기억되는 것은 동경에서 발표한 2·8독립선언서가 아닌 우리 3·1독립선언서를 읽고서 분노하지 않는 사람은 앞으로 커도 애국자가 될 수 없고 애국적 사학자도 될 수 없다고 가르쳐 주시던 그 말씀이었다."

28) 李一九, 앞의 책, 51쪽. 朝鮮新聞社의 同盟休校檄文配布事件(二) 李鍾律 檢事 訊問調書(국사편찬위원회, 『韓民族獨立運動史資料集』 49－同盟休校事件裁判記錄 Ⅰ, 30쪽).

2. 신간회 동경지회에서 활동과
'학생스트라이크옹호 전국동맹'사건

1926년 11월 15일 정우회선언의 방향전환론이 제기되면서 6·10 만세 사건으로 위축된 사회운동은 새로운 활기를 되찾는다. 그 결과 1927년 2월 15일 비타협민족주의자들과 사회주의자들의 통일전선체인 신간회가 결성되었다. 신간회는 창립과 함께 그해 5월 조선사회단체 중앙협의회의 상설 비상설 논쟁을 거치면서 전민족단일당론이 확정된 후 각 지역 지회조직 건설에 운동의 역량을 집중하였다.29) 그 결과 창립 10개월 후인 1927년 12월 지회 100여 개를 돌파한 신간회는 1931년 5월 16일 해소될 당시 130여 개의 지회를 갖춘 회원 4만의 조직으로 성장하였다.30)

山水가 활동했던 신간회 동경지회는 1927년 5월 7일 동경부 화세다 스콧트홀에서 창립되었다. 지회 설립 시기를 놓고 본다면 동경지회는 일찍 설립된 편이다. 동경지회 창립에 관여한 인물들은 학우회계통 8명, 협동조합운동사계열 6명, 재일본조선노동총동맹계열 5명, 신흥과학연구회 관련 7명, 뒤에 조선공산당사건에 관련 (중복) 5명의 계열로 분류될 수 있다. 그런데 일제는 신간회 동경지회의 설립 당시 주도권을 전진한(錢鎭漢)을31) 중심으로 한 협동조합계열에서 장악하고 있는 것으로 보았다. 그 정도로 동경지회 설립에는 사회주의계열의 활동가들보다 민족주의계열 인물들의 활동이 더 활발했음을 뜻한다.32) 사실 山

---

29) 조선사회단체중앙협의회를 둘러싼 '양당론' 논쟁에 대해서는 김승, 「신간회 위상을 둘러싼 '양당론'·'청산론'논쟁 연구」,『釜大史學』제17집, 1993 참조.

30) 이균영,『신간회연구』(역사비평사, 1993) ; 국사편찬위원회,『한국사』49, 2001, 158~165쪽.

31) 전진한의 협동조합운동에 대해서는 전진한,『이렇게 싸웠다』(무역연구원, 1996) 참조. 이 책의 343~344쪽에는 경상북도 경찰국,『高等警察要史』를 인용하여 1927년 그해의 동경지회 상황을 자세히 전하고 있다.

水는 신간회의 결성 자체를 민족주의자들과 사회주의자들의 상호협동에 의해 조직되었다기 보다는 민족주의자들이 주동이 되어 결성한 것으로 파악했다. 특히 그 중에서도 정우회선언을 통해 통일전선을 주장한 ML계열 사회주의자들의 공로에 대해서 매우 인색한 견해를 갖고 있었다. 여기에 반해 신간회와 관련하여 조선민흥회의 역할에 대해서는 신간회 탄생의 중추적 역할을 담당한 것으로 높이 평가하였다. 곧 신간회 결성의 배경으로서 '정우회선언 → 신간회'로 그 맥락을 잡지 않고 '조선민흥회 → 신간회'로 민족운동의 맥락을 잡았다.33) 그 만큼 山水는 일제강점기 민족운동의 본류를 민족혁명론의 시각에서 바라보고 있었다.

여하튼 1927년 5월 창립된 신간회 동경지회는 1927년 그해 주요사업으로 반동단체 '민중회' 박멸운동, 震災당시 학살동포 추도회, 조선총독부 폭압정치 반대운동, 조선공산당사건 암흑공판 반대운동, 작고 반제비 사형치분 반대운동, 중국시찰단 조선대표 파견운동, 국치일 기념운동, 러시아혁명 기념운동, 재만조선인 추방반대 조선인대회소집, 西神田署고문사건항의 등을 주요사업으로 하였다.34) 동경지회의 이러한 사업들은 당시 국내의 신간회지회에서 추진했던 각종 사업과 상당 정도 차이를 갖는 것이었다. 국내에서는 주로 생활·생존권 수호운동,

---

32) 水野直樹, 「신간회 동경지회의 활동에 대하여」, 『신간회연구』(동녘, 1984), 124~125쪽. 山水 역시 동경지회의 세력판도를 이와 같이 보았다(이종률 지음, 앞의 책, 154쪽). 신간회 동경지회에 대한 전반적인 이해는 水野直樹의 글과 김인덕, 『식민지시대 재일조선인운동연구』(국학자료원, 1996) 참조.

33) 李一九, 앞의 책, 203쪽. "6·10만세 투쟁의 경과에서 깨우치게 된 민족혁명론 지도자들은 6·10만세투쟁이 있은 다음달인 1926년 7월에 조선민흥회라는 민족진영단체를 발기하게 되었고 그것이 1927년 2월 15일에 신간회라는 이름으로 창립되었다."

34) 동경지회에서 추진한 각 사업에 대한 자세한 설명은 水野直樹, 앞의 논문, 128~136쪽.

언론출판 결사의 자유, 각종 억압 법률의 철폐, 단결권, 파업권, 웅변대회, 연설회, 야학의 운영, 미신타파, 문맹퇴치, 흑의(黑衣)착용, 조혼금지, 매춘과 풍기문제, 호세(戶稅)인하, 수리조합설치반대 등을 주요사업으로 채택했다.35) 이처럼 동경지회는 국내보다 정치적 여건이 나았기 때문에 정치투쟁의 성격이 짙은 사업들을 실행할 수 있었을 것이다.

1927년 동경지회에서 이와 같은 사업방향을 목표로 활동할 때, 山水는 신간회 동경지회원이면서 동경지회의 "영도 밑에" 있던 재일본조선인단체협의회의 부인부 일을 맡아 매주 1회 부인문제 강좌를 개최하면서 열심히 지회활동을 하였다.36) 동경지회에서 활동하던 山水는 1927년 여름 의열단 비밀단원으로서 자신과 친밀하게 지냈던 밀양출신의 박시목(朴詩穆, 일명 朴建)으로부터 여름 방학을 이용하여 밀양의 백민 황상규(黃尙奎)를 한번 만나 볼 것을 권유받는다.37) 이에 山

---

35) 이균영, 앞의 책, 참조.

36) 이종률 지음, 앞의 책, 154쪽.

37) 白民 황상규를 소개해준 東洲 박시목은 동경의 독일계 上智大學 철학과를 다녔는데 1928년 2월 신간회 동경지회 대의원으로 활동하였다(경상북도경찰국, 앞의 책, 156쪽). 박시목은 1942년까지 서울에서 활동하다가 이후 중국으로 빠져나가 연안의 조선독립동맹과 관련된 항일운동을 국내에 있던 동생 박진목(朴進穆)을 매개로 대구, 경북지역 인사들과 연계되어 이끌었다. 이 사건으로 박시목은 만주의 신경감옥에서 옥사하게 된다[朴進穆 著, 『내 祖國 내 山河』(昌震社, 1976), 19·23·83쪽]. 박시목의 동생 박진목은 해방직후 남로당 경북도당 조직부 일을 맡았으며 이후 한국전쟁 당시 역전 최익환과 함께 종전(終戰)운동에 관여했는데, 당시 북측의 창구 역할을 맡았던 인물이 남로당의 2인자였던 이승엽이었다. 북한은 박헌영을 미제간첩혐의로 재판할 때 이승엽이 박진목,최익환과 연계된 부분을 기소장에서 언급하였다[신복룡 지음, 『한국분단사연구』(한울아카데미, 2001), 432·699~703쪽]. 신간회 밀양지회장과 신간회본부중앙집행위원장을 지낸 황상규(1890~1931.9.2)를 비롯해 山水가 밀양에서 만났던 김병환 등의 자세한 약력에 대해서는 김승, 앞의 논문, 2004, 216·232쪽.

水는 그해 여름 밀양을 방문하여 백민 선생을 만나게 된다. 밀양의 모임에는 김원봉의 의열단사건 관련자였던 김병환(金餠煥), 배중세(裵重世) 등도 동석하였다. 이날의 만남을 山水는 자세히 회고하고 있다. 이 자리에서 山水는 백민으로부터 "황포군관학교로 공부하러 가지 않겠소, 갈 뜻이 있다면 내가 약산(김원봉 - 옮긴이)에게 소개해서 보내겠소, 거기서 몇 사람의 학생을 필요로 하고 있는 모양이요"란 질문을 받게 된다. 山水는 백민의 이 제안에 대해 그날 밤 주연을 베푼 자리에서 신문지 위에 "황포로 가란 말씀 백년대계 높사오나 소낙비 급한 풍우 당장 집일 어쩝니까 작은 일 하나만이라도 예서(여기서 - 옮긴이) 돌까 하나이다"라고 정중하게 거절했다.38) 이를 볼 때 山水는 중국과 만주에서 전개되던 군사적 혹은 準군사적 항일운동에 대해서는 적극적으로 생각하고 있지 않았음을 알 수 있다.

한편 동경지회는 1927년 12월 제2회대회를 개최하였다. 그러나 이 대회는 당시 국내에서 인광천이 주장한 신간회에서 사회주의자들의 '헤게모니전취론'을 지지하는 쪽과 그것을 좌익소아병이라고 반대하는 양측의 이론적 대립장으로 변하게 된다. 당시 제3차 조선공산당내 ML파를 숭심으로 제기된 신간회에서 헤게모니 전취론은 민족주의자들로부터 강력한 반대에 부닥쳤을 뿐만 아니라 서울파내의 舊派들로부터도 비판을 받고 있었다.39) 그 결과 1928년 1월초 신간회에서 사회주의자들의 헤게모니 전취를 반대했던 동경지회 회원 111명은 「전민족적 단일전선 파괴음모에 관하여 전조선민중에게 호소함 - 통일전선을 파괴하려는 新派閥鬼의 정체를 폭로하고 신간회 동경지회 임시대회의 소집을 요구한다」는 성명서를 내게 된다. 山水 역시 이 성명서에 서명함으로써 신간회에서 사회주의자들의 헤게모니전취론을 강력히 반대하였

---

38) 산수이종률선생기념사업회 엮음, 앞의 책, 2001, 161~164쪽.
39) 김승, 앞의 논문, 1991 참조.

다. 동경지회에서 발표한 신간회에서 헤게모니 전취론 반대 성명서에는 111명이 서명하였는데 지면관계상 이들 중에서 山水와 관련하여 각종 사건에 연루되는 인물들만 보면 앞서 보았던 朴建(＝朴時穆), 뒤에서 언급할 박야민(朴野民＝朴魯洙), 안영제(安永濟), 이현철(李玄徹), 안상록(安相祿) 등이 산수와 함께 반대 성명서에 서명하고 있었다.40)

山水는 후진성 지역에서 민족혁명론을 완수하기 위해서는 당면한 정치상황을 올바르게 인도할 수 있는, 곧 역사에 책임을 질 수 있는 史責黨의 중요성을 평생 강조하였다.41) 이러한 사책당의 모태가 될 수 있었던 것이 신간회라고 산수는 생각하였다. 실제 신간회는 창립 당시 전민족단일당 혹은 전민족단일당의 매개체가 될 것으로 낙관하는 것이 지배적이었다. 이는 제3차 조선공산당을 이끄는 사회주의자들 자신이 총체적 무산자론에 입각하여 신간회의 위상을 그렇게 파악하고 있었기 때문이다. 그러나 시간이 지나면서 중국의 1차국공합작이 실패하면서 ML파 계열의 사회주의자들은 신간회에서 사회주의세력의 토대를 공고히 하기 위해 전면적인 자신들의 헤게모니전취를 주장하게 된다. 이에 신간회의 위상 또한 자연히 전민족단일당 또는 그것의 매개체로서 위상이 흔들리면서 통일전선의 협의체적 조직으로 그 의미가 변화하게 되었다.42) 1927년 여름 이후 ML계 사회주의자들을 중심으로 제기된

---

40) 水野直秀, 앞의 글, 138~142쪽. 성명서에는 이종률로 나오지 않고 이남철(李南鐵)로 되어 있다[김인덕, 『식민지시대 재일조선인운동 연구』(국학자료원, 1996), 145쪽]. 이남철은 이 당시 山水가 사용하던 가명이다(독립운동사편찬위원회刊, 『독립운동자료집』 12집, 1213~1215쪽 판결문 및 『동아일보』 1929.3.14).

41) 史責黨은 부르조아공화국의 부르조아정당도 사회주의자들의 전위전당도 아닌 후진성 지역에서 민족혁명운동을 추진하는 위상을 지닌 정당이다. 여기에 대해서는 李一九, 앞의 책, 149・153・158쪽. 실제 사책당이란 용어는 해방 이후 山水가 만나게 되는 島峰 朴震선생의 용어였다(이일구, 앞의 책, 「(책을－옮긴이) 펴내면서」 3~4쪽). 도봉 박진에 대해서는 뒤에서 서술하겠다.

42) 신간회 창립 시기 '전조선민중 ＝ 총체적 무산자→전민족단일당'론의 대표적 논객은 최익한(崔益翰)이었다(김승, 앞의 논문, 1991, 549쪽). '전민족단일당'론

헤게모니 전취론은 山水의 입장에서 보았을 때 한마디로 좌익소아병에 걸린 구상유취한 주장이었던 것이다.

1928년 7월 신간회 동경지회원 자격으로 국내에 입국한 山水는 7월 15일 개최되는 근우회 전국대회 초청간사로 강연을 하였다. 山水가 근우회 전국대회에 초청받을 수 있었던 것은 그가 신간회 동경지회원이면서 동경지회의 "領導"를 받고 있던 재일본조선인단체협의회의 부인부장 일을 맡고 있었기 때문이다. 근우회 전국대회에서 행한 山水의 강연제목은 '經濟史觀에 나타난 女性의 地位 변천과 現 과정의 그것 批判'이었다.43) 1년 정도의 동경생활을 청산하고 국내로 돌아온 山水는 대략 이 무렵 고학당(苦學堂) 강사로 활동하였다. 고학당은 1920년 서울에서 무산자녀들을 위한 중등교육기관으로 출발하였는데 비록 총독부로부터 정식의 인가를 받지 못한 교육기관이었지만 1931년까지 존

은 산수의 史貢黨(=民族黨)과 유사한 위상을 갖는 것이었다[이일구 편저, 「民族黨과 社會黨」, 『現瞬間政治問題小辭典』(國際新報社刊, 1960.6), 24쪽]. 식민지 시기는 물론이고 산업화가 실현되지 못했던 1950년대~1960년대까지 '전민족단일당'론은 그 외형을 달리하면서 한국사회에서 계속해서 제기되고 있었다 예를 들면 1954년 12월 이승만의 사사오입 통과에 맞서 결성된 보수증과 진보층이 잡다하게 섞여 있던 호원동지회[서중석, 『조봉암과 1950년대』 상(역사비평사, 1999), 83쪽]의 정당론 역시 필자가 보았을 때 일종의 민족단일당론에 가까운 것이었다.

43) 『中外日報』 1928.7.11. 당일 山水와 같이 강연한 인물들은 姜瑛淳, '근대 여성운동의 두 가지 조류', 李現郁孃의 '現 階級의 婦人運動' 등이었다. 강연순은 1927년 12월 동경에 있던 조선학우회 정치부 대표로 활동하였는데(김인덕, 앞의 책, 140쪽) 1923년 전조선청년당 대회에 진영청년회 대표, 1925년 4월 서울파의 전조선노농대회에 각각 참가한 姜永淳[김준엽·김창순, 『한국공산주의운동사』 2(청계연구소, 1986), 113·254쪽] 및 해방후 여운형의 인민당 부산시 지부위원이었던 姜鍈淳(심지연, 『인민당연구』(경남대학교 극동문제연구소, 1991), 13쪽)과 동일인물로 보여진다. 이현욱(=필명 池河蓮)은 마산출신으로 일본여자대학 문학부 영문학과 출신으로 일본에서 山水와 알고 지낸 사이였다. 그녀는 1935년 카프에서 중심적 활동을 하였던 林和와 결혼하였다[이종률 지음, 앞의 책, 156쪽 ; 권영민 지음, 『한국계급문학운동사』(문예출판사, 1998), 394쪽].

속한 일종의 사설 중등교육기관이었다.44)

그런데 山水는 이 강연이 있은 직후 동경에서 뿌린 삐라사건과 관련되어 종로서에 체포된다.45) 이어서 그해 1928년 11월 6일에는 '전국학생동맹 옹호휴학동맹'을 조직하여 "전조선학생들은 궐기하라! 000교육을 00하라!" 등의 삐라를 뿌린 일로 재차 종로서에 검거된다. 이때 산수가 관련된 휴학동맹조직에 대해 일제는 국내뿐만 아니라 일본의 사상단체와 연계되어 있는 조직체로 파악하였다. 이 사건의 대강은 山水, 이현철(李玄徹＝李守爕), 김정수(金正洙) 등이 휘문고보생 장홍염(張洪琰) 등에게 삐라를 전달하여 맹휴를 부추겼다는 것이다. 이 사건으로 검속된 山水는 1929년 3월 13일 징역 10개월의 구형을 받는다.46)

'학생스트라이크 옹호전국동맹에 대한 山水의 법정 진술을 통해 사건의 전개과정을 좀 더 자세히 살펴보면 다음과 같다. 즉 '근래 조선 각처에서 학생들이 조선인 본위의 교육시설을 요구하며 동맹휴교를 하고 있는 상황에서 1928년 9월 상순경 大邱공립보통학교와 京城徽文고등보통학교 학생들이 동맹휴교를 일으키자 이를 지원하기 위해 山水는 동년 9월 하순경 경성 가회동의 金正洙(＝金海汀) 집에서 李守爕(＝李玄徹) 등과 모의하여 격문을 山水가 직접 작성하게 된다. 산수는 이렇게 작성한 격문을 동경의 허원훈(許元勳) 집에 사무소를 두고서

---

44) 고학당에 대해서는 南信東, 「고학(苦學)과 혁명의 시대, 최초의 사회주의 학교의 등장」, 『교육비평』 제11호, 2003 참조. 필자는 고학당 관련 신문기사들을 살펴보았으나 산수의 이름을 발견할 수는 없었다.

45) 『동아일보』 1928.7.19.

46) 『동아일보』 1928.12.9 · 1929.2.2 · 1929.3.14 ; 국사편찬위원회, 『한민족독립운동사자료집』 49(同盟休校事件 裁判記錄1) 및 독립운동사편찬위원회刊, 앞의 책, 1213~1215쪽 판결문. 산수와 같이 검거된 이현철(＝李玄徹)은 1928년 1월 신간회내에서 헤게모니전취를 반대한 서명자 111명 가운데 한 사람이었다(김인덕, 앞의 책, 140쪽).

경영하던 조선교육신문사 앞으로 발송하여, 동경에서 격문을 찍어 국내로 보낼 것을 권유하였다' 그 결과 '동경에서 인쇄한 격문 60장이 국내로 우송되어 들어오자 산수는 1928년 11월 2일 경 자신과 동거하던 휘문고등보통학교 4학년생 장홍염(張洪琰)에게 40여장을 교부하고, 11월 6일에는 보성전문학교 생도 서정관(徐廷觀)에게 4장을 주면서 배포할 것을 논의'하였다. 이 과정에서 산수는 '일본에 격문 인쇄를 부탁하면서 "전조선에 있는 각 학교에서 맹휴사건이 일어나고 있는 학교에는 각 급장 앞으로 적당하게 보내라고" 부탁하였다. 그리고 격문을 "전조선적으로 배포하여 선동시키려면 개인 명의로는 아무래도 일반에게 선동목적을 달성할 수 없으므로 일반에게 감수성을 강하게" 줄 수 있는 '전국학생동맹 옹호휴학동맹'이란 조직의 명의를 사용할 것을 주문하였다.47)

그리하여 산수가 직접 작성하여 일본에 보낸 격문은 동경의 조선교육신문사에서 인쇄되었다. 이 조직은 山水, 김정수, 이수섭, 박야민(朴野民＝朴魯洙) 등이 1928년 5월~7월 사이 동경에서 조직한 단체였다.48) 실제 山水는 1928년 11월 '학생스트라이크 옹호전국동맹'사건이 일어나기 4개월 전인 1928년 7월 서울의 종로서에 검속되어 취조를 받았다. 그 이유는 동경에서 뿌린 삐라에 연루되었기 때문이다.49) 이러한 전후 사정을 감안하면 1928년 7월 동경에서 뿌린 삐

---

47) 朝鮮新聞社의 同盟休校檄文配布事件(一) 李鍾律 檢事訊問調書 및 同盟休校檄文配布事件(二) 李鍾律 警察訊問調書, 檢事訊問調書(국사편찬위원회, 『韓民族獨立運動史資料集』 49 - 同盟休校事件裁判記錄 I, 31·44~45·56~57쪽).

48) 朝鮮新聞社의 同盟休校檄文配布事件(一) 李鍾律 檢事訊問調書와 金正洙 警察訊問調書(국사편찬위원회, 『韓民族獨立運動史資料集』 49 - 同盟休校事件裁判記錄 I, 30·39쪽), 김정수는 조선교육신문사를 1928년 5월 결성된 것으로 진술하였다. 박야민(朴野民)은 박노수(朴魯洙)의 이명이었다. 이는 산수이종률선생기념사업회 엮음, 『山水李鍾律 著作資料集』 제2집, 2002, 731쪽에서 山水가 "野民 朴魯洙"로 언급한 데서 확인된다.

라 역시 조선교육신문사에서 인쇄했을 가능성이 높다. 그리고 사건에 관련된 배제고보 3학년 학생인 김정수=김해정은 경북 영덕 출신으로 사건 당시 17세의 배제고보 3학년 재학 중이었는데 1925년 山水와 함께 공학회에서 같이 활동한 인물이다.50) 이후 1927년 4월 와세다대학에 같이 입학하면서 친하게 지내는 사이로 발전하였다. 이수섭은 경북 청송 사람으로 1928년 23세였다. 서정관 역시 공학회에서 山水와 같이 집행위원으로 활동하였으며 1926년 1월 결성된 학생조직 學車社에서 박야민=박노수와 함께 6인 위원으로 활동하였다. 그리고 공학회 해산 직후 출현한 조선학생과학연구회 조사부 위원을 거쳐 1931년 물산장려회이사를 역임했다.51) 박야민 곧 박노수는 1925년 공학회에서 山水와 같이 활동하였으며 서정관과 함께 學車社의 활동을 거쳐 1927년 12월 신간회 동경지회 정치부간사를 지낸 인물로 1931년 3월에는『彗星』잡지에 '民族的 大同機關 組織의 必要와 可能如何 切實히 늣긴다'는 글을 통해 신간회의 해소론을 비판하고 일제말기에는 앞서 보았던 박시목과 일정 정도 관계가 있었던 인물로 1946년 4월 한독당, 국민당, 신한민족당이 통합할 때 집행위원으로 참가한 인물이다.52)

그리고 사건 당시 휘문고보 4학년이었던 장홍염은 1929년 11월 광주학생운동이 발생하자 이를 지지하는 서울지역 학생들의 1930년 1월 시위에 적극 가담하여 퇴학처분을 받는다.53)

---

49)『동아일보』1928.7.19.

50) 京鍾警高秘 第9866號／1,「경성청년회 제4차 임시총회에 관한 건」, 1925.9.5, 216쪽.

51)『동아일보』1925.9.15 ; 장석흥, 앞의 글, 212 · 215쪽. 서정관의 공학회에서 활동은 본고 주 14) 참조.

52) 본고 주 14) 참조 ;「在京學生團體의 內面」,『개벽』제72호, 1926, 51쪽 ;『동아일보』1927.12.30,『혜성』제1권 제1호, 1931 ; 박진목, 앞의 책, 21쪽 ;『동아일보』1946.4.20.

　　결국 이 사건에 관여된 인물들의 구성은 1925년 공학회에서 활동했던 인물들(山水, 김정수, 서정관, 박야민＝박노수)과 1928년 1월 제3차 조선공산당계열의 신간회 동경지회 장악을 통한 신간회에서 사회주의자들의 헤게모니 전취를 반대하는 성명서에 서명한 인물들(산수, 박야민, 이현철(＝이수섭)) 등이 관여하고 있었다. 따라서 공학회을 비롯하여 신간회에서 헤게모니 전취를 반대한 일군의 세력들이 산수를 중심으로 일으킨 사건이 1928년 11월의 "학생스트라이크 옹호 전국동맹" 사건이었다.

　　이 사건으로 10개월의 수형생활을 마친 山水는 1929년 9월～10월 출옥한 것으로 판단된다. 山水는 출옥한 뒤 얼마 되지 않아서 1929년 11월 광주학생의거가 발생하였다. 山水의 저작집에서는 산수가 광주학생의거에서 중심적 역할을 하였던 醒進會와 밀접한 관련이 있었던 것처럼 기술되어 있다.54) 그러나 광주학생의거의 발생 시점은 山水가 출옥한 뒤 얼마 되지 않던 시기였음으로 광주학생의거에 山水가 직접 관여한 것으로 보기는 어려울 것 같다. 다만 '전국학생동맹 옹호휴학동맹'사건에 관여되었던 장홍염이 서울에서 전개된 1930년 1월, 광주학생운동 지지를 위한 서울지역 학생들의 맹휴에서55) 중심적 역할을 맡았던 점을 감안할 때 산수와 광주학생의거의 직접적 관련성보다는 장홍염을 통한 서울지역 학생들의 1930년 1월 맹휴에 山水가 관여되었을 개연성이 더 농후한 것으로 생각된다.

　　격문살포를 통한 산수의 항일운동은 그 뒤에도 계속되어 1930년 5

---

53) 정세현, 앞의 책, 392～393쪽.

54) 전명혁은 山水와 성진회의 관계에 대해 과거 山水와 공학회에서 같이 활동했던 최규창과 왕재일이 성진회의 창립회원이었던 점을 밝혀 성진회와 山水의 간접적 관계를 지적하였다(전명혁, 앞의 논문, 2005, 85～86쪽).

55) 1929년 12월～1930년 1월 사이 서울에서 전개된 학생들의 맹휴 현황에 대해서는 정세현, 앞의 책, 374～394쪽.

월 서울의 종로서에 재차 검거되었다. 검거된 시기가 5월이었던 것만큼 그해 메이데이를 기념하기 위한 격문살포였던 것으로 생각된다. 그런데 이때 산수는 서울 시내 격문배포 사건뿐만 아니라 경남 의령의 격문배 포사건에도 연루되어 안균(安均), 김기석(金琪錫) 등과 함께 검거된다. 그런데 산수, 안균, 김기석 이들 3인은 모두 서울시내 원동(苑洞)에 사무소를 두고 있던 사회실정조사소(社會實情調査所) 회원들이었다.

山水가 중심이었던 사회실정조사소는 1930년 4월 10일 결성된 조직체였는데[56] 1930년 5월의 격문사건은 사회실정조사소를 만든 직후에 일어난 첫 번째 사건이었다. 5월 격문배포사건으로 검거된 김기석은 조선공산당재건 운동에 관여 했던 김기석(金基錫)과 다른 인물로 1929년 8월 대구지역 비밀결사사건으로 6개월의 언도를 받았던 김기석(金琪錫)이 아닌가 싶다.[57] 안균(安均)은 의령출신으로 1928년 8월 재일본의령유학생회의 회장 신분으로 의령군 일대의 순회강연회를 동향 출신인 안영제(安永濟), 안상록(安相祿) 등과 함께 이끌었다. 그리고 1929년 10월 백산 안희제의 생가가 있던 의령군 부림면 입산리에서 낙동농민조합을 조직하였는데 이로 말미암아 진주지청에서 공판을 받기도 하였다.[58]

이후 안균은 1930년 10월 조선농민총동맹 검사위원을 역임하면서

---

56) 『중외일보』 1930.5.6. 사회실정조사소의 창립시기에 대해서는 『이러타』 창간호, 1931.7, 48쪽. 잡지 『이러타』를 통한 산수의 활동은 본고 Ⅲ장에서 후술할 것임.

57) 『동아일보』 1928.8.8 ; 1928.9.18 ; 1928.10.22.

58) 『동아일보』 1928.8.8 ; 1928.8.17 ; 1928.8.20 ; 1929.10.14 ; 1929.10.17 ; 1932.2.28. 안상록(1905년생)은 백산 안희제의 큰 아들로 동래고보를 졸업하고 1928년 동경제대를 다니고 있었다. 1974년 2차 인혁당에 관련된 이수병 역시 의령군 부림면에서 얼마 떨어져 있지 않던 손오리 구산마을에서 출생하였다. 그는 초등학교 입학 1년전 유곡천 건너 입산리에 있던 안상록의 야학당에서 1년간 수학을 했다고 한다[김원일, 『푸른혼』(이룸, 2005), 96·116쪽]. 이수병은 1961년 『민족일보』 창간 당시 편집장으로 있던 山水에 의해 공채 1기 기자로 채용된다.

이 무렵 서울의 고학당(苦學堂) 강사로 활동하고 1932년 9월 낙동농민조합과 관련해 검거·석방되기도 하였다.59) 그 뒤 안균은 본고 Ⅲ장에서 살펴볼 형평청년동맹사건에 山水와 같이 연루되어 광주경찰서에 오랫동안 고생하였는데 1936년 4월 의령협동조합 이사로서 활동한 인물이었다.60) 그런데 여기서 한 가지 새겨볼 점은 안균과 함께 재일본의령유학생회 회원으로 활동했던 안영제와 안상록 등이다. 이들은 앞서 보았던 1927년 12월 신간회 동경지회의 '헤게모니 전취 반대성명서'에 산수와 함께 서명한 인물들이었다. 따라서 지금까지 살펴본 1928년 11월 "학생스트라이크 옹호전국동맹"사건과 1930년 5월 격문배포 사건에는 山水를 중심으로 '헤게모니 전취 반대 성명서'에 서명했던 인물들(이현철=이수섭, 박야민, 안영제, 안상록, 박시목)이 서로 엮여 있었음을 알 수 있다. 山水-안균-안영제-안상록 등으로 묶이는 山水와 의령출신 인물들의 관계망은 山水가 살아 생전에 백산 안희제를 존경한 것과 1974년 의령의 백산생가를 둘러보고 돌아오는 길에 뇌졸중으로 쓰러져 돌아가실 때까지 16년 동안 투병생활을 하게 된 것들이 결코 우연의 일들이 아니었음을 보여준다.61)

---

59) 안균의 고학당 강사는 南信東,「京城苦學堂 研究 ; 1923~1931」(서울대학교 교육학석사논문, 1998), 70~71쪽(남동신의 논문은 전명혁의 발표문을 통해서 필자가 확인할 수 있었다) ;『삼천리』제9호, 1930.10, 28쪽.『동아일보』1932.9.26.

60)『동아일보』1933.8.1 ; 1936.4.27 ; 일제는 安均을 형평사 해소론자 그룹인 新派로 분류하고 있었다(第九會衡平社全鮮大會).「集會取締狀況報告」(通報) 京鍾警高秘 第五二七一號(1931.4.27字) 6쪽. 형평전위동맹사건 관련으로 안균이 검거되었음은『동아일보』1933.4.21 참조.

61) 지역의 지성사와 관련하여 언급하면 당시 의령답사에는 조선후기, 동학, 한일관계사, 근대도시 부산의 역사 등의 논문 다수를 남겼던 역사학자 김의환 선생과 함께 갔었다. 檀峴 金義煥은 1977년 부산여대(현 신라대학교)에서 일본 나라의 帝塚山女子短期大學으로 이적하기 전 산수와 일정 정도 교분을 쌓고 있었다. 두 분의 사모님 또한 서로 교감을 나누는 사이였는데 1970년대 초 단현의 집은 동래 온천장 농심호텔(옛 동래관관호텔)의 오른쪽 주택가에 있었으므로 山水의 수일원과 온천장을 사이에 두고 가까운 거리에 있었다. 檀峴에 대해서는 추모

1928년 11월 "학생스트라이크 옹호전국동맹"사건으로 곤혹을 치룬 山水는 1930년 4월 15일 서울 숭인동 근우회 京東지회 설립대회에 참석하여 "본 지회는 공장노동부인을 본위로 하는 것을 듣고 기쁨에 견딜 수 없는 (와중에 식순의) 순서가 되니, 제군은 노동자로서 또 운동자의 한 사람으로서 오히려 우리들 남자보다 우월한 지위에 있다고 생각하는 프랑스 여성운동을 흉내 내어 그대로 하는 일은 대단히" 잘못을 범할 수 있다. 따라서 "잘 이해관계를 생각해서 남성과 투쟁해야 할 것입니다" 라고 축사를 하였다.62) 이 역시 동경에서 재일본조선인단체협의회 부인부장 일을 맡았던 인연 때문에 참석하여 여성운동을 격려할 수 있었다. 이 처럼 1928년 7월 귀국하여 1930년 4월까지 계속된 山水의 항일운동은 1931년 7월 잡지『이러타』를 발간하면서 언론을 통한 항일운동으로 전환하게 된다.

3.『이러타』를 통한 언론활동과 형평청년전위동맹사건

山水는 신간회 해소논쟁이 사회운동 선상에서 한창 논의되던 1930년 연말을 전후하여 국제정세를 비롯한 각종의 사회과학 지식을 대중들에게 전달할 수 있는 잡지의 필요성을 절감하였다. 이에 산수는 자신이 몸담고 있던 사회실정조사소의 기관지적 성격을 지닌 월간지『이러타』를 1931년 7월 자신이 편집 겸 발행인을 맡아 발간하였다.63)『이

록편찬위원회,『文學博士 金義煥 追慕錄』(금정신문사출판부, 1993) 참조 의령군 부림면 입산리 뒷산에 1976년 10월 11일 제막된 碑文은 山水와 金義煥 두 분이 짓고 글씨는 白山의 자제부인 安相綠님이 적었다[백산육영회·백산안희제기념사업회,『백산안희제선생』(평화당인쇄주식회사, 1987), 110쪽].

62)「槿友會 京東支會 設置大會 取締 狀況報告(通報)」, 京東警高秘 第891號 1930.4.16, 300~301쪽.

63) 산수는 1931년 11월 16일 서울시내 삼천리, 개벽 등 14개 잡지 대표들이 모였

러타』는 창간호인 제1권 1호(1931.7)부터 제3권 2호(1933.2)까지 발간된 잡지이다. 이후 산수는 1933년 2월 『이러타』의 체제를 변경하여 "쉬운 설명"으로 "조선 및 세계정치, 경제, 사회 등의 정세를 신속정확케 넓은 대중에게 이해시키기 위"하여 매월 1호식 발행하는 잡지 『情報者』와 1년 네 번 발간하는 계간지로서 "정세를 보다 체계적으로 소개하는 연보" 형식의 『사회실정연보』로 분리해서 각각의 잡지를 발행할 계획을 세운다. 이 계획에 따라 『정보자』는 『이러타』의 호수를 계승하여 1933년 7월 발간될 계획이었는데 일제의 출판 불허로 세상에 빛을 보지 못했다.64) 그리고 잡지의 발간이 더 이상 계속될 수 없었던 것은 잡지의 편집과 발행을 맡았던 山水가 1933년 형평전위동맹사건으로 구속되었기 때문이었다.65)

던 모임에 이러타社 대표로 참석하였다(서울 雜誌協會)「집회취締 狀況報告(通報)」, 京鍾警高秘 第14032號, 1931.11.16.

64) 「『이러타』의 編輯分化 및 改題에 대하야」, 『이러타』 제3권 제2호, 1933.2 참조. 『정보자』가 예정대로 간행될 계획이었지만 출판될 수 없었음은 1933년 7월호의 경우 '소련 제1차 5개년계획의 성과'와 '전조선에 식량이 없는 농민이 어느 정도 있는가'라는 제복의 글돌이 문제시 되었기 때문이다. 그 뒤 『정보자』는 1933년 12월에 재차 출판이 불가능했다. 그 이유는 '조선내에 있어서 노동쟁의 일지', '만주국내 反滿활동일지', '조선남녀중등학교·弁대회방청기', '조선농촌부채문제와 그 해결책은?', '1933년 조선내 중요사건' 등이 문제시 되었기 때문이다[「不許可出版物目錄」(七月分/十二月分), 『朝鮮出版警察月報』 제52~63호, 1933.7.18]. 한편 『정보자』는 처음 발행될 때 발행인이 李南鐵이었지만 1933년 12월 무렵에는 발행인이 최봉식(崔鳳植)으로 되어 있었다. 최봉식은 마산 3·1운동과 1934년 6월~1935년 11월 사이 동아일보 남해지국장을 지낸 인물로 보여진다(『매일신보』 1919.5.22 ; 『동아일보』 1934.6.26 ; 1935.11.29).

65) 필자는 『이러타』를 창간호와 3호 발체본, 그리고 1933년 2월호(제3권 제2호) 등만 입수할 수 있었다. 전명혁 선생이 보았던 『이러타』 2호를 필자는 직접 보지를 못했다. 본고에서 언급한 『이러타』 2호의 山水 글 역시 필자가 입수한 『이러타』 3호, 82쪽의 인용문을 통해서 확인할 수 있었다. 결국 현재까지 남아 있는 잡지 『이러타』는 1931년 발간된 1~3호, 그리고 종간호에 해당하는 1933년 2월호 등 전체 4권 정도 남아 있는 것으로 보여진다.

사회실정조사소의 기관지 『이러타』는 창간호에서 밝혔듯이 "오직 대중적비판과 그 지지 밑에서만!"이란 목표로 발간되었다. 창간호의 분량은 A4용지 55장 정도였는데 마지막 호가 되었던 1933년 2월호(제3권 제2호)의 경우 A4용지 126장 정도로 늘어나 있었다. 그런데『이러타』를 발간한 사회실정조사소는 단순히 잡지의 발간에만 그치지 않고 전국에 『이러타』社의 지국 설치와 사회실정조사소의 지방사무국 등을 각각 설치할 계획을 갖고 있었다. 이는 잡지 판매를 전담하는 지국과 지역의 현황을 본부에 조사 보고하는 지방사무국을 독립적 조직으로 운영할 생각에서 그렇게 한 것으로 보여진다. 이 중에서『이러타』社의 지방지국 설치는 1932년 상반기까지 개성, 부산, 신의주, 원산 등 전국 24개 지국과 일본의 대판, 만주의 연길현시(延吉縣市) 등 외국의 2개 지국 등 전체 26개 정도의 지국을 설치할 수 있었다. 이에 반해 사회실정조사소의 지방사무국설치는 마음 먹은 대로 잘 되지는 않았다.66) 당시의 사정으로 보아『이러타』잡지 판매와 관련된 지국의 설치가 사회실정조사소의 지방사무국 설치보다 훨씬 용이했을 터이다.

실제『이러타』社의 지국에서는 잡지의 판매뿐만 아니라 각종 강연회 등을 개최하였다. 개성지국의 경우 지회설립 기념강연회로 고재국(高在國)의 '역사적 전화기에 際하야', 김기진(金基鎭)의 '조선예술운동의 현계단' 山水＝이남철(李南鐵)의 '朝鮮論究의 변증법적 방법' 등이 강연되었다.67) 이밖에 사회실정조사연구소는 1931년 10월 서울 중앙기독교청년기념관에서 백남운(白南雲)의 '과학발전의 역사', 김현준(金

---

66) 「活動始作에 際한 大衆에게의 通文」 및 「社調」規定一覽」, 『이러타』 창간호, 47~49・53쪽 ; 개성지국은『동아일보』1931.9.10, 여타 지국의 현황은 전명혁, 앞의 논문, 2005, 94쪽. 사회실정조사소의 부여 지방사무국은 1933년 3월 설치되었다(『조선중앙일보』1933.3.3).

67) 『동아일보』1931.9.10 ;『조선일보』1931.9.10. 당일 강연회는 사회실정조사소의 연구원은 무료입장이었던 반면 일반인은 20전의 입장료를 지불해야 했다.

賢準)의 '사회과학상의 생물학의 기여' 등과 같은 사회과학적 내용을 지닌 학술강연을 개최했다.68)

『이러타』 창간호부터 종간될 때까지 다룬 내용은 주로 국내, 국제(중국, 소련, 일본, 영국, 인도) 방면의 정치, 경제, 사회 관련 각종 정보 등을 상세히 소개하였다. 그러나 잡지의 성격 때문에 『이러타』는 창간 다음호인 2호부터 원고 검열을 통과하지 못하고 전부 압수됨으로 임시호를 준비해야 할 정도로 발행 자체가 순조롭지 못했다. 山水의 불온서적 탐독에 따른 검거와69) 1931년 10월(제4호), 11월(제5호), 1932년 2월(2호), 10월(2권 제5호) 등 잦은 일제의 검열 탓으로 『이러타』는 계획대로 발간되지 못했다. 예를 들면 1931년 12월 『이러타』 제5호의 경우는 3차례에 걸쳐 추가로 계속해서 원고의 게재불가를 판정 받았는데 그 내용은 「소비에트사회주의공화국연방」을 예찬하고 사회주의화를 암암리에 선전할 목적'과 '레닌, 마르크스, 로자룩셈부르그, 리프네트 등의 예찬과 독일 극우익파 인물 샤이데만정부타도와 공산주의 불온사상 명시' 등이 문제시 되었기 때문이다.70) 필자가 파악할 수 있었던 잡지 『이러타』에 원고를 게재하거나 『이러타』社와 관련된 인물들을 보면 최황(崔晃), 윤기정(尹基鼎), 추완(秋完), 김사인(金思仁), 김영(金暎), 박필수(朴必守), 김룡길(金龍吉), 김남천(金南天), 고재섭(高在燮), 한기영(韓埼榮), 안규만(安圭晩) 등이다. 이들 가운데 파악 가능한 인물들의 활동 경력을 살펴 보면 다음과 같다.

---

68) 『동아일보』 1931.10.31.

69) 『동아일보』 1932.4.4 ; 1932.4.9 ; 1932.4.11 ; 『조선일보』 1932.4.6.

70) 『동아일보』 1931.7.24 ; 1932.2.6 ; 「不許可差押及削除目錄」, 『朝鮮出版警察月報』 제40~51호, 1931.12 ; 「不許可差押及削除要旨 −『이러타』 第五號」, 『朝鮮出版警察月報』 제40~51호, 1931.12.15 ; 「不許可差押及削除要旨 −『이러타』 第五號」, 第三追加 『朝鮮出版警察月報』 제40~51호, 1931.12.23 ; 「不許可差押出版物目錄」(一月分, 二月分 및 1932년 十月分)」 및 『朝鮮出版警察月報』 제40~51호, 1932.1.27 ; 1932.2.4.

표. 『이러타』 논문 투고자 및 관련자

인물	호수	게재한 글의 제목	활동 경력
추완(秋完, 秋脘=秋完鎬)	1호	해소를 가결한 신간회제2회 전체대회 경과상	경기도 광주 출생. 호는 赤陽. 윤기정과 함께 조선프롤레타리아트예술가동맹(카프)계열의 극단 '신건설'사건으로 검거될 때 미체포. 직업은 기자, 연령은 25세(1935.10)
윤기정	1호	反카푸 陰謀사건의 진상	1903~?. 서울 출생. 호는 曉峯. 사립 보인학교졸업. 1924년 서울청년회에 소속되어 염군사와 파스큘라를 단일 조직으로 만들기 위해 노력. 1925년 2월 경성청년회 집행위원. 1927년 9월 카프 서무부 담당 중앙상임위원. 신간회 해소대회가 되었던 제2회 신간회전체대회에서 임시의장(1931.5), 카프 제1차 검거사건으로 구속. 조선문필가협회 統制部 부원(1932.8), 전주 '건설사'사건으로 전주경찰서에 이송(1934.8·1935.1), 카프계열의 극단 '신건설'사건으로 검거될 때 직업은 작가, 연령은 33세(1935.10·1936.2), 1938년 7월 친일단체 시국대응전선사상보국연맹 경성지회 문화부원. 1945년 9월 조선프롤레타리아문학동맹 서기장. 1948년 봄 월북
최황	1호	洪原郡下二千餘農民大衆의 納稅延納시위운동의 진상	성진농민조합 사건관련자
김룡길	3호	反 「카푸」 陰謀及 『群旗』에 관련된 문제	경성제2고보생 신분으로 개성 호주여자고보 동맹휴교관련(1930.2), 개성 호주여자고등보통학교 1932년 졸업식에서 과격한 축사로 검거(1931.4), 1932년 5월 전남노농협의회사건으로 검거(1932.5·1932.7)
김남천	3호	경제적파업에 관한 멘쉐비키-的 견해-「新興」 제5호·李聖用 씨 所論의 비판-	1911~?. 본명 金孝植. 평북 성천출신. 1929년 3월 평양고보 졸업. 1929년 7월 조선프롤레타리아예술동맹 동경지부에 가입. 1931년 당시 21세. 조선프롤레타리아트예술가동맹(카프)의 중심인물. 1930년 평양고무직공대파업 측면지도 및 격문배포와 그해 8월 '일한병합기념일'에도 격문작성 전조선에 배포. 이후 일본에서 ML계의 고경흠과 활동한 후 1931년 2월 국내로 들어옴
			이하 『이러타』 社와 관련이 있었지만 관계를 끊은 인물
고재섭	3호		조선학생회 조사연구부상무역임·侍天敎중앙종무회 경기도 책임자(1930.6·12), 시천교 경성종무부위원(1931.1), 보성전문학교 학생신분으로 조선학생회집행위원을 역임(1931.4), 동아일보 판매부 사원(1937.10) 해방후 김약수, 박문희 등과 함께 민중동맹 조직(1947.1)
한기영	3호		동아일보 경기도 이천 지국장(1932.5·1939.4)
안규만	3호		시천교학생회 임시총회에서 사회를 맡음(1930.2)

출전 : 『동아일보』 1932.5.18·8.9 ; 1935.1.26·10.28 ; 1936.2.20 ; 1939.4.6 ; 『조선일보』 1930.6.·14 ; 1931.10.6 ; 1947.1.7 ; 『조선중앙일보』 1934.8.29 ; 「학생동요사건에 관한 건」, 開城高等警察秘 제44호의 27(1930.2.17) ; 「取締狀況報告(通報)」 경성종로경찰서서장(1930.12.22 ; 1931.1.6·4.9) ; 『삼천리』 제9권 제5호, 1937 ; 권영민, 『한국계급문학운동사』(문예출판사, 1998), 363~364·384~385쪽.

위의 표와 같이 『이러타』 창간 초기에는 카프문학계열에서 활동했던 인물들(추완=추완호, 윤기정, 김남천)과 시천교 계통(고재섭, 안규만)에서 활동하던 학생층이 참여하고 있었다. 그러나 시천교 계열의 학생들은 처음 『이러타』社에서 활동하였지만 얼마 되지 않아서 『이러타』社 와 관계를 끊었다.71) 구체적 내용은 알 수 없지만 당시 사회운동의 볼세비키화를 주장하던 카프계열과의 불협화음 때문이 아닌가 싶다.

카프의 김남천은 1930년부터 ML계의 고경흠과 호흡을 같이 하면서 사회운동의 볼세키비키화에 앞장서고 있었다. 그러기에 카프 역시 "신간회 해소운동이 일어나자 예술동맹원들(카프 회원 - 옮긴이)도 이에 참가하여 맹렬한 해소운동을 하여 주의선전에 힘써"고 있었다.72) 따라서 『이러타』의 창간호에 실린 추완, 윤기정, 김남천의 글들은 활동경력과 글의 제목에서 알 수 있듯이 자연히 신간회 해소론의 입장에서 논지를 전개하고 있었다. 실제 추완의 글은 현재 남아 있는 신간회 해소대회 당일의 상황을 전하는 몇몇의 글 중에서 대회의 진행상황을 가장 상세하게 전달하는 글이다. 추완은 비록 대회상황을 전달하면서 본인은 신간회에 대해 "해소를 반대하는 것도 안이며 또 찬성하는 것도 안이지만"이라고 단서를 달았지만, 논지의 전체적 흐름은 신간회 해소론을 지지하는 입장이었다. 이는 추완이 신간회 본부의 김병로체제에 대해 비판하면서 신간회 강령 중 하나였던 "우리는 정치적 경제적 각성을 촉진함"에 대해 "오날에 在한 - 特히 被××(억압 - 옮긴이)民族으로서의 그의 利害가 大體로 同一하다고 하든 그것이 실천적 사실로서 虛妄의 空言임을 證明하고 … 정치적, 경제적 각성은 그것의 의식범주를 아무리 하여도 無階級別的으로 同一히 할 수는 없는 것이다"라고 하여 계급성을 담보하지 못한 기존의 신간회 해소를 당연한 것으로 보았다.73)

---

71) 「社告」, 『이러타』 제3호, 74쪽.

72) 『조선일보』 1931.10.6.

　그렇다면 과연 山水는 『이러타』를 통해 사회운동선상에서 초미의 관심사가 되고 있던 신간회 해소론에 대해 어떤 입장을 취하고 있었을까?

　현재까지 필자가 파악할 수 있는 『이러타』에 게재된 山水의 글은 세 가지 정도이다. 하나는 철생왈(銕生曰)이란 필명으로 창간호에 게재하려고 했지만 "검열당국으로부터의 삭제"되어 공간할 수 없었던 "活躍할 右翼派와 苦戰할 左翼派"란 글이며, 두 번째 글은 『이러타』 2호에 남철(南銕)이란 필명으로 게재한 글, 세 번 째는 제3호에 남철(南銕)이란 필명으로 쓴 「原稿쓰는 方法」 등이다.74) 창간호에 게재한 山水 글의 내용을 제목만으로 파악한다는 것은 근본적 한계를 갖는다. 그러나 '활약한 우익파, 고전할 좌익파'란 제목에서 필자가 감지할 수 있는 것은 뭔가 당시 신간회의 해소론자들이 사용하던 표현은 아니라는 점이다. 오히려 山水가 해소론의 입장이었다면 글의 제목을 자신감에 찬 입장에서 '활약한 左翼派, 고전할 右翼派'라고 제목을 바꿨을 것이다. 그리고 『이러타』 3호에 실린 山水의 「原稿쓰는 方法」은 山水가 『이러타』의 편집겸 발행인을 맡고 있었기에 말 그대로 원고 쓰는데 따른 장, 절, 구(句)의 구분과 물음표(?), 느낌표(!), 쉼표(,), 맞침표(.) 등의 사용에 대해서 기술하였다. 그러나 이 글은 山水의 본의든지 아니든지 관계없이 자신이 원고 쓰는 방법을 설명하면서 예시한 인용글을 통해, 당시 山水가 고민하고 있던 여러 가지 생각들을 피력하고 있었기 때문에 이 당시 山水의 기본적 인식체계를 간접적으로 이해할

---

73) 『이러타』 창간호(1931.6), 14~15쪽. 필자는 작년 월례발표(2005.5.27)에서 추완을 山水의 필명으로 보았다. 그러나 글의 전체적 맥락과 카프 계열의 윤기정, 김남천 등의 글이 『이러타』에 투고된 것을 감안할 때 추완은 카프 계열의 인물인 추완호=추완 임을 확인할 수 있었다.

74) 「社告」, 『이러타』 창간호, 8쪽 ; 「原稿쓰는 方法」, 『이러타』 제3호, 77~83쪽. 참조로 銕은 鐵의 古字이다.

수 있는 매우 소중한 글이다.

　山水는 「原稿쓰는 方法」에서 '논지의 구체적 把持'를 위해서는 다음과 같은 자세가 필요하다고 보았다.[75]

　　우리의 論調는 그것이 언제든 어데이든 具體的으로 되어야 한다. 막연한 일반론에 끌이는 것은 우리의 禁物이다. 그리고 따라서 우리의 論調는 그를 읽는 대상의 대중이 可及的 만히 感激되도록 쓰지 안흐면 안이 된다. 1926~1927년 당시의 일본 福本和夫는 그의 글 여러 곳에서 「일본의 자본주의는 몰락과정에 在한 세계자본주의와 합류로 지금 몰락과정에 잇다 …」는 것을 주장하엿다. 그 다음 키친 日本푸로레타리아及 第三인터ー나슨 날(코민테른ー옮긴이)의 「엇제서 일본의 자본주의가 只今 몰락과정에 잇나 그를 증명하라」할 때에 그는 쑥드러가고 말엇스며.

　　山水가 살아 생전에 항상 주장했던 내용들이 여기서도 그대로 드러나고 있었다. 곧 역사 속에서 전개되는 사실과 사태는 어디까지나 "변증법적 유물론적 과학적 실력이 충실"한 바탕에서 "막연한 일반론"이 아닌 "구체적 지식에 의한 論示"이어야 대중을 "가급적 많이 감격"시킬 수 있다는 것이다. 따라서 구체성을 상실했을 때는 일본의 福本主義처럼 오류를 낳게 되고 또 홍양명이 삽시 『조선운동』에서[76] 「朝鮮運動의 論綱」이란 글을 통해 주장한 "조선에서 노동자세력은 自己及 全大衆을 지도해 나갈 만한 지도적 ××(혁명ー옮긴이)的 힘을 갖지 못하였다. 그런데 此에 反하야 農民大衆 …"이라고 언급한 것처럼 농민주의의 입장에 빠진다든지, 또 이동휘(李東輝)가 레닌을 만났을 때 조선의 혁명단계를 "민족××(혁명ー옮긴이)階段"로 보지 않고 "階級

---

75) 南銕, 「原稿쓰는 方法」, 『이러타』 제3호, 79~80쪽. 이하 본문에서 인용하는 내용들은 『이러타』 제3호에 있는 내용 그대로 이다.

76) 신간회 헤게모니 전취론을 반대한 그룹(='청산론'자)의 기관지 『조선운동』에 대해서는 김승, 앞의 논문, 1993, 553쪽 주 86)과 557쪽 주 96) 참조.

××(혁명 – 옮긴이)階段"로 잘못 이해하는 것과 같은 오류들을 낳을 수 있다는 것이다. 따라서 모든 "事實이 구체적으로 되어 잇는 것이 안이면 안이 된다" 이 점을 "全 젊은 노력자동무 諸君及抗進的 全新興科學徒諸君"은 항상 유념해야 한다는 것을 끊임 없이 주장했던 것이다.

어떻게 보면 이런 내용이야 말로 山水가 「原稿쓰는 方法」이란 글을 통해 주장하고자 했던 핵심적 내용인지 모른다. 이미 이때부터 山水 특유의 표현인 '抗進的', '(新興)科學徒'와 같은 표현이 사용되기 시작했는데 여기서 유의할 점은 자칫 산수가 언급한 "변증법적 유물론", 『조선운동』그룹의 나로드니키적 농민주의에 대한 산수의 비판 등에 매료되어 1931년 무렵 마치 山水가 신간회 해소론을 주장한 범주의 인물로 분류해서는 안된다는 점이다. 山水는 해방정국의 정치상황을 언급하면서 문학가 김태준에 대해 "제가 철학적 및 기타 경력으로서 아는 바 김태준은 맑스주의자이며 그렇기 때문에 공산주의 혁명노선이 아니라 민족혁명노선 인물이다" 또 김태준이 월북하지 않고 서대문 밖에서 총살된 데 대해 "그야말로 우수한 맑스주의자가 사실분석(후진성지역의 특수성 – 옮긴이)에서 승복되지 않는 공산당계열(박헌영의 조선공산당 – 옮긴이)에 들어섰다가 오도가도 못하고 (죽음을 – 옮긴이) 당하게 된 것을 비극의 하나라고 느꼈다"라고 언급했다.77) 곧 산수는 후진성 지역의 구체적 역사성을 이해하고 맑스주의를 창조적으로 적용시킨다면 그러한 논자야말로 진정한 맑스주의자이면서 동시에 민족혁명론자였던 것이다. 다시말해 산수에게서 민족혁명론은 진정한 맑스주의의 이해와 상충되는 것이 아니었다. 민족혁명론과 조화를 이루지 못하고 배치(背馳) 되는 것은 계급혁명론을 염두한 볼세비키즘 같은 것이었다. 따라서 1931년 봄 『이러타』 제3호에 게재한 「原稿쓰는 方法」의 글에서 山水가 표현한 "마륵씨슴的理論 經濟學의

---

77) 이종률, 앞의 책, 1989, 236~237쪽.

研究" 또는 "辨證法的 唯物論的 科學的 實力"과 같은 자구(記表)에 현혹되어 신간회 해소를 전후한 시기 山水를 여타의 당재건운동에 뛰어들었던 논자들과 동일 선상에 놓고서 신간회 해소론에 경도되었던 것으로 평가해서는 곤란할 것이다. 1930년대 초 '식민지조선의 주객관적 상황과 주변국가들의 동향에 대해 그 실체가 이렇다(!)'는 것을 알려 주고 또 '신흥과학도'들의 자유로운 논의(討究)를 담아내기 위해 山水는 잡지 『이러타』를 발간하였다. 따라서 『이러타』에는 비록 소련에 대한 많은 내용들을 수록하고 있고 또 이것 때문에 출판정지를 받기까지 하였으나 이에 못지 않게 중국국민당 정부의 약법(約法) 전문과 같은 것들을 수록할 정도로 당시 국제 상황을 있는 그대로 전달하려고 했다. 이런 점들 때문에 정통 볼세비키즘을 추구했던 이재유그룹이 『이러타』를 보았을 때 그것은 마치 유진희 중심의 『신계단』이나 김약수 중심의 잡지 『대중』과 같이 사회민주주의 계열로 보일 수밖에 없었던 것이다.[78]

산수는 실제 신간회 해소에 대해 총독부와 관념론적 사회주의자들 상호간의 이해관계 속에서 해체된 것으로 파악했다. 그 대목을 보면 아래와 같다.[79]

조선총독부 밀정세력들과 사회주의 일부세력들과의 결과적인 제휴에 의한 이 대회 허가에 정신을 옳게 차리지 못한 민족진영 회원들은 그 대회가 개회되자 말자 신간회 해소라는 이름 밑에서 해체결의를 하고 나서는 사회주의세력들에게 끌려 결국은 신간회가 해체되고 말았다. … 이 일련의 신간회 관계 사실을 아는 것이 우리 근세사의 공부를 위해서 필요한 일의 하나인 것이다.

---

78) 김경일, 『이재유연구』(창작과비평사, 1993), 101쪽.
79) 李一九, 앞의 책, 205쪽.

곧 '민족주의세력이 강성해져 향후 사회주의 세력을 짓밟고 일어설 것이니 민족적 세력이 더 성장하기 전에 신간회를 해체해 버려야 한다'는 조선총독부의 간계에 혁명적 원칙을 모르는 젊은 사회주의자들이 동조하여 신간회를 해체해 버린 것'으로 山水는 신간회 해소에 대해 평가하였다. 물론 이러한 山水의 생각은 당대의 글이 아니라 후대의 평가이기 때문에 사료적 한계를 갖는다. 그러나 신간회에 대한 山水의 근본적인 생각은 1931년 무렵이나 해방 이후나 매 한가지였다. 실제 山水는 나중에 이재유그룹과 연결되는 경성제국대학 경제학부 교수 미야께 시까노쓰게(三宅鹿之助)를 1931년 5월 신간회가 해소되고 난 뒤 정확한 시기를 알 수는 없지만 만나게 된다. 첫 만남에서 미야께는 뭔가 배우려고 찾아온 山水에게 "신간회 해체에 대해서 어떻게 생각하느냐?"라는 질문을 하였다. 이에 山水는 "유감으로 생각합니다"라고 대답했다.[80] 이처럼 山水는 신간회 해소론에 대해 당대에도 잘못된 것으로 바라보고 있었다.

이러한 山水의 기본적 생각에도 불구하고 『이러타』에서 드러난 山水의 글들을 본다면 공학회 구성원으로서 1925년 『正論』에 글을 투고했을 때와는 자못 달리 맑시즘에 대해 상당 정도의 이해력을 갖고 있었음을 한 눈에 알 수 있다. 결국 山水는 자신이 회고한 바와 같이 1927년 봄 이후 1년간 동경생활을 통해 "공산주의자는 아니면서 일본제국주의를 철저히 반대하는 자유주의 과학도로 당시 조선인과 일본인 학생들에게 큰 영향을 끼쳤던" 와세다대학 제1고등학원 교수 야구찌다스(失口達), 마사사다(鹽澤昌貞), 다까하시 세이고(高橋淸吾) 등의 영향을 받고 1928년 국내로 돌아온 뒤 이전에 알고 있던 철학박

---

80) 이종률, 앞의 책, 159쪽. 이 대목에서 신간회가 해소된 한참 뒤인 1932년 12월 사회실정조사소에서는 과거 "신간회 본부와 지회문서 일체를" 이관(『동아일보』 1932.12.23) 받았는데 이런 서류의 이관은 사회실정조사소에서 중요 역할을 맡았던 山水의 신간회에 대한 생각과 일정 정도 관련이 있었을 것이다.

사 一瓜 이관용, 경제학 박사 維石 조병옥, 사학자 위당 정인보 등
을81) 찾아 다니면서 사회과학적 인식에 눈을 뜰 수 있었다. 이밖 벽
초 홍명희, 역전 최익환82) 그리고 시간이 조금 더 지나 1932년 봄

81) 山水는 동경 생활에 대해 "와세다에서는 정치학을 공부한다 하여 과학적 정치
   학의 뿌리가 되는 ①철학 ②사학 ③경제학 등을 공부한다고는 했다."고 언급하
   였다(산수이종률선생기념사업회, 앞의 책, 제1집, 504쪽 ; 이종률, 앞의 책, 15
   4 · 158쪽). 이관용은 항일시인이자 민족운동가였던 이육사의 동생인 이원조의
   장인이었다. 이관용과 조병옥은 조선일보사 사료연구실 지음, 『조선일보 사람
   들』(램덤하우스중앙, 2004), 124~129 · 232 · 271~274쪽 참조. 일제시기 조병옥
   의 사상적 편력에 대해서는 장규식, 『일제하한국기독교민족주의연구』(혜안,
   2001) 참조. 일본에서 귀국후 山水는 철학 이관용, 경제 조병옥 역사 정인보 등
   을 매개로 학습할 계획이었던 같다. 실제 전자 2명 "선생의 앞에 책들을 펴고"
   했으나 후자=정인보에 대해서는 "사료의 학식은 박학이었으므로 높이 존경할
   바였으나, 사료학이 아닌 사학을 공부할 저로서는 다시 생각해 보아야 할 것
   같았다"라고 언급하여 정인보로부터 크게 감화를 받지 못했음을 느낄 수 있다.
   이런 시점에 충무로에 있던 오오사까야 서점에서 우연히 미야케의 『조선사회
   경제사연구』를 구해 읽어 보고 미야케를 찾아 갔던 것이다(이종률, 앞의 책,
   158~159쪽).

82) 1888년생으로 충남 홍성군 주북면 평리출생. 어린시절 동학에 입도하고 16세
   되던 1905년에 광무일어학교를 수료. 1919년 의친왕 李堈을 상해로 탈출시키
   려고 했던 대동단사건에 관련되기도 했다. 1926년 7월 조선민흥회 창립준비위
   원이었으며, 신간회 창립이후 신간회본부 간사로 활동했다[신복룡, 『대동단실
   기』(선인, 2003) ; 이균영, 앞의 책, 참조]. 그는 신간회 위상을 둘러싼 청산론
   논쟁이 한창일 때 1928.2.7~2.21까지 「조선운동의 전체-중요원리 및 각 문
   제」란 글을 『조선일보』에 10회에 걸쳐 연재하였다. 지면관계상 대체적인 내용
   을 정리하면 첫째, 신간회는 단일당으로 손색이 없으며(1 · 8회) 신간회 가입은
   개인가입 형식으로 해야 한다는 점(1회), 둘째 단일당내에서 헤게모니 주장은
   운동의 분열을 낳는다는 점(3회), 셋째 조선민흥회가 신간회 설립의 근간이 되
   었다는 점(6회) 등을 강조하였다. 山水는 최익환에 대해 신간회 본부 "부총무
   간사에 신간운동의 중진의 한 분인 力田 최익환 선생이 담당케 되었던 것 등
   도 후진성지역 우리역사 실정의 분석에서 도출되는 우리 민족혁명 노선을 위
   하여 크게 도움되는 일이었다"고 높이 평가했다. 山水는 1959년 역전 최익환
   의 葬儀위원으로 해방 직후 만나게 된 스승 島峰 朴震과 함께 참여하였다[최
   기창 · 신복룡 엮음, 『애국지사 최익환』(선인, 2003), 321쪽].

이후 경성제대 교수 미야께 시까노스께(三宅鹿之助) 등과 접촉하면서 관념적 민족저항론자의 입장에서 사회과학성을 담보하는 자신의 민족혁명론에 대한 시원적 인식들을 넓혀 나갈 수 있었다. 이때 山水가 만났던 인물 가운데 사회과학적 방면에서 가장 많은 영향을 주었던 인물은 미야께였던 것 같다. 당시 山水는 "미야께 경제학교실"에 "매일 출석"할 정도로 그 문하에서 열심히 학습하였는데 이는 산수가 미야께와 가졌던 인연에 대해 남달리 자세히 회고하는 대목에서도 드러난다.83)

『이러타』를 통한 山水의 항일운동은 1933년 이후 계속될 수는 없었다. 山水 자신이 '형평청년전위동맹'사건으로 1933년 4월 구속되기 때문이다. 기존의 연구 성과를84) 바탕으로 1920년대～1933년까지의 형평사에 대해 살펴보면 다음과 같다. 형평사는 1923년 4월 진주에서 결성되어 1930년대 말까지 활동했던 백정 신분의 차별철폐 운동을 전개한 단체였다. 이후 형평사는 1925년을 전후한 시기 형평사 내에서 운동의 주도권을 두고서 진주파와 서울파가 대립하게 된다. 이들은 지역적 근거지의 차이와 함께 운동을 이끄는 지도부의 인적구성(백정, 비백정)의 차이 등 여러 가지 문제들을 놓고서 대립하였다. 그 결과 본부를 서울로 옮기면서 조선청년총동맹이 군단위의 지역연맹체를 조직할 때 형평사 역시 각 지역의 형평청년연맹체들을 결성할 정도

83) 산수는 서울서 공부하던 중학생 시절 이관용을 통해 레닌의 코민테른 2차 테제에 전해 들은 바가 있었다. 그러나 그것을 직접 접할 수 있었던 것은 1932년 전후로 미야께 교수를 통해서 처음 볼 수 있었다(산수이종률선생기념사업회 엮음, 앞의 책 2권, 734・739~741쪽 및 이종률 지음, 앞의 책, 158~159・236쪽). 신간회 위상을 둘러싼 '청산론'논쟁이 한창일 때 잡지『조선운동』그룹은 신간회에서 프롤레타리아트 헤게모니 전취를 주장한 ML계에 대해 레닌이 언제 그런 주장을 했느냐면서 그 증거로 코민테른 2차 테제를 자주 제시하였다. ML계와 '청산론'자들의 2차테제에 대한 이해의 차이는 김승, 앞의 논문, 1993, 551~560쪽 참조.

84) 김중섭,『형평운동연구』(민영사, 한국사회학연구소, 1994), 제4장과 제6장 참조 ; 국사편찬위원회,『한민족독립운동사』9, 1991 참조.

로 1925년 이후 크게 성장하였다. 그러다가 1928년 4월 형평사 정기총회를 기점으로 열린 조선형평청년총동맹 전국대회에서 지역별 형평청년연맹을 해체하고 그것을 대신하여 총본부와 지사, 분사 조직에 청년부를 설치하였다. 이 과정에서 형평청년들은 지역의 일반 청년연맹에 참여하게 되었다.

그뒤 형평사는 고려혁명당 사건에서 드러나듯 1926년 이후가 되면 지도부들 사이에서 형평운동을 그냥 '신분해방'에 한정하지 않고 '민족해방'의 차원으로까지 발전시키려는 움직임이 소장층을 중심으로 나타났다.

이런 경향은 일반 사회단체들과 형평사 사이의 유대 강화를 불러왔다. 곧 신간회에서도 형평운동을 지지하게 되고 여기에 대해 형평사 또한 1928년과 1929년의 전국대회에서 신간회와 1929년 원산총파업 등에 대해 지지할 정도로 일반 사회단체들과 협력을 증대해 갔다. 한편 1920년대 후반이 되면서 사회주의 영향 탓에 형평사원들 사이에서 이념적 갈등과 긴장 또한 커지게 되었다. 이 과정에서 형평사 해소논쟁이 일어났던 것이다. 형평사의 해소론은 일반적으로 신간회 해소론과 발맞추어 1930년대 초 사회주의 영향을 받은 소장 지도자들에 의해 제기되었던 것으로 이해했다.[85] 그리하여 형평사 해소안건은 1931년 4월 형평사 제9회 전국대회에서 구파, 신파, 중립파 등의 3파 분립 상태에서 격렬한 논쟁을 거쳐 투표에 붙여졌다. 그러나 장지필을 중심으로 하는 원로층의 反해소론(舊派)의 승리로 해소안은 부결되고 말았다.[86]

그런데 여기서 유의할 점은 형평사 해소론이다. 형평사의 해소론은

---

85) 김중섭, 앞의 책, 256~278쪽.

86) 1931년 4월 개최된 형평 제9회 전국대회의 자세한 설명은 朴必守, 「衡平社全國大會傍聽記」, 『이러타』 창간호, 27~29쪽 ; (第九會衡平社全鮮大會)「集會取締狀況報告」(通報) 京鍾警高秘 第五二七一號(1931.4.27字) 참조.

사회주의자들이 일반적으로 주장한 신간회의 해소론과 맥락을 달리한
다는 점이다. 일제는 형평사의 해소논쟁을 불러왔던 1931년 4월의
형평사 제9회 전국대회에 대해 비상한 관심을 갖고서 예의 주시하고
있었다. 그리하여 형평사 내부에서 기존의 형평사체제의 고수를 주장
하는 구파, 해소를 주장하는 "非형평사원인 이종률"을 포함한 안균(安
均), 정경렬(鄭慶烈), 김혁(金赫) 등의 신파(新派), 중간적 입장인 중
립파(中立派)로 구분하고 이들의 형평사에서 역학관계를 세밀히 분석
하였다. 그 결과 신파 중심의 형평사 해소론에 대해 "目下 문제로 되
고 있는 신간회, 근우회 등과 같이 해소 후의 운동을 부문적으로 전환
하려는 것과 달리(異り) 해소 후에 이것(기존의 형평사―옮긴이)을
대신해야 할 表現團體의 재조직을 이루고 운동방법을 무산운동화 하려
는 것으로" 형평사 해소론의 논지를 정확히 파악하면서 "장래 신구파
양파의 암투가 더욱더 격렬할 것으로" 예상하고 "조만간 대세는 신파
로 기울지 않을 것"이지만 향후 이들의 귀추에 대해 "嚴重査察"이 필요
한 것으로 일제는 분석하였다.87)

곧 일제는 山水를 비롯한 형평사의 신파(新派)들이 주장한 해소론
이 형평사를 신간회와 같이 노동조합 중심으로 해소하자는 것이 아니
었음을 예리하게 간파하고 있었다. 이 처럼 일제가 파악하고 있는 것
과 같이 신파들이 주장한 형평사해소론은 단지 기존의 '백정, 비백정'
의 신분적 구도를 뛰어넘는 "무산운동으로 전환"할 새로운 "表現團體"
의 조직적 개편을 주장했던 것이다. 따라서 이 대목에서 山水의 신간
회 해소반대론과 형평사내 안균과 같이 신파로 분류된 山水 그룹의 형
평사 해소운동론이 결코 상충되는 논리가 아님을 확인할 수 있다.

형평사 제9회 전국대회 이후 형평사는 여전히 해소와 반해소의 내

---

87) (第九會衡平社全鮮大會)「集會取締狀況報告」(通報) 京鍾警高秘 第五二七一號
　　(1931.4.27字) 6쪽.

홍을 겪어면서 1932년 이후 활동이 급격히 퇴조하게 되었다. 이런 와중에 1933년 4월 형평사의 운명을 바꿔놓는 '형평청년 전위동맹'사건이 발생하였다. 이 사건은 일제가 침략전쟁을 확산하면서 군수품인 피역제품을 취급하는 형평사를 철저히 통제할 필요성에서 조작한 사건이었다. 사건의 전체적 개황을 보면 1933년 1월 전남 광주경찰서에서 젊은 활동가들을 잡아 가두기 시작하여 7개월 동안 100여명을 심문 조사한 끝에 그해 8월초 14명을 구속하고 51명을 불구속 상태로 검찰에 넘기게 된다. 이들 가운데 검찰이 치안유지법 위반으로 기소한 사람은 1933년 4월 검거된 山水를 포함하여 14명이었다. 일제는 이들이 1929년 4월 '형평청년 전위동맹'을 결성하여 공산주의 건설과 반봉건의 투쟁을 강령으로 채택했다고 보았다. 이들에 대한 예비 심문도 구속된 지 1년 5개월이 지난 1934년 12월에 재판에 회부되어 재판정 개정을 여러 차례 연기하다가 1936년 3월 1심 재판에서 징역 2년을 선고받은 山水를 제외한 나머지 모두는 무죄로 풀려났다.[88] 산수가 출감할 수 없었던 것은 형평전위동맹 사건의 진행과정에서 미야케 사건과 관련되어 있었기 때문이다. 1935년 11월 개정된 형평사 사건 제2회 공판에서 산수는 다음과 같이 진술하였다.[89]

> 자기(본인 – 옮긴이)는 부친의 영향을 받아 민족주의로부터 공산주의자가 되엿슴을 숨김업시 공술하고 심문 사실도 전부 시인한 후 또 별개로 목포에서 발생한 맑스주의자동맹사건도 전부 시인하고 경성제대교수 삼택(三宅)과의 교제관게도 일체 시인하고 최후의 진술에 드러가서 과거 일체를 청산하고 일후부터는 공산주의자가 아닌 인간으로 충실한 생활을 하겠다.

산수가 직접 진술한 공판기록이 아니고 기자가 전언(傳言)한 것이

---

88) 김중섭, 앞의 책, 제7장 2절 '형평청년 전위동맹'사건 참조.
89) 『조선일보』 1935.11.30.

기 때문에 위의 진술은 전혀 문제가 없는 것은 아니다. 그러나 실제 산수가 법정에서 어떻게 말했던 기자의 눈에는 일단 山水가 민족주의 자와 공산주의자 둘 중에 분류한다면 산수는 민족주의자의 범주에 넣을 수 없는 인물이었다는 사실이다. 따라서 山水의 법정 진술을 통해 첫째 그 자신이 목포그룹 및 미아께교수와 관련되었다는 점, 둘째 1935년 무렵 산수 스스로가 공산주의자로 진술했다는 점이다. 물론 산수 자신이 "공산주의자"라고 언급했을 때 이때의 공산주의는 앞서 보았듯이 볼세비키적 공산주의자를 뜻하는 것은 아니었다. 그럼에도 불구하고 산수 자신이 민족주의자의 범주보다는 공산주의의 범주에 자신을 분류했다는 사실에 주목할 필요가 있다. 이는 山水가 1928년 11월 '전국학생동맹 옹호휴학동맹'사건으로 검거되어 법정에서 법관의 신간회에 대한 질문을 받았을 때 자기 자신을 민족주의자(健實派, 堅實派)로 분류한 것과 대비를 이룬다. 그 대목을 보면 다음과 같다.[90]

• 예심심문조서
문 : 신간회는 조선독립을 도모할 목적에서 조직한 것이 아닌가?
답 : 신간회는 원래부터 방금 진술한 목적으로 조직한 것이나 그후 健實
　　派와 左翼派로 분리되었고 좌익파는 조선독립을 목적으로 하는 민
　　족운동단체로 변화하였으나 건실파는 아직도 의연하게 종래 목적을
　　고지하고 있다.
문 : 피고는 어느 파에 속하고 있는가?
답 : 健實派에 속하고 있다.

• 공판조서
문 : 피고는 그 어디에 속하는가?

---

90) 朝鮮新聞社의 同盟休校檄文配布事件(二) 李鍾律 豫審訊問調書 및 公判調書
　　(李鍾律外 二人) (국사편찬위원회, 『韓民族獨立運動史資料集』 49－同盟休校事
　　件裁判記錄 Ⅰ, 31·60·348 ; 92·379쪽.

답 : 堅實派에 희망을 가지고 있다.

따라서 山水는 1928년 11월까지만 하더라도 자신이 민족주의계열의 인물이라고 분명히 주장했다. 그러나 어느덧 형평전위동맹사건으로 검거되었던 1933년 이후에 이르러 자신을 맑스주의(공산주의)자로 당당하게 말하였다. 그러나 앞서 지적했듯이 山水가 이해하는 맑스주의는 흔히 일반적으로 이해하는 볼세비키즘을 뜻하는 것이 아니었다. 만약 山水가 당재건운동에 관여했던 인물들과 같은 범주의 맑시스트(공산주의)였다면 신간회 해소론 주장은 물론이고 미야케 교수를 매개로 얼마든지 이재유그룹과 관계할 수 있었을 것이다. 그러나 山水는 신간회 해소론을 주장하지도 않았으며 또 미야케를 통해 이재유그룹과 직접 관계하지도 않았다. 그러면서도 『이러타』를 통한 언론활동과 형평사운동을 계속하면서 1935년 자신을 법정에서 '공산주의자'라고 진술한 것에 주목해야 될 것이다. 이러한 전후 상황을 고려한다면 1935년 법정에서 산수가 말한 – 기자의 전언(傳言)이기는 하지만 – '공산주의(記表, signifiant)'는 이미 이땅의 '진정한 맑시스트' 곧 山水 스스로가 주장한 '민족혁명론자(記意, signifié)'로서의 '공산주의자'였음을 알 수 있다.

그러나 山水 스스로가 주장한 이때의 '민족혁명론자' = (공산주의자 – 기자의 전언) = '진정한 맑시스트'는 체계적이고 완성된 형태의 '민족혁명론자'였던 것은 아니었다. 山水에게서 완성된 정치노선으로서 '민족혁명론' 그것은 어디까지나 해방과 함께 山水가 만나게 되는 마지막 스승 島峰 朴震을 통해서 완성될 수 있었다. 필자는 山水 스스로가 존경하는 9명의 스승 중 마지막으로 만나게 된 도봉 박진에 주목하고자 한다.91)

---

91) 이종률 지음, 앞의 책, 227~236쪽.

왜냐하면 山水의 민족혁명론 정립에 결정적 영향을 주었던 인물이 도봉 박진이기 때문이다. 도봉(본명 朴魯泳 1898.12.16~1968.1.8)은 전남 장흥 출신으로 14세에 목포상업학교에서 독립운동사건으로 퇴학된 뒤 서울 기독청년회에서 활동하였다. 그러나 이곳에서 지하인쇄물사건으로 쫓겨 1917년 중국으로 유학하여 상해 기독교청년회관과 윌리엄스대학의 영문과를 졸업한 후 영국인 운영 회사에 근무하면서 독립운동에 투신한 인물이다. 이후 1919년까지 북경에서 단재 신채호를 스승으로 모시면서 단재의 "수제자"가 되었는데 1919년 5월에는 재상해(在上海)청년단에서 활동하고 1922년에는 침체된 임정의 활로를 모색하기 위한 국민대표회의 활동을 지지하였다. 특히 그는 어학 방면에서 남다른 재주가 있어 임정 외무부에서 황진남(黃鎭南) 등과 함께 중국어, 불어, 노어, 영어 등의 번역과 그것의 통역에 관여했다. 그리고 1924년 3월 상해에서 한인청년동맹, 1925년 신한청년회 이사에 선임되었으며 1923~1926년과 1931~1934년까지 임시의정원의 의원을 역임했다. 1937년에는 김원봉의 민족혁명당 조직부원이었던 최석순(崔錫淳)과 접촉하기도 하였는데[92] 이들의 접촉은 최석순과 도봉이 1925년 임정에서 같이 활동했기 때문에 가능했던 것이다.

이런 연유 때문에 도봉은 민족혁명당의 김원봉과 "친숙히 지내는 터"였다. 도봉 박진은 해방후 1949년 4월 동학의 人乃天主義로 국민의 도덕적 정화를 목표로 결성된 萬化會의 중앙부위원장 및 선전국장을 역임하였다. 이러한 경력의 소유자였던 島峰은 1946년 1월 5일 결성된 민족건양회(民族建揚會)의 초대 책임간사를 지낼 정도로 민족

---

92) 이상의 내용은 보훈처 '박진' 인물검색 ; 김영범,『한국근대민족운동과 의열단』(창작과비평사, 1997), 402쪽. 「上海情報」,『治安狀況』(소화 12년), 1937.10.8 참조 ;『동아일보』1924.4.12 ; 1924.10.10 ; 1925.3.13 ; 이일구, 「펴내면서」, 앞의 책, 3쪽 ;『용의조선인』, 263쪽을 취합 정리한 것임.

건양회에서 핵심적 역할을 하였다. 건양(建揚)은 "민족의 생성적인 즉 建設과 그것을 다시 보다 높은 역사 차원에로 止揚 발전시킨다는 말의 連稱"에서 유래했다. 이 조직의 간부는 심산 김창숙, 성재 이시영, 석천 안경근, 도봉 박진, 도남 조윤제, 소암 문한영 등이었다. 산수는 단재 신채호의 수제자였던 도봉에 대해 그 학문이 단재보다 "훨씬 높았다"라고 평가했다. 민족건양회에 대한 도봉 박진의 영향력은 민족건양회원들이 해야 할 업무에 대해 山水가 "도봉민인사학업소관(島峰民人史學業所觀)"이란 표현을 사용한데서도 알 수 있다.93) 그만큼 민족건양회에 대한 도봉의 영향력은 지대하였다. 이는 山水의 고유한 철학적 사유를 보여주는 "人間史 方向에로의 止揚", "역사적 책임당인 史責黨"이란 용어들이 모두 도봉한테서 나온 것을 보더라도 단적으로 알 수 있다.94)

　따라서 일제강점기 끊임없는 항일운동의 실천 속에서 체득된 山水의 시원적 민족혁명론은 해방직후 도봉 박진의 시상적 자양분을 섭취하면서 마침내 완성된 민족혁명론으로 발전해 가게 된다. 그리고 그것의 결정판이 1949년 나오게 된 山水를 포함한 '中皓그룹=민족건양회'="도봉민인사학업소관(島峰民人史學業所觀)"의 글이 『現政治路線批判과 그 新方向=혁명「正展開」캄파조직의 提訴로서=』란 글로 보여진다.95)

---

93) 『평화일보』 1949.4.15 ; 『경향신문』 1949.4.18 및 이종률 지음, 앞의 책, 198 · 202 · 227~235쪽.

94) 이일구, 「펴내며」, 앞의 책, 5쪽. 민족건양회의 이념을 쫓은 사람들이 도봉을 어떻게 생각했는가 하는 것은 1979년 간행된 이일구의 『己未를 알자』의 책 표지 뒷면에 바로 서술되어 있는 내용 "民族史 人間史 先學의 한 분이시며, 民族建揚會 初代 責任幹事이었으며, 「民自統」事務總長을 지내고 1967年 12月 7日에 逝去하신 島峰 朴震선생의 暝敎를 받들어 쓴 것임. 1979년 「己未」回甲年 2月 21日(島峰 朴선생의 恩師인 丹齋 申采浩 선생의 忌日) 島峰 民人史 學業所觀 씀"이라는 데서도 확연하게 드러난다.

여하튼 산수는 형평전위동맹사건으로 2년 6개월의 옥고를 치르고 출감한 이후 약 3년 동안 고학당(苦學堂)에 강의한 것으로 알려져 있다.96) 그러나 만약 山水가 출옥 이후 학생들을 가르쳤다면 그것은 1928년 일본에서 귀국한 뒤 山水가 몸담았던 고학당이 아니라 1925년 정론사 사건 당시 山水가 관여했으며 일제말기까지 오랫동안 존속

95) 申皓 著,『現政治路線批判과 그 新方向=혁명「正展開」캄파조직의 提訴로서=』, 1949, 64쪽[김남식·이정식·한홍구 편,『한국현대사자료총서』10(돌베개), 553쪽]. 서중석은 이글을 통해 山水의 정부수립기 정치이념이 申皓의 영향을 받은 것으로 언급하였다[서중석,『조봉암과 1950년대』상(역사비평사, 1999), 351쪽 주 149) 참조]. 1949년 발표된 申皓의 글은 산수의 글이기 보다는 丹齋 申采浩를 스승으로 누구보다 존경했을 도봉 박진의 글이었을 가능성을 전혀 배제할 수는 없다. 왜냐하면 한자는 다르지만 申采浩의 준말=申(采)浩='申皓'이기 때문이다. 산수는 申皓가 자신임을 분명히 하지 않았다. 다만 민족혁명론과 관련하여 申皓를 지칭하는 듯한 의미로 山水는 "신호모(申浩模)의 이야기가 시인될 때에는"(이종률 지음, 앞의 책, 242쪽) 또는 "林皓氏가 그의 著『現段階 우리 政治路線批判』에서 말한 것"(李一九 編著, 앞의 책, 23쪽) 등과 같은 표현을 쓰기도 하였다. 1949년 申皓의 논지와 1960년대 중반 이후 山水가 남긴 민족혁명론의 핵심적 내용은 거의 똑 같이 일치한다. 따라서 필자는 申皓의 글을 통해서 山水의 사상을 이해하는 데는 별 무리가 없다고 본다. 그러나 한 가지 꼭 지적하고 싶은 것은 홍석률의 경우 申皓(=산수 이종률)의 글을 인용하면서 申皓가 표현한 "사회주의 사회의 건설"을 인용하여 마치 申皓가 민족혁명 이후의 단계를 "사회주의 사회의 건설"로 파악한 것처럼 이해했다는 점이다(홍석률, 앞의 책, 294쪽 주 209). 그러나 이것은 홍석률이 申皓가 표현한 "사회주의 사회의 건설"이란 용어의 기표(記表, signifian)에 매료된 것으로 자칫 민족혁명론과 관련하여 상당한 오해를 불러일으킬 수 있다. 다시 말해 申皓가 주장한 민족혁명 이후의 단계인 "사회주의 사회의 건설"은 흔히 역사 5단계론에서 말하는 자본주의 사회 다음의 사회주의를 전망하는 것이 아니었다. 山水를 포함한 '申皓그룹=민족건양회'="도봉민인사학업소관(島峰民人史學業所觀)"에서 주장한 이 땅에서 이상사회의 실현은 역사에 책임을 지는 사책당(史責黨)을 매개로 3反(반외세,반봉건, 반매판)의 과제를 해결하는 민족혁명론을 통해 인간의 순연성(純然性)이 발현되는 사회였을 뿐이다. 만약 이점을 놓친다면 민족혁명론의 핵심적 내용을 잘못 이해하는 것이 될 것이다.

96) 장동표, 앞의 논문, 98쪽.

했던 고학생(苦學生)갈돕회일 것이다. 왜냐하면 고학당은 서울학생전
위동맹사건과 관련하여 일제로부터 1931년 해산을 명령받아 山水가
출옥했을 때는 이미 존재하지 않았기 때문이다.97) 출옥 이후 산수가
강의했던 고학생갈돕회는 3·1운동 이후 요원의 불길과 같이 확산되던
교육열 속에서 고학생들이 사회의 동정을 단념하고 "나의 피와 나의
땀으로 배우고 살아보자"는 취지에서 1920년 6월 설립한 조직이었다.
창립 4주년이 되던 1924년 6월 전회원이 1,292명이었으며 기숙사에
수용된 인원이 140여명으로 중학생들이 대부분이며 약간의 전문학교
생도 포함되어 있었다. 이들 학생들은 대개 신문배달, 약종행상, 잡지
문방구 행상 등으로 생활을 유지하였다.98) 그 뒤 고학생갈돕회는
1925년 1월 시대에 뒤쳐진 강령과 규약을 전부 개정하여 새로운 강
령으로 "一.본회는 무산계급학생의 친목과 단결을 圖, 一.본회는 무산
계급학생의 취학의 편의를 도함, 一.본회는 일반 苦學生의 당면한 제
문제의 해결을 期함" 등을 채택하고 각 부서로 경리부, 지육부, 조사
부, 노농부 등을 각각 두었다. 고학생갈돕회는 1937년 이후에도 활동
을 계속하여 해방직후까지 존속했던 조직이었다.99) 그러나 한 가지
유의할 점은 고학당의 경우 무산자녀들의 중등교육기관으로 일제강점
기 각종 사회운동과 관련된 인물들을 많이 배출된 사설교육기관이었
던 반면에 고학생갈돕회의 경우는 그렇지 않았다는 점이다. 이는 고학
당이 1931년 일제에 의해 해산명령을 받은 것과 대조적으로 고학생

97) 고학당은 1920년 6월 결성되어 1929년 광주학생운동과 관련하여 다수의 시위
　　자들을 배출한 탓에 1931년 7월 일제에 의해 폐쇄되었다. 고학당에 대해서는
　　『조선일보』 1931.7.14~1931.7.19 연재기사 및 南信東, 앞의 논문, 2003 참조.

98) 『동아일보』 1920.6.23 ; 1923.1.8 ; 1923.4.3 ; 1923.6.20 ; 1924.4.16 ; 1924.6.18.

99) 『동아일보』 1925.1.26 ; 1937.6.15 ; 1947.6.17. 1925년 1월 고학생갈돕회에 개선
　　된 임원들은 경리부 李柱冕, 金容國, 閔圭仁, 지육부 李柄立, 鄭道舜, 조사부 韓
　　景羽, 玄一二, 노동부 金昌俊, 曺謹煥 등이었다. 지육부장 이병립은 본고 주 26)
　　참조.

갈돕회는 시국사건과 관계되지 않은 채 일제말기까지 존속될 수 있었던 데서도 차이점을 발견할 수 있다.

어쨌든 산수는 1938~1939년 '출판법 위반'과 '치안유지법 위반'으로 한 달 정도 공주형무소에 복역하는 등 불령선인으로 일제의 감시를 받는다. 그러면서 1940년부터 경기도 가평에서 숯을 구워 판매하면서 조국 해방을 기다리게 되었다. 이 과정에서 山水는 여운형의 건국동맹원이었던 이걸소(李傑笑＝李基錫)로부터 세 차례의 가입 권유를 받았으나[100] 시원적 민족혁명론의 입장에 서 있던 山水는 결국 건국동맹에 가입하지 않은 채 해방을 맞이하게 된다.

맺음말

격변기를 온몸으로 부닥치며 살았던 山水의 청장년기 시기의 사상적 궤적을 추적한다는 것은 생각만큼 쉬운 일은 아닐 것이다. 그럼에도 불구하고 글쓴이는 늘 山水의 민족혁명론이 언제 어떤 과정과 계기를 통해서 형성되었는지 그 시원에 대해서 항상 의문을 가져왔다. 본문에서 살펴보았듯이 山水는 1924년 서울에서 생활을 시작하면서 20세 나이에 당시 북풍회계열로 분류할 수 있는 경성학생회의 임원이면서 학생사상단체인 공학회에서 적극적으로 활동한 것을 새롭게 밝힐 수 있었다. 이 무렵 山水는 어릴 때 감명받았던 박명진의 영향 탓에 상당히 전투적 민족주의자의 면모와 또 서울에 올라왔어 접할 수 있었던 신사조＝親사회주의적 성향을 동시에 나타내고 있었다. 이런 전투적 민족주의자의 모습과 친사회주의적 모습이 혼효된 상태에서 20세

---

100) 산수이종률선생기념사업회 엮음, 앞의 책, 85쪽. 이걸소의 조선건국동맹 관련은 정병준, 「조선건국동맹의 조직과 활동」, 『한국사연구』 80, 1993, 111・132쪽.

전후의 산수는 고학생갈돕회, 공학회, 경성학생회, 나아가 정론사사건 등을 경험하게 된다. 그러나 山水는 1926년 6·10만세 당시 예비검속 기간 동안 만해 한용운, 역전 최익환과 같은 인물들을 만나면서 많은 감명을 받음과 동시에 새로운 삶의 출발로서 경신학교 4학년을 중퇴하고 좀 더 많은 것을 배우기 위하여 1926년 연말 내지는 1927년 4월 이전에 일본 유학의 길을 떠나게 된다.

일본으로 건너간 山水는 신간회 동경지회원, 재일본조선인단체협의회의 부인부 일을 맡아 활동하면서 신간회에서 사회주의자들의 헤게모니 전취론을 반대하고 또 국내의 학생운동에 대한 관심의 끈을 놓지 않은 채 조선교육신문사를 조직하였다.

그 결과 山水는 1928년 7월 이후 국내로 귀국한 뒤, 당시 맹렬하게 전개되고 있던 학생운동을 지지하기 위해 김정수, 이수섭, 박야민, 서정관, 장홍염 등과 모의하여 일본으로부터 삐라를 제작하여 국내에 살포하였다. 이 일로 山水는 1928년 11월 소위 학생맹휴동맹사건으로 검거되어 1929년 하반기까지 10개월의 형을 살게 되는데 출옥 이후 산수는 곧바로 1930년 장홍염을 매개로 서울지역 학생들의 광주학생 지지 맹휴에 간접적으로 관여하게 된다. 1928년 11월 학생맹휴동맹사건과 1930년 5월 격문배포 사건에는 山水를 중심으로 과거 공학회에서 활동했던 인물들(김정수, 서정관, 박노수=박야민)들을 비롯해 신간회에서 헤게모니 전취론을 반대했던 인물들(박야민, 이현철=이수섭, 안영제, 안상록, 박시목)들이 서로 엮여져 있었다.

이후 山水는 사회과학 지식을 대중들에게 전달하기 위해 잡지의 필요성을 절감하고 『이러타』를 1931년 7월 발간하였다. 『이러타』가 나올 무렵 사회운동선상에서는 운동의 볼세비키화가 전개되어 그 결과 신간회가 해소되고 노동조합, 농민조합 중심으로 사회운동역량이 조직적 재편과정을 거치던 시기였다. 이 와중에서 산수는 노력인민대중의 해방을 위한 실천적 활동을 계속하면서도 신간회 해소론에 대해서는 반대의 입장을 취하고 있었다. 이러한 山水의 신간회해소 반대 입장은 山水가 형평사 내부에서 신파(新派)를 이루면서 형평사 해소운동을 전개했던 것과 상충되지 않음을 알 수 있었다.

한편 山水는 1928년 7월 귀국 이후 여러 실천적 활동을 하는 동시에 선학들을 찾아 뵙고 많은 가르침을 받는다. 그 중에서도 1932년 이후 만나게 되는 미야케의 경제학교실을 통한 사회과학적 방면의 학습은 서서히 그를 전투적 민족주의자의 입장에서 진정한 맑시스트로 전환하는 계기가 될 수 있었다. 그 결과 山水는 1929년 법정에서 진술할 때까지만 하더라도 민족주의자였는데 그후 1935년 무렵이 되면 자기 스스로 공산주의자라고 진술할 정도로 이미 사상적으로 상당히 변화과정을 겪고 있었다.

물론 山水 본인이 공산주의자라고 했을 때, 그때의 공산주의는 신간회해소론을 반대하면서 형평사해소론을 주장하는, 미야케를 매개로 이재유그룹을 비롯한 여타의 당재건그룹과도 관계하지 않는 공산주의, 곧 진정한 맑시스트로서의 공산주의, 다시말해 시원적 민족혁명론자로서의 공산주의자라는 의미를 갖는 것이었다. 따라서 일제강점기 山水의 사상적 궤적을 살펴보면 ① 어린 시절 민족주의 성향의 부친를 비롯하여 박명진의사와 안동지역 혁신유림계 스승들로부터의 영향을 받고 이승만 출신의 학교라는 것 때문에 배제고보에 진학하는 민족주의적 성향→ ② 서울유학생활을 거치면서 전투적 민족주의적 성향과 친사회주의적 입장의 결합(정론사 사건)→ ③ 1926년 6·10만세 당시 예비 검속 기간 만해 한용운과 역전 최익한을 통한 민족주의 성향의 재강화→ ④ 1927년 4월~1928년 7월 일본 와세다 대학의 자유주의적 맑시스트들의 사회과학적 인식의 섭양(攝揚)과 신간회 동경지회원와 재일본조선인연합회 부인부 활동 속에서 신간회 헤게모니 전취론을 반대하는 '청산론'적 입장→ ⑤ 1928년 7월 이후 국내에서 고학당 출강과 그해 11월 학생맹휴동맹사건, 1930년 5월 격문배포사건을 거치면서 견실한 민족주의적 성향의 고수→ ⑥ 1931년『이러타』발행과 이 시기 여러 국내의 선학자들(이관용, 조병옥, 홍명희, 최익환 등)들과 만남을 통한 자신의 '시원적 민족혁명론'의 정립→ ⑦ 1932년 이후 미야케와 만남을 통해 사회과학적 인식의 지평을 넓히면서 '시원적 민족혁명론' 입장의 강화→ ⑧ 해방직후 자신의 마지막 스승 도봉 박진과 만남을 통한 민족건양회(民族建揚會)의 조직과 이론적 완성태로서 민족혁명론의 확립 등으로 山水의 사상적 흐름을 정리할 수 있을 것이다. 그 결과 山水는 해방 직후 기계론적 유물론에 입각한 조선공산당의 혁명노선은 물론이고 서구의 사회민주주의적 변혁노선 역시 한국사회의 문제를 해결할 수 없다는 논지를 이미 해방정국에 내놓게 된다. 결국 산수사상의 핵심인 민족혁명론=민족건양노선은 낙후적, 기형적, 후진성 지역에서는 프롤레타리아 계급의 영도(헤게모니) 하에 사회주의 혁명(소련)을 추구하는 것도 잘못이지만 반봉건만을 주요 대상으로 하는 부르조아혁명 노선 역시 한국의 실정과 거리가 있으며 나아가 서구의 사회민주주의적 노선 역시 조국의 분열과 한반도를 둘러싸고 외세의 영향이 강력하게 작용하는 우리에게는 어울리지 않는다는 민족혁명론을 구축하기에 이른다.

따라서 맑스주의의 창조적 해석을 통한 '진정한 맑시스트=민족혁명론자'들이 역사를 책임질 수 있는 史責黨을 중심으로 3反(반외세, 반봉건, 반매판)의 과제를 해결하기 위한 변혁운동을 할 때만이 이 땅에 진정한 "과학적 사회주의사회의 건설"을 가져 올 수 있다고 주장했다. 그 결과 민족혁명론이 추구하는 이상사회는 하늘로부터 천부받은 인간의 순연(純然)한 인간성능(人間性能)이 원활하게 발휘될 수 있는 인간혁명의 사회로, 흔히 서구사상에서 배태된 사회주의를 염두한 것이 아니라는 데 山水 민족혁명론의 핵심이 숨어 있었다. 이러한 山水의 민족혁명↔인간혁명론은 해방 직후 山水 자신이 "우리는 마륵시즘의 기계론적인 해석과 운용을 禁하는 者이며 어데까지든 마륵시즘 正解를 爲한 노력자가 되는 동시에 마륵스 자신 채 미처 해명치 못한 것을 해명하야 마륵시즘의 권위와 우리 신흥계급의 전진에 유감됨이 없게 하"는 것에 있다고 강조한 대목에서 확연하게 드러난다.

산수의 이와 같은 정치사상은 21세기 탈냉전의 시대에 살면서 동시에 냉전시대에 살아가고 있는 한반도의 역사적 흐름－비동시성의 동시성－과 관련하여 얼마만큼 유의미성을 갖는지는 좀 더 진지하게 고민해 보아야 할 것이다. 본고는 일제강점기 山水의 삶이 어떠했는지 그 동안 구체적으로 밝혀져 있지 못한 부분들을 밝힘으로써 山水의 민족혁명론이 어떤 과정을 거쳐서 형성되었는지 그 시원을 밝히는 데 초점이 맞추어져 있었다. 따라서 해방 이후 山水사상의 변용과 실천적 삶은 또 다른 작업을 통해서 밝혀야 할 필자의 향후 과제로 남겨둔다.

이종률의 혁명운동과 민족혁명론의 형성*

김선미 | 부산대학교 사학과 강사

머리말

산수 이종률은 일제 강점기의 항일 혁명운동에서 미군정기의 단정 반대투쟁, 한국전쟁기의 종전운동을 거쳐 4·19시기의 자주화투쟁에 이르기까지 일생 동안 한국사회 변혁과 진보적 발전을 위한 투쟁으로 일관한 삶을 살았다. 이 과정에서 이종률은 한반도의 현실에 기반을 둔, 민족혁명론이라고 하는 독특한 실천 이론을 정립하였다. 특히 한국전쟁을 계기로 이종률은 부산에 정착하여 지역 사회에 민족혁명론에 입각한 자주화투쟁의 기반을 마련하였으며, 그 결과 4·19 시기에 부산은 한반도를 휘몰아친 자주적 통일운동의 한 축을 형성할 수 있었다.

이종률에 대한 평가는 4·19 시기 민족자주통일중앙협의회의 결성과 민족일보 창간을 주도한 것으로 연구사에 정리되어 있고[1] 4·19와

---

* 이 글은 『지역과 역사』 제18호(2006.4)에 발표된 것으로 필자의 양해를 얻어 본 연구총서에 수록한 것임.

관련한 몇몇 연구서에 언급되어[2] 있는 것처럼 주로 4·19 시기의 활동을 중심으로 이루어졌다. 하지만 이는 민족자주통일중앙협의회의 결성과 몇몇 특정 부분에 대한 이종률의 관련성을 다룬 것일 뿐 이종률에 대한 본격적인 연구라고 할 수 없다. 한편으로 4·19 시기 이종률의 활동은 일제강점기의 혁명운동의 연장이자 그 결과 정립된 민족혁명론의 실천이었다. 이 점을 생각하면 근현대 한국의 혁명운동사에서 이종률이 가지는 역할과 의미를 가늠하기 위해서는 일제시기 혁명운동과 민족혁명론에 대한 이해는 빠트릴 수 없는 것이라고 하겠다.

현존하는 이종률의 저작과 유고에는 이 시기의 활동과 민족혁명론에 대한 적지 않은 기술이 있고,[3] 이를 정리한 장동표의 논문과[4] 이종률 탄생 100주년 기념심포지엄 자료집이[5] 있어 이종률을 연구하는

---

1) 정창현, 「4월민중항쟁 직후 혁신정당운동과 민족자주통일중앙협의회」, 『한국현대사』 2(풀빛, 1991) ; 김지형, 「4·19 직후 민족자주통일협의회 조직화과정」, 『역사와 현실』 21, 1996 ; 김지형, 「4월민중항쟁 직후 민족자주통일중앙협의회 노선과 활동」, 『4·19와 남북관계』(민연, 2000) ; 원희복, 『조용수와 민족일보』 (새누리, 1995).

2) 대표적인 것을 들어보면 다음과 같다. 김광식, 「4·19시기 혁신세력의 정치활동과 그 한계」, 『역사비평』 봄(역사비평사, 1988), 146쪽 ; 서중석, 「한국전쟁 후 통일사상의 전개와 민족공동체의 모색」, 『분단50년과 통일시대의 과제』(역사비평사, 1995) ; 김선미, 「부산의 4월민주항쟁과 주도세력」, 최장집 외, 『한국민주주의의 회고와 전망』(한가람, 2000).

3) 이종률의 저작으로는 申皓, 『현정치노선비판과 그 신방향』(연건출판부, 1949) [김남식·이정식·한홍구 편, 『한국현대사자료총서』 10, 돌베개, 1986에 수록], 李一九, 『현순간정치문제소사전』(국제신보사, 1960), 이일구, 『기미를 알자』(무림사, 1979)가 있다(신호, 이일구는 이종률의 이명이다). 유고를 정리한 것으로는 민인사연구회 엮음, 『민족혁명론』(들샘, 1989), 산수이종률선생기념사업회 엮음, 『산수 이종률 저작자료집』 1·2(들샘, 2001, 2002)가 있다. 이외에 미간행 유고가 있다.

4) 장동표, 「산수 이종률의 민족운동과 민족혁명론」, 『지역과 역사』 10, 2002.

5) 산수이종률선생기념사업회 외, 『산수 이종률의 민족혁명론의 역사적 재조명』, 2005.

데 참고할 수 있다. 하지만 장동표의 논문은 이종률의 유고에 많이 의존한 탓에, 유고 자체가 가지고 있는 서술상의 오류를 그대로 반복하는 부분이 있다. 일제강점기 이종률의 활동에 대한 본격적인 연구로는 이종률의 항일투쟁을 다룬 전명혁의 논문이[6) 있다. 이 논문에서 전명혁은 이종률의 사회주의운동, 통일전선운동, 형평운동과 언론활동 등 각종 활동에 대한 분석을 통해 이종률에 대한 인식의 기초를 마련하였다. 하지만 이는 이종률의 한국사회 인식 및 혁명론에 대한 포괄적인 이해를 바탕으로 한 분석이라고 보기는 어렵기 때문에 이종률의 혁명운동을 평가하는 데는 한계가 있다.

요컨대 이종률에 대한 학문적 접근은 아직 초기 단계라고 해야 할 것이다. 이 연구는 이종률에 대한 연구 성과와 각종 저작 및 유고, 관련 인물들의 구술 증언을 바탕으로, 일제강점기 이종률의 혁명적 실천을 민족혁명론의 형성 과정으로 재구성해 보고자 한다. 이를 통해 이종률의 활동에 대한 포괄적인 인식의 기초를 마련할 수 있을 것으로 생각한다. 그리고 이종률의 민족혁명론에 대한 시론적인 분석을 시도하고자 한다. 이로써 이종률의 혁명론 연구와 이에 바탕을 둔 4·19 시기 이종률의 자주적 통일운동을 분석하는 전제로 삼고자 한다.

---

6) 전명혁, 「산수 이종률의 민족해방운동과 민족통일전선론」, 『사림』 24, 2005. 이 논문은 이종률 탄생 100주년 기념심포지엄에서 전명혁이 발표한 것을 정리한 것이다.

1. 출생과 성장 과정

1) 출생과 관련한 몇 가지 정리

이종률의 출생에 대해서는 다소 혼란스런 면이 있기 때문에 정리가
필요하다. 먼저 출생지에 대해 이종률은 여러 차례 자신이 경주 북쪽
동대산 기슭에서 태어났다고 기술하고 있지만[7] 구체적인 행정 지명을
언급하지는 않았다. 하지만 동대산은 경북 영덕군의 남단인 남정면과
달산면, 그리고 포항시의 북단인 죽장면에 걸쳐 있는 해발 791미터의
산으로, 현재의 경주와는 멀리 떨어져 있다. 그런데 이종률의 호적에
는 첫 본적지가 경북 영덕군 남정면 남정동 126번지로 되어 있다.[8]
이는 1928년 이종률이 학생맹휴옹호전국동맹사건으로 일제 사법부에
기소되었을 때 경찰에서 작성된 신문조서와 일치한다.[9] 한편 유족의
말에 따르면 이종률의 고향은 죽장이며, 이종률은 그곳에서 오랫동안
지냈다고 한다.[10] 이종률 역시 경주 안강이 조상의 세거지이며, 이종
률의 父祖는 안강에서 더 산골인 경주 북 동대산 아래 죽장으로 들어
가 살게 되었다고 쓰고 있다.[11]

  사실 죽장 지역은 지금은 포항시에 속해 있지만 역사적으로 보면

----

7) 산수이종률선생기념사업회 엮음, 『산수 이종률저작자료집』 제1집, 2001, 48·
   504·664쪽.
8) 이는 필자가 이종률의 장남인 이우눌의 도움을 받아 이종률 사망 후 작성된
   제적등본으로 확인하였다.
9) 「이종률 신문조서 및 사건 관계자 신문조서」, 국사편찬위원회 편, 『한민족독립
   운동사자료집』 49(동맹휴교사건 재판기록 1), 2002.
10) 이는 이종률의 차남인 이우사의 구술로, 이우사는 이종률로부터 죽장에서 보
   낸 시절에 대한 이야기를 많이 들었다고 한다.
11) 산수이종률선생기념사업회, 앞의 책, 2001, 664쪽. 단 이종률은 동대산 밑을 경
   주부 기계현 죽장이라 하고 있다. 하지만 역사적으로 죽장은 기계현에 속했던
   적이 없다. 이는 죽장의 행정구역을 잘못 기억한 탓이라고 생각된다.

이곳은 신라에 편입된 후 고려와 조선을 거치면서 줄곧 경주의 속현이
거나 임내 지역이었다.12) 이 때문에 이 지역의 사람들은 스스로를 경
주인으로 인식하고 있었던 것 같다. 또한 이 지역은 20세기 들어와서
행정구역의 변동이 매우 잦았던 곳으로, 1906년 흥해군으로, 1914년
다시 영일군에 편입되었으며 최종적으로 1995년 포항시에 편입되었
다.13) 그리고 죽장면의 일부는 1983년 영덕군 달산면 옥계리로 편입
되었다. 따라서 이종률이 거주하던 1917년 이전의 죽장면은 현재의
포항시 죽장면 일대와 영덕군 달산면 일부를 포함하는 지역이다. 죽장
면에서도 동대산 아래라면 하옥리와 상옥리 일대가 아닐까 생각된다.
왜냐면 우선 포항시 죽장면에서 영덕군 달산면으로 편입된 옥계리 일
대는 바데산이라고 하는 또 하나의 지역 명산이 있어서, 그곳을 이르
는 것이라면 동대산보다 바데산이라는 표현이 더 적절할 것이다. 또한
죽장면의 지형은 면사무소가 있는 중심부가 정방형에 가까운 네모꼴인
반면 동대산 일대인 하옥리와 상옥리는 동북쪽으로 길게 빠져나와 있
는 형상으로, 죽장면의 다른 동리와는 다소 떨어져 있기 때문이다. 이
때문에 포항시 죽장면의 하옥리와 상옥리 일대가 이종률의 출생지가
아닐까 추징해 본다. 이를 두고 이종률이 경주 북쪽 동대산이라고 한
것은 이종률이 이 지역의 정체성을 경주라고 인식한 것을 반영하는 표
현이며, 더불어 한말 일제 초기 행정구역의 잦은 변경 실태를 정확히
알지 못하고 있음을 의미하는 것이라고 생각된다. 이곳은 이종률의 호

---

12) 죽장면 일대는 1896년까지 경주부 소속이었다. 1906년에 경주에서 분리되어 흥
  해군으로 편입되었고, 1914년 군면 폐합 때 영일군에 합병되었다가, 1995년 포
  항시에 편입되었다. 죽장면 가운데 일부는 1983년 영덕군 달산면에 편입되었
  다. 이상은 포항시(http://ipohang.org), 영덕군(http://www.yd.go.kr) 홈페이지 참조.
13) 장동표는 앞의 논문에서 이종률이 경북 영일군 북면 동대산 밑에서 출생하였
  다고 적고 있는데, 영일군은 1995년 포항시에 편입되어 현재 행정구역명으로
  존재하지 않는다.

적에 출생지로 기재되어 있는 영덕군 남정면과는 매우 가까운 곳으로, 동대산 너머 이웃 마을이다. 즉 동대산을 사이에 두고 죽장은 서편, 남정은 동편 기슭에 자리하고 있었던 것이다.

아마도 이종률은 죽장에서 태어나 오랫동안 거주하다가 의성으로 이주한 뒤 어느 때인가 다시 거주지를 옮기면서 영덕으로 들어간 것 같다. 영덕에서 처음으로 호적에 등재를 하였기 때문에 호적상의 출생지는 영덕으로 되었던 것이다. 그것이 언제인지는 분명치 않지만 최소한 1928년 12월 이전일 것이다. 본적지를 영덕으로 기재하고 있는 이종률의 신문조서가 이때 작성된 것이기 때문이다. 이후 이종률의 본가는 같은 면내에서 조금 떨어진 곳으로 옮겼을 뿐 계속하여 영덕에 있었다. 이종률은 1952년까지 호적을 분리하지 않았고, 수감 중이던 1964년 11월에 형수 무약당 최씨를 찾아 영덕군을 방문하고 있으며14) 이후 이종률의 가족은 무약당 최씨의 거주지를 내왕하였기 때문이다.15)

출생연도 역시 호적 및 경찰 기록과 이종률의 유고에는 차이가 있다. 먼저 앞서 말한 이종률의 신문조서에는 1928년 당시 이종률의 나이가 24세라고 기록되어 있는데, 이를 역산하면 1905년생이 된다.16) 하지만 이종률의 호적에는 1910년생으로 되어 있는데,17) 이는 5·16 쿠데타 이후 이종률을 기소한 군사법정의 검찰 공소장에 나타난 52세

---

14) 이종률은 민족자주통일중앙협의회 통일방안심의위원회를 주도했다는 죄목으로 박정희정권으로부터 10년형을 선고받고 복역 중이던 1964년 11월 18일 3박 4일의 휴가를 얻어 영덕의 본가를 방문하고 있다(산수이종률선생기념사업회 엮음, 앞의 책, 2001, 667쪽).

15) 이때 이종률의 형수인 최분악은 영덕군 남정면 중화리의 억골마을에 거주하고 있었는데, 장남 이우눌은 큰어머니를 만나러 억골마을을 방문하였다고 한다.

16) 「이종률 신문조서 및 사건 관계자 신문조서」.

17) 주 8)의 이종률 제적등본.

라는 나이와 일치하는 것으로 보아 이종률의 법적 출생연도는 1910년이 되는 셈이다.18) 한편으로 이종률은 유고에서 자신이 壬寅生이라 쓰고 있는데,19) 壬寅年이라면 1902년이다.

현재 최초의 본적지인 영덕군 남정면 남정동에 이종률의 호적 기록은 남아있지 않다.20) 다만 이종률이 사망한 뒤에 발급된 제적증명서의 기록에 이전의 본적지로 기재되어 있을 따름이다. 따라서 호적 등재 당시의 상세한 상황은 알기 어렵다. 그런데 이종률에 따르면 아버지인 李圭煥은 오랫동안 자식들의 호적 등재를 기피하였다고 하는데, 이는 항일의식에서 비롯한 것이며 근처 친족 가운데 비슷한 경우가 많았다고 한다.21) 따라서 이종률이 포함된 호적은 이규환의 사후, 일러도 1929년 이후에 작성되었을 것으로 생각된다. 왜냐면 1928년 신문조서를 작성할 당시에 호적이 정리되어 1910년생으로 되어 있었다면 그것과 일치하지 않는 1905년생이라는 진술이 받아들여지지 않았을 것이기 때문이다. 그리고 이종률은 이 사건으로 징역 10월의 실형을 선고받고 이듬해까지 복역했기 때문에 호적 작성은 그 이후라야 할 것이다. 아마도 이종률은 1929년 이후의 어느 시기에 호적을 정리해야 할 필요에 직면했던 것 같다. 그 이유는 부친과 형의 죽음에서 찾을 수 있지 않을까 한다. 이종률의 부친과 형은 각각 1925년과 1927년에 사망하여22) 영덕의 본가에는 젊은 과부인 형수와 어린 조카만이 남게 되었기 때문이다. 현재 확인되는 이종률의 제적증명서에는 첫 호적에서의 이종률이 조카인 이일우의 숙부로 기재되어 있는데, 이는 호주가

---

18) 한국혁명재판사편찬위원회, 『한국혁명재판사』 3집, 191쪽 ; 4집, 167쪽.

19) 산수이종률선생기념사업회 엮음, 앞의 책, 2001, 391쪽.

20) 이는 필자와 이종률의 장남이 여러 차례 영덕군의 본적지에 확인한 결과이다.

21) 산수이종률선생기념사업회 엮음, 『산수 이종률 저작자료집』 제2집, 2002, 27쪽.

22) 민인사연구회 엮음, 앞의 책, 1989, 317쪽 ; 산수이종률선생기념사업회 엮음, 위의 책, 2002, 27쪽.

조카인 이일우에게 승계된 이후 호적이 작성되었음을 보여주는 것이고 그러자면 그것은 이종률의 형이 사망한 이후가 되어야 하는 것이다.

이상의 출생과 관련한 기록을 시간 순으로 보면 이종률은 1928년에는 1905년생이라고 진술하였고, 이후 호적을 정리하면서 1910년생이라고 등재하였으나, 1960년대 초에 서술한 유고에서는 1902년생이라고 적고 있는 것이다. 이 가운데 1928년의 진술은 일제 경찰에 체포된 상태에서 이루어진 것이고, 호적상의 기록은 출생 후 수십 년이 지난 뒤에 기재되었기 때문에 사실을 반영하지 못하고 있을 가능성이 있다고 생각된다. 따라서 이 연구에서는 가장 뒤에, 비교적 자유로운 심경으로 적은 유고의 서술을 신뢰할 만 하다고 여겨 이종률의 출생연도는 1902년이라고 보았다.23) 이는 1964년 이종률의 방문을 받은 형수 무약당 최씨가 이종률에게 건넨, "그래 육십 줄에 들게 된 오늘에 있어서까지 역시 그런 고생을 하셔야만 하오"라는 말에서도 확인할 수 있다.24) 1964년 당시 이종률은 63세였던 것이다.

이상의 내용으로 볼 때 이종률은 1902년 지금은 경북 포항에 포함되어 있는 죽장면 동대산 아래에서 태어났다고 정리할 수 있을 것이다.

2) 가계와 어린 시절

이종률은 고려말 이제현을 派組로 하는 경주 이씨 익제공파 36대손인 퇴하 이규환과 벽진 이씨 점실의 세 아들 중 둘째 아들로 태어났다. 이종률은 어린 시절 오랫동안 부친인 이규환 아래서 훈육되었으므로, 이규환으로 전해지는 독특한 가풍은 이종률의 의식에 큰 영향을

---

23) 필자도 포함되어 있는 산수이종률선생기념사업회는 이런 사정을 알면서도 2005년에 이종률 탄생100주년 기념행사를 했는데, 이는 이종률을 1905년생으로 알고 있는 지역 사회의 일반적인 인식을 수용한 것이었다.

24) 산수이종률선생기념사업회 엮음, 앞의 책, 2001, 669쪽.

끼쳤고 실천 활동의 기저를 형성하였다. 이종률의 가계에 대해 살펴보면 다음과 같다.

경주 이씨 익제공파 가운데 조선왕조에 참여하지 않은 일부가 경주 일원에 살기 시작한 것은 조선 초였는데, 이들은 경주 안강의 동북쪽 산 밑인 구강과 양월방과 기계 지역의 산협지에 흩어져 살았다고 한다.25) 특히 이종률의 16대조이고 조선 초기에 한성판윤을 지낸 竹隱 李之帶가 뒤에 세조가 된 수양대군의 처사에 불만을 품고 관직을 사퇴한 뒤 경주 구량으로 귀향하면서 이 지역은 경주 이씨의 세거지를 이루었다. 이지대는 익재 이제현의 4대손으로, 이지대가 귀향한 곳은 지금의 울주군 두서면 구량리의 九良평야 일대였다. 이때 이지대는 손수 은행나무를 심었다고 하는데,26) 현재 구량리에는 이지대가 심었다고 전해지는 수령 5백 수십 년의 은행나무가 천연기념물 제64호로 지정되어 있다.27) 이지대의 직계는 익재공파의 지파로 판윤공파를 형성하였다.

이후 경주 안강 일대에 살던 경주 이씨 판윤공파 가운데 이종률의 직계 조상은 다시 더 산골인 동대산 아래 죽장으로 들어가 살았다고 한다.28) 이때 죽장으로의 이거를 실행한 이가 누구인지 정확히 알기 어려우나 이종률의 6대조인 李東季가 아닐까 생각한다. 이송률의 집안에는 오랫동안 소장하고 있던 가첩이 있었는데 이 가첩이 이동계로부터 시작하고 있기 때문이다.29) 이후 경주 이씨의 일부가 관직에 진출

---

25) 산수이종률선생기념사업회 엮음, 앞의 책, 2001, 376쪽.

26) 산수이종률선생기념사업회 엮음, 앞의 책, 2001, 48쪽.

27) 울주군 홈페이지(www.ulju.ulsan.kr) 참조.

28) 산수이종률선생기념사업회 엮음, 앞의 책, 2001, 664쪽.

29) 이 가첩은 이종률이 보관하고 있다가 경주 이씨 종친회로 보냈기 때문에 현재 볼 수는 없다. 하지만 가첩을 종친회로 보낸 이종률의 장남 이우눌은 1988년 발행된 경주 이씨 익재공파 파보에 가첩의 내용이 정확히 반영되었다고 확인

하면서 서울로 이거한 뒤에도 이종률의 가계는 계속 향족으로 지냈다
고 한다. 한때 이종률의 증조부인 李裕弼이 관직에 진출하여 정6품 벼
슬인 성균관 典籍30)을 지낸 적이 있지만, 곧 사직하고 향리로 돌아온
뒤 자손 가운데 다시 환로에 들어선 이는 없다. 경제적인 면에서는 오
랫동안 지주로 지내왔으나 4, 5대조 이후로는 농경정신을 가풍으로 여
기면서 中農之下 貧農之上의 監農 정도의 생활을 하는 窮班, 窮儒의 처
지였다고 한다.31) 이는 규모가 그다지 크지 않은 농토를 소작 부치지
않고 지도 감독하면서 머슴이나 노비를 동원하여 농사를 경영하였다는
의미로 해석된다. 이종률은 앞서 말한 1928년의 신문조서에서 자신의
신분을 상민이라고 적고 있는데,32) 이는 봉건적 신분질서에 대한 저
항 의식의 발로라는 측면도 있겠지만 실제로 이종률의 가계는 정치 경
제적으로 몰락하여 상민과 다를 바 없었던 것을 표현한 것이다.

　이종률의 부친인 이규환은 處士를 자처하며 세상의 변화와 거리를
두고 산골에서 농사를 지으며 생활하였다. 이러한 가풍은 이종률의 증
조부였던 이유필에서 비롯한 것이었는데, 이유필은 성균관 전적을 사
직하고 귀향한 이후 입신양명의 뜻을 거두었다고 한다. 나아가 유언으
로 자신의 후손들은 관직에 나가지 말 것이며, 자신의 사후 축문에도
벼슬 관련 기록을 쓰지 말고 退耕處士로 쓸 것을 당부했다고 한다. 아
들인 이수영은 이유필의 뜻을 이어받았고 이는 다시 이종률의 부친에
게 이어져, 山林을 자처하면서 향리에서 지내는 것이 하나의 가풍을

해 주었다. 족보에는 이동계-이도채-이정택-이유필-이수영-이규환-이
　종률로 이어지고 있다.

30) 『경국대전』에 따르면 성균관 전적은 圖籍의 收藏과 출납·관리의 일을 맡아보
　던 관직으로 정원은 13명이었다. 宗學의 교관과 四學의 학관을 겸했으며, 1명
　은 양현고의 주부를 겸했다.

31) 산수이종률선생기념사업회 엮음, 앞의 책, 2001, 374·386·391쪽.

32) 「이종률 신문조서 및 사건 관계자 신문조서」.

이루게 되었던 것이다.33) 이유필이 성균관 전적을 지낸 시기는 대략 19세기 전반이었을 것으로 추정되는데, 이때는 세도정치가 기승을 부릴 무렵이었다. 아마도 이유필은 관직에 있는 동안 중앙 정치의 부조리함에 심한 염증을 느낀 듯하다. 평소 이종률은 조선 후기의 당쟁에 대해 매우 비판적인 입장을 지니고 있었으며 당쟁을 비판하는 저작34)을 남기기도 했는데, 이는 중앙정치를 바라보는 가계의 인식이 일정하게 영향을 미친 것이었다.

이규환은 자식들의 교육에서도 전통적인 유학을 고집하며 신식교육을 허락하지 않았는데 이것 역시 가풍과 관련이 있는 것이었다. 이종률의 형제 가운데 신식교육을 받은 것은 이종률이 유일하며, 그나마 스무 살이 된 1921년에 처음으로 의성의 점곡공립보통학교에 진학하였던 것이다. 이규환은 세계 사정에는 어두웠지만 한학에 상당한 식견을 가지고 있어서 스스로 자식들을 교육했으며, 그것으로 족하다고 여겼다. 특히 이종률의 어린 시절 이규환의 집에는 항일운동가들이 드나들었고, 이로 인해 이규환은 중국과 국내 사정에 밝았다고 한다. 당시에는 이들을 사상객이라고 불렀는데, 이종률의 기억에 강한 인상으로 남아 있는 사상객의 방문이 있을 때마다 이규환은 어린 이종률을 불러 옆에 앉히고 대화를 듣게 했다고 한다.35) 처사연하며 세상과 저만치 떨어져 지내는 듯 했던 이규환도 이 땅을 휘몰아친 격랑의 소용돌이를 온전히 벗어날 수는 없었던 것이다.

사실 이종률은 자신이 받은 정치학 교육의 시원을 이규환에게 두고 있는데, 이규환의 가르침 가운데 특히 이종률에게 강하게 각인된

---

33) 산수이종률선생기념사업회 엮음, 앞의 책, 2001, 376~377쪽.

34) 이종률, 『조국사의 분렬과 통일의 주조』(통문관, 1971).

35) 당시 사학과 대학원생으로 이종률의 유고를 대필하던 필자에게 이종률이 직접 들려준 이야기이다.

것은 다음과 같은 것이었다고 한다. 禹 임금의 고사 "爲天下者 不顧家事"36)와 장량의 "吾從 赤松子 遊"37)와 『논어』의 "人不知而 不慍 不亦君子乎"38)의 가르침을 거듭 거듭 강조하면서, 세론으로서의 영욕에는 귀를 기울일 필요 없이 남이 알든 말든 오직 올바른 일만 해 나가는 사업인의 심상을 가르쳤다고 한다. 아마도 이규환은 이미 이종률을 가정 밖의 사람으로 만들 생각을 하고 있었던 듯하다. 이 때문에 이종률의 형에게는 부모형제에 대한 효도와 우애를 가르쳤지만, 이종률에겐 "爲天下者 不顧家事"를 들어 不弟不孝 즉 부모도 형도 위하지 말 것이며, 아비의 임종에도 참석치 말라고 일렀다고 한다. 또한 적어도 나라를 위해 일을 하는 사람이라면 "이 쇠 차다. 다시 구워 오라(此鐵冷 更煮來)"39) 한 성삼문의 기개를 가질 것을 가르쳤다고 한다.40) 이러한 것으로 보아 이규환의 사상은 멸사봉공, 충군애국의 전통적인 사상을 벗어나지 못하고 있지만 나름대로 철저한 데가 있어서 이종률에게는 큰 영향을 미쳤던 것이다. 이에 이종률은 이규환을 가친이라기보다 스승으로 존경하였다.

영욕을 초월한 듯한 처사적 가풍과 세간의 평판에 좌우되지 않는 독자성, 비타협적이고 철저한 저항 정신이라는 가계의 분위기는 이종률의 성장 과정에 큰 영향을 미쳐 차후 이종률의 사회 인식에 기저를 형성하게 된다. 이종률이 평소 제자들에게 강조한 "顯梁埋礎 同價力"이

---

36) 禹가 治水를 할 때 8년 동안 그 앞을 지나치면서도 자기 집에 들르지 아니한 데서 비롯한 말로, 천하를 위해 일하는 자는 집안을 돌보지 않는다는 뜻이다.

37) 한 고조의 책사인 장자방의 고사에서 비롯한 것으로, 적송자는 선비를 뜻한다. 즉 적송자를 따른다는 것은 사업에는 성실하고 논공에는 참여치 않는 태도를 이르는 것이다.

38) 남이 알아주지 않아도 화내지 않으니 이 또한 군자가 아닌가!

39) 성삼문이 세조의 고문에 항거하여 한 말이라고 한다.

40) 산수이종률선생기념사업회 엮음, 앞의 책, 2001, 850 · 856~858쪽.

라는 가르침은 이러한 의식을 보여주는 예이다. 즉 드러나 있는 대들보와 묻혀 드러나지 않는 주춧돌이 집을 받치는 힘은 같다고 하는 의미는 겉으로 드러나지 않지만 역사 발전에 반드시 필요한, 대가를 바라지 않는 헌신을 강조한 가르침이었던 것이다.

3) 의성 시절

이종률의 성장 과정에서 하나의 전환점이 되었던 것은 의성으로 이주한 것이었다. 이규환은 1차 세계대전이 끝날 무렵인 1917년 또는 1918년 즈음 죽장을 휩쓴 전염병으로 막내아들인 이종률의 동생이 사망하자 전염병을 피해 의성으로 이주하였다. 의성에서 이종률은 1920년 무렵 서울의 중앙고보를 중퇴하고 의성에 돌아온 朴明璡을 만나게 되는데, 이종률은 박명진을 통해 처음으로 근대적 민족의식에 눈을 뜨게 되었다. 이듬해인 1921년에는 그동안 땋았던 머리를 자르고 의성 점곡공립보통학교에 입학하여 처음으로 신교육을 받게 되었다.

박명진은 뒤에 의성군 을축청년회의 지도자로 활동하는 박명옥의 동생으로, 호경체육회라는 소년단체를 만들어 어린 소년들에게 항일의식을 고취시켰다고 한다. 호경체육회의 활동은 주로 정치교육과 체육훈련이었고, 會歌를41) 만들어 결속력을 높이기도 했다고 한다. 호경체육회의 정치교육을 통해 이종률은 비로소 대한민국 임시정부의 존재를 알게 되었는데, 그간 주자학적 세계관에 젖어있던 이종률로서는 공화정이라는 새로운 세계를 접하게 되었던 것이다. 또한 안중근, 손병희, 김마리아 등의 활약에 대한 소식은 이종률이 항일투쟁의 방식에

---

41) 회가의 노랫말은 이런 것이었다고 한다. "무쇠골격 억센 팔뚝 한 번 칠 때에 맹호도 놀래려니 저들쯤이야"(산수이종률선생기념사업회 엮음, 앞의 책, 2001, 339쪽).

서 재래의 복벽주의를 청산하는 계기를 만들었다. 체육교육은 일종의 군사훈련과 같았으며, 박명진은 호경체육회를 유년독립군 예비단체로 의식했다고 한다.[42] 이종률보다 서너 살이나 어린 박명진이 이종률에게 미친 영향은 자못 큰 것이었고, 이를 통해 이종률은 충군애국청년에서 민주애족청년으로 거듭나게 되었던 것이다. 호경체육회 활동을 통해 알게 된 상해 임시정부에 대한 인식은 이종률의 뇌리에 깊이 박혀서 뒷날 이종률이 서울로 진학하면서 이승만의 모교라는 이유로 배재중학을 선택하는 동기가 되기도 했다.[43]

을축청년회는 1925년 8월 30일 창립된 의성군의 옥산, 점곡, 단촌의 3면의 연합청년회로서, 중심 인물은 박명옥, 유시언, 박노수[44] 등이었다.[45] 박명진의 활동은 박명옥의 활동과 연계되어 있었다고 보이는데, 특히 호경체육회의 활동에 대한 이종률의 서술은 일제시기 소년운동 단체의 구체적 모습을 보여주는 것이어서 흥미롭다. 하지만 이 무렵 의성에는 의성청년회가 있고 그 관리 하에 의성소년단이 결성되어 있는데[46] 이들 단체와 을축청년회가 어떤 관계에 있는지 현재로서는 분명치 않다.

한편으로 이종률은 의성에서 봉건 횡포의 부당함에 눈 뜨게 되어,

---

42) 호경체육회에 관한 기술은 산수이종률선생기념사업회 엮음, 앞의 책, 2001, 339・505・661쪽 ; 산수이종률선생기념사업회 엮음, 앞의 책, 2002, 27쪽.

43) 이때 이종률은 이승만의 부도덕성을 알지 못하고 무척 존경하였다고 하는데 이는 이승만에 대한 당시 사람들의 일반적인 인식을 짐작하게 해 준다(산수이종률선생기념사업회 엮음, 앞의 책, 2001, 506쪽).

44) 일명 박야민(朴野民). 박노수는 1927년~1928년 시기에 일본대학에 재학하면서, 이종률과 신간회 동경지회, 재일본 조선청년동맹, 조선교육신문사 활동을 함께 하는 인물이다.

45) 『동아일보』 1927.1.12 (4)3. 1925년 8월에 서울 중립동에서 결성된 을축청년회와는 다른 단체이다(『시대일보』 1925.8.22 (2)9).

46) 『동아일보』 1927.1.12 (4)3.

이에 맞서 대항하는 反封建 투쟁을 실천하게 되었다. 박명진의 지도 아래 호경체육회 활동을 하고 있던 당시 이종률은 박명진의 형인 박명옥과도 일정한 관련을 가지고 있었다. 이종률과 박명옥은 함께 의성 지역을 떠들썩하게 만든 사건의 주인공이 되는데, 그 사건은 이종률과 박명옥이 백정마을을 찾아가서 백정에게 절을 올린 것이었다. 그 백정이 누구인지, 어떤 계기가 있었는지에 대한 더 이상 자세한 이야기는 알 수 없으나 이종률과 박명옥이 벌인 이 일은 당시 반상의 구별이 엄격하던 보수적인 의성 지역을 발칵 뒤집어놓는 충격적인 사건이었다고 한다. 이는 이종률이 다녔던 점곡공립보통학교의 후배인 박진목의 증언으로, 박진목이 입학했을 때 이종률은 이미 의성을 떠난 뒤였지만 그 일화는 점곡공립보통학교에 전해지는 유명한 이야기였다고 한다.47) 그런 탓인지 이종률이 의성에 머문 기간은 얼마 되지 않지만 의성군지에는 이종률이 항일운동가로 기록되어, 의성에서의 족적을 확인해주고 있다.48)

이 시기는 1920년대 초로서, 1923년 진주에서 형평사가 결성되기 이전이다. 이종률이 장차 형평운동으로 불리는 천민해방운동에 관심을 가지게 된 계기는 명확치 않다. 하지만 박명옥과 함께 벌인 일이라는 것으로 보아 박명진에게서 익힌 정치교육과 관련이 있지 않을까 생각된다. 즉 이종률은 박명진에게서 공자왈 맹자왈 하던 방식으로는 민족독립을 쟁취할 수 없음을 배웠다고 하는데, 이를 통해 주자학적

---

47) 박진목 구술 증언(2005년 8월 24일 박진목의 자택). 박진목은 의열단, 신간회 동경지회에서 활동한 박시목(박건)의 아우이고, 박시목의 다른 동생인 박용목은 이종률의 공립보통학교 동기이기도 하다. 박진목은 박시목을 도와 항일투쟁에 종사했으며 뒤에 남로당 경북도당에서 활동했다. 한국전쟁 기간에 최익환과 더불어 남북을 오가며 종전운동을 벌인 인물로 알려져 있다. 박시목에 대해서는 박진목, 『내 조국 내 산하』(계몽사, 1994) 참고.

48) 의성군지편찬위원회, 『의성군지』, 1988, 215·259·1099쪽. 그런데 의성군지에 기록된 이종률의 항일운동은 정론사운동이다.

세계관을 벗어나 근대적 평등주의를 수용했던 것이라고 여겨진다. 이 과정에서 봉건적 신분제를 부정하게 된 것이라고 보인다. 이와 관련하여 하나의 단서를 발견할 수 있는 것은 이종률이 쓴 소설이다.

이종률은 1926년의 6·10민족항쟁49)을 시대적 배경으로 하는 한 편의 소설을 남기고 있는데, 이 소설에는 1910년대 경북 영양 지역의 사노비들이 신분제의 질곡을 자각하는 과정과 이에 대한 저항을 통해 자기 해방을 실현하고 나아가 3·1운동에 참여하는 과정이 서술되고 있다.50) 소설 속에는 주인공 조복돌이 여섯 살이었을 때 마침 중으로 변복하고 동네를 지나던 풍기광복단의 정의극과 대화를 나누는 장면이 나온다. 당시 정의극은 경북 일대의 명망 있는 인사들을 규합하여 광복단 조직 사업을 벌이던 중이었는데, 우연히 만나게 된 조복돌의 범상치 않은 인물됨을 보고 그 손에 이끌리어 조복돌의 집에서 하룻밤 유숙하게 되는데, 실인 즉 조복돌의 어머니인 권씨 부인의 아우인 권

---

49) 이종률은 이를 병인(항일제)민족항쟁이라 부른다. 이는 1926년 4월 29일 송학선이 경성상공회의소 회두 다까야마(高山孝行), 경성부회 의원 사또(佐藤虎次郎)를 살해한 의거에서 6월 10일 만세운동을 거쳐, 배재중학 손성엽 등이 피어선선경학원을 거점으로 6·10운동의 후계 투쟁을 준비하다가 발각된 피어선학원사건에 이르는 일련의 항쟁을 총칭한 명칭이다. 이종률은 연속하는 이들 항쟁을 총체적으로 파악할 것을 주장하고 있다(산수이종률선생기념사업회 엮음, 앞의 책, 2001, 735~737쪽).

50) 『人間受難 이 밤의 새벽길』이라는 제목이 달린 원고지 1,721매의 미간행 유고이다. 저작 연도는 정확히 알 수 없으나 이종률의 육필원고인 것으로 보아 1974년 뇌졸중으로 쓰러지기 이전에 쓴 것으로 생각된다. 목차의 내용으로 보아 상당한 장편으로 계획되었으며 완결되지 않은 상태임을 알 수 있다. 그런데 이종률은 첫머리에 이 소설이 논픽션이라는 점을 밝히고 있으며, 또 6·10항쟁의 준비 과정을 기술하고 있는 앞부분 340매 가량은 등장인물에 모두 실명을 사용하고 있다. 즉 이 글은 성격이 다른 전후 두 부분으로 이루어져 있는데, 앞부분은 6·10항쟁과 관련한 사실 관계를 기술한 것이고, 뒷부분은 6·10항쟁에 참여한 한 인물의 어린 시절 이야기를 소설로 각색하여 쓰고 있는 것이다. 이 때문에 이 글은 사실상 사료의 성격이 농후하다.

영우 역시 광복단원이었던 것이다. 인용되는 부분은 조복돌이 정의극과 이야기를 나누면서 노비제도의 질곡을 인식하고 이를 타파하는 과정을 그리고 있는 부분이다.

"너는 몇 살이고 저 애는 몇 살이냐."
"저 애 순이 말씀이지요. 순이는 열다섯 살이고 저는 아홉 살입니다."
중과 복돌의 문답이었다.
"순이가 너의 집 종이냐."
"그런가 봐요."
"앞으로 나쁜 일본 놈하구 싸울 좋은 사람은 자기 동포를 친케 여겨 싸우지 말아야 하거니와, 마찬가지로 동포는 모두 함께 꼭 같이 귀중히 여기고 꼭 같이 위해줘야만 한다."
"그건 왜 그래요."
"그렇게 해야만 순이도 순이 어머님도 순이 아버님도 순이 오빠도 순이 동생도 모두 한 마음 한 덩이가 되어서 너와 함께 서로 도와가면서 나쁜 일본 놈과 싸우게 되는 서야."
"알겠습니다. 그러면 순이네 집 식구도 꼭 우리 집 식구마냥 귀중히 여기고 위해주고 하겠습니다. …"

"그렇다. 이제부터는 그렇게들 불러라. 즉 「순이 애비! 밥 먹어라」라고 하지 말고 「순이 아버님. 진지 자십시오」라고 불러라. 「순이 어머님」에게도 그렇게 부르고. 순이에게는 「누나」라고 불러라. 그리고 순이가 너에게 「아가도령님」이라고 부르거든 「아니야. 아가동생!」이라고 부르도록 가르쳐 주어라. 그렇게 해야만 너가 앞으로 나쁜 일본 놈과 싸울 수 있는 사람이 될 수 있다.
「종을 부리는 상전과 동포의 것을 빼앗아 먹고 동포를 억누르고 하는 사람은 어떤 때라도 나쁜 일본 놈과 싸우는 사람이 될 수는 없다」하는 것을 너는 늘 잊지 말며 너는 그런 사람이 되지 않도록 힘써라."51)
(인용문 안의 「」표는 원문대로 인용한 것이다. 이종률은 종종 강조하고 싶은 부분을 이렇게 표하는 습관이 있다 – 인용자)

---

51) 미간행 소설 『인간수난 이 밤의 새벽길』, 396~400쪽.

소설에서 이종률은 신분제를 타파함으로써 근대적 평등주의에 기반을 둔 민족 구성원의 동질성을 확보하고, 그 결집을 통해 강력한 항일투쟁을 전개한다는 논리를 구사하고 있다. 소설에는 모두 실명이 등장하고 있어서, 정의극 역시 1913년에 결성된 풍기 광복단의 일원일 것으로 생각된다. 하지만 소설 속에 나오는 항일투쟁의 논리가 풍기광복단의 것이었는지는 확인하기 어렵다. 오히려 이종률의 생각이라고 보아야 할 것이다. 소설 속에 나오는 신분제가 노비제도이고 실제로 의성에서 이종률이 타도의 대상으로 삼았던 것은 백정제도라는 차이가 있기는 하지만, 소설 속에 나오는 이 대목은 다분히 이종률의 어린 시절 반봉건투쟁의 경험을 연상케 하는 부분이기 때문이다. 따라서 의성에서 이종률이 천민해방운동에 나서게 된 논리적 기반도 이와 같은 것이었다고 생각된다.

의성에서의 이러한 경험은 이종률에게 큰 영향을 미쳐, 이후에 이종률이 형평운동에 적극적으로 참여하는 중요한 동기가 되었을 것으로 생각된다. 아마도 나이 스물이 넘도록 반상의 차별이 강고했던 경북의 농촌에서 거주했던 이종률로서는 봉건제의 질곡에 대한 인식이 매우 깊었을 것으로 생각된다. 이는 일찍이 도시로 진출했던 같은 시기의 다른 활동가들과는 차이를 보이는 부분이라고 해야 할 것이다. 그리고 이는 이종률이 혁명론을 정립하는 데 반봉건투쟁이 핵심적인 부분을 차지하게 하는 원인이 되었을 것으로 생각된다.

4) 안동 시절

의성으로 이주한지 얼마지 않아 이종률은 안동의 동명학교에 진학하면서 이형국, 유동붕, 이지호를 만나, 이들로부터 큰 영향을 받게 된다. 안동의 동명학교는 한말에 활발하게 벌어졌던 계몽운동의 일환으로 설립된 사립학교로서,52) 이종률이 다닐 때는 이형국 이종영 등이 경영하던 시기로서 항일 정서가 충만했던 시기였다.

道木 李衡國은 상해 임시정부 초대 국무령을 지낸 석주 이상룡의 조카이자 동지로서 중국 동북으로 망명하여 항일투쟁에 종사하다가 신흥무관학교 자금 모집 차 국내에 돌아와 옥고를 치르고 비밀결사 신흥회와 신간회 안동지회에서 활동한 인물이다.53) 또한 이형국은 민족주의자였지만 사회주의에 대한 지식을 가지고 있던 인물이다.54) 朴谷 柳東鵬은 안동지역의 대표적인 민족주의자인 동산 유인식의 인척이자 안동 3·1운동의 지도자 가운데 한 사람으로,55) 뒤에 한독당 민족통일전선위원회 위원장을 역임하면서 1948년 4월 평양에서 있었던 남북연석회의를 위한 김구와 김규식의 북행에 깊숙이 관여한 인물이다.56) 이형국과 유동붕은 당시 안동지역의 대표적인 항일 민족주의자들로 이종률은 이들과 일생을 통한 사제의 연을 맺게 된다.57)

---

52) 동명학교는 1908년 안동의 유지들이 설립하였다. 이 무렵 안동에는 근대화와 주권 회복을 위한 역량을 키우려는 목적으로 다수의 사립학교가 설립되는데, 동명학교도 그 가운데 하나이다(안동시사편찬위원회, 『안동시사』 1, 1999, 371~372쪽).

53) 안동시사편찬위원회, 『안동시사』 5, 1999, 292쪽 ; 김희곤, 『안동의 독립운동사』 (안동시, 1999), 201·314~315쪽.

54) 「불허가 차압 및 삭제 출판물 기사요지 —『비판』 제3호」, 『조선출판경찰월보』 제35~36호, 1931.7.8.

55) 안동시사편찬위원회, 『안동시사』 5, 376·380쪽 ; 앞의 소설 『인간수난 이 밤의 새벽길』(425~426매)에는 정의극이 유동붕의 3형제를 광복단에 포섭한 사실이 서술되어 있다. 이로 보아 유동붕 형제 역시 광복단의 일원이었다고 생각된다.

56) 유동붕은 김구의 북행 하루 전에 이종률을 찾아와 이를 의논했다고 한다. 유고에는 m기자라는 이니셜을 사용하고 있지만 전후 문맥상 이는 이종률 자신을 뜻하는 것으로 보인다. 당시 이종률은 한독당의 기관지인 민주일보의 편집국장을 맡고 있었다(산수이종률선생기념사업회 엮음, 앞의 책, 2002, 508쪽).

57) 이종률은 자신에게 특별한 가르침을 준 사람을 '스승'으로 표현하는데, 모두 8명(때로는 9명)이라고 한다. 확인되는 바로는 부친인 이규환을 비롯해서 이형

之乎 李墀鎬는 3·1운동에 참여하여 1년 동안 옥고를 치렀을 정도로 항일의식이 투철한 인물로, 안동지역 청년운동이 사회주의 노선으로 전환하기 시작한 무렵에 그 중심에서 활동한 인물이다. 안동청년동맹의 결성 과정에 적극적으로 참여하여 집행위원을 지내고 조선청년총동맹 중앙집행위원을 역임했다. 1925년 11월 23일 안동청년동맹 집행위원회가 도산서원태형사건58)을 계기로 도산서원 철폐를 결의하자, 이지호는 사건이 벌어진 도산면의 청년회 출신으로, 자신이 이황의 후손이면서도 안동청년동맹 집행위원으로 이를 주도하였다. 이후 이지호는 신간회 안동지회를 조직하여 대표위원 및 집행위원으로 활동하였으며, 1930년 4차조공 야체이카 조직원이었고 8·15 후에는 건준 안동위원회 설립에 참여하였다.59)

한편으로 이지호는 육사 이원록(이활)의 族叔으로, 이종률은 이지호로부터 조선어를 배웠다.60) 조선어 공부와 관련하여 이종률은 이지호 이외에 유동붕의 동지였던 虎林 李鍾馦61)에게서 김두봉의 『한

목, 유동붕, 이지호, 이관용, 미야케 시카노스케(三宅鹿之助), 박진 등이 이들이다. 나머지는 정확치 않은데, 유고에는 조선어학회의 장지영을 스승으로 표현한 대목이 있어 주목된다. 이들은 모두 이종률과 특별한 교분을 나눈 인물이다.

58) 도산서원을 주도하던 이황의 종손들이 서원의 토지 소작인에게 사적으로 태형을 가한 사건. 안동지역 청년단체들은 이를 조선총독부의 지원을 등에 업고 봉건 악습을 자행하는 인권 유린으로 규정하고, 이 사건을 통해 봉건 횡포에 대한 항쟁과 일제의 간교한 문화정치에 맞서는 반제국주의반봉건항쟁을 대대적으로 전개하였다.

59) 이상은 한국역사연구회, 『한국근현대청년운동사』(풀빛, 1995), 293·301쪽 ; 김희곤, 앞의 책, 286·293·314~315쪽 ; 안동시사편찬위원회, 『안동시사』 5, 364쪽 ; 산수이종률선생기념사업회 엮음, 앞의 책, 2001, 851쪽.

60) 이종률에 따르면 이육사도 이지호로부터 작문 등을 배웠다고 한다(산수이종률선생기념사업회 엮음, 앞의 책, 2002, 506쪽).

61) 풍기광복단, 대한광복회 단원. 칠곡의 부호인 장승원의 처단에 협조한 탓에 검거되어 혹독한 형벌을 받았다. 이종영은 이종률이 재학하던 당시 동명학교 경영에 참여하였다(김희곤, 앞의 책, 178쪽).

글 말본』을 접하기도 했다.62) 우리말에 대한 체계적인 학습이 부재하던 당시 현실에서 이러한 학습 체험은 대단히 특별한 일이었을 것이다.63) 이후 이종률은 조선어와 관련한 활동을 지속적으로 하고 있다. 1928년 이종률은 고학생을 교육하는 서울의 고학당64)에서 조선어와 작문을 가르치기는 교사로 활동하였다.65) 1931년에 이종률은 발행인 겸 편집자로 출판한 잡지 『이러타』에 南鎭이라는 이름으로 「원고 쓰는 방법」이라는 글을 기고하였는데, 이는 유물변증법 논리를 쉽고 분명하게 구사하는 방법을 서술한 일종의 작문 지도의 글이다.66) 이외에도 이종률은 장지영, 이극로와 같은 조선어학회를 중심으로 하는 저명한 조선어 학자들과 교유하기도 하는67) 등 조선어와 관련한 지속적인 활동을 하고 있는데 이는 바로 동명학교의 조선어 교육에서 비롯한 것이었다.

동명학교에서 교육을 받던 시절 이종률은 이형국과 유동붕에게서

---

62) 산수이종률선생기념사업회 엮음, 앞의 책, 2002, 509쪽.

63) 8·15 직후 국어 교사를 지낸 이태길(현재 광복회 부산지부장)에 의하면 일제시기에는 체계적인 조선어교육이 없거나 금지되었으며, 이 때문에 8·15 직후에는 국어 교사가 가장 귀하였다고 한다(2004년 민주화운동기념사업회 구술사업, 구술자 이태길, 면접자 김선미).

64) 1923~1931년에 존속한 고학당은 무상 중등학교로서, 사회과학 학습과 정세토론과 같은 사회주의 교육이 많아 사회주의자가 많이 배출되었다. 장동표는 앞의 논문 98쪽에서 이종률이 형평운동으로 인한 옥고 후 고학당에서 강의를 했다고 쓰고 있지만, 고학당은 이미 1931년 일제 당국에 의해 폐쇄되었다. 고학당에 대해서는 남신동, 「고학과 혁명의 시대, 최초의 사회주의 학교의 등장」, 『교육비평』 11(교육비평사, 2003) ; 전명혁, 앞의 논문 참조.

65) 「이종률 신문조서 및 사건 관계자 신문조서」.

66) 『이러타』 제1권 3호, 1931.10. 여기서 이종률은 南鎭이라는 이명을 사용하고 있다. 이종률은 1931년 창간부터 1933년까지 『이러타』의 발행인 겸 편집인으로 활동했고, 『이러타』는 이후 1936년 통권 56호까지 발행되었다.

67) 이종률은 1947년에 이극로, 조봉암과 함께 민주주의독립전선을 조직하여 단정 반대투쟁을 벌이기도 했다.

해방에 대한 헌신적 열정과 일제에 대한 철저한 저항의지를 익혔을
것으로 보인다. 또한 이종률은 이형국, 이지호 등을 통해 이미 안동
에서 사회주의를 접했을 것으로 생각된다.

안동을 떠난 뒤에도 이종률은 이형국, 유동붕, 이지호와 관련을
이어가고 있었다. 1927년 와세다대학에 재학하던 시절 이종률은 여
름방학을 맞아 조선에 왔다가 안동에 가서 이형국을 방문하였다.
1931년 이형국이 사망하자 이종률은 『비판』에 「학문 이형국의 죽음
을 슬퍼하며」라는 글을 투고하기도 했다.[68] 기사가 삭제되어 원문
을 알 수 없지만 요지는 선생의 유지를 가슴에 새겨 무산대중의 해
방을 위해, 프롤레타리아에 기반을 둔 정치적 실천을 다짐하는 것이
었다.[69]

이지호 역시 안동을 떠난 뒤에도 줄곧 연락을 주고받았다. 이종률
은 1928년 학생맹휴옹호전국동맹사건으로 생애 처음으로 징역 10월
의 실형을 선도받고 서대문형무소에 수감되었는데, 이때 자신의 소회
를 담은 한 편의 시를 지어 이를 안동에 있는 이지호에게 보내어 지
도를 부탁했다고 한다.[70] 다소 생뚱맞은 유고의 이 이야기를 액면
그대로 받아들여 詩句의 지도를 받고자 스승에게 연락을 취했는지,
아니면 이 사건이 이지호와도 무관하지 않아서 현재 자신의 처지를
알리고 뒷수습을 부탁한 것인지는 알 수 없다. 하지만 이 시기에 이
지호와 서로 연관되어 있었다는 것만은 확인할 수 있다. 이종률이 이
지호와 서신을 주고받은 사실이 확인되는 1924년부터 1928년 사이

---

68) 기사의 작성자는 밝혀져 있지 않지만, 이는 이종률로 생각된다. 유고(산수이종
     률선생기념사업회 엮음, 앞의 책, 2001, 856쪽)에는 이종률이 이형국의 죽음을
     애도하는 글을 기고하였으나 검열관계로 게재되지 못했다고 적고 있기 때문이
     다. 단 유고에는 개벽사에 투고하였다고 하고 있으나, 이는 착오이다.

69) 앞의 「불허가 차압 및 삭제 출판물 기사요지 -『비판』 제3호」.

70) 민인사연구회 엮음, 앞의 책, 1989, 316쪽.

의 시기는 안동지역의 청년운동이 사회주의적 성격으로 완전히 전환한 시기이고, 이지호는 그 중심에 서 있었던 인물이다. 이러한 과정은 이지호와 연계되어 있던 이종률에게 적지 않은 영향을 미쳤을 것이다. 이종률보다 나이가 불과 한 살밖에 많지 않았던 이지호를 스승으로 깍듯이 모셨던 것은 그만큼 이지호로부터 받은 가르침의 무게가 각별했기 때문이었다.

　이상과 같이 이종률은 어린 시절 이규환의 훈육과 의성과 안동을 거치는 성장 과정에서 항일 투쟁에 대한 자각, 봉건 횡포에 대한 저항, 그리고 사회주의운동에 대한 이해를 쌓는 계기를 가졌다. 그리고 이러한 인식에서 이후 이종률이 조선혁명의 가장 중요한 대상이 외세 침탈과 봉건전제이며, 이를 타도 극복하기 위한 조선혁명의 성격은 민족주의 계열과 사회주의 계열의 연대에 의한 반외세 반봉건 민족혁명이라고 규정하는 혁명론의 모태가 형성되었던 것이다.

2. 항일투쟁과 민족혁명론의 모색

　일제시기 이종률의 항일투쟁은 다양한 분야에서 여러 가지 형태로 진행되었다. 이를 분야별로 살펴보면 이종률은 청년운동에서 활동을 시작하여 이를 기반으로 이후 학생운동과 민족협동전선운동을 중요한 양 대 축으로 삼아 활동하고 있으며, 이후에는 사회실정조사소 활동과 형평운동에 적극적으로 나섰다. 이상의 활동은 부분적으로 병행하기도 하지만 대체로 시간 순으로 전개되었다.

1) 경성청년회와 재일본 조선청년동맹 활동

사회운동을 시작하면서 이종률이 제일 먼저 첫 발을 뗀 것은 청년 운동이었다. 이종률이 본격적으로 활동에 뛰어든 것은 1924년 무렵이다. 이 해에 이종률은 배재중학에 진학하면서 서울로 가게 된다. 이 시기는 조선에 사회주의가 수용되던 초창기로, 당시 사회주의운동은 화요회, 서울청년회, 북풍회 계열이 주도하고 있었다. 이 가운데 이종률은 북풍회 계열에서 활동하였다. 이종률은 이미 의성에서 지내던 시절 소년운동을 경험했으며, 의성과 안동을 거치면서 박명옥, 이지호 등을 통해 태동기의 청년운동을 지켜보았기 때문에 어렵지 않게 청년운동에 참여하였을 것이다.

1924년 12월 11일 서울의 북풍회 사무소에서 경성청년회 창립총회가 열렸다. 경성청년회는 서울회계의 서울청년회와 화요회계의 신흥청년동맹에 대응하여 조직된 북풍회 계열의 청년조직이었다. 경성청년회의 창립회원 51인의 명단 가운데 이종률의 이름이 확인된다. 그런데 경성청년회가 창립된 이튿날인 12일 밤 경성청년회는 집행위원회 도중 서울청년회계의 폭력단체인 적박단71)의 습격을 받는 일이 벌어졌다. 이 무렵 사회주의운동 단체 간에는 같은 해 4월에 창립된 조선청년총동맹의 주도권을 장악하기 위한 경쟁이 치열하였는데 적박단사건은 이런 와중에서 벌어진 일종의 과열 현상이었던 것이다.

경성청년회는 이 사태를 논의하기 위해 13일 임시총회를 개최하여 적박단 폭행 사건의 조사를 위한 조사위원을 선출하고 집행위원을 증선하였다. 이때 이종률은 일약 조사위원 및 경성청년회 집행위원으로

---

71) 사회주의운동 단체 간의 경쟁이 심해지면서 때로 자파의 폭력단체를 동원하는 무력이 행사되기도 했는데, 이 가운데서도 적박단은 가장 강력한 조직으로, 점차 세인의 빈축을 사게 되어 결국 해체하게 된다(김창순 · 김준엽, 『한국공산주의운동사』 2, 1986, 53~54쪽).

선출되었다.72) 당시 청년운동단체 간의 우위를 확보하려는 경쟁이 치열하던 시기에 발생한 적박단사건은 대단히 민감한 사안이었고, 그 처리 문제는 특히 주의가 필요한 일이었다. 따라서 이종률이 적박단사건의 조사위원으로 선출되고 동시에 경성청년회의 집행위원이라는 중견 위치를 갖게 된 것으로 보아, 이종률이 창립 당시 집행위원으로 선출되지는 않았지만 그 과정에 적극적으로 참여하였던 것으로 보인다.

이후 이종률은 경성청년회 활동과 함께 북풍회의 주요 멤버인 이헌, 김종범과 함께 정론사 활동을 하는 등 북풍회 관련 활동을 하고 있다.

한 가지 흥미로운 것은 이 무렵 청년운동에서 청년단체 성원의 연령 문제가 쟁점이 되었다는 사실이다. 이때 서울청년회는 시기상조론을, 화요회계의 신흥청년동맹은 30세론을, 북풍회는 25세론을 주장하였다. 그런데 이종률이 참여한 북풍회 계열의 청년단체인 경성청년회가 결성되었던 1924년에 이종률의 실제 나이는 이미 23세였던 것이다. 자신이 몸담고 있는 단체의 주장이 관철된다면 이종률은 얼마지 않아 연령 제한에 걸리게 되는 역설적인 상황에 봉착한 것이다. 물론 북풍회의 25세론은 조선청년총동맹에서 수용되지 않았지만, 이종률이 나이 문제를 심각하게 생각하는 계기가 되었으리라는 것은 짐작할 수 있다. 앞서 말한 바 1905년생 또는 1910년생이라는, 이종률의 출생연도와 관련한 다소 혼란스러운 기록을 이 시기 청년운동의 연령제한론과 관련하여 생각해 볼 수 있지 않을까? 왜냐면 이종률은 이후 1930년대까지도 재일본 조선인 청년운동과 형평청년운동 등 각종 청년운동에 열중하고 있기 때문이다.

1927년 이종률은 일본으로 가서 와세다대학에 진학하는 한편 재일본 조선청년총동맹을 조직하였다. 재일본조선청년동맹은 일본 각지에 조선인 청년단체가 속출하자 청년운동의 통일을 요구하는 목소리

---

72) 이상 경성청년회의 결성과 활동에 대한 것은 전명혁의 앞의 논문 참조.

가 커지면서 1928년 3월 전 일본의 청년단체를 통합하여 결성한 것으로 위원장은 정희영이었다.73) 그런데 재일본 조선청년동맹에 대해서는 여기에 참여했던 李玄撤의 기록이 남아 있다. 이현철은 신간회 동경지회의 회원이며 재일본 조선청년동맹의 맹원으로, 1928년 5월 동경에서 이종률과 함께 조선교육신문사를 만들고 경영하였으며, 1928년 10월 이종률이 조선에 돌아와 벌인 학생맹휴옹호전국동맹의 학생맹휴 선동 사건을 동경에서 지원한 인물이다.74) 인용된 진술은 학생맹휴옹호전국동맹사건으로 이현철이 검거되어 작성한 신문 조서 가운데 일 부분이다.

> "신간회 동경지회와 (재일본—인용자. 이하 동일)조선청년동맹은 … 모두 이종률이 1928년 3월경 창설한 것으로, 신간회 동경지회는 조선의 독립을, 조선청년동맹은 청년의 수양을 목적으로 창설한 것이다."75)

조서에서 이현철은 재일본 조선청년동맹이 이종률이 창설한 것이라고 진술하고 있는데, 1927년에서 1928년까지 동경에서 줄곧 이종률과 함께 활동한 이현철의 이상과 같은 진술은 신빙성이 상당히 높은 것이라고 할 수 있겠다. 이로 미루어 재일본 조선청년동맹은 정희영이 위원장으로 되어 있지만 실질적인 조직자는 이종률이었던 것이다. 단 조선청년동맹의 결성 이전에 이미 존재하고 있던 재동경조선청년동맹은 조선청년동맹의 결성 이후 형식상 재일본 조선청년동맹의 지역조직으로 포섭되었지만 실제로는 독자적으로 존재하는 화요회 계열의 청년조직이었다.76)

---

73) 강재언, 「일본에서의 한국인운동」, 국사편찬위원회, 『한민족독립운동사』 8, 1990, 477쪽.
74) 이현철은 경북 청송 출신으로 李守爕이라는 이명을 썼다.
75) 「이종률 신문조서 및 사건 관계자 신문조서」.

2) 공학회 활동과 학생운동

학생운동과 관련한 이종률의 활동을 살펴보면 다음과 같다. 3·1운동 이후 학생운동이 본격화되면서 학생운동 단체가 결성되기 시작하였는데 이 무렵에는 사회주의운동과 연계된 학생운동이 나타나기 시작하였다. 그 결과 1925년 5월 최초의 사회주의 학생단체인 共學會가 민중본위, 민족본위의 사회과학 연구라고 하는 4개항의 강령을 내걸고 결성되었다.77) 공학회는 북풍회 계열의 학생이 주도하고 화요회와 기타 학생이 참가하여 결성하였는데, 이종률은 이준태와 함께 공학회를 결성하고 주도한 중심인물이었다.78) 이와 관련한 기록을 보면 다음과 같다.

> "재 경성 중등학교 이상의 한인 남녀학생으로 조직된 공학회가 공산주의자 이종률 외 2명이 개재하고, … 주의운동의 와중으로 휩쓸리는 경향이 있다 하여 해산당하다."79)

---

76) 水野直樹, 「신간회 동경지회의 활동에 대하여」『朝鮮史叢』 창간호[『신간회연구』(동녘, 1983), 121쪽] ; 심인녁, 『식민지시대 재일조선인운동 연구』(국학자료원, 1996), 134~137쪽.

77) 4개항의 강령이 정확이 어떤 것이었는지를 알기는 어렵다. 단 정세현, 『항일학생민족운동사연구』(일지사, 1975), 174쪽에는 공학회의 목적이 "사회과학의 연구, 민중본위의 교육"이라고 하였으며, 산수이종률선생기념사업회 엮음, 앞의 책, 2002, 327쪽에서 이종률은 공학회의 주장이 "1. 공동의 힘으로써 사회과학을 공부하며 2. 공동의 단결로써 일제의 식민지적 교육에 반대한다 등"이었고 한다. 이로 미루어 4개 항의 강령은 대개 이런 내용들이 포괄된 것이라고 생각한다.

78) 독립운동사편찬위원회, 『독립운동사 – 학생독립운동사』 9, 1977, 328~336쪽 ; 조동걸, 「학생운동단체와 학생운동의 초기 현상」, 국사편찬위원회, 앞의 책, 175쪽.

79) 『고등경찰관계연표』 1926.10.5.

"시내 낙원동 284번지 공학회는 지난 5월 초에 창립되어 전문학생과 고
등보통학생을 망라하여 육십여 명의 회원을 갖게 되어 앞으로 많은 희망을
가지고 나가려하던 바 昨(어제―인용자) 5일 오후 한 시에 소관 종로경찰
서 고등계에서는 그 회 간부 권혁80) 이종률 두 사람을 불러 엄중 경고한
후 돌연히 해산을 명령하였다는데 이유는 그 회의 선언한 4개 강령이 매우
불온하다고 인정함이라는 바 이에 대하여 그 회에서는 금일 즉시 일반회원
을 모아가지고 긴급히 대책을 강구할 터이라 하더라."81)

"시내 낙원동에 사무소를 둔 공학회를 종로서에서는 그 회의 4대 강령이
불온하다고 돌연히 해산을 하였다 함은 기보하였거니와 그와 같이 별안간
해산 명령을 받은 공학회에서는 대표자 이종률 외 네 명이 각각 경찰서장
과 종로서장을 방문하고 재차 교섭하였다는 바, …"82)

즉 공학회는 성격이 뚜렷했던 만큼 일찌감치 일제 경찰의 주목을
받았던 모양으로, 급기야 그해 10월에 강제 해산 명령을 받았다. 이
와 관련한 동아일보의 기사를 보면, 당시 공학회의 대표는 협성학교
학생인 김익환이었지만 이종률과 이준태에게 해산 명령을 전달한 것
으로 보아 이들이 공학회의 중심 간부였음을 알 수 있다. 이때 공학회
원들은 김익환과 이종률을 비롯하여 여러 명이 해산에 불복종하는 연
설을 하며 격렬히 저항하였는데, 이 때문에 결국 이종률과 김익환 등
5명은 경찰에 구금되기도 하였다.83)

이렇게 공학회는 물리력을 동원한 탄압으로 결국 해산되고 말았지
만 공학회 창립은 항일학생민족운동사상 새로운 단계로서, 학생단체

---

80) 권혁은 이준태의 이명이다(김창순, 「신사상의 수용과 갈등」, 『한민족독립운동
사』 8, 202쪽 ; 강만길·성대경 엮음, 『한국사회주의운동인명사전』, 1996, 376
쪽).

81) 『동아일보』 1925.10.6 (5)3.

82) 『동아일보』 1925.10.8 (5)4.

83) 산수이종률선생기념사업회 엮음, 앞의 책, 2002, 731~732쪽.

학생비밀결사운동을 촉구하는 역할을 하는 것이었다. 즉 이종률에 따르면 1929년 11월의 광주항일학생의거를 이끌었던 학생 비밀결사 성진회는 바로 공학회의 연장선에 있는 학생단체였다고 한다. 이와 관련한 문제는 조금 뒤에 다루겠다.

공학회 활동과 관련하여 눈길을 끄는 것은 이준태의 존재이다. 이준태는 유명한 풍산소작인회의 항일농민운동을 주도한 안동 지역의 대표적인 사회주의자이다. 이후 이준태는 화요회 계열로 조선공산당 창립에 참여하였으며 조공 2차당의 핵심인물로 활동하였다. 서울을 중심으로 활동하던 시기에도 이준태는 안동지역의 청년운동이나 사회주의운동에 긴밀히 관여하고 있었다.[84] 이런 이준태가 이종률과 공학회 활동을 함께 하고 있다는 것은 이종률이 사회주의운동을 하게 된 계기가 무엇인지와 관련하여 시사하는 바가 있다고 생각된다.

사실 이종률은 서울로 진학하고 바로 사회주의운동을 시작했으며, 그것도 중심적인 위치에서 활동하고 있다. 이 때문에 이종률이 서울로 오기 전에 이미 사회주의에 대한 이해가 어느 정도 축적되었을 것으로 보이는데 이런 측면에서 먼저 떠올릴 수 있는 사람은 이형국과 이지호이다. 앞서 말한대로 이형국은 사회주의에 식견을 가진 인물이고, 이지호는 사회주의 활동가이다. 이런 이형국과 이지호의 사회인식은 이종률에게 큰 영향을 미쳤을 것이다. 더구나 이준태는 오랫동안 안동청년동맹 등 안동지역 청년운동의 중심에서 이지호와 함께 활동하였다. 이런 이유로 이종률은 안동에서 이미 이준태와 연결되었거나, 아니면 서울에 와서 연결되었다고 하더라도 급속히 가까워졌을 가능성이 높다. 이종률이 공학회의 결성 주도자로 나설 수 있었던 배경을 설명해주는 부분이 아닐까 생각된다. 하지만 이준태는 화요회 계열에서 활동

---

84) 김창순·김준엽, 앞의 책, 10장 1절 ; 김희곤·강윤정, 『잊혀진 사회주의운동가 이준태』(국학자료원, 2003).

하였고 안동의 사회주의 운동은 대체적으로 화요회 계통이 주도하였기 때문에 이종률이 왜 북풍회 계열에서 활동하게 되었는지에 대해서는 추가적인 설명이 필요하다고 생각된다.

아무튼 이종률은 공학회가 해산된 뒤에도 학생운동과 관련한 활동을 계속하였다. 특히 1929년 광주를 진원지로 전국으로 확산된 학생 항일의거를 주도한 성진회의 결성과 관련하여 이종률은 흥미로운 기술을 하고 있다. 이를 살펴보면 다음과 같다.

"醒進會. 1926년 8월 전남 영암군 구림 그때 광주고등보통학교 학생 崔圭昌의 집을 장소로 하여 서울서 지방학생 지하단체 조직의 「오르그나이저」로서 내려간 서울 휘문고등보통학교 학생 金昌洙를 좌장으로 하는 전남 지방학생 지하단체 조직 간담회를 열었다. 여기서 광주시에 본부를 두는 성진회를 조직키로 했다. 그 여름방학이 끝나고 9월 개학이 되게 되자 바로 곧 즉 1926년 9월 광주시 不動町에 있는 최규창의 하숙집을 장소로 왕재일 최규창 장재성 임주홍 김부식 유치오 기타 학생들이 모여 성진회를 창립하게 되었다. 집행책 최규창 등 간부를 선출하게 된 성진회는 1 (중략 ―인용자, 이하 동일) 등의 결정을 가지게 되었다.85)

"이야기는 (신간회 해체―인용자) 5년 전인 1926년으로 돌아간다. (중략) 일제 종로경찰서로부터 해산 명령을 받은 학생 항일제 사회과학연구단체 공학회는 그 뿌리의 하나를 전라남도 광주에 가져다 심게 되었다. 즉 그해 7월 전라남도 영암군 구림면에 있는 일출산의 등산을 빙자로 모인 학생들이 역시 학생항일제 사회과학연구단체로서 성진회를 발기하고 준비를 마친 뒤 그해 9월 광주시 수기옥정86)에 있는 광주고등보통학교 학생 최규창 군의 하숙집에서 그 성진회 창립총회를 가졌다. 최규창 군은 전라남도 해남 출신인 김창수 군과 함께 전남지방을 대표하는 전기 공학회의 간부였다. 그러나 이 창립총회 때는 최규창 군 하나만 참석하고 김창수 군은 그

---

85) 산수이종률선생기념사업회 엮음, 앞의 책, 2002, 401쪽.

86) 장소는 이종률의 앞의 인용문과 박준채의 기고문을 참고로 할 때 부동정이었던 것 같다.

의 모교인 서울휘문고등보통학교로 돌아왔다.

그 유명한 광주고등보통학교 정문 앞 중국인 호떡집 2층 등 몇 군데의 연락장소에서 번갈아 회합을 열어 항일제 방법도 토의하고 항일제 민족투쟁의 과학도 공부했다. 주로 참가 학생은 광주고보, 광주농업학교, 광주사범학교, 수피아여학교 등이었다."[87]

인용이 길었지만, 우선 눈에 띠는 것은 그 설명이 매우 구체적이고 상세하다는 것이다. 내용을 살펴보면 첫째 성진회는 공학회의 전남의 학생지하단체 격으로 창립되었으며, 구체적으로 그 업무를 관장했던 것은 해남 출신의 휘문고보 학생 김창수와 광주고보 학생 최규창이 담당하였다. 이종률에 의하면 최규창과 김창수는 앞서 말한 공학회의 회원이다.[88] 둘째 조직 작업에 착수한 것은 1926년 7월이고, 두 달 뒤인 9월에 성진회가 결성되었다. 셋째 성진회의 구성원은 주로 광주고보, 광주농업학교, 광주사범학교, 수피아여학교 학생이었다.

성진회 결성과 구성원에 대한 이종률의 서술은 성진회 창립 멤버였던 왕재일의 회고에서도 확인된다. 즉 왕재일은 성진회는 9월 25일 광주고보생 9명, 광주농업학교 7명과 광주 시내 학생들의 비밀결사로 조직되었다고 한다.[89] 이외에 광주항일학생의거의 발단이 된 일본인 학생과 싸움을 벌였던 당사자인 박준채의 기고문[90]과 광주학생독립운동동지회의 『광주학생독립운동사』[91] 등의 기록과도 일치한다. 그

---

87) 이일구(이종률), 『己未를 알자』(무림사, 1979), 61쪽.

88) 산수이종률선생기념사업회 엮음, 앞의 책, 2002, 327쪽.

89) "일본은 한국인의 지능을 막기 위해서 물리나 화학 같은 자연과학 계통의 학과를 가르치지 않았었다. 그뿐만 아니라 방학을 이용해서 고향에 돌아가 야학을 가르치던 광주고보 5년생 남정욱 군을 퇴학 처분하게 하였다. 이에 격분한 학생들은 단결체를 조직해야 되겠다고 생각해서 광주고보생 9명, 광주농업학교 7명으로 성진회를 조직하여 광주 시내 학생들도 이에 적극 호응하게 됐었다."(『동아일보』 1960.11.3 '성진회 창설자 왕재일의 회고')

90) 「독립시위로 번진 한일학생 충돌」, 『신동아』 1969.9.

런데 시기에 대해서 박준채는 성진회의 발기일이, 『광주학생독립운동사』는 결성일이 각각 11월 3일이라고 말하고 있는데, 이는 사건이 발생한 일자에 억지로 맞춘 듯하다. 이는 단순히 결성 일자의 문제가 아니고 결성 과정에 대해 알지 못하기 때문이라고 생각된다. 즉 왕재일이나 박준채의 서술에서는 성진회의 결성에 이르는 두 달 여의 과정에 대해서는 완전히 기술이 빠져있다. 이런 점에서 이종률의 서술은 성진회를 파악하는 데 중요한 부분을 알려주는 기록이라 하겠다.

이상과 같은 점들로 볼 때 성진회는 공학회와 연관성을 가진 학생단체라고 생각되며, 비밀결사였던 성진회의 결성 과정과 주도 인물에 대해 이렇게 상세하게 파악하고 있는 것으로 미루어 이종률 역시 이 과정과 무관하지 않다고 보아야 할 것이다. 따라서 성진회의 창립 과정에는 알려진 것처럼 화요회 계열뿐만 아니라,[92] 북풍회의 잔여 학생조직이 개입되어 있었다고 여겨진다. 하지만 1929년 11월의 의거에 이종률이 어떤 연관을 가졌는지는 확실치 않다. 이어서 살펴보게 될 학생맹휴옹호전국동맹사건으로 이종률은 투옥되어 1929년 여름에 출옥하게 되므로, 이후 당분간 행보는 매우 조심스러울 수밖에 없었을 것이기 때문이다.

1928년 이종률은 학생맹휴옹호전국동맹사건[93]으로 일제 경찰에 검거되어 처음으로 10개월의 실형을 선고받고 복역하였다. 이 사건은 이종률이 주도하였던 것이어서 이를 통해 이종률의 교육문제에 대한 인식을 엿볼 수 있다. 사건은 서울을 비롯하여 전국적으로 항일적 성격을 띤 학생동맹휴학이 빈발하던 1928년 학생맹휴옹호전국동맹이라

---

91) 광주학생독립운동동지회 편, 『광주학생독립운동사』, 1974, 42~45쪽.

92) 정세현, 앞의 책, 제7장 3절 ; 광주학생독립운동동지회 편, 위의 책.

93) 장동표는 앞의 논문 96쪽에서 학생맹휴옹호전국동맹을 재일본 단체라고 서술하고 있으나 이는 사실과 다르다. 당시 이종률은 조선으로 돌아와 고학당의 교사로 있으면서 학생맹휴를 지원하는 일을 하고 있었다.

는 명의로 전국적 항일맹휴를 선동하는 삐라를 살포한 사건이다.[94] 삐라의 내용은 식민지 교육제도와 봉건적 교육제도를 비판하며 조선인 본위의 교육제도 실현을 주장하며 이를 위한 학생맹휴를 선동하는 것이었다.[95] 삐라는 동경에서 제작하여 국내로 들여왔는데 동경에서 이를 담당한 것은 이종률이 1928년 5월 무렵 동경에서 설립한 조선교육신문사를 함께 경영했던 이현철, 박야민 등이었다. 이 사건으로 이종률이 일제하 교육제도의 문제점을 식민지적 약탈성과 봉건적 억압성으로 파악하고 있으며 이를 타도하고 자주적인 조선인 본위의 교육 실현을 추구하고 있음을 알 수 있다. 그리고 이것은 이종률이 당시 조선사회를 보는 문제의식과 맞닿아 있는 것이었다.

3) 민족협동전선운동

일제시기 이종률의 정치활동에서 또 하나의 중요한 범주는 민족주의 계열과 사회주의 계열의 반제 연대투쟁이다. 여기에 하나의 전기가 된 것은 6·10민족항쟁이었다. 6·10항쟁은 조선공산당과 천도교를 중심으로 하는 민족주의자들이 함께 계획한 거사였는데, 양측 모두 거사 직전인 6월 초에 일경에 발각되어 체포되었고, 조선학생사회과학연구회를 중심으로 하는 학생조직만이 만세운동을 실행할 수 있었다. 이 과정에서 3백여 명이 검거되었는데,[96] 이종률 역시 이때 함께 체포

---

94) 「이종률 신문조서 및 사건 관계자 신문조서」.

95) 삐라의 내용은 "전조선 학생은 궐기하라", "식민지 교육제도를 타도하라", "식민지 노예교육을 타도하고 휘문맹휴를 절대 사수하라", "대구맹휴를 적극 옹호하라", "전국학생은 1일간 동정 파학을 단행하라", "조선인 본위 교육을 실시하라", "반동적 전제교육자를 축출하라", "맹파 학생에게 격문 격전을 발송하라", "구속당한 맹파학생을 탈환하라", "휘문학우에게 격한다", "휘문맹휴, 대구고 맹휴 사수하라, 전국학생맹휴 동정 1일간 휴업" 등과 함께 정치 관련 문구가 인쇄되어 있었다고 한다(「이종률 신문조서 및 사건 관계자 신문조서」).

되어 수감되었던 것 같다. 이와 관련한 이종률의 유고의 서술을 보면
다음과 같다.

> "이 6·10항쟁 때 학생인 박찬식 등과 나는 만해 한용운 기타 민족지도
> 자들과 함께 경기도 경찰부에서 사전 구속으로서 수감되어 있었다."[97]

> "(1926년 4월 29일 송학선이 창덕궁 금호문 앞에서 경성상공회의소 회
> 두 다까야마와 경성부회 의원 사토 살해한 의거 설명 – 인용자) (중략) 여
> 기서 일제세력은 군함 두 척을 인천에 가져다 띄어 놓고 위협하는 일면 그
> 들이 보아서 「일을 낼 수 있다」는 방향의 사람은 모두 「예비검속」이란 이
> 름으로 체포하여 각지 경찰 유치장과 헌병대 영창에 가두기 시작했다. 그
> 것이 그해(1926년 – 인용자) 5월 상순이었다. (중략) 이 늙은이(이종률 –
> 인용자)는 그때로 말하면 나이 어리기도 한 하나의 중학생이었다. 그러나
> 이 늙은이도 그날 경기도 경찰부 유치장에 구금되어 있게 되었다. 거기엔
> 우리 민족혁명 선구자의 한 분이시며 우리 민족 문학자의 한 분이신 만해
> 한용운 선생도 함께 계셨다. 이 늙은이가 그날엔 한 어린 민족학도의 몸으
> 로서 만해 선생의 「밥도시락」 기타 심부름을 해드리던 일은 지금 생각해도
> 유쾌하고 영광스런 일의 하나이다."[98]

유고에 따르면 이종률은 6·10민족항쟁이 발발하기 이전에 이미
구속 상태였다. 하지만 그 시기가 5월 상순이었는지는 의문이다. 아마
도 6월 상순을 착각한 것이라고 생각되는데, 왜냐면 이종률은 앞의 인
용문에 이어서 6월 10일을 전후한 사정을 소상히 기술하고 있기 때문
이다.[99] 그런데 이때 이종률이 어떤 역할을 했는지는 불분명하다. 다

---

96) 박래원의 증언에 따르면 "6월 4일에(5일 또는 6일 – 김창순) … 그날 천도교당
   현장에서 체포된 사람만도 50여 명이었으며, 그날 밤 안으로 3·1운동의 민족대
   표를 비롯하여 천도교에서 80명, 기타 사회단체에서 2백여 명 등 도합 3백여
   명이 검거되었다"라고 한다(김창순·김준엽, 앞의 책, 제10장 4절).
97) 산수이종률선생기념사업회 엮음, 앞의 책, 2001, 510쪽.
98) 산수이종률선생기념사업회 엮음, 앞의 책, 2001, 735쪽.

만 넓은 의미에서 6·10민족항쟁의 참여 세력으로 이해할 수는 있을
것이다.

그런데 이 시기에는 다른 한편으로 서울청년회 계열의 사회주의자
들과 조선물산장려회 출신의 민족주의자들을 중심으로 통일전선의 기
운이 일고 있던 시기이고, 이는 결국 조선민흥회로 결실을 맺었다. 이
무렵 이종률이 주로 관여했던 일은 조선민흥회의 결성이었다. 이와 관
련한 이종률의 서술을 보면,

"이 6월 10일은 이조 최후 임금이었던 순종의 인산날인 것을 계기로 조
선 8도에서 많은 사람들이 서울로 모이게 되고 이 기회에 半合法 半非合法
的인 민족당 하나를 내세우기 위한 활동을 33인 중의 한 분인 만해 한용운
과 민족투쟁지하단체 대동단 중심인물의 한 분인 力田 최익한(崔益煥 – 인
용자. 이하 동일)과 전 한국군 장교 애당 권동진 등이 중심이 된 항일제민
족정치운동단체를 내세우려다 역시 그것이 발각이 되어 일제 관헌으로부터
취조를 낳게 되었디. (지금 이 글을 적고 있는 필자도 이 사건으로 검거가
되어 경기도 경찰부 고등과장 三輪和三郞 밑에서 만해 한 선생을 모시고
혹독한 고문의 취조를 받았다. 그때 만해 한 선생은 필자에게 고문을 견디
라는 교훈의 말씀으로서, 애국자가 되려면 사형을 당는 의기보다도 고문을
견디는 각오를 다져야만 된다고 하시던 그 음성이 오늘도 귀에 쟁쟁하다.)
(중략) 이 사건(6·10항쟁 – 인용자)이 있은 두 달 뒤인 8월 성북동에 있는
역전 최익환이 자기의 가짜 생일턱을 구실로 동지들을 모아 뼈에 젖은 숙
원인 민족당 발기회를 열었는데, 그 이름은 조선민흥회라 하고 합법적 대
표로서는 최익환 그이가 선정되었다."100)

<hr>

99) 이종률은 산수이종률선생기념사업회 엮음, 앞의 책, 2001, 737쪽에서 박래원,
   권오설 등이 준비한 인쇄물이 활판인쇄 수만 매였다는 것과 이것이 모두 사
   전 압수당했다는 것, 따라서 6월 10일 당일 뿌려진 조선학생과학연구회의 삐
   라는 프린트 인쇄였다는 기술을 하는 등 유고의 여러 곳에서 6·10항쟁의 준
   비와 관련한 상세한 기술을 하고 있다.

100) 산수이종률선생기념사업회 엮음, 앞의 책, 2002, 729~730쪽.

즉 인용문에 보이듯이 이종률이 조선민흥회 건으로 한용운 등과 함께 구속되었다는 것은 이종률 역시 조선민흥회의 조직 과정에 참여하였다는 것으로 보아야 할 것이다. 이 과정에서 이종률은 민족주의 계열의 인사들과 본격적으로 교유하게 되었을 것이다. 이 부분에 대한 유고에서 이종률은 한용운과의 만남에서 받은 감동을 기술하고 있지만, 이후 조직 활동에서 정작 밀접한 관계를 맺게 된 것은 박래원과 최익환이었다. 천도교 구파의 중견이었던 박인호의 아들로서 6·10항쟁의 천도교측 업무를 주관했던 박래원101)과 이종률은 이후 평생 함께 하는 지우가 되었다.102) 최익환과는 이후 한국전쟁 기간에 종전운동을 함께 할 정도로 가까워졌으며,103) 이종률은 최익환의 장례에 장례위원으로 참여하게 된다.104)

한편으로 인용문에서 이종률은 신간회가 조선민흥회에서 비롯되었다고 서술하고 있는데 이는 이종률의 신간회에 대한 인식을 보여주는 단면이기도 하면서, 신간회의 중요한 한 측면을 증언하고 있는 것이기도 하다. 그간 신간회의 연구에서는 신간회 결성 배경과 관련하여 정우회선언을 비롯한 화요회계의 인식 전환과 조선민흥회의 발족이라는 상반된 두 측면을 정리 없이 병렬시켜 놓고 있지만, 이종률의 기술은 이 점과 관련하여 중요한 시사점이 있다고 하겠다.105)

6·10항쟁과 조선민흥회의 경험은 이종률이 혁명운동에서 사회주

---

101) 6·10항쟁 당시 박래원은 인쇄직공으로 권오설과 연격하여 전단 5만매를 제작하였다(김창순·김준엽, 앞의 책, 463쪽). 박래원은 4·19 시기에 천도교 대표로 민자통에 참가했다.

102) 박진목의 증언에 따르면 박래원은 이종률의 추종자였다고 한다(박진목, 앞의 구술).

103) 박진목, 앞의 책, 293~300쪽.

104) 신복룡, 『애국지사 최익환』(선인, 2003), 6장 부고.

105) 이 점에 대해서는 전명혁도 앞의 논문에서 신간회 결성 과정의 중요 부분을 보여주는 것으로 인식하였다.

의와 민족주의의 연대라고 하는 틀을 중요하게 자각하게 된 계기가
되었을 것이다. 이는 이종률의 인생에 또 하나의 이정표를 세운 것이
었다. 즉 신간회 동경지회를 설립하는 데 중요한 기반이 되었다.

　이종률은 1927년 무렵 일본으로 건너가 와세다대학에 입학하여
재일본 조선인청년총동맹, 재일본 조선유학생학우회 등에서 활동하
였다. 이종률이 일본에서 활동하던 시기는 마침 신간회가 결성될 무
렵이었다. 신간회의 동경지회 결성은 서울의 중앙본부 결성과 거의
동시적으로 진행되었는데,106) 그 결과 동경에서는 신간회 지회 가운
데서는 가장 이른 시기인 5월 7일 지회가 결성되었다.107)

　신간회 동경지회의 결성에서 이종률의 역할을 보여주는 몇 가지
기술이 있다. 먼저 검토해야 할 것은 앞서 이종률이 일본에서 조직한
재일본 조선청년동맹의 결성과 관련한 이현철의 진술이다.108) 신문
조서에서 이현철은 신간회 동경지회와 재일본 조선청년동맹은 모두
이종률이 창설한 것이라고 서술하고 있다. 즉 이현철은 동경지회의
결성에서 이종률이 주도적인 역할을 했다고 인식하고 있음을 확인할
수 있다. 조서 상에 나타난 신간회 동경지회의 결성 일자가 좀 이상
하기는 하지만, 이는 아마도 조선청년동맹의 창설 일자와 함께 서술
하는 탓에 오류가 생긴 듯하다.

　다른 하나는 이종률 자신의 기술이다. 이종률 역시 동경지회의 결
성 과정에 대한 구체적인 기술을 하고 있는데 이를 인용하면 다음과
같다.

　　"1927년 겨울 신간회 동경지회에 「民·共 양 세력의 대립사건」이 일어

---

106) 水野直樹, 앞의 논문, 124쪽.
107) 이균영, 『신간회연구』(역사비평사, 1993), 부록 「지회의 부서 및 간부진」 참조.
108) 주 75)의 인용문.

낳을 때는 범공산주의 방향 사람들은 전주 출생 동경고공 학생 朴亮根을
그 신간회 동경지회 위원장으로 하여 활동을 전개하려 하고, 민족주의 방
향 사람들은 밀양 출생 상지대학 학생 박건(박시목－인용자)을 그 위원장
으로 하여 활동을 전개하려 했다. 以齋 趙憲泳과 회을 김성숙과 그리고 이
선근 유원우 함상훈 또 저학년 학생으로서의 소졸이기는 했지마는 초학
(이종률－인용자)도 산입되는 민족주의 방향 학생들은 물론 모두 박건을
위원장으로 하는 민족계 신간회 지회를 지지하는 것이었다.－(거기서 신
간회 중앙본부로부터 파견되어 온 철박 교수 일성 이관용의 지시에 따라
서 민족진영 중심의 통합대회를 열고 이재가 위원장으로 선임되게 되었던
것이다)－"109)

이 내용으로 보아 이종률이 신간회 동경지회의 성격을 규정하는
지회장 선출에 깊숙이 개입하였음을 확인할 수 있다. 그런데 이 글에
대해서는 약간의 설명이 필요하다. 인용문을 보면 이종률이 민족주의
자처럼 보이기 때문이다. 이런 서술은 이종률의 유고 곳곳에서 쉽게
볼 수 있으며, 이종률에 대한 평가를 헛갈리게 만드는 것 가운데 하나
이다. 하지만 이종률이 간행한 저작물이나 유고 대부분이 지난날 우리
사회를 짓눌러 왔던 극도의 사상 통제 속에서 서술되었다는 점을 생각
한다면, 달리 이해할 수 있는 것이 사실이다. 특히 위의 인용문은 이
종률이 박정희의 쿠데타로 사형을 구형받은 뒤 우여곡절 끝에 10년형
을 선고받아 4년째 복역 중이었던 1964년 안양교도소에서 집필한 유
고라는 점에 유의할 필요가 있을 것이다.

신간회 동경지회에서 이종률은 자신이 정치문화부 부원으로 활동
하였으며 당시 부장은 野民 朴魯洙라고 기술하고 있다.110) 현재 신간
회 동경지회에서 이종률의 이름은 찾아볼 수 없다. 하지만 정치문화부
에 박야민의 이름이 있다.111) 박노수는 앞서 말한 대로 의성 을축청

---

109) 산수이종률선생기념사업회 엮음, 앞의 책, 2002, 87쪽.
110) 산수이종률선생기념사업회 엮음, 앞의 책, 2002, 731쪽.

년회의 주도자 가운데 한 사람이자, 이종률과 함께 공학회에서 집행위원으로 활동하기도 하였으며,112) 1928년 동경에서 이종률 이현철과 함께 조선교육신문사를 설립하기도 하는 등113) 오랜 동안 이종률과 함께 활동하였다. 아마도 이종률은 신간회 활동에서도 박노수의 이름 뒤에서, 박노수와 함께 활동한 것이라고 생각된다.

이외에도 이 무렵 이종률은 동경에서 조선청년동맹, 조선유학생학우회, 조선인단체협의회에서 활동하고 있다. 조선청년동맹은 앞서 말한 대로이다. 이종률은 재일본 조선유학생학우회에서 파견된 자격으로 재일본 조선인단체협의회의 부인부장으로 활동하였는데,114) 여기서 말하는 조선인단체협의회란 1927년 2월 19일 사회주의와 민족주의 및 아나키즘까지를 포괄한 유력 조선인 단체가 총망라되어 결성된 명실상부한 연대조직이다. 그리고 이러한 성격은 유학생학우회도 기본적으로 동일하였다. 이상과 같이 일본에서 이종률의 주요한 활동의 무대는 사회주의자와 민족주의자의 연대조직이라고 할 수 있겠다. 그리고 이를 위해 민족주의 인사들과의 교류를 확대하고 있는 것이다.

한편 이종률이 일본 유학을 결심한 데는 박시목이 크게 작용을 하였다.115) 이후 이종률은 박시목과 많은 활동을 함께 하고 있다. 朴時穆은 일명 박건이라고도 하는데, 일본 상지대학 철학과를 졸업하고 임시정부 의정원 의원으로 참여하였다. 신간회 동경지회에서 활동하다가, 신간회 해체 후 귀국했다가, 1942년 중국 동북으로 가서 조선독립동맹 활동에 종사하다가 일제에 의해 옥사하였다.116) 박진목은 박

---

111) 『동아일보』 1927.12.30.

112) 『동아일보』 1925.9.15.

113) 「이종률 신문조서 및 사건 관계자 신문조서」.

114) 민인사연구회 엮음, 앞의 책, 1989, 154쪽.

115) 박시목의 동생인 박진목의 증언.

116) 박진목, 앞의 책, 14·19~30쪽.

시목이 신간회 동경지회 지회장을 했다고 하지만, 앞서 언급한 이종률의 서술에 따르면 사회주의자들의 반대로 박시목은 지회장이 되지 못했다. 하지만 동경지회에서 박시목의 영향력이 컸을 것이라는 점은 짐작할 수 있다.

그런데 1927년에 박시목은 이종률에게 또 하나의 계기를 마련하여 주었다. 즉 황상규를 소개하였던 것이다. 황상규는 밀양의 대표적인 민족주의자로, 의열단을 실질적인 조직자이며117) 신간회 본부의 서기장을 지냈다.118) 박시목이 황상규에게 이종률을 소개한 것은 신간회 동경지회의 결성 과정에서 이종률이 했던 활동과 관련이 있어 보인다. 황상규는 이종률에게 황포군관학교 진학을 권유했다고 하기 때문이다.119) 이 시기는 김원봉을 비롯한 20여 명의 의열단원이 황포군관학교를 졸업한 직후로서, 김원봉이 상해 부근에 머물고 있을 즈음이며 황상규와 박시목은 당시 중국에 있던 김원봉과 연결되어 있었을 것이다. 당시 황포군관학교에는 공산주의자들이 많았으며 이 때문에 마치 의열단이 공산주의자처럼 보였다고120) 하는 것으로 보아 당시 황포군관학교에는 공산주의자와 민족주의자가 함께 공존하고 있었다. 이런 정치 환경 속에 이종률을 보내려고 생각한 황상규의 속내는 무엇이었을지 더 이상 짐작하기 어렵지만, 신간회의 중책을 맡은 인물로서, 황상규는 이종률을 통해 중국의 조선인 사이에 민족협동전선을 기

---

117) 이종률은 황상규를 의열단 단장이라고 한다(산수이종률선생기념사업회 엮음, 앞의 책, 2002, 730쪽). 염인호 역시 의열단의 실제 조직자가 황상규일 것이라고 추측하였다[염인호, 『김원봉 연구』(창작과 비평사, 1992), 36쪽].

118) 이균영, 앞의 책, 199쪽.

119) 산수이종률선생기념사업회 엮음, 앞의 책, 2001, 162~163쪽.

120) 김원봉을 비롯한 20여 명의 의열단원은 손문의 권유를 받아 1925년 말 황포군관학교에 입학했다. 1929년 의열단 본부를 북경으로 옮길 때까지 중국 남부에 체류했다. 당시 황포군관학교에는 공산주의자들이 많았다고 한다[이정식 면담, 『혁명가들의 항일회상』(민음사, 1988), 353쪽].

도한 것은 아닐까? 아무튼 황포군관학교 입교는 이종률의 거절로[121] 성사되지 못했지만 황상규를 통해 이종률은 민족주의 인사들과의 교유 범위를 더욱 넓혀 나갔다.

　신간회 활동은 이종률에게 민족협동전선에 대한 확신을 심어주어 이를 조선혁명의 가장 주요한 부분 가운데 하나로 여기게 하였다. 이에 3차조공의 책임비서였던 안광천이 1927년 11월 신간회 내에서의 프롤레타리아헤게모니 전취를 주장하고 나서자 이종률이 격렬히 반대한 것은 당연한 일이었다. 당시 동경지회 집행부는 조선공산당 일본총국이 장악하고 안광천의 주장을 옹호하는 입장이었으므로, 이에 대항하는 움직임은 1927년 12월 18일 신간회 동경지회 제2회 대회에 제출된 「운동방침에 관한 의견서」와 이듬해인 1928년 1월 제출된 성명서 「전민족적 단일전선 파괴음모에 관해 전 조선민중에 호소한다」로 이어졌다.[122] 1928년 1월의 성명서에는 143명의 동경지회 회원의 서명이 첨부되었는데, 이 가운데 李南鐵과 南鐵이라는 이름이 보인다.[123] 이즈음 이종률은 이남철 또는 남철이라는 이름을 사용하고 있어서 이 가운데 누가 이종률인지 분명치 않지만 참여하고 있는 것은 확인할 수 있다. 또한 시명자 가운데는 이 시기 이종률과 함께 조선교육신문을 경영하고 뒤에 학생맹휴옹호전국동맹을 함께 한 박야민(박노수), 李玄鐵의 이름도 보인다. 이종률의 이런 입장은 뒤에 이종률이 프롤레타리아헤게모니를 부정하는 혁명론을 형성하는 것과 관련 있어

---

121) 이종률은 절박한 집안 사정을 이유로 황상규의 제안을 거절했는데, 실제로 당시 이종률의 집안 형편은 대단히 어려운 형편이었다. 이태 전에 부친이 사망한 뒤를 이어 이 해에는 형이 사망하여 이종률은 졸지에 혼자 된 형수와 어린 조카를 돌보아야 하는 입장이 되었기 때문이다. 이 때문에 이종률은 일본에서의 활동을 포기하고 다음해인 1928년에 귀국하게 된다.

122) 『중외일보』 1928.1.18 (2)4.

123) 김인덕, 앞의 책, 145쪽.

보인다.

그런 만큼 1931년 신간회의 해체가 이종률에게 준 충격은 매우 컸던 것 같다. 이에 대해 이종률은 조선총독부의 정치 공작과 그에 관념적 사회주의자들이 부화뇌동한 것으로 여겼는데, 이때부터 이종률이 조선공산당 주류의 혁명론에 회의를 가지게 된 것으로 생각된다. 신간회 해체 후 1932년 무렵 이종률은 당시 경성제국대학 교수였던 미야케 시카노스케(三宅鹿之助)124)를 만나 무척 가까운 사이가 되었는데, 이종률에 따르면 미야케 역시 신간회의 해체에 대해 무척 비판적인 입장이었다고 한다. 신간회 해체 후 신간회의 현판과 각종 문서를 이종률이 발행인이었던 이러타사에 이전한 것도 저간의 사정을 말해주는 일단이다. 이에 대해서는 절을 바꾸어서 설명하겠다.

미야케와의 교유는 이종률이 민족혁명론을 형성하는 데 매우 중요한 지점을 형성하고 있다. 이종률은 미야케와 함께 1920년 코민테른 2회대회에서 레닌이 제출한 「식민지·민족문제에 관한 테제」125)에 관해 토구하면서 조선의 민족운동에 대한 입장과 논리를 정리하였던 것이다. 레닌의 테제에 대해 이종률은 이미 배재중학 시절 당시 조선일보 고문이었던 이관용으로부터 들어 알고 있었으나,126) 미야케와의 학문적 교유를 통해 비로소 레닌 테제에 대한 깊이 있는 천착이 가능했으며, 이는 후일 이종률이 민족혁명론을 구상하는 데 중요한 계기가 되었다.127) 이종률이 스스로를 미야케의 말제자로 자임한 까닭이 여

---

124) 조선혁명을 지원한 지식인으로, 조선인 사회주의자와 교유가 많았다. 특히 1934년 조공 재건 활동으로 체포되어 탈출한 이재유를 숨겨준 사건으로 유명하다. 이 사건으로 미야케는 1935년 징역 3년을 선고받았다(『조선중앙일보』 1935.8.24 (2)1).

125) 당시의 단계에서 식민지의 공산주의자는 혁명적 민족운동을 지지해야 한다는 내용의 테제이다[『코민테른자료선집』 3(동녘, 1989), 3부의 자료 20·21].

126) 산수이종률선생기념사업회 엮음, 앞의 책, 2002, 734쪽.

기에 있었다. 이종률과 미야케의 교유는 1933년 4월 이종률이 형평청년전위동맹사건으로 구속될 때까지 지속되었으며, 1936년 이종률이 출옥한 후 다시 이어졌다. 이종률이 출옥한 당시에 미야케는 이재유사건으로 징역형을 받고 수감되어 있었는데, 이종률은 미야케의 가족을 도와주고 거금 2천원이라는 영치금을 지원하기도 하였다.[128]

4) 『이러타』의 발행과 형평운동

1930년에 이종률은 현준혁, 최용달, 박문규,[129] 유진오 등과 함께 사회실정조사소를 설립하였다.[130] 이에 대해 『한국사회주의운동인명사전』에는 1931년 9월에 결성되었다고 쓰고 있으나[131] 사회실정조사소는 1930년 4월 14일에 결성되었다.[132] 1930년 5월 6일 중외일보에는 사회실정조사소를 수색하여 안균, 김기석, 이종률 등 3명의 주의자를 검거하였다는 기사가 게재되고 있는데,[133] 이 가운데 안균은 의령 출신의 당시 낙동강농민조합 간부로서 후일 적색농민조합경남위원회에 낙동대표로 참가한 인물이다. 이외에 참여하고 있는

---

127) 이에 대한 상세한 설명은 이종률의 민족혁명론을 분석하는 별고에서 다루게 될 것이다.

128) 산수이종률선생기념사업회 엮음, 앞의 책, 2002, 740~741쪽.

129) 현준혁, 최용달, 박문규 등은 미야케 교수를 중심으로 진보적 지식을 교유하는 '경제학교실'의 주요 구성원이었다.

130) 앞의 소설, 110쪽. 이종률은 이들 외에 이종수, 이문근, 김병기, 최금경, 김계숙 등이 경영에 참여하였다고 한다.

131) 강만길·성대경 엮음, 앞의 책, 1996, 498쪽, 최용달 항목.

132) 『이러타』 2권 2호, 1932.5, 82쪽.

133) 「사회실정조사조를 수색, 주의자 3명을 검거, 안균 김기석 이종률 3씨를 검거, 5월 격문과 경찰의 활동」, 「사회실정조사소의 안균, 이종률, 김기섭(석 – 인용자), 메이데이격문사건으로」(『중외일보』 1930.5.6)

인물들을 살펴보면 사회실정조사소가 당시의 대표적인 사회주의자들의 결집체라는 것을 알 수 있다.134)

사회실정조사소의 활동 가운데 대표적인 것은 월간 잡지『이러타』의 발행과 학술강연이었다. 사회실정조사소는 1931년 6월 국내 및 국제 정치 경제 사회 정보 분석을 기치로 내세운 월간 잡지『이러타』를 창간하였다.『이러타』는 1931년 7월호를 창간호로 1936년 통권 57호까지 발행되었는데,135) 이 가운데 이종률은 창간 당시부터 1933년 형평청년전위동맹사건으로 구금될 때까지 편집 겸 발행인으로 참여하였다.136)『이러타』는 조선 및 조선을 둘러싼 국제관계 상황을 광범위하게 분석 보도하였다. 국내 문제로는 조선 경제, 총독부의 민족분열정책과 일시동인정책 및 농촌진흥운동 등 총독부 정책, 신간회 근우회 형평사 등 사회운동과 주요 사건을 분석 게재하였다. 국제 문제로는 세계경제 실태, 심화되는 경제공황과 격화되는 국제적 대립, 일본 만주 소련 미국 영국 등 각국의 정치 경제 상황과 국제연맹 관련 사항을 보도하였다. 말하자면 국내외를 망라한 당대의 주요 관심사에 대한 보도와 예리한 분석을 가하였던 것이다.137) 이로써 조선의 상황

---

134) 사회실정조사소에 대한 유고의 기술에서 이종률은 사회실정조사소의 처음 이름이 사회사정조사연구회였다고 쓰고 있다. 그런데 이와 유사한 것으로 1930년 유진오, 최용달, 이강국 등이 설립한 조선사회사정조사연구회가 있다. 양자를 비교하면 이강국을 제외한 주요 인물이나 명칭에 유사성이 있다. 현재로서는 사회실정조사소가 사회사정조사연구회를 계승 발전시킨 것인지 정확히 하기 어렵지만 앞으로 검토가 필요한 부분이라고 하겠다.

135) 장동표, 앞의 논문, 주 39)에는『이러타』가 약 2년간 간행되었다고 적고 있는데, 이는 사실과 다르다.『이러타』는 1936년 1월까지 간행되었다(서울대학교 중앙도서관 인터넷 홈페이지 http://library.snu.ac.kr의『이러타』해제 참조).

136) 현재『이러타』는 창간호와 1권 3호, 2권 2호, 3권 1호, 3권 2호 등이 남아 있다. 창간호는 서울대 중앙도서관의 전자도서관에서 확인할 수 있다. 창간호를 제외한 나머지를 필자는 전명혁의 도움으로 확보하였다.

137) 당시 일간지의 신간소개 란에는『이러타』의 주요 게재물을 보도하고 있어서

을 객관적으로 분석하여 일제의 식민정책을 비판하고, 세계정세 분석을 통해 국제관계에 대한 인식을 높여나갔다. 하지만 이 때문에 『이러타』는 창간호부터 일제 경찰의 감시 대상이 되어 원고 차압 및 기사 삭제와 같은 탄압을 받았고, 발행인인 이종률 역시 구금되어 고초를 겪어야 했다.138) 차압되거나 삭제된 원고의 내용은 총독부 정책의 기만성에 대한 폭로와 비판, 무산계급의 투쟁 선동, 공산주의사상과 소비에트연방의 제도 선전 등이다.139)

창간한지 1년 만에 『이러타』는 전국 26개 지역에 지국을 설립하였는데,140) 이에 사회과학에 대한 인식을 높이기 위한 방편으로 서울과 지국 등지에서 강연회를 개최하기도 했다. 강연회의 연사로는 연희전문 교수였던 백남운, 조선프롤레타리아예술동맹(KAPF)의 김기진 등이 초청되었고, 『이러타』의 편집장 이종률도 연사로 나서고 있다.141) 『이러타』 개성지국에서 열린 강연회에서 이종률은 「조선 논구의 변증법적 방법」이라는 연제로 강연을 하였는데, 이 시기 이종률의 관심사를 엿볼 수 있게 하는 대목이다.

한편으로 사회실정조사소는 1931년 5월 해체된 뒤 방치되고 있던 신간회의 간판과 본부 빛 지회의 문서들을 사회실정조사소로 이관하였다. 이는 신간회 해소 집행위원장이었던 강기덕, 경성지회 해소 집

이를 통해 『이러타』의 내용을 확인할 수 있다(『동아일보』 1931.8.7 ; 1932.5.3 ; 1932.11.22 ; 1933.1.15 ; 1933.2.20).

138) 「이러타 원고 압수, 임시호 발행 준비중」(『동아일보』 1931.7.23), 「이러타 원고 압수」(『동아일보』 1932.2.6), 「이남철(이종률 – 인용자) 씨 피검, 이러타사 主幹(남해)」(『동아일보』 1932.9.5).

139) 『조선출판경찰월보』 34호(1931.10), 35~36호(1931.11), 40~51호(1931.12 · 1932.1 · 10) ; 『이러타』 2권 2호, 1932.4 · 5월, 광고란 참조.

140) 『이러타』 2권 2호, 83~84쪽.

141) 「開城강연회 이러타사 주최」(『동아일보』 1931.9.10), 「이러타사 학술강연회」(『동아일보』 1931.10.31).

행위원장이었던 정희찬과 사회실정조사소의 협의로 이루어진 것인
데,142) 이 가운데 사회실정조사소 측을 대표한 인물이 누군지는 알려
지지 않고 있다. 하지만 앞서 말한 것처럼 신간회에 대한 이종률의 관
심과 그 해체에 대한 입장을 감안하면 신간회의 간판과 문서 등을 사
회실정조사소로 이관한 데는 이종률의 주장이 있었으리라는 것을 짐
작할 수 있다.

이종률은 창간부터 2년 여 동안 『이러타』의 편집 겸 발행인으로
그 운영을 주도하였는데, 이 시기는 앞서 말한 대로 이종률이 미야케
와 교유하던 때이다. 미야케와의 학문적 토구와 사회실정조사소 및
『이러타』의 운영을 통해 이종률은 조선혁명에 대한 인식을 심화시키
면서 혁명론을 형성시켜 나갔던 것이다.

한편 이 즈음 이종률은 형평운동에 적극적으로 참여하였다. 형평사
는 1923년 4월 25일 진주에서 결성되어 이듬해에는 본부를 서울로
이전하고, 40만 백정을 기반으로 활발한 조직사업을 벌여 나갔다. 형
평사는 1925년 예천사건143)을 거치면서 사회운동에 참여하기 시작
하였는데, 1927년 신간회가 결성될 무렵 형평사 내에는 사회운동에
대한 입장을 두고 의견을 달리하는 온건파와 급진파의 존재가 뚜렷해
졌다. 온건파는 형평운동의 특수성을 주장하며 형평사의 활동 범위를
어디까지나 백정의 신분해방에 한정시키려는 보수적 입장을 견지하고
있었고, 백정 가운데 유산층이 주도하고 있었다. 반면 급진파는 온건
파의 주장이 백정 무산자의 처지를 도외시한 것이라고 비판하면서, 무

---

142) 「신간회 서류 사회실조소에 이관」(『동아일보』 1932.12.23).

143) 1925년 예천형평분사 창립2주년기념식에 참가하여 종래의 백정 학대를 정당
　　시하는 발언을 한 예천청년회장 김석회에게 형평사원이 폭언을 가했다는 소
　　식을 들은 일반인 수천 명이 예천형평분사를 습격한 사건이다. 예천사건에
　　대해 조선청년총동맹 등 사회운동 단체들은 형평사를 적극 지지하는 입장을
　　취하였다.

산 백정의 처지를 근본적으로 개선하기 위해서는 사회경제적 모순을 타파하는 것이 필요하며, 이를 위해 사회운동에 참여해야 한다고 주장하였다. 나아가 급진파는 형평사를 해소하여 屠夫노동조합으로 변경하고, 형평청년동맹을 해소하여 조선청년동맹에 합동할 것을 주장하는 형평사 해소론을 내세웠다.144) 1929년 4월에 결성된 비밀결사인 형평청년전위동맹은 급진파의 중심으로, 사유재산제도를 타파하고 공산주의혁명을 지향하며 봉건계층과 적극적으로 투쟁할 것을 강령으로 채택하였다.145)

이종률이 의성에서 지내던 시절부터 형평운동에 남다른 관심이 있었다는 것은 앞서 말한 바와 같다. 하지만 이종률이 의성에 머물렀던 시기는 형평사가 결성되기 이전이었다. 이후 형평운동과 관련한 이종률의 활동이 확인되는 것은 1931년 무렵이다. 이 무렵 이종률은 해소파에 참여하여 활동하고 있는데, 길한동, 안균, 김혁 등과 함께 해소운동을 전개하는 모습이 일제 경찰에 포착되었다.146) 이 가운데 김혁은 안동 풍산면 출신으로 본명은 金九鉉이다. 안동의 화요회계 사상단체인 화성회 출신으로 당시 신간회 경성지회 회원이었다.147) 길한동은 형평청년전위동맹의 충청북도 책임자이다.148)

이종률은 형평청년전위동맹에도 참여하였다. 형평청년전위동맹에서 이종률의 지위는 분명치 않다. 형평청년전위동맹은 1933년 광주

---

144) 고숙화, 「일제하 형평사 연구–1926년 이후의 형평사를 중심으로」, 『사학연구』 40호, 1989.

145) 『동아일보』 1933.8.2 (2)1.

146) 이에 대해서는 京城 鍾路警察署, 「(朝鮮衡平社本部) 集會取締 狀況報告(通報)」, 京鍾警高秘 제5271호, 1931.4.27 ; 京城 鍾路警察署, 「형평사 본부 동정에 관한 건」, 京鍾警高秘 제13143호, 1931.10.27 ; 전명혁, 앞의 논문.

147) 민인사연구회 엮음, 앞의 책, 1989, 162쪽.

148) 『동아일보』 1934.12.30 (2)1.

경찰서에 포착되어 7개월 동안 악랄한 고문으로 전국적인 조직망이 대부분 드러나게 되는데, 그 결과 14명이 재판에 회부되었다. 이들 가운데 12명은 형평사원이고 1명은 확인되지 않는다.149) 이종률의 경우 형평사원이 아니지만 형평청년전위동맹에서의 위치가 결코 낮은 것이 아니었다. 3년여에 걸친 예심 기간150)을 거쳐 공판이 진행되었을 때 이종률에 대한 검사의 구형량은 징역 5년이었고, 결국 나머지 13명이 무죄 판결을 받은 반면 이종률만이 징역 2년 6월의 선고를 받았기 때문이다.151)

이종률의 유고에는 광주경찰서에 구금되어 고등계 주임 고고로이시(心石) 경부보와 고등계 형사부장 가쓰미(勝見)으로부터 모진 고문을 당하였다는 서술이 여러 차례 나오는데,152) 이 사건이 바로 형평청년전위동맹사건이다.153) 사건의 관련자가 근 100명이나 되었다는 점, 관련자 가운데 申善文154)이 있다는 점, 사건의 담당 경찰인 광주

---

149) 『동아일보』 1933.2.3 (3)4 ; 1933.3.23 (3)1 ; 1933.4.20 (2)1 ; 1933.8.2 (2)1.

150) 일제하의 사법제도는 예심이라고 하는 반인권적 장치가 마련되어 있는데, 이는 조사 또는 조사 후 기소를 결정할 때까지 피의자를 무한정 대기시켜 두는 제도로서, 수형기간보다 더욱 고통스럽다고 한다. 요즘은 상상도 할 수 없는 수년에 걸친 예심은 당시 정치범에게는 드문 일이 아니었다고 한다(앞의 이태길 구술).

151) 『동아일보』 1936년 6월 4일자 기사에는 이종률이 다른 사건으로 징역 2년만을 선고하였다고 한다. 하지만 그것이 무슨 사건인지는 확인되지 않는다.

152) 산수이종률선생기념사업회 엮음, 앞의 책, 2001, 822·858쪽 ; 민인사연구회 엮음, 앞의 책, 1989, 316~318쪽.

153) 장동표는 앞의 논문 98쪽에서 이종률의 형평사 관련 활동을 1936년 무렵이라고 했는데, 이는 사실과 다르다. 형평청년전위동맹사건에 대한 이종률의 서술은 대단히 난해하고, 사건명을 밝히지 않고 있을 뿐 아니라 연도의 서술도 부정확한데, 장동표는 유고의 서술을 그대로 따랐기 때문에 생긴 오류이다.

154) 신선문은 형평청년전위동맹의 전남 책임자이다 주 136)·139) 참조. 신선문은 고문의 휴유증으로 병보석 상태에서 공판에 임했는데, 신문에는 폐병으로 보도되었지만 이종률은 고문으로 인해 병신이 된 것이라고 한다(산수이종률선

경찰서의 고등계 주임이 고고로이시(心石)였다는 점, 이외에 여러 정황이 동일하기 때문이다.155)

　이상에서 살펴본 바와 같이 이종률은 어린 시절의 반제국주의적이고 반봉건적인 문제의식을 일제 강점기의 실천운동 과정에서 더욱 견고하게 가지게 되었다. 이를 위한 사상적 기반으로 사회주의를 받아들였고, 실천 방안으로 민족주의자와의 협동에 대한 인식을 심화시켰으며, 사회실정조사소 활동을 통해 혁명이론을 모색하였던 것이다. 여기에 형평청년전위동맹사건과 같은 혹독한 시련은 단련을 위한 담금질이 되었다. 이런 과정을 거치면서 일제 말기에 이종률의 혁명사상은 골격을 형성시켜 갔던 것이다.

3. 8·15 시기 자주화운동과 민족혁명론의 형성

1) 8·15 시기 자주화운동과 단정반대투쟁

　해방으로서 8·15의 의의에 대해 이종률은 매우 한정적으로 평가했다. 즉 8·15를 일제의 일단 퇴각으로 여겼고 자주성의 회복으로 여기지 않았던 것이다.156) 이러한 그의 생각은 8월 16일 개최된 조선

　　생기념사업회 엮음, 앞의 책, 2001, 858쪽).

155) 형평청년전위동맹사건에 대해서는 『동아일보』에서 40여 차례 이상, 『조선중앙일보』와 『조선일보』에서도 수 차례 또는 20여 차례에 걸쳐 소상한 내용을 보도하고 있다.

156) 이러한 생각은 유고에서 여러 차례 피력하고 있으나, 필자는 8·15 이후 이종률이 독립유공자 서훈을 받지 않는 이유를 설명하는 자리에서 직접 들은 적이 있다. 즉 이종률은 "첫째 보상을 바라고 독립운동을 한 것이 아니므로, 둘째 해방이 된 것이 아니므로, 셋째 박정희가 나를 서훈할 자격이 없으므로"라고 서훈 받지 않는 이유를 말했다. 이 가운데 두 번째 이유는 8·15가 민족혁명의 과정에서 결정적인 분기점이 되지 않는다는 것을 의미한다.

학술원 창립대회에서 개진되었고, 뒤에 재건파 조선공산당을 대표하는 논객들의 비웃음의 대상이 되었다.

8월 16일 오후 2시 일군의 진보적 학자들은 YMCA에서 조선학술원 설립을 위한 준비회의를 열어 17명의 설립준비위원을 선정하였다. 설립준비위원 가운데 이종률은 李鈞이라는 이름으로 참여하고 있다. 이날 저녁 경성공전 강당에서 조선학술원이 창립되었다.157) 이종률은 이 날 준비회의에서 개회 선언을 한 허규의 손에 이끌려 참여했다고 한다.158)

이 창립총회 석상에서 학술원 원장의 인선 문제가 제기되자, 이종률은 8·15 이후의 혁명론이 일제시기의 그것과 다르지 않다는 논리를 기반으로, 조선혁명을 완수하기 위해서는 여전히 민족주의자와의 협동전선을 더욱 강고히 하여야 한다고 주장하였다. 이 때문에 학술원 원장으로는 사회주의 측의 지원을 받는 백남운이 아니라, 민족주의자와의 협동전선의 상징인 홍명희로 하여야 하고 백남운은 사회과학 담당 부위원장으로 자리매김해야 한다는 견해를 개진했다. 이에 맞서는 측의 의도를 대변한 신남철, 이원조159)의 주장은 진보적 국가인 미·소의 지원으로 조선은 해방되었으므로160) 사회주의 방향의 흔들림 없

---

157) 김용섭, 『남북 학술원과 과학원의 발달』(지식산업사, 2005), 28쪽.

158) 민인사연구회 엮음, 앞의 책, 1989, 179~185쪽 ; 산수이종률선생기념사업회 엮음, 앞의 책, 2002, 473~476쪽.

159) 이육사의 동생이자 이관용의 사위. 조선문학가동맹의 중심 간부로 능문능변의 재사이고, 조선공산당 문화부원으로 임화의 심복이었다(산수이종률선생기념사업회 엮음, 앞의 책, 2002, 462쪽).

160) 이러한 관점은 박헌영의 8월 테제의 상황 인식의 기저를 이루는 것이다. 이종률에 의하면 8월 테제의 사실상 저자는 조두원이라고 한다. 조두원은 고려공청 중앙집행위원을 지냈으며 모스크바 공산대학에서 유학했다. 1929년 조선공산당 재건을 지시받고 귀국했으며, 1933년 10월 전향문을 발표했다. 이종률은 8월테제를 두고 조두원과 장시간의 토론을 하기도 했다고 한다(이종률 제자들의 증언).

는 전진이 필요하다는 것이었고, 이제 민족주의와의 연대는 지난 시기의 수단이고 앞으로는 사회주의자의 이니셔티브를 확보해야 한다는 것이었다.

신남철, 이원조의 주장은 이미 그와 같은 생각에 공명하고 있었던 참석자들의 압도적인 지지를 받았고 이종률의 의견은 소수일 뿐 아니라 철모르는 객소리로 치부되었다. 하지만 이종률의 견해는 허규의 동조를 얻었으며 더구나 이는 학술원 위원장으로 선출된 백남운에게 적극적으로 수용되었다고 한다. 그 결과 이종률은 조선학술원의 실질적인 운영 중심이었던 서기국 위원과 상임위원회의 위원으로 선임되었다.161) 당시 학계에서 별다른 기반을 가지고 있지 않았던 이종률이 그런 자리에 선임된 것은 백남운의 적극적인 지원을 빼고서는 생각하기 어렵다. 이종률에 따르면 이날 백남운은 취임사에서 자신을 지원하여 학술원 원장으로 선출한 조선공산당의 혁명론과는 달리 이종률의 견해를 대폭 수용하겠다는 의사를 밝혔다고 한다.

실제로 이후 백남운은 도식적이라는 비판을 받는 조선경제사에 대한 일련의 저작들에서 보인 연구 경향과는 달리 신민당의 당수로서, 중국공산당의 신민주주의 노선을 받아들여 연합성신민주주의를 주창하는 등 혁명이론의 토착화에 관심을 가지는 변화된 행보를 걷고 있다. 이로 인해 조선공산당은 학술 분야에서 주도권을 쥐기 위해 스스로 주도적으로 설립한 조선학술원을 포기하고 학술 분야에서 공산주의 노선을 전개하기 위해 새로이 과학자동맹을 만들어야 했다. 아무튼 조선학술원의 창립총회에서 이종률은 처음으로 공식적인 자리에서 조선공산당과 다른 입장을 드러냈다. 이후 이종률은 조공으로부터 한편

---

161) 당시 이종률은 이균이라는 이름으로 활동하였다. 이균에 대해서는 방기중, 『한국근현대사상사연구』(역사비평사, 1992), 228~229쪽 ; 김용섭, 앞의 책, 37, 39쪽 참고.

으로 회유를162) 한편으로 박해를 받아야 했다고 기술하고 있다.

이종률이 언제부터 조선공산당과 다른 방향을 취했는지 정확히 알기는 어렵지만 아마도 신간회 해체와 관련하여 생각할 수 있지 않을까 한다. 이를 독자적인 혁명론 구상으로 나아가게 한 것은 조선일보 논설고문이었던 이관용과의 만남, 경성제국대학 교수였던 미야케와의 조우가 계기가 되었을 것으로 생각된다. 이들로부터 이종률은 1920년 코민테른 2차대회에서 레닌이 제시한 식민지 민족혁명163)에 대해 알게 되었으며, 이를 통해 식민지 혁명의 특수성과 민족문제에 대한 인식을 가졌다고 한다. 이를 처음 접한 것은 배재중학 시절 이관용으로부터이다.164) 이후 조선민흥회와 신간회의 결성에 참여하면서 문제의식은 실천 논리로 심화되었을 것이다. 신간회 해체를 겪고 난 뒤 미야케와의 만남에서 미야케가 레닌의 테제를 다시 환기시켰을 때 그 공명은 컸던 것으로 보인다. 이후 이종률은 잡지 『이러타』를 발행하면서 조선 사회의 객관적 현실에 대한 자료의 축적에 몰두하였고, 민족혁명 테제에 대한 이종률의 인식도 깊어졌을 것으로 생각된다.

이런 의미에서 이종률에게 단독정부 반대는 바로 자주화투쟁을 의미하는 것이었다. 그 결정적 계기는 1945년 12월의 모스크바삼상회의 결정에 따른 정국의 소용돌이였다. 삼상회의 결정에 대한 민족주의 계열의 반탁반소운동과 사회주의 계열의 삼상회의 지지가 대립하면서 분단과 단정 수립의 가능성이 높아져 갔다. 이에 대해 이종률은 삼상회의의 내용에 대해 독자적인 이해 방식을 내세우고 있는데 그것은 다음과 같다. 첫째 삼상협정의 가장 중심적이고 기본적인 내용은 조선민

---

162) 조두원, 임화는 이종률과는 친근한 사이로, 이종률에게 조공 입당을 권유했다고 한다. 임화와 관련한 일은 산수이종률선생기념사업회 엮음, 앞의 책, 2002, 459~461쪽.

163) 『코민테른자료선집』 3(동녘, 1989), 3부의 자료 20, 21.

164) 산수이종률선생기념사업회 엮음, 앞의 책, 2002, 734쪽.

주주의임시정부의 구성이며, 탁치는 조선정부가 수립된 후 협의하여 결정할 문제라는165) 것이 삼상협정의 기본 인식이다. 둘째 일제를 구축한 것이 연합군이라는 즉 8·15의 제약성을 고려한다면 삼상회의 결정보다 더 유리한 결론을 도출하기 어렵다고 판단하였다.166) 셋째 삼상 결정은 미소 양국이 모두 인정하는 유일한 접점이므로, 이를 통해 통일정부를 수립하지 못한다면 미소 양군의 철수를 기대하기 어려우며, 이는 곧 미소 양군을 등에 업은 전쟁을 불러일으켜 민족을 전쟁의 참화 속으로 밀어 넣게 될 것이라는 것 등이다.167)

결국 통일적인 정부의 수립만이 분단과 전쟁을 피하고 자주권을 확보할 수 있는 유일한 길이므로, 이를 위해서는 민족주의 계열은 반탁반소운동을 그쳐야 하며, 조선공산당은 삼상회의 결정 반대 단체를 임시정부에서 배제하자는 입장을 철회할 것을 주장하였다. 이종률은 이상과 같은 주장을 담은 정치의견서를 배포하다가 경찰에게 구금되기도 했다고 한다.168)

이러한 과정에서 이종률은 자신의 주장을 뒷받침할 세력의 필요성은 느꼈던 것 같다. 이종률이 민족건양회를 구상한 것은 바로 그 때문이었을 것이나. 민족건양회는 이종률의 주도하에 안경근, 김창숙, 박진, 조윤제, 문한영 등을169) 중심으로 시국문제를 토론하는 일종

---

165) "탁치이든 후견이든 그 기한이 5년으로 못 박혀 있으며, 설사 탁치라고 하더라도 먼저 성립될 조선민주정부가 동의하지 않으면 실시될 수 없다는 점"이라고 표현하고 있다.

166) "삼상협정은 민주연합군적 국제우호의 정신에 입각한 것으로, 국제침략의 의도가 없는 결정"이라 표현하고 있다.

167) "자주통일건국을 위한 삼상결정의 領御的 善用"이라는 구호 아래, ① 안으로는 더욱 더 민족자주 민주주의 통일건국의 의욕과 실력을 고양하면서 ② '삼상결정의 상대적인 영어적 처지에서의 선용을 위한 지지'라는 방향에서 민주통일건국을 쟁취할 것"으로 표현하고 있다.

168) 산수이종률선생기념사업회 엮음, 앞의 책, 2002, 320~321쪽.

의 원로모임과 같은 것이었다.170) 이종률이 유고에서 사용하고 있는 1946년 1월 5일이라는 결성 일자171)는 아마도 이들이 최초로 모임을 가진 날인 듯하다. 이종률은 이 모임을 장차 결성할 전위당(사책당)의 모태로 삼고자 하였기 때문에 민족건양당이라고 이름 하였다. 民族建揚路線이란 민족을 건설하여 발전시키고 지양한다는 의미로서, 이종률의 민족혁명·인간혁명이 지향하는 바를 가장 함축적으로 표현한 것이다. 하지만 민족건양회는 끝내 정당으로 발전 확대되지 못하였다.

다른 한편으로 이종률은 사회단체 협의회 조직에 나서기도 했다. 이종률은 비상정치회의와 민주주의민족전선에 대응하여 제3의 독자노선으로 1947년 2월 이극로, 조봉암과 더불어 민주주의독립전선을 결성하였다.172) 민주주의독립전선을 통해 이종률은 중간파 또는 절충주의적 관점을 비판하며 제3의 노선을 추구하였으며, 여운형 김규식의 좌우합작운동을 지원함으로써 통일정부 수립을 지향하였다. 이상과 같이 이종률은 분단과 전쟁이라고 하는 눈앞에 닥친 위기를 자주적 통일정부 수립을 통하여 극복하고자 정당 및 사회단체협의회를 결성하고자 노력하였으나 결국 실패하고 1948년 남북 분단에 이어 1950년 전쟁을 겪게 되었다.

---

169) 김창숙 안경근 등의 이종률에 대한 지지와 신뢰는 절대적인 것이었다고 한다. 박진목의 증언에 따르면 이들은 이종률의 정세 판단에 절대적으로 의존하여 정치적 행보를 결정했다고 한다. 이들과의 관계는 뒷날 4·19 시기까지 계속된다.

170) 문한영 증언, 정창현 면접, 민주화운동기념사업회, 『민주화운동관련 사건·단체사전 편찬을 위한 기초조사연구 보고서』, 2006, 240쪽.

171) 민인사연구회 엮음, 앞의 책, 1989, 202쪽.

172) 여기에도 이종률은 이균이라는 이름으로 활동하고 있다[정태영, 『한국사회민주주의정당사』(세명서관, 1995), 277쪽].

2) 민족혁명론의 형성

(1) 자료 설명

혁명론과 관련하여 이종률은 상당한 양의 저작과 유고를 남기고 있어서, 이종률의 혁명이론과 활동 그리고 당시 혁명가들의 모습을 분석하는 데 참고가 된다. 예를 들면 『현정치노선 비판과 그 신방향 – 혁명 『정전개』캄파조직의 제소로서』(이하 『정전개』로 줄임)와 『국제신보』에 연재한 「백만독자의 정치학」,173) 『현순간정치문제소사전』, 『己未를 알자』, 그 외 『민족혁명론』과 『저작자료집』 1·2에 수록된 유고들이 있다.

그런데 이 가운데 『정전개』를 제외한 나머지는 모두 1950년대 이후의 저작물이다. 주지하다시피 한국전쟁 이후 오랫동안 우리 사회는 매카시즘의 광풍 아래 반공주의가 합법적 사유 공간을 점령하면서 일체의 변혁이론은 숨죽여야 하는 현실에 놓여 있었다. 이종률은 1952년부터 1961년까지 부산대학교 정치학과 교수로 재직하고 있었는데, 「백만독자의 정치학」과 『현순간정치문제소사전』은 각각 1958년과 1960년에 쓴 글이다. 특히 『己未를 알자』와 나머지 유고는 5·16쿠데타로 이종률이 수감되어 있던 시절 옥중에서 저술한 것과 출옥 후 씌여진 것이다.174) 수감되어 있던 기간은 말할 것도 없지만 출옥 후에도 이종률은 항상 감시 대상이었기 때문에 이종률은 부당한 정치적 박해를 피하기 위한 의도로 많은 수사적 표현들을 동원하고 있다. 이 때

---

173) 1958년 이종률이 편집고문으로 있던 『국제신보』에 게재한 정치평론으로, 당시 무척 인기 있는 칼럼이었다고 한다. 총 41회에 걸쳐 연재되었으며, 산수이종률선생기념사업회 엮음, 앞의 책, 2002에 재수록되어 있다.

174) 이종률은 1962년 쿠데타세력의 혁명재판에서 '민자통 통일방안심의위원회사건'으로 기소되어 10년형을 선고받고 5년간 복역하였다. 출옥 후에도 이종률은 경찰을 촉수로 하는 권력의 감시 속에 놓여 있었다.

문에 이종률의 저술을 읽는 데는 특별한 주의가 필요하다.

이런 점에서 『정전개』는 주목할 만한 저작이다. 『정전개』는 1949년에 저술된 것이어서 이상에서 말한 것과 같은 제약에서 자유로웠고, 더구나 신호라는 이명으로 출판하였기 때문에 자신의 혁명론을 가감없이 드러낼 수 있었던 것이다. 『정전개』는 申皓라는 이름으로 출판되었는데, 『정전개』가 이종률의 저작이라는 주장을 제일 먼저 했던 것은 홍석률이었다. 홍석률은 '민족건양' 등의 특이한 造語와 어투 그리고 그 안에 소개된 에피소드까지, 이후 이종률의 글과 일치한다는 점을 들어 『정전개』가 이종률의 저작이라고 판단했다.175) 실제로 이종률은 유고를 비롯한 저작에서 여러 차례 『정전개』를 인용하면서 주장의 논거를 삼고 있는데, 이는 이종률의 글에서 종종 볼 수 있는 모습이다.176) 즉 홍석률의 말처럼 이종률은 자신의 저작에서 이전에 자신이 이명으로 발표한 글을 다른 사람의 글처럼 인용하는 경우가 있는 것이다. 심지어 이종률은 자신이 관여한 단체를 설명하면서 마치 제3자인양 서술하기도 한다.177) 이는 혁명이론을 서술하고 있는 다른 저술들이 모두 1950년대 이후에 저술된 글들이기 때문에 자신의 혁명론을 온전하게 설명할 수 없었던 탓에 선택한 방식이라고 생각된다. 말하자면 『정전개』는 다른 사람과는 확연히 구별되는 이종률의 독특한 어투나 문장의 구사 방식, 1949년 당시의 제 정파에 대해 이종률이 취했

---

175) 홍석률, 『통일문제와 정치·사회적 갈등: 1953~1961』(서울대학교 출판부, 2001), 294쪽.

176) 이일구, 앞의 책, 1960, 23쪽 ; 민인사연구회 엮음, 앞의 책, 1989, 103쪽· 342~344쪽.

177) 이종률은 자신이 주도적으로 조직한 민족건양회, 민주민족청년동맹, 민족자주통일중앙협의회 등을 설명하면서 마치 자신과 무관한 단체인양 서술하고 있는데, 이 역시 이종률의 저작에서 자주 나오는 사례이다(이일구, 앞의 책, 1979, 152~153쪽 ; 민인사연구회 엮음, 1989, 94쪽, 202~203쪽 ; 산수이종률선생기념사업회 엮음, 앞의 책, 2001, 1034쪽).

던 정치적 입장, 무엇보다도 민족을 건설하여 지양한다는 민족건양노선178)의 천명 등으로 볼 때 이종률의 저작이라고 판단된다.

한편으로 『정전개』에는 이후 이종률의 저작에서 나타나는 혁명 논리가 이미 완연히 드러나고 있다. 이는 『정전개』를 저술할 당시 이종률의 혁명론이 정립되었음을 보여주는 것이다. 따라서 『정전개』는 이종률의 혁명론을 분석하는 데 가장 기본적이며, 가장 중요한 자료라고 할 수 있다. 우선 이 논문에서는 『정전개』의 내용을 중심으로, 이후의 저작들을 참고하여 이종률의 혁명론이 가진 특징을 분석하겠다.

(2) 민족혁명론

앞에서 살펴본 바와 같이 이종률의 혁명론은 일제 강점기의 혁명적 실천의 와중에서 문제의식이 생기고 모색의 과정을 거치면서 형성된 실천이론이다. 이 과정에서 마르크스주의를 비롯한 각종의 혁명이론이 영향을 미치거나 수용되었으며 한편으로 비판적 극복의 대상이 되기도 하면서 혁명론이 정립되어 갔다. 따라서 이종률의 혁명론을 분석하기 위해서는 당시에 제기되었던 다양한 혁명이론의 사조와 특히 동아시아를 무대로 전개된 혁명론과의 비교가 필요하다. 하지만 이런 본격적인 분석은 별고로 미루기로 하고, 이 논문에서는 『정전개』를 통해 나타난 혁명론을 중심으로 민족혁명론의 기본적 요소들을 검토해 보기로 하겠다. 이를 바탕으로 하여 남로당의 혁명론, 중국공산당의 신민주주의론과 이를 한국사회에 적용시킨 백남운의 연합성민주주의론과 비교하기로 한다.

이종률의 혁명론은 민족혁명과 인간혁명을 내용으로 하는 민인혁

---

178) 민족건양노선은 이종률의 혁명론을 가장 함축적으로 표현한 것으로, 이종률의 造語이다. 이 때문에 이종률은 전위정당을 결성하기 위한 조직의 명칭을 민족건양회로 하였던 것이다.

명론이다. 그런데 민족혁명과 인간혁명의 성격을 어떻게 규정할 것인가에 대해서는 제자 및 관련자들179) 사이에 심한 불일치와 그로 인한 논란이 존재하고 있다. 한편에서 민인혁명론이 궁극적으로 지향하는 바는 사회주의혁명론과 차별성이 없는 것으로서 단지 수사적 표현으로 이해되기도 하고, 다른 한편에서는 사회주의혁명론과는 다른 제3의 대안으로 파악되기도 한다. 이러한 논란은 다분히 이종률이 유고에 서술한 바에서 기인한 것이다. 이종률은 유고에서 여러 차례 우리 사회의 혁명론이 계급론이 아니라 민족론이라고 주장하며 계급혁명론을 부정하고 있고,180) 따라서 민족혁명 다음의 단계 역시 사회주의혁명이 아니라고 서술하고 있기 때문이다.181) 이 때문에 같은 시기의 활동가에게 이종률의 혁명론은 매우 괴팍한 논리로 여겨지기도 했으며,182) 때로는 매우 보수적인 입장을 지닌 인물로 받아들여지기도 했다.183)

하지만 앞서 살펴본 바와 같이 이종률은 사회주의 단체에서 중심 인물로 활동하였으며 일본 경찰에 의해 공산주의자로 파악되고 있었던 것이 사실이다. 따라서 이종률은 사회주의를 수용하면도 이를 토착

---

179) 이종률은 1950년대 초부터 부산대학과 동아대학 등 여러 대학에서 정치학을 강의하였고, 1952년부터 1961년까지는 부산대학교 정치학과에 재직하였다. 이 가운데 이종률의 혁명론에 공명하는 이들을 중심으로 이후에 더해진 제자들로 이종률의 門下가 형성되었다. 이들은 스스로를 민족혁명론 학맥이라고 부른다. 또한 이종률의 가족, 특히 아내인 민숙례는 역시 사회주의 활동가 출신으로 이종률과는 부부이자 동지였기 때문에 이종률의 혁명론에 대한 이해가 깊었다.

180) 민인사연구회 엮음, 앞의 책, 1989, 126 · 333쪽.

181) 민인사연구회 엮음, 앞의 책, 1989, 69쪽.

182) 유한종 증언, 「혁신계 변혁 · 통일운동의 맥」, 『역사비평』 1989 여름, 341쪽.

183) 송남헌 · 정태영 : 서중석, 「대담 : 고초로 점철된 혁신계 50년」, 『역사비평』 1995 봄, 88쪽.

적 현실에 적응한 혁명론으로 정립하는 문제, 즉 마르크시즘의 창조적
적용이라는 문제에 몰두했던 것으로 보아야 할 것이다. 이런 측면에서
1949년에 저술된 『정전개』는 당면한 한반도의 정치현실을 타개하고
혁명을 전개하기 위한 제안서라는 점에서 이종률의 혁명론의 원형을
파악하는 데 적절한 자료이다. 그간 『정전개』를 활용하여 이종률의 혁
명론을 분석한 사례가 없으므로, 이하에서는 『정전개』의 관련 부분을
가급적 원문대로 인용하겠다. 먼저 사회발전의 경로에 대한 『정전개』
의 서술을 보면 다음과 같다.

> "오늘날 우리 인민조국의 걷는 길은 정치 경제 사회의 전반에 걸쳐 혁명
> 적 민족무산자계급의 전투적 영도에 의한 인민적부르주아민주주의민족체
> 세의 건설과 아울러 그의 보다 고차한 과학적 사회주의 사회로의 지양을
> 지향하고 나아가며, 또 나아가게 하지 않으면 아니 된다. 그러므로 현 순
> 간에 있어서의 보다 치중되어야 할 과업은 인민적부르주아민주주의민족체
> 세의 건설인 것이다."[184]

　　즉 이종률은 우리 사회의 발전 방향을 인민적부르주아민주주의민
족제세의 건설과 과학적 사회주의의 지향이라고 주장하고 있다. 인민
적부르주아민주주의민족체세란, 그 자체로서 진보적이고 인민적인 성
격을 지니고 있었던 자본주의 초기와 달리 당시로서는 인민적인 것만
이 진보적 성격을 가진 옳은 부르주아민주주의이며, 조선 또는 민족
역시 인민적인 한에서만 진보적인 사실이기 때문에 '인민적'인, '민족
체세'라는 규정을 가한 것이라고 한다.[185] 즉 인민적부르주아민주주
의민족체세란 진보적이고 자주적인 부르주아민주주의체제를 규정한
것으로서, 이는 바로 부르주아민주주의를 한반도의 실정에 맞게 변용

---

184) 申皓, 앞의 책, 1949, 49쪽.

185) 申皓, 앞의 책, 1949, 51~52쪽.

시킨 것임을 알 수 있다. 인민적부르주아민주주의민족체세의 건설이라는 표현은 뒤에 서민성자본민주주의민족혁명(약칭 민족혁명)이라는 용어로 바뀌게 되지만 기본적인 성격은 같다. 즉 서민성자본민주주의란, 민주사유재산제적이며, 민족자주적이며 기계공업적인 자본민주주의,186) 또는 反봉건 反外制 反민족매판자본 즉 三反의 터전에서 기계공업적이며 서민적이며 사유재산제적인 인민민족자본제사회라고 규정하고 있기 때문이다.187)

과학적 사회주의에 대해서는 다음과 같이 설명하고 있다. 이는 엥겔스 해석에 따르면 공산주의를 의미하지만, 물질적 재산의 사회적 공유라는 공산주의의 원래 의미에 더하여 "다시 인간적 윤리 및 인생적 享味의 社會愛的 의미가 더 훨씬 충족히 표현될 수 있으므로"188) 과학적 사회주의라는 용어를 사용하였다고 한다. 즉 과학적 사회주의 사회의 지향이라는 것은 공산주의적 지향을 부정한 것이 아니고, 그것의 의미를 확장시킨 것으로 보아야 할 것이다. 과학적 사회주의의 지향이라는 표현 역시 훗날의 저작에서는 인간혁명이라는 용어로 바뀌게 된다.189) 유고에서는 민족혁명으로 시작되어 인간혁명으로 완결될 "그날의 그 사회를 특징적으로 사회주의사회라고 할 수는 없는 것이지만, 오늘날 우리들이 이해하고 있는 사회주의 내의 좋은 부분은 전부 차원 높게 섭양되는 것이기 때문에 일종의 범칭 사회주의적 사회라고 할 수

---

186) 민인사연구회 엮음, 앞의 책, 1989, 68쪽.

187) 이일구, 앞의 책, 1960, 23쪽.

188) 申皓, 앞의 책, 1949, 60쪽.

189) 과학적 사회주의를 설명하면서 이종률은 『人紀學素論』이라는 저작을 인용하고 있는데, 이것은 유고에서 인간혁명을 설명할 때 인용하는 申仁(또는 申浩模)의 『人紀論序說』(민인사연구회 엮음, 앞의 책, 1989, 32쪽, 83쪽, 242쪽 ; 산수이종률선생기념사업회 엮음, 앞의 책, 2001, 341쪽)과 같은 저술로, 역시 이종률의 저작으로 여겨진다.

있을런지 모른다"라고 서술하고 있는데190) 이는 사회주의에 대한 이종률의 인식을 보여주는 한 단면이다.

이상에서 살펴볼 때 인민적부르주아민주주의민족혁명체세의 건설과 과학적 사회주의의 지향으로 규정된 이종률의 혁명론은 마르크스주의 혁명이론의 범주를 벗어난 것이 아니며, 오히려 마르크스주의의 창조적 적용, 토착적 현실에의 적응 및 확장이라 할 수 있을 것이다.191) 실제로 이종률은 자신의 제자들에게 여러 차례 자신이 마르크스주의자임을 자처하였으며, "우리 사회에서 진정한 마르크스주의자는 민족혁명론자이다" 라는 표현을 구사하였다. 인민적부르주아민주주의민족혁명체세의 건설과 과학적 사회주의의 지향이라는 표현을 민족혁명과 인간혁명으로 바꾼 것은 두 가지 측면으로 이해된다. 하나는 부당한 정치적 사상적 박해를 피하기 위해서이고 다른 하나는 기존의 사회주의혁명론에 부가되는 어떤 성격을 포괄하기 위해서이다. 후자와 관련하여 이종률은 "우리는 마르크시즘의 기계적인 해서과 운용을 금하는 자이며 어디까지든 마르크시즘 正解를 위한 노력자가 되는 동시 마르크스 자신 채 미처 해명치 못한 것을 해명하여 마르크시즘의 권위와 우리 신흥계급의 진진에 유감됨이 없게 하려 한다"192)라고 하는 등 마르크시즘의 변용과 확장에 대해 매우 적극적인 인식을 가지고 있었던 것이다.

이 과정에서 인민적부르주아민주주의민족체세의 건설은 당면한 과

---

190) 민인사연구회 엮음, 앞의 책, 1989, 369쪽.

191) 이에 대해 이종률은 "마르크스주의는 종교와 달라서 관념론이 아니기 때문에 책에 쓰여있는 말을 사실이라고 여기는 것이 아니라 실제로 있는 사실에 기준하여 책을 쓰고 그를 개정 또는 증보하는 것이다. 마르크스주의적 실력이 세계적 수준에서 퍽이나 低率이고 또 사대사상이 퍽이나 강한 우리나라의 사태로서는 이 『납득되기 어려움이』 사실이다"라는 설명을 붙이고 있다(申皓, 앞의 책, 1949, 57쪽).

192) 申皓, 앞의 책, 1949, 64쪽.

업으로서 『정전개』는 이 과정을 제시하고자 한 것이었다. 이를 주도하는 영도세력에 대해 이종률은 민족무산자계급이라는 독특한 범주를 내세우고 있다. 즉 이종률은 계급의 정의를 "경제 정치 사회의 이해관계가 동일한 사회적 성원"이라고 규정하고, "오늘날 우리나라에서 오직 결정적인 혁명의 길을 밟지 않고는 자기가 겪고 있는 경제적 빈궁과 사회적 및 정치적 불우의 현상을 추방할 수 없는 결정적인 혁명 계급이 누구이냐 하는 문제의 해답으로서" 영도 계급을 추출하였다. 이는 민족의 형성을 저지당함으로써 질곡에 처해 있는 민족무산자를 동일한 이해관계를 가진 하나의 단위로 보았고, 이를 계급으로 인식하여 민족무산자계급이라고 이름 붙였던 것이다. 그리고 이때의 민족무산자계급의 성격은 "자주 민족 부르주아지의 경제적 착취와 정치적 박해에 의하여 생겨진 프롤레타리아계급이 아닌 것은 물론이요, 자주 민족 부르주아지사회의 한 현상으로서 생겨난 그 무산자계급과도 그 성질이 다르다"고 파악하였다.193)

이 가운데 프롤레타리아의 위상과 의의에 대해서는 다음과 같이 규정하고 있다.

"오늘날 우리나라에서 불려지고 있는 프롤레타리아라는 것은 그 계급적 범주가 독자로서, 한 계급을 형성하는 것은 아니고, 그는 이 민족무산자계급에 內屬되는—屬層인 것이다. 한 개의 속층으로서는 가장 혁명적인 것이어서, 같은 속층으로서의 청년무산자층과 더불어 민족무산자계급에의 한 중요한 부분이다."194)

"우리나라의 프롤레타리아란 그의 구체적 물질적 성능에 있어서 혁명영도자로서의 독자계급을 형성하는 것이 아니라, 민족무산자계급에 내속되

---

193) 이상은 申晧, 앞의 책, 1949, 52~54쪽.
194) 申晧, 앞의 책, 1949, 54쪽.

는 일 속층이라고 하였다. 그러나 그의 성능이 선진자본주의국가의 프롤레타리아와 같은 淳一性은 갖지 못하였다 하더라도, 혁명적 투쟁적인 점으로서 다른 속층보다 가장 우수하다. 그래서 이 프롤레타리아는 민족무산자계급 내의 가장 정예한 세력인 눈알 또는 손발과 같은 속층이라 할 수 있다."195)

민족무산자계급이라는 용어는 1965년 저술된 「민족 및 인간의 기초 이론」에서는 노력성 민족대중으로,196) 다시 1979년 저술된 「민족과 민족성향백성의 인식을 위한 수록」에서는 민족성향백성으로197) 바뀌게 되지만 그 내용은 기본적으로 동일하다.

이와 같은 민족무산자계급론은 당시 남로당의 프롤레타리아헤게모니론을 정면으로 부정하는 것으로서, 이종률은 "한 속층으로서의 프롤레타리아를 한 계급인 것처럼 생각하여 거기에 혁명투쟁의 영도권을 돌려야 한다는 운운은 이해적으로는 관념론이요, 조직적으로는 분열주의를 초치하는"198) 것으로 비판하였다. 이종률에게 분열주의는 최대의 악덕으로 여겨지는 것인데, 이종률은 1949년 당시의 정치적 조직적 혁명진세의 가장 중요한 특징을 한마디로 말하면 멸렬과 분쟁이라고 하면서, 그에 따르는 惡 시태는 인민의 유혈과 아울러 민족을 통털어 멸망케 하는 전쟁의 위기를 양성하는 것이라고 단언하고 있다.199) 반대로 적본주의는 최대의 미덕으로 여기고 있는데, 민족무산자계급으로 나타난 광범위한 연대의 제안은 바로 이 적본주의적 성격을 최대화한 것이라고 할 수 있다. 혁명주체에 대한 이러한 규정은 전

---

195) 申皓, 앞의 책, 1949, 19쪽.

196) 민인사연구회 엮음, 앞의 책, 1989, 127쪽.

197) 민인사연구회 엮음, 앞의 책, 1989, 143쪽.

198) 申皓, 앞의 책, 1949, 55쪽.

199) 申皓, 앞의 책, 1949, 4쪽.

위당론에도 반영되어 이종률은 남로당의 전위당적 성격을 부정하고 민족무산자계급의 전위당을 주장한다. 전위당이라는 표현 역시 이후의 저작에서는 사책당이라고 바뀌는데, 내용에는 차이가 없다.

이상과 같은 민족혁명론의 기저에는 우리 사회가 후진성지역이라고 하는 현실 인식이 자리 잡고 있다. 즉 이종률은 우리 사회를 일러 서유럽과 같은 선진성지역이나 러시아와 같은 근선진성지역과 다르고, 중국과 같은 중진성지역과도 다른 후진성지역이라고 한다. 즉 조선은 한말 개화파의 개혁이 실패하면서 봉건세력이 온존하여 봉건적 孱弱200)이 더욱 심해지고 경제 발전이 어려워졌으며, 그 위에 제국주의 침탈을 받아 더욱 허약해진 후진성지역이라고 규정한다. 후진성지역이라는 분석은 이종률의 혁명론을 관통하는 핵심적 요소이다.

이는 투쟁의 대상인 반동세력에 대한 분석에도 영향을 미쳐 반동세력은 다음과 같은 특징을 가진다. 즉 반동세력으로는 민족적 외침공세, 봉건적 전제세력, 민족 내 독점자본가적 세력의 경향이 존재하는데,201) 이 가운데 가장 핵심적인 반동세력은 외세이며, 매판자본은 반동세력으로서의 독자성을 갖지 못하고 외세 및 봉건세력과 반동적 야합을 함으로써 비로소 반동세력으로 존재하는, 말하자면 보조 역할을 하는 것으로 파악한다. 이 때문에 각각의 반동세력에 대한 전술적 입장도 차이가 있어서 외세는 배격하고, 봉건세력은 청소하며, 매판자본은 견제해야 한다고 한다.202)

마지막으로 민족혁명과 인간혁명의 관계에 대해서는 양자를 기계적으로 구분된 두 단계로 파악하지 않는 점이 가장 큰 특징이다. 즉

---

200) 저서에는 "殘弱"으로 표기되어 있지만 이는 "孱弱"의 오기인 것으로 보인다.

201) 혁명대상에 대한 이러한 규정은 후일 반외세·반봉건·반매판의 民族三反의 논리로 발전하면서 약간의 변화를 가지는데, 이는 매판자본의 반동성이 강화된 것을 반영한 것이다.

202) 申皓, 앞의 책, 1949, 49~50쪽.

민족혁명이 끝나고 인간혁명이 이어지는 관계는 아니라는 것이다. 먼저 진행되는 것은 민족혁명이지만 이어서 인간혁명으로의 발전이 추구되며, 민족혁명의 성과는 인간혁명의 전개를 위한 기반이 된다. 동시에 인간혁명의 전개 과정은 다시 민족혁명의 확대 발전을 촉진하는 기능을 한다. 이를 일러 이종률은 "민족혁명 과정의 모든 성과는 인간혁명의 뿌리와 둥치인 내용으로 되고, 인간혁명의 모든 성과는 민족혁명의 가지요 꽃인 내용으로 되는 것이며, 힘의 관계는 상향 하향 등 호조성을 갖는 것이다. 뿌리와 둥치 그리고 가지와 꽃, 이 두 부분은 상대적인 各異性을 가지되, 한편 대체로 하나인 내용으로서의 유기적 일체성을 가지게 되는 것이다"203)라고 표현했던 것이다. 결국 두 혁명의 과정이 순차적으로 진행되기는 하지만 민족혁명의 완성은 인간혁명을 통해 이루어진다는 것이며, 이 때문에 민족혁명과 인간혁명을 민인혁명으로 합칭하기도 하는 것이다. 이런 이유로 이종률은 민족혁명과 인간혁명 사이를 표기하는 부호를 →를 쓰지 않고 → 아래에 ←를 붙인 독특한 부호를 써서 '⇄'로 표시하였다.204)

　이 과정에서 민족은 건설되었다가 결국 지양되는 대상이다. 이와 관련한 서술을 살펴보면 다음과 같다.

　"우리의 이러한 觀은 오늘은 민족의 건설―인민적부르주아민주주의민족

---

203) 민인사연구회 엮음, 앞의 책, 1989, 71쪽.

204) 하지만 과학적 사회주의의 지향, 즉 민족혁명에서 인간혁명으로 나아가는 과정에 대한 이종률의 설명은 매우 모호하다. 즉 자본주의 사회에서 발달하는 생산력과 개인주의적 생산체제 사이에 노정된 모순은 점차 확대되면서 결국 생산수단을 사회 공유로 하고, 전반적인 생산체제를 과학적 사회주의화한다는 설명을 하고 있기는 하지만, 핵심적인 부분이라고 할 수 있는 첨예화된 모순이 어떤 방식으로 처리되어 사회주의가 실현되는지에 대한 설명이 없기 때문이다. 또한 인간혁명을 진행하는 영도세력에 대한 설명도 없어서 이해를 어렵게 하고 있다.

체세로서의 건설 — 의 과정이다. 그러나 명일까지도 민족적인 사회라고는 보지 않으며, 보아서는 안 된다고 생각한다. 명일은 틀림없는 사회주의 사회 — 과학적 사회주의 사회 — 가 오게 해야 하며 오게 되는 것이다. 그러므로 이러한 우리의 주장은 민족의 건설과 동시에 보다 고차·발전적인 방향을 향하고 그를 지양시키기 위한 운동인 것이다. 이를 다시 말하면 有를 만들면서 동시에 보다 고차한 성질의 無가 되게 함으로써 일약한 新有에로의 발전을 期케 하는 것이다.

가장 옳은 견해이다. 오늘날 우리 인민의 사회적 생태는 완성된 民族體勢에서 그의 지양을 위한 투쟁인 것이 아니고, 민족체세로서의 건설을 기하면서 그러나 그 지향이 민족을 부인하는 과학적 사회주의 사회에로임을 변증법적 방법으로 결부시켜 나가는 것이다."

이런 의미에서 이종률은 자신의 혁명론을 民族建揚路線이라고 하였던 것이다.

이러한 혁명론의 논리구조는 같은 시기 중국 공산당의 신민주주의론과 유사한 점이 많다. 즉 신민주주의론은 신민주주의혁명의 성격이 자본주의의 부정이 아니므로 혁명 후의 체제는 사회주의가 아니라고 한다. 따라서 신민주주의혁명에는 소부르주아와 일부 민족부르주아지가 참가하게 되며, 이 혁명으로 수립되는 정부의 형태는 프롤레타리아독재나 노농독재가 아니라 모든 혁명적 계급이 연합한 통일전선적, 즉 혁명적 계급의 연합독재이다. 동시에 이 혁명은 민주주의혁명이지만 자본주의 국가가 반대하고 사회주의 국가에 의해 지지되는 혁명, 즉 사회주의 진영의 일부로 편입되는 혁명이다. 그리고 혁명 후에도 중요 산업과 특수대기업을 제외하고 토지와 중소개인자본은 여전히 사유로 존재하고, 사유재산에 대해서는 협동조합활동을 강화한다는 점 등이 그러하다.205)

---

205) 신민주주의혁명에 대해서는 모택동의 「신민주주의론」(1940), 「연합정부론」(1945), 「현정세와 우리들의 임무」(1947) 참조[브루노 쇼 편, 『중국혁명과 모

사실 신민주주의론 역시 러시아와는 다른 중국의 토착 현실에 기반을 둔 혁명론에 대한 실천적 모색의 소산이라는 점에서 민족혁명론의 현실적 기반과 상통하는 점이 있다. 실제 이종률은 마오이즘에 대한 긍정적 평가와 더불어 우리 혁명에 참고가 된다는 생각을 가지고 있었다. 동시에 신민주주의론의 한국판이라고 할 수 있는 백남운의 연합성민주주의론에 대해서도 긍정적인 입장을 취하고 있다.

하지만 이종률은 조선과 중국의 현실은 질곡의 원인이 외세 침략과 봉건전제의 온존이라는 점에서 공통점이 있지만 분명한 차이도 있다고 보았다. 즉 중국은 반식민지로서 주권을 완전히 상실한 상태가 아니었기 때문에 외세침탈의 강도가 우리와는 차이가 있다는 것이다. 또한 다소간의 자립적 자본주의 발전이 가능하였기 때문에 민족자본가의 실태나 프롤레타리아의 성장 정도 및 반봉건투쟁의 의미 등에서 우리와는 차이가 있다고 보았다. 이런 이유로 중국은 중진성지역이라고 표현히며, 중국의 신민주주의혁명론을 그대로 받아들일 수 없다고 여겼다.

이런 현실의 차이가 민족혁명론에서는 프롤레타리아의 영도성을 부징하고 프롤레타리아를 속층으로 포함하는 민족무산자계급론으로 나타나고 있는 것이다. 마찬가지 논리로 민족부르주아에 대한 입장도 신민주주의론에 비해서도 훨씬 유연하게 나타난다. 즉 기본적으로 매판세력의 독자적 반동성을 인정하지 않고 이들이 외세 및 봉건세력에 의존하여 반동성을 유지하는 보조 반동으로 파악한다는 것은 앞서 말한 바 있다. 이에 더하여 이종률은 민족부르주아에 대해 보다 세밀한 분석을 가하여 중소부르주아는 물론 대자본이나 대지주 중에서도 긍정적인 요소를 추출해서 우군으로 확보해야 한다는 논리를 전개하고 있다.206)

택동사상』 2(석탑, 1986)].

206) 이에 대해 이종률은 "대지주 독점자본가 및 貴紳의 부류라도 얼마는 항일의 과거를 가졌으며 또 앞으로도 우리 인민 조국에 희생적인 봉사를 할 사람들이 없지" 않다고 표현하고 있다(申皓, 앞의 책, 1949, 56쪽).

민족부르주아에 대한 이종률의 이러한 입장은 크게 두 가지 측면을 가지고 있다. 첫째 이종률은 자본주의 사회가 가진 근대적 평등주의와 높은 생산력에 대해 높이 평가하고 있으며, 강력하고 자립적인 자유기업체제에 경제적 기반을 둔 민족사회의 건설을 통해 후진성을 극복할 수 있다고 하는 생각이다. 둘째는 일부 부정적인 요소를 가지고 있다고 하더라도 민족부르주아가 역사에 기여할 수 있는 측면이 있기 때문에 이를 견인해야 하며, 그렇게 하지 않으면 반동화의 위험이 있다는 적본주의적 입장에 기초한 판단이다.207)

이런 이유로 이종률은 민족혁명 단계의 정치체제는 자본민주주의라고 규정하였다. 즉 정치체제로서의 민주주의를 자본민주주의와 노동민주주의로 분류하고, 자본민주주의는 다시 집중성 자본민주주의와 서민성 자본민주주의 및 수정자본민주주의인 민주사민주의로 분류하고, 노동민주주의는 소비에트민주주의와 인민민주주의로 분류하였던 것이다. 이 가운데 민족혁명 단계의 정치체제는 자본민주주의의 범주에 속하는 것이고, 인민민주주의는 노동민주주의로 구분한 것이다.208)

끝으로 민족혁명이라는 용어와 관련하여 한 가지 언급해야 할 것이 있다. 유고에 의하면 이는 1920년 코민테른 2회대회에서 레닌이 제출한 보고서 〈식민지·민족문제에 관한 테제〉에 제기된 내용으로서, 이 대회에서 레닌은 식민지에서의 혁명은 계급혁명이 아니라 민족혁명이라고 주장했다는 것이다.209) 이종률 자신은 배재중학 시절 이관용으로부터 들어 알게 되었으며, 이후 미야케 교수와 이에 대해 논의를 나

---

207) 이런 인식은 친일파 청산에 대해 이종률이 가지는 입장과도 일맥상통한다.

208) 민인사연구회 엮음, 앞의 책, 1989, 67쪽.

209) 정확히 말하면 "민족혁명운동", "혁명적 해방운동", "혁명운동", "민족해방운동", "혁명적 해방적 조류" 등의 표현이 사용되었고, 그 내용은 식민지의 공산주의자들이 혁명적 민족운동을 지원해야 한다는 것이었다(『코민테른자료선집』 3, 3부의 자료 20, 21).

누었다고 기술하고 있다. 이후 1935년 중국에서 김원봉을 당수로 결당된 민족혁명당의 명칭을 보고 동류의식을 느꼈다는 기술을 하고 있다. 하지만 이것은 의아스러운 일이다. 이종률은『정전개』에서 민족혁명이라는 용어를 사용하지 않고 있으며, 줄곧 인민적부르주아민주주의 민족체세라는 용어를 사용하고 있기 때문이다. 그런 점에서 볼 때 민족혁명이라는 용어는 한국전쟁 이후에 사용한 것 같다.210) 하지만 서민성자본민주주의민족혁명이라는 용어가 현재 많이 알려져 있고 이종률의 혁명이론을 표현하는 것으로도 무리가 없다고 생각하여 이종률의 혁명이론을 민족혁명론이라고 지칭하였다.

　이상과 같이 민족혁명론의 원형이라고 할 수 있는『정전개』와 이후의 저술을 비교하면서 불충분하나마 이종률의 혁명론을 검토하였다. 그 결과 민족혁명론은 마르크스주의의 교조적 적용을 거부한, 토착적인 혁명론의 모색의 결과물이라는 것을 알 수 있었다. 하지만 그것은 마르크스주의의 문제의식을 벗어난 또 다른 이념체계라기 보다는, 그 창조적 적용을 통한 확장의 시도라는 관점에서 이해해야 할 것이라는 결론에 이르렀다.

맺음말

　민족혁명론에 입각한 이종률의 실천 활동은 4·19시기의 자주화투쟁, 즉 민족자주통일중앙협의회를 중심으로 한 자주적 통일운동에서 정점에 이른다. 따라서 이종률의 혁명운동에 대한 평가 또한 최종적으로는 4·19시기의 정치활동을 분석함으로써 마무리 지을 수 있을 것이

---

210) 이종률이 대학 교수로 재직하던 1950년대의 제자들은 이종률로부터 민족혁명론을 배웠다. 그리고 이종률의 문하들은 스스로를 '민족혁명론 학맥'이라고 이름하고 있다.

다. 그런 의미에서 이 논문은 향후 4·19시기 이종률의 정치 활동을 분석 평가하기 위한 사전 작업으로 진행되었다. 이후 이 연구는 분단을 척결하고 자주적 통일을 달성하기 위한 이종률의 혁명운동을 조망하는 연구로 이어질 것이다.

8·15 이후 이종률의 민족건양회 활동과 민족혁명운동

장동표 | 부산대학교 교수

머리말

民族建揚會는 민족혁명노선 방향의 정치적 실천을 책임지고 영도하는 단체로서 1946년 1월 결성된 당과 같은 조직이다. 혁명당이라는 이름은 붙이지 않았지만 혁명을 위한 혁명가들이 역사의 전진을 책임지는 지도자들의 모임으로 조직된 것이라 할 수 있다. 李鍾律은 민족혁명 완수의 책임을 지는 전위당적 조직으로서 역사의 救出과 전진을 책임지는 이러한 당을 史責黨이라 하였다. 민족건양회는 정당의 창립을 준비하기 위한 민족정치 소집결 단체의 성격을 표방하였으며, 사실상 이종률의 사론이 집약된 조직이었다. 민족건양회는 民族史를 건설하여 그것을 人間史 방향으로 止揚한다는 철저한 과학적 신념을 가지고 조직된 것이다. 민족사를 건설한다는 것은 인간사 방향의 민족혁명을 완수하면서 이루어지는 것으로 보았으며, 민족건양회는 이를 책임지고 완수할 민족당의 발기기관으로서의 성격을 지니고 있었다.

민족건양회는 이 같은 내용의 민족사 건설을 위하여 1960년 민자통 결성에 이르기까지 庶民性資本民主主義 방향의 民族革命運動을 지속적으로 전개하였다.[1] 우선 1947년 완전한 조선독립을 위하여 미소공위의 조속한 성공과 동시에 자주적 입장을 견지하였던 민주주의 독립전선을 이극로 등과 함께 조직하여 활동하였다. 1952년 이른바 '5월 정치파동' 때 부통령이었던 성재 이시영을 대통령으로 당선시키려 한 것도 민족건양회의 보이지 않는 노력이었다. 민족건양회는 1956년 대통령 선거 때 해공 신익희 후보 진영에서 통일논책을 조직적으로 제시하였다. 1960년 3·4월 민족항쟁 이후에는 민자통 결성의 조직적 모체로서 매우 중요한 역할을 하였는데, 이 때 민족건양회 회원들이 민자통 조직의 핵심이 되어 활동하였다. 민자통 조직 이후에도 민족건양회는 소멸된 것이 아니라, 민주·민족운동의 뿌리와 같은 역할이 지속되었다.[2]

민족건양회는 이종률의 민족혁명운동과 사상을 이해하는데 있어 매우 중요한 조직이다. 본고에서는 1945년 8·15 이후 이종률의 정세 인식을 살피면서 민족건양회를 창립하게 되는 과정과 당시의 활동을 먼저 살핀다. 다음으로 민족건양회 조직을 바탕으로 한 민족혁명운동의 내용으로 1950년대 대통령 선거 참여를 통한 통일운동 등의 노력

---

1) 민족건양회 조직의 활동과 내용에 대한 지금까지의 연구는 거의 전무하다시피 하다. 다만 김지형, 「4·19 직후 민족자주통일협의회 조직화 과정」, 『역사와 현실』 21, 1996 ; 「4월 민중항쟁 직후 민족자주통일중앙협의회 노선과 활동」, 『4·19와 남북관계』(한국역사연구회 4월민중항쟁연구반 지음)(민연, 2000) ; 안병욱, 「4월 민중항쟁기 진보적인 통일론의와 통일운동」, 『국사관논총』 75, 1997 ; 김선미, 「이종률의 혁명운동과 민족혁명론의 형성」, 『지역과 역사』 17, 2006 ; 졸고, 「산수 이종률의 민족운동과 민족혁명론」, 『지역과 역사』 10, 2002 등의 논고에서 부분적으로 참조할 수 있다.

2) 이종률은 민족당 창립 시점을 민자통의 활동을 바탕으로 역량을 성숙시키면서 1961년 8월 15일 '고려민족당'을 건설한다는 목표를 잡았으나 5·16쿠데타로 무산되었다고 하였다[이종률, 『민족혁명론』(들샘, 1989), 204쪽].

들과 1960년대 이후 민족건양사론에 입각한 민자통 조직에의 참여와 통일운동 전개 및 5·16쿠데타 이후의 투옥과 저술활동 등을 중심으로 고찰하기로 한다.3)

1. 8·15 이후 이종률의 정세인식과 활동

8·15 이후 이종률의 민족혁명운동은 민족건양회의 창립과 활동으로 압축된다고 하여도 과언이 아니다. 민족건양회의 창립은 당시 정치상황에 대한 철저한 분석 위에서 이루어졌다. 그는 일제가 물러난 이후에도 민족혁명운동의 실천이라는 시대적 과제가 계속되어야 하는 것으로 보고, 1946년 1월부터 民族建揚會를 조직하여 혁명운동을 전개하였다. 그는 1945년 8월 15일을 '광복절' 혹은 '해방'이 아니라 '8·15'라 불렀다. 이와 관련하여 이 무렵의 다양한 정치세력에 대한 정세 인식을 그의 논저에서 언급한 내용으로 중심으로 정리하면 다음과 같다.4)

먼저 민족전선적 정치조직으로 조직된 조선건국동맹의 강령5)은

---

3) 1945년 8월 15일 이전까지 이종률의 민족혁명운동에 대해서는 본서에 수록된 전명혁(「山水 李鍾律의 민족해방운동과 민족통일전선론」), 김승(「일제강점기 이종률의 민족혁명운동」), 김선미(「이종률의 혁명운동과 민족혁명론의 형성」) 등의 논고에 자세히 밝혀져 있다.

4) 이에 대해서는 산수이종률선생기념사업회에서 방대한 유고의 일부를 정리하여 2001년과 2002년에 각각 펴낸『山水李鍾律著作資料集』제1집과 제2집, 역시 유고의 일부를 민인사연구회에서 엮어 펴낸『민족혁명론』(1989)에 이종률이 직접 피력하였던 내용을 종합하여 정리하였다.

5) 강령 내용은 "1. 우리는 각층 각파의 민족적 총역량을 집결하여 조선의 완전독립을 기함. 2. 우리는 연합국과 협력하여 일본 제국을 타도하고 내외의 제국주의세력을 철저히 배격하여 민족의 완전 해방을 기함. 3. 우리는 정치·경제상 일체 施爲를 민주주의 원칙에 기하고 특히 근로 인민대중의 해방에 注重함"이

비타협민족론의 방향이나, 구체적 정치 노선에 대한 천명이 없었다고 하였다. 8월 16일 이영을 책임비로 하여 발족된 조선공산당은 프롤레타리아혁명론을 주장하고, 9월 8일 박헌영을 책임비서로 하여 발족된 조선공산당은 박헌영의 「옳은 노선을 위하여」를 통하여 부르조아민주주의혁명론을 주장하면서 혁명의 영도자세력은 노동자계급이라는 것을 밝혔다.6) 박헌영은 이 때 외세의 지배가 해결된 것으로 인식하였다.

이종률은 박헌영 정치노선이 지닌 反과학성을 다음과 같이 지적하고 있다. 첫째 부르죠아민주주의 혁명론은 금융자본제 단계에 들어서게 된 자본의 성능이 集中性과 庶民性의 면에서 성격변화를 일으키게 된 역사단계에 있어, '庶民性' 또는 '反集中性' 등의 관형사가 붙지 않는 그냥 그대로의 '부르죠아민주주의 혁명'이란 표현은 하나의 관념론적 혼미성을 가지게 되는 것이며, 둘째 영도자 세력 구성으로서 일언지하에 '노동자계급' 운운함은 우리지역 계급구성에 대한 과학적인 분석능력을 갖지 못한 것이다. 결국 박헌영의 노선은 비판을 면하기 어려운 '좌익모험살인주의' 현상을 초래한다는 것이다.7)

조선학술원 원장 백남운이 「조선 민족의 진로」라는 자신의 논문을 통하여 제시한 '연합성민주주의 과정'이라는 것에 대하여, 이종률은 물론 가능하지 못한 방법론이기는 하였으나 기구하고 특수한 역사적 및 국제적인 사정에 의하여 일반론이 아닌 구체론으로서의 자아성을 강조하려 하였던 것으로 이해하였다.8) 이승만에 대해서는 '덮어놓고 단

다(『민족혁명론』, 「옳은 정치노선을 위한 일 제언」, 340쪽).

6) 『민족혁명론』, 「옳은 정치노선을 위한 일 제언」, 341쪽.

7) 『민족혁명론』, 「옳은 정치노선을 위한 일 제언」, 343쪽.

8) 8·15 직후 조선학술원 창립과정에서 치열하게 전개된 정세파악 논의 과정에서 이종률은 계급문제보다 여전히 민족문제가 더 근본적으로 중요한 것이라 하면서, 조선공산당이 지향한 '사회주의' 건설도 제국주의 외세를 타도한 후에 가

결'론식의 무노선의 주장만 전개하고 있었다고 한다.

1945년 12월 중국에서 귀국한 김구 중심의 한국독립당이 '三均主義' 정치노선을 표방한 것에 대하여 '삼균'은 경제균등과 정치균등 및 교육균등을 말하는 것으로 단순한 정책의 일부와 같은 것이라 하였다. 이는 정치노선의 철학적 보장물인 '주의'로서 성립되기에는 방법론적으로 불가능하다는 것이었다. 1946년 2월 여운홍을 위원장으로 하여 창립된 사회민주당은 당명 그대로 사회민주주의 또는 민주사회주의 정치노선을 이 땅에서는 최초로 표방하였다고 보았다.[9] 이종률은 해방이후 여러 가지 각도에서 가장 가치성이 있는 정치 조직의 명의로 1945년 12월 이후의 新韓民族黨과 임시정부와 동시에 환국한 朝鮮民族革命黨으로 보았다.[10]

이종률은 '민족혁명'이라는 용어를 사용한 조선민족혁명당에 대한 관심이 각별하였다. 비록 조직 세력은 한미하였지만 가장 역사적·정치적 가치성을 지닌 것은 비로 조선민족혁명당이라 하였다. 조선민족혁명당이야말로 역사 行程의 과학적 분석을 통해 정립되는 민족혁명 노선의 구체적이고 실천적인 책임자로서 그 전위당의 명칭이라 한 것이다. 그래서 1945년 12월 조선민족혁명당 서기장 김규식과 친한 관계였던 島峰 朴震과 趙潤濟 등과 함께 민족전위당으로서 史責黨의 조

능한 것으로 보았다. 여기에 파괴라는 의미의 '反'의 구체적 내용인 반제, 반봉건, 반매판의 三反을 기본으로 하는 민족혁명운동 노선이 요구되는 것이라 보았고, 그 다음 노선은 민족혁명의 주체 세력인 민족대중이 요구하는 대로의 길 즉 史路대로 가야 한다고 하였다(『민족혁명론』, 「민족과 민족성향백성의 인식을 위한 수록」, 179~185쪽 참조).

9) 같은 맥락에서 때를 같이하여 동아일보 주필 교수 김삼규는 「민족사회주의 서설」이라는 논문을 공개하여 '민족사회주의' 정치노선을 제창한 것에 대하여 이것 역시 실천적으로 세력화 되지 못했다고 하였다(『민족혁명론』, 「옳은 정치노선을 위한 일 제언」, 343쪽).

10) 『산수이종률저작자료집』 제1집, 「Ⅳ. 우리 政治結社 名義 略考」, 419~420쪽.

직을 위한 방법의 하나로 조선민족혁명당을 조직적 및 이론적으로 改擴시키려 하였으나 이루지 못하게 된다. 결국 좌우 세력의 협공으로 조선민족혁명당이 단순한 중간당 성격의 조선인민공화당으로 전락되고 말았다.11)

　이종률은 8·15 이후 자신의 전체적인 정당 인식의 기본 틀을 '조선공산당의 좌익 기회주의적 정치무모와 한국민주당의 우익 무원칙주의적 정치무모'12)로 표현하면서, 학문인으로서도 매우 힘들 수밖에 없었다고 하였다. 그는 자신의 정치학을 좌우 어느 노선도 과학적 정치노선이 될 수 없다는 인식하에 좌파도 우파도 될 수 없는 '非左非右' 정치학이라는 말로 압축하였다.13) 이른바 해방정국의 정치세력을 분석함에 있어 좌우의 이분법적 시각에 바탕을 둔 논의가 주류를 이루고 있는 현실에서,14) 이 같은 입장을 끝까지 견지하고 실천한 그의 역사적 경험은 많은 시사점을 던져준다. 이종률은 좌익과 우익의 개념을 정치세력구조의 본체적 갈피로서가 아니라 그 작용 과정의 갈피로 이해하였다.15) 주지하듯이 당시는 조선공산당과 이승만 방향의 노선에

---

11) 『민족혁명론』, 「민족건양회 창립과 마르크스주의 토구의 자세」, 228쪽.

12) 『산수이종률저작자료집』 제2집, 「Ⅰ. 大我民族勝利 南北同慶統一의 進取를 위하여」, 87쪽.

13) 『산수이종률저작자료집』 제2집, 「Ⅷ. 8·15 이후 「非左非右」인 나의 政治學 苦戰談」 참조.

14) 예를 들어 서중석은 「정치지도자의 의식과 유교문화-이승만을 중심으로-」 [『대동문화연구』 36(성균관대학교 대동문화연구원, 2001)]라는 글에서 8·15이후의 역사 상황을 단순히 좌우로 분류하면서 '김구와 김규식을 해방 정국의 우익 3영수'라 한 것이 하나의 사례인데, 이는 민족혁명론의 관점에서 잘못된 시각이라 생각된다. 이종률은 김구와 김규식을 좌우논리와 무관한 의미의 민족주의 노선의 인물로 평가하였다.

15) 이종률은 교육과 수양과 산업 등의 진흥으로써 민족독립에 기여한다는 무실역행주의자인 安昌浩 등은 우익 민족주의자였고, 혁명적 방법에 의한 민족교육과 결속과 항쟁으로써 일제에 반대하여 민족독립을 戰取한다고 말하며 실

가입하지 않으면 안 되는 이념 갈등의 연속이었다. 그 자신도 개인적으로 잘 알고 지내던 많은 좌·우 정치세력으로부터 정치활동 참여의 권유를 받았으며, 이들과 많은 토론이 벌이기도 하였다.16)

　먼저 조선공산당에서는 그와 매우 가까운 친구였던 박헌영의 심복비서 趙斗元17)과 역시 가까운 사이였던 尹行重과 林和로부터도 집요한 입당 권유를 받았으나 결국 입당하지 않았다.18) 이종률은 박헌영이 역사적 정치행위로서 구체적 사실을 무시하면서까지 1943년에 이미 조직적으로 해체된 국제공산당의 권위에 기댄 칼을 함부로 휘둘렀던 사실을 지적하고 있다. 그 사례의 하나로 박헌영이 경성고보와 경성제대를 나온 보성전문 교수이자 공산주의 경향의 학도이며 전북 익산의 대지주인 金海均으로부터 명분 없는 '공산당기금'의 명목으로 받은 현금 2백만 환을 바로 국제공산당에서 보내온 자금인 것처럼 꾸며 당세 확장의 기틀을 만들었다고 한 것이다.19)

천한 金九, 李相卨, 安重根 등은 좌익 민족주의자라 하였다. 따라서 임시정부에서 쫓거났고 1945년 이후 환국하여 단정을 기도한 李承晩과 그 黨類는 사실 우익도 아무 것도 아닌 것이라 하였다. 또한 그는 사회주의에서도 마찬가지로 생시몽(1760～1825)과 푸리에(1772～1837)와 같은 이상론적 사회주의자는 좌익 사회주의자라 할 수 있고, 레닌과 毛澤東 같은 혁명적 사회주의자는 우익사회주의자라 할 수 있다고 하면서, 결국 8·15 이후 사회주의 또는 공산주의 방향은 좌익이라 하고 그것 아닌 모든 정치세력은 모두 혼합해서 우익이라 하는 것은 잘 못된 인식이라는 점을 지적하고 있다(『산수이종률저작자료집』 제2집, 「Ⅷ. 8·15 이후 「非左非右」인 나의 政治學 苦戰談」, 476～477쪽).

16) 『산수이종률저작자료집』 제2집, 「Ⅷ. 8·15 이후 「非左非右」인 나의 政治學 苦戰談」, 459쪽.

17) 『산수이종률저작자료집』 제2집, 「Ⅰ. 大我民族勝利 南北同慶統一의 進取를 위하여」, 86쪽. 조두원은 연희전문 문과를 마치고 1925년 조선공산당의 천거로 모스크바로 가서 세칭 共大를 마쳤으며, 귀국 후 반제투쟁을 하다가 체포되어 4년 동안 형무소 생활을 하고 나온 인물이었다.

18) 『산수이종률저작자료집』 제2집, 「Ⅷ. 8·15 이후 「非左非右」인 나의 政治學 苦戰談」, 473쪽 ;『민족혁명론』 193쪽.

한편 조선인민당에서는 一洲 金剛山人 金振宇, 傑笑 李基錫 등과 같은 그의 선배 지인들이 자신에게 입당을 권유하였으나 따르지 않았다.[20] 이종률은 김진우는 대[竹] 그림의 名畵이자 민주애족의 한 사람으로 여운형과 매우 가까운 사이였으며, 이기석은 8·15 이전의 조선건국동맹 때 3차에 걸친 가입 권고에도 응하지 않았던 자신에게 '기회주의 文弱者'라고 했을 만큼 가까운 사람으로 회고하고 있다. 이종률은 조선인민당을 중간당의 당명 정도로 인식하고 있었다.[21]

한국민주당의 경우 와세다대학의 선배였던 張德秀, 趙憲泳 등의 입당권고가 있었지만, '비좌비우' 정치학도라는 입장에서 받아들이지 않았다.[22] 그래도 이들의 입당권유는 조선공산당 측에 비하면 덜 집요하였다. 이종률은 무엇보다 송진우가 당수였던 한국민주당이 김구, 김규식, 이시영 등의 임정을 배제하고 이승만 중심의 단독정권을 준비하면서 미군정의 여당 노릇을 함으로써 그 언저리에 모여든 우익 세력들에 특히 협력할 수 없다고 하였다.[23] 그에게 오히려 감정적으로 가까운 정당은 양심적 민족주의자인 安在鴻이 당수로 있었던 한국국민당이었으나, 이 역시 기호 양반들이 중심이 되는 느낌을 주는 것으로 인하여 당으로서 한계를 느낀다고 하였다.[24]

이종률은 8·15 직후 진보적 민족 입장[25]을 뚜렷이 내걸었던 朝鮮

---

19) 『산수이종률저작자료집』 제2집, 「Ⅸ. 民族自主統一運動小史片言」, 498쪽.

20) 『산수이종률저작자료집』 제2집, 「Ⅰ. 大我民族勝利 南北同慶統一의 進取를 위하여」, 84쪽.

21) 『산수이종률저작자료집』 제1집, 「Ⅳ. 우리 政治結社 名義 略考」, 411쪽.

22) 『산수이종률저작자료집』 제2집, 「Ⅷ. 8·15 이후 「非左非右」인 나의 政治學 苦戰談」, 473쪽.

23) 『산수이종률저작자료집』 제2집, 「Ⅷ. 8·15 이후 「非左非右」인 나의 政治學 苦戰談」, 477쪽.

24) 『산수이종률저작자료집』 제2집, 「Ⅰ. 大我民族勝利 南北同慶統一의 進取를 위하여」, 84쪽.

學術院이 어떤 방향으로 구성되어야 하는지에 대한 논의 과정에 깊숙이 참여하였다. 여기서 학술원 위원장은 白南雲보다 洪命熹가 되어야 한다는 주장으로 정치 실천노선의 방향과 관련하여 치열한 논전을 벌인 것이다.26) 그는 민족협동전선의 일환으로 창립되는 학술원에서 그 방향의 정치투쟁단체였던 신간회 중앙조직부 총간사를 역임한 홍명희가 그 적임자라는 주장을 하였다. 그러나 '非左非右'의 정치학은 패배하고, 역시 그와 가까운 관계였던 백남운이 위원장으로 선임된다. 이종률은 학술원 창립을 주도하고 이후 학술원 활동의 중추를 이룬 서기국(위원장 김양하) 상임위원의 한 사람으로 역할을 하였다.27) 그는 서울대를 비롯한 여러 대학에서 정치학을 강의하고, 밤에는 백남운이 소장인 민족문화연구소(1946.5.6 창립)28)에서 근로대중과 일반 시민을 대상으로 정치학과 노동문제를 강의하였다.

   8·15이후의 이상과 같은 정세인식 속에서 이종률은 민족통일 건국투쟁과 민족자주 국가건설을 시대적 과제로 설정하고 이를 위한 민족혁명운동을 전개하게 된다.29) 6·25이전까지 그는 조선학술원 창

---

25) 방기중, 『한국근현대징치사상사연구－1930·40년대 백남운의 학문과 정치경제사상－』(역사비평사, 1992), 230쪽.

26) 『산수이종률저작자료집』 제2집, 「Ⅷ. 8·15 이후 「非左非右」인 나의 政治學 苦戰談」, 473~475쪽.

27) 방기중, 앞의 책, 1992, 228쪽 ; 『매일신보』 1945.9.14.

28) 『서울신문』 1946.5.7. 「조선민족문화를 비판적으로 연구하여 民主文化의 건설에 노력하는 동시에 국제문화의 眞髓를 조사 연구함으로써 조선사회 문화의 발전에 이바지하고자 6일 시내 모처에서 민족문화연구소가 창립되었다. 동 연구소의 사업으로서는 1) 朝鮮民族 及 國際文化의 연구 조사, 1) 機關紙 『民族文化』 발간, 1) 外國學會와의 論文交換, 1) 學術書籍의 飜譯出版 등이라 하며 인적 구성은 다음과 같다 한다. 所長 白南雲 / 所員 尹行重 申南澈 李淸源 李北滿 金史良 王明燦 鄭鎭石 許允九 外 諸氏」.

29) 『산수이종률저작자료집』 제2집, 「짓밟히는 民族正氣와 民族敎養의 問題＝閔泳煥·李承晚은 그렇지 않지마는 李始榮·申翼熙는 殉國先烈임을 證言한다＝」,

립, 언론활동, 민족건양회의 결성, 민주주의 독립전선 결성과 활동 등의 민족운동을 전개하였다. 이 가운데 핵심은 자신이 주축이 된 민족건양회의 결성과 민족혁명론의 실질적인 확립으로 압축된다.

2. 민족건양회 창립과 민족건양사론 정립

8·15 이후의 좌우 논리 중심의 정치 상황 속에서 이종률은 1946년 1월 5일 서울 가회동 도봉 박진의 집에서 과학적 정치노선의 확립과 그 실천을 위한 조직으로 민족건양사론을 핵심으로 한 民族建揚會를 창립한다. 民族建揚史論은 사실상 박진과 이종률이 중심이 되어 확립한 것이었다. 먼저 창립과정을 살펴보자.

이 날 민족건양회는 장시간의 보고와 토론을 거치면서 창립되었다. 먼저 문학박사 조윤제의 개회사에 이어 도봉 박진의 보고가 있었다. 박진의 보고는 겉으로 우리 나라를 둘러싸고 있는 것은 근세사 시대의 모습이지만 내용적으로는 후진성 지역이라는 역사적 현실을 대전제로 시작되었다.

보고의 내용은 우리 나라 역사적 현실이 매우 험하다는 현실을 전제하면서, 먼저 남쪽의 현실로서 조선공산당이 역사적인 정치적 전위당의 출현을 방해하여 조선민족혁명당에 대해 명칭에서부터 중간당으로 전락시켜 조선인민공화당으로 준비하고 있다는 사실, 1946년 1월 3일 민주주의 민족전선이 주최한 삼상절대지지 구호의 시민대회와 이승만 등이 선두가 된 신탁통치 결사반대 운동 등의 반민족적·반혁명적 역사적 사실 등을 지적하였다. 이어 북쪽에서는 1945년 9월 선민족혁명론을 주창한 조선공산당 서북 5도책 玄俊赫이 피살된 사실, 민

547쪽.

족혁명론 방향인 조선독립동맹과 조선의용대 세력을 수용하는 자세의 문제점, 항일제 민족계 세력이었던 조만식 선생이 푸대접되고 있는 사실 등을 보고하였다. 박진의 보고는 한마디로 민족혁명론 방향으로 역사가 전진되지 못하고 있는 남북의 역사적 현실을 지적한 것이었다.

도봉 박진의 보고와 토론에 이어 다음과 같은 내용의 민족건양회 발기를 결의하고 조직을 구성하였다.30) 그 내용을 간략히 정리하자면, 먼저 민족건양회는 사학연구와 정당 창립 준비를 위한 것으로 발기하며 당세 설립 준비가 완성되면 당과 호조성이 있는 각급 대중운동 조직들과 그 전선체의 영도적 중심 조직으로 '민족건양당' 혹은 '고려민족건양당'을 창립한다고 하였다. 다음으로 민족건양회 조직은 수석 의장 김창숙, 의장 이시영, 부의장 안경근, 총책임간사 박진,31) 사학연구부 책임간사 조윤제, 정치실천부 총무간사 문한영 등으로 구성하였다.32) 민족건양회 창립의 주역은 박진과 이종률이 핵심이었고, 사론은 이종률의 이론이 집약된 것이었다.

민족건양회는 '민족의 혁명적 건설과 이를 보다 높은 역사의 차원으로 止揚하는 과정인 庶民性資本民主主義民族革命과 민족자주의 外勢領御를 통한 통일건국으로 가는 것이 당면한 역사적 과제'라 하고, 그 다음 단계는 '史路대로 전진'33)이라는 民族建揚史論34)을 제시하였다.

---

30) 『민족혁명론』, 「민족건양회 창립과 마르크스주의 토구의 자세」, 233~234쪽.

31) 제2대 책임간사는 文漢榮이었다[李一九, 『己未를 알자』(무림사, 1979), 10쪽]. 문한영은 朝鮮建國同盟에 참여하여 활동하였으며, 4·19 이후 민자통중앙조직위원회위원장을 역임하였다[『산수이종률저작자료집』 제2집, Ⅶ. 事典(1)). '李一九'는 李鍾律의 필명이다.

32) 『민족혁명론』, 「민족건양회 창립과 마르크스주의 토구의 자세」, 234쪽.

33) '史路대로 전진'이라는 의미는 역사가 응당 가야할 길이라는 예정된 것을 의미하는 것은 아니며, 민족혁명의 완수 단계에 이르면 그 시점의 역사의 주체들이 결정하는 방향으로 역사가 자연스럽게 전진하는 것을 의미하는 것이다.

34) 이종률은 마르크스 사론과 관련하여 "社會主義 共產主義 이론의 근거가 되는

이종률의 민족건양사론은 '外圍 近世史時代의 內實 後進性地域 史實로서 民族의 生成的 건설과 그것의 보다 높은 역사 차원에로의 止揚的 전진을 위한 能變唯物史觀에 기초한 人間史 방향의 人間性能 사회화 체제에로의 止揚·發展을 지향한다'고 하였다.35) 이는 결코 기계적 계급투쟁설의 볼셰비즘 사회주의도 아닌 또 민주사회주의 등도 아닌 것이라 하였다. 민족혁명은 구체적으로 民族三反 즉 반매판, 반외세, 반봉건을 실천해 가는 과정이라 하면서, 외압과 봉건제와 민족매판과 그 자본 집중을 반대하는 측면의 민주주의인 '民族化 民主主義'36)를 지향하였다.

민족건양회의 외세에 대한 기본 입장은 1945년 12월 말 발표된 모스크바 삼상회의 결정 내용에 대한 입장과 그 본질에 대한 이종률의 자세한 분석37) 가운데 잘 드러난다. 주지하듯이 삼상회의 결정을 두

人類의 歷史 계급투쟁설은 좋게 말하면 私心私慾이 없는 社會思想의 情熱的인 煽動的인 表現으로서 人間平等을 實現시키자는 것이었고 다른 말로 말하자면 史實과 相異된 非科學人的 史論"이라 하였다. 그는 "人類의 歷史는 始初부터 그 永遠에 걸쳐서까지 계급이 있었던 것도 아니며 있을 것도 아니며 그 투쟁이 있었던 것도 아니며 있을 것도 아니며 동시에 時代가 있을 것도 아니며 史學이 있을 것도 아니다" 하고 특히 역사성을 중시하였다. 산수 이종률은 人類의 歷史는 크로포트킨(1842~1921)의 그것과 같은 相互扶助論만도 아니며 맑스와 같은 계급투쟁설 그것도 아니라 하고, 역시 民族革命이 人間革命으로 연결이 된다는 民族建揚會史論에 배울 바가 있다"고 하였다(『산수이종률저작자료집』 제2집, 「ⅩⅤ. 民族人間自主統一獨立學會 業務開始 人事의 말씀=저희들 생활경과의 이야기도 곁들여=」, 765~766쪽).

35) 민족건양사론은 당연히 이종률의 민인혁명론을 토대로 하여 성립된 이론이다. 민인혁명론의 역사철학적 구조와 내용에 대해서는 본서에 수록된 박만준의 「민인혁명의 역사철학과 그 이념」에 자세히 언급되어 있다. 能變唯物史觀은 유물사관도 역사적 조건과 전진에 따라 능히 변화할 수 있다는 의미의 용어이다.

36) 『민족혁명론』, 「민족건양회 창립과 마르크스주의의 토구의 자세」, 233~235쪽.

37) 이에 대해서는 『민족혁명론』, 『己未를 알자』, 『現瞬間政治問題小辭典』, 『산수이종률저작자료집』 등 자신의 여러 저술 곳곳에 언급할 정도로 중요한 문제로

고 당시 조선공산당과 한국민주당 등 여러 정파들이 잘 못 알려진 '신탁통치'를 '결사반대 한다' 혹은 '절대지지 한다'는 격렬한 논전이 벌어지는 가운데, 민족건양회에서는 "民族自主强化에서의 外勢領御, 그 統一建國과 前進"이라는 입장의 원칙을 표방한 전단을 돌리는 등 제3론을 제기하였다. 그러나 조선공산당과 한국민주당 양당에서는 크게 귀를 기울이지 아니하였다.[38]

이종률은 삼상회의 결정의 전문의 뜻이 잘못 해석되어 전해진 것을 빌미로 발생한 좌우 대립 그 자체가 근본적으로 잘못된 것이라 지적하였다. 그는 '信托'이란 영어로 trustship을 말하지만, 러시아어로는 oΠeka(오페카)라고 발표되고 그 뜻이 '後見'에 있을 뿐이라는 사실을 명확하게 강조하였다. 뿐 만 아니라 우익의 한민당 당수 송진우가 삼상결정에 대한 지지발언 후 암살된 것과, 미군정의 책임자인 하지 중장조차도 이 결정을 지지한다고 하였던 사실들을[39] 상기시키고 있다. 이종률은 국제우호를 귀중히 여기는 곳에 민족자주는 가능한 것이며, 민족자주성을 귀중히 여기는 곳에서만 국제우호를 효과화 시킬 수 있는 것이라 하였다.[40]

민족건양회 노선에 바탕하여 이종률은 김구와 김규식과 가까운 관계였던 자신의 은사 박곡 유동붕에게 이들이 1948년 4월 평양으로 출발하기에 앞서[41] 미국과 소련을 대상으로 한 민족자주 노선을 남북

인식하였다.

38) 『산수이종률저작자료집』 제2집, 「IX. 民族自主統一運動小史片言」, 499쪽.

39) 『산수이종률저작자료집』 제2집, 「IX. 民族自主統一運動小史片言」, 503쪽.

40) 『산수이종률저작자료집』 제2집, 「I. 大我民族勝利 南北同慶統一의 進取를 위하여」, 37쪽.

41) 이종률은 1948년 김구와 김규식의 평양왕래와 관련하여 직간접적으로 연결되어 있었던 것으로 보인다. 그는 유동붕에게 "어떠한 경우라도 이 「民族自主性」과 이 「民族結束性」을 해치는 일에 나와서는 안 되겠습니다. 즉 우리에게는 보다 소련이 友好的이라 해서 民族自主와 그 結束을 해치는 國際依他的 重

협상에서 관철시켜 줄 것을 부탁하기도 하였다. 1947년에는 영구 분단을 막기 위하여 이극로, 정이형 등과 함께 '李鈞'이라는 이름으로 민주주의독립전선을 결성하여 활동하였다. 민주주의독립전선은 조선독립의 조속한 달성을 위해서는 미소공위의 조속한 성공과 동시에 자주적 입장을 견지하는 것이 중요하다고 보았다.42) 한편 이 무렵 김규식이 명예사장이며 신익희 등이 고문으로 있었던『민주일보』(1946.6.1 창간)43) 편집국장과 주필 등을 역임하며 언론활동도 전개하였다.

8·15 이후 이종률은 친일파문제에 대해 조선학술원 창립과정에서 나눈 신남철과의 대화에서 "친일파의 규정은 너무 산만하게 해서도 안 되지만 너무 가혹하게 해도 안 되는 거야. 친일파의 세력이 만일 국제적인 어느 세력과 악수가 되면 큰 코 다치네. 신중하면서 역학적 역습을 당하지 아니할 정도로는 관용스럽게 다루어야 하는 거야"44)라고 한 것에서, 친일파 세력을 어떻게 다루어야 하는지에 대한 그의 관점이 잘 나타나 있다. 1949년 가을에는 용공분자 명목으로 투옥되었다가 모진 고문을 당한 후 풀려나게 된다.45)

蘇輕美를 할 것도 아니며, 미국이 보다 友好的이라 해서 民族自主와 그 結束을 해치는 國際依他的 重美輕蘇를 할 것도 아닙니다. 善惡間 一切로 外勢는 우리의 民族自主强化에서의 領御 그 統一運動의 鐵則을 鐵守해야만 하겠습니다"라 하였다(『산수이종률저작자료집』 제2집, 「Ⅸ. 民族自主統一運動小史片言」 참조).

42)『경향신문』1947.5.1. 「민주주의독립전선 주최 공위대책 각 정당 사회단체 연합 간담회」.

43)『동아일보』1946.5.28. 「민주일보 창간예정(6.1) : 그 동안 창간 준비 중이던 民主日報는 그 진용이 결정되어 6월 1일부터 발간되는데 그 간부는 다음과 같다. 名譽社長 金奎植, 社長 嚴恒燮, 顧問 趙素昻·趙琬九·申翼熙, 編輯局長 李軒求, 業務局長 金寅炫」.

44)『산수이종률저작자료집』제2집, 「Ⅷ. 8·15 이후 '非左非右'인 나의 政治學 苦戰談」, 474~475쪽.

45)『민족혁명론』, 「특수 중에도 특수 기형의 사실에서 사학 생성을 바라는 애국충

3. 1950년대 민족건양회 활동과 민족혁명운동

1950년대 이후 이종률은 1989년 운명하기까지 민족건양회 조직을 근간으로 한 민족건양사론 방향의 민족혁명운동을 한 순간도 중단 없이 전개하였다. 민족건양회 조직의 대표적인 활동으로 1950년대의 경우 1952년 민족건양회 회원 부통령 이시영의 대통령 당선운동, 1956년 신익희를 대통령 후보로 밀면서 통일논책을 제시하며 움직인 통일운동이었다. 1960년대 '3·4월 민족항쟁' 이후에는 민족자주 강화의 外勢領御와 그 통일건국과 전진이라는 민족노선에 바탕을 둔 민족자주통일중앙협의회를 조직하고 통일논책을 제시하는 데 있어 매우 중요한 역할을 하였다.[46]

이종률은 대구 청구대학 재직 중 6·25를 맞이하였다가 전란을 피해 이듬해 봄 대학 동창 하기락이 이사장으로 있던 경남 안의중학교 교감으로 잠시 봉직하였다. 그는 6·25를 겪으면서 자신이 소장한 많은 책과 그림들을 잃어버리게 된다.[47] 1951년 임시수도 부산에 있었던 부통령 이시영의 부름으로 부산대 정치학과 교수로 부임하여 1961년 초까지 정치사상사, 한국정치사, 정당론 등을 강의하였다. 그러나 이때 부산대로 가게 된 것은 사실상 민속건양회의 조식석 활동을 위한 것이었다.

이종률은 6·25를 민족혁명운동 노선 위에서 인식하였다. 그는 자신의 통일론이 집약된 '同慶統一論'[48]을 집필하면서 '6·25동란'으로

정의 글」 참조.

46) 『산수이종률저작자료집』 제2집, 「Ⅸ. 民族自主統一運動小史片言」, 501〜502쪽.

47) 『산수이종률저작자료집』 제2집, 「짓밟히는 民族正氣와 民族敎養의 問題=閔泳煥·李承晩은 그렇지 않지마는 李始榮·申翼熙는 殉國先烈임을 證言한다=」, 542쪽. 이종률은 또한 1960년대 옥중생활을 하는 동안에도 아끼던 많은 책을 잃어버리게 된다.

표현한 이 전쟁을 "나는 나의 눈으로서 겨레의 총알이 겨레의 가슴속으로 들어가 그 총알 맞은 겨레가 피를 뿜으며 엎어지는 광경을 보았다. 나는 나의 눈으로 겨레의 총알에 依하여 또는 겨레의 告發 내지 誣告에 依하여 죽어 넘어지게 된 시체가 눈을 감지 못하고 누워 있는 광경을 여기저기서 보았다. 華麗해야 할 祖國 三千里江山이 戰雲과 戰風의 戰慄 속에 싸여 있는 광경을 나는 나의 五官으로 體驗했다"[49]라 하면서 민족의 참화로 겪은 그의 비장한 체험은 생의 마지막 순간까지 민족혁명운동으로서 통일운동에 모든 노력을 경주하게 된 또 하나의 출발점이 되었다.

민족건양회는 먼저 1952년 6월 국회에서 있을 대통령선거에서 회원이자 부통령이었던 이시영을 대통령으로 당선시키고, 민주주체 민족자주평화민족통일론을 관철시키려는 운동을 전개하였다. 이러한 노력은 1952년 2월에 182명의 국회의원 중 서상일 등이 필두로 123명이 연서한 一心書를 민족건양회 의장 김창숙에게 수교함으로써 시작되었다. 즉, 회원인 이시영을 대통령으로 선출한 후 대통령책임제를 부인하는 내각책임제 정부를 조직해야 한다는 것이었는데, 민족건양회에서는 토의를 거쳐 이를 적극 수용하고 조각명단까지 준비하였다.[50]

---

48) 『산수이종률저작자료집』 제2집, 「I. 大我民族勝利 南北同慶統一의 進取를 위하여」 참조.

49) 『산수이종률저작자료집』 제2집, 「I. 大我民族勝利 南北同慶統一의 進取를 위하여」, 25쪽.

50) 이 때 김창숙의 집에서 개최된 민족건양회 총회는 3가지 결정을 하고 내각의 명단 초안까지 의결하게 된다. 3가지 결정의 내용은 "제1 어디까지나 애국적인 민주민족적 논책 위에서 民主民族以黨獨裁를 효능적으로 실천하며, 제2 이시영 동지가 대통령으로 개선되면 조각을 마친 만 1년까지는 민주민족이당독재 대통령책임제로 하고 만 1년이 끝난 그 이튿날부터는 내각책임제로 하고, 제3 그 때 민족건양회는 전민주민족 단일당으로서의 민족전위당으로 되고 재래의 여당 개념을 없앤다"는 것이다(『민족혁명론』, 「특수 중에도 특수 기형의 사실에서 사학 생성을 바라는 애국충정의 글」, 252~254쪽).

그러나 이승만이 공비토벌을 명목으로 남한 일대에 계엄령을 선포하고, 5월에 '딱벌단'과 '민중자결단' 등의 명칭으로 이승만 지지 데모를 하게하고, 나아가 일심서 서명 날인자 중심인물들을 체포하여 헌병대 유치장에 가두는 등 대통령 개선을 조직적으로 방해하는 바람에 민족건양회의 노력은 무산되고 만다.

1956년 신익희가 대통령 단일후보로 되는 과정에서도 민족건양회의 역할이 적지 않았다. 민족건양회는 1956년 4월 이승만에 맞서는 대통령 후보 단일화를 위하여 명륜동 김창숙의 집에서 '민족자주 화평통일 단일 대통령 입후보를 위한 모임'51)이라는 모임을 주도한 것이다. 이 자리에서 대통령 후보로 입후보한 김창숙, 조봉암, 신익희 3인과 사회를 맡은 박진 등은 신익희를 단일후보로 확정하고 박진이 기초한 '민족자주화평통일건국론 단일대통령입후보자 해공신익희선생의 당선을 위한 남북 및 해내외 동포들에게의 격문'을 박진을 포함한 4인이 서명하고 발표하였다.52) 물론 여기에는 민족건양회 방향의 통일논책을 신익희 후보가 전적으로 수용하는 것을 전제로 한 것이었고, 이종률은 바로 이러한 사정위에서 선거운동에 깊숙이 참여한 것이었다.

이종률은 1956년 당시 정치 정세를 이승만의 무노선 '정치'와 일부의 '혁신정치'가 전개된 두 개의 대립 구도로 크게 나누어 이해하였다. 이는 그의 말대로 '武力北進單政統一化 주장인 이승만이냐, 非武力政治協商民族統一 주장인 신익희이냐'의 대립구도였다. 다시 말해, 남북의 통일방안은 이승만 방향의 무조건 武力北進統一論이어야 하느냐, 민족건양회 방향의 和平統一論이어야 하느냐 였다.53) 그는 두 번째의 화

---

51) 李一九, 앞의 책, 151쪽.

52) 이에 대한 자세한 경과는 『민족혁명론』, 255~265쪽에 자세히 서술되어 있다.

53) 『산수이종률저작자료집』 제2집, 「Ⅶ. 事典(1)」 ; 「'容共과 親共의 峻別性' : 용공인(容共人)이든 친공인(親共人)이든 바로 공산주의자가 아닌 점에서는 같다. 親共이란 공산주의자는 아니지마는 무엇인가의 필요에서 공산주의를 친케 대

평통일론의 실현을 위하여 특히 1956년 대통령선거에서 신익희 후보
진영의 統一論策을 마련하고 이를 관철하기 위하여 신익희 후보의 집
에 아예 기거를 하면서 선거운동에 참여하였다.54)

그러나 신익희가 선거 유세 도중 급서하는 바람에 이종률의 민족
건양사론의 관철 노력은 무산되고 말았다.55) 이에 민족건양회는 긴급
회의를 열고 이미 결의한대로 조봉암에게 입후보를 취소하던지, 아니
면 조봉암이 죽음의 각오로서 신익희를 뒤따르겠다는 혈맹의 맹서를
천하에 공표하고 싸운다면 승산이 있다고 보고 조봉암에게 결의 내용
을 수용할 것을 권유하였다. 그러나 조봉암은 승패의 결전을 이번에
다툰다는 것이 아니라 다음 선거에서 자웅을 겨룬다는 자세를 지니고
있으면서, 민족건양회의 제의를 사실상 거부하였다.56)

그런데 1952년 대통령 선거 당시 和戰兩面統一論으로 이승만의
결과적 협력자였던57) 진보당의 조봉암은 그래도 화평통일론의 주장

하는 것 즉 인도네시아 정치지도자의 하나인 스카-르노는 親共人의 하나라 할
수 있고, 공산주의자가 아닌 것은 물론이요 親共人도 아닌 처지에서 공산주의
자 또는 그 세력을 일단 존재로서는 인정하고 그 공산주의세력을 무엇인가 필
요에서 만나서 이야기도 하고 또는 무엇인가 시간적·부분적으로 함께 일을
하기도 하는 것을 용공(容共)이라 한다. … 용공을 부인하려는 자는 무력 북진
실지회복론자요 화평통일론자가 아니다. 반공화평통일론자란 있을 수 없다. 화
평통일론자는 모두 함께 용공자들이다. 용공과 친공은 근본적으로 다른 것이
다. 심지어는 공산주의 세력을 견제하고 회의를 통해서 공격하기 위해서도 용
공이 필요할 수 있다. 용공을 부인하는 곳엔 무력북진의 전쟁이 있을 뿐이요
「승공」도 무엇도 있을 수 없다. 승공은 섬멸 전쟁이 아닌 데서만 이야기 될 성
질의 것이다.」

54) 1956년 대통령선거 국면에서는 부산대 강의를 일시 그만두고 숙명여대에 잠시
   강의를 나가기도 하였다(『민족혁명론』 참조).

55) 『산수이종률저작자료집』 제2집, 「짓밟히는 民族正氣와 民族敎養의 問題＝閔泳
   煥·李承晚은 그렇지 않지마는 李始榮·申翼熙는 殉國先烈임을 證言한다＝」,
   553～555쪽.

56) 『민족혁명론』, 263쪽.

으로 2백만 표의 득표를 하게 되고, 여기에 정치적 위협을 느낀 이승만은 결국 조봉암을 제거하게 된다. 이종률은 이러한 조봉암을 민주사회주의를 정치철학으로 하는 혁신계로 전향한 인물로 평가하면서,[58] 동시에 그를 대통령주의자 이상 못되는 인물로 보았다.[59]

1956년 대통령 선거가 있던 연말에는 당시 대학가에서 풍미하던 케인즈경제학 현상을 두고「Keynes卿의 認識을 위한 一 試論」[60]이라는 논문을 발표하게 되는데, 이는 학설사적으로도 중요한 의미를 지닌 논문이었다. 그는 1950년대 중반 '후진성지역의 우리나라에서는 경제학의 대가는커녕 소졸도 못되는 케인즈의 경제학은 결코 과학이

---

57) 『산수이종률저작자료집』 제2집, 「X. 曹奉岩과 進步黨과 呂運亨·李承晚은 左翼인가 右翼인가」, 531쪽. "「8·5대통령선거」 때 省齋 李始榮을 和平民族統一論 단일대통령 입후보자로 하여 그 운동을 전개했다. 그 때 죽산 조봉암은 「화전양면정책」이라는 것을 선거강령의 하나로 내걸고 이승만대통령입후보자의 「결과적 협력자」 노릇을 히어 정치적으로는 「무력북진 백두산 영봉에 태극기를 꽂자(그 해 7월 25일 부산 「충무로」 광장에서 열린 그의 대통령입후보 징건 발표연설회에서)」라고 부르짖었고 조직적으로는 거기서 「진보당」 조직의 한 터전을 마련하면서 화평민족통일론 대통령 입후보자 이시영의 「자금루-트」 및 대중적 동원력을 분쇄시켜버리게 되는 결과를 가져오게 된 것이다."

58) 이종률은 "「思想」 以前의 사람은 그 「思想」에도 들어설 수 있어도 「思想轉換」을 한 사람은 그 「思想」에 再歸하지 않는다. 金俊淵, 曹奉岩, 金斗禎 등이 모두 그이들인 것이다."라 하였다(『산수이종률저작자료집』 제2집, 「Ⅰ. 大我民族勝利南北同慶統一의 進取를 위하여」, 81쪽).

59) 이종률은 후보 단일화 선언 이후 김창숙의 경우 바로 입후보를 법적으로 취소하였으나, 조봉암은 취소신청서를 내지 않고 있던 상태였다고 하였으며, 조봉암의 득표수가 바로 다음 대통령이 될 수 없는 조건이 되고 만다는 것을 지적하였다(『민족혁명론』, 263~264쪽). 이러한 상황에 대해서 서중석교수는 "조봉암이 대통령 후보사퇴 발표를 종반전으로 잡은 것은 그때까지 최대한 대통령선거를 이용하여 자신과 진보당의 정책을 국민에게 알리려는 것이 주목적이었으나, 일찍 양보할 경우 신익희 후보 생명에 위험이 따를 수도 있다는 점을 배려했을 수도 있다"라 하여 조봉암에 대한 평가가 엇갈린다(서중석, 「해방 후 金昌淑의 정치적 활동」, 『대동문화연구』 43, 2003, 194쪽).

60) 『釜山大學校開校 十周年記念論文集』(1956.12)에 수록됨.

될 수 없다'하면서, 케인즈는 '식민주의자 및 과두 민족매판자본인의 어용학자로서의 商學者이며 재정학자 밖에 더 되지 못하므로' 그의 이론이 우리 현실에 맞을 수 없다는 점을 지적하였다.

1954년 무렵부터 부산대와 동아대의 제자들을 모아 민족건양회 방향의 민족문화협회를 결성하여 강연회 등의 활동을 하였고, 1957년에는 백산 안희제 선생 14주기 추모제 행사61) 등 반외세 민족자주 사상을 고취시키는 운동을 부산 경남 일원의 뜻있는 많은 사람들과 함께 전개해 나갔다. 여기에 참여한 그의 젊은 제자들은 이후 민자통운동의 근간이 되었던 民主民族靑年同盟 결성의 중심인물이 된다.

1950년대 전개한 활동 중 또 하나 주목해야 할 것은 언론을 통한 민족혁명운동의 전개였다. 그는 50년대 후반에 들어 『부산일보』와 『국제신보』의 논설고문을 역임하는 가운데, 여러 신문에 사설과 정치·경제·사회·문화 전반에 걸친 정력적인 논설을 펼쳤다. 그 가운데 1958년 말부터 국제신보에 41회에 걸쳐 연재한 「백만독자의 정치학」62)은 자신의 민족혁명론을 대중들에게 알기 쉽게 제시하려 한 대표적인 글이다. 1957년에는 부산대학교 학보사 주간을 맡았다.63) 한편 1956년 가을 대신동의 부산대학 관사에서 동래 명륜동의 秀谷으

---

61) 『녹성학보』 창간호(1970.8.15, 개운중학교 육성교우회 발간)의 앞부분 화보 설명 참조. 그리고 1975년에 외솔회에서 간행된 『나라사랑』 19집에 「백산 안희제 선생 생애송(生涯頌)」이란 추모사가 실려 있다.

62) 1958년 필자가 논설위원으로 있던 국제신보에 게재한 정치평론으로, 「백만독자의 정치학」이라는 제하에 총 41회에 걸쳐 연재되었다. 한편으로 반둥체제나 바르샤바체제, 다른 한편으로 국가보안법이나 곡가문제와 같은 국내외 정치 경제 부문의 현안에 대한 평론을 비롯하여 혁명론, 여성문제와 같은 필자의 정치철학에 대한 설파, 기타 다소 혼란스럽게 사용되고 있는 당시의 정치 용어에 대한 규명 등이 주된 내용이다.

63) 부산대 신문 『學報』(1957.5.16)의 주간교수로 있으면서 「動員令 받은 學問들」이라는 사설을 쓰기도 하였다.

로 이사를 하게 된 사실을[64] 옥중 일기(1963년 4월 22일자)에 적고 있는데, 이 시기의 동래 수곡의 민주적인 가정의 생활 모습을 감옥에서 회상하고 있다.[65]

1958년 무렵에는 동래 명륜동 자신 집으로 찾아온 남파 간첩 김창주를 신고하지 않아 불고지죄로 연행되어 모진 고문을 받는다. 사실 이종률의 관심은 신고 이전에 오히려 그의 사상을 민족혁명론 방향으로 止揚시키는 데 있을 뿐이었다.[66] 물론 처음에는 그가 간첩인줄도 몰랐거니와 자신을 믿고 찾아온 분단 이전의 친구를 신고하지 않았던 것은 그의 민족론 철학에 바탕한 인간론의 넓은 포용성과 무관하지 않은 민족 및 인간 윤리의식에서 기본적으로 출발한 행위였다.

4. 1960년대 민자통운동의 전개와 민족건양회

1960년 이후 이종률의 민족혁명운동은 '3·4월 민족항쟁'과 민족자주통일중앙협의회(이하 '민자통'으로 약칭)의 결성과 운동, 『민족일보』 창간 노력과 사직, 5·16 쿠데타 후 구속되어 10년 선고 5년간의 옥중 생활, 출옥 후 경남 양산의 開雲中學校 경영을 통한 민족교육 사업의 전개 등으로 정리된다.

먼저 이른바 '4월 민중항쟁', '4·19혁명', '4월혁명', '4·19의거' 등 다양하게 불리는 1960년의 '3·4월 민족항쟁'은 이종률의 민족혁명운

---

64) 『산수이종률저작자료집』 제1집, 「Ⅴ. 死刑을 免하게 된 나는 이렇게 말한다」, 578쪽.

65) 『산수이종률저작자료집』 제1집, 「Ⅴ. 死刑을 免하게 된 나는 이렇게 말한다」, 593~595쪽.

66) 『민족혁명론』, 「특수 중에도 특수 기형의 사실에서 사학생성을 바라는 애국충정의 글」, 321~326쪽.

동 과정의 중요한 전기를 맞게 된다. 그것은 반통일과 반민족 방향의 이승만 권력이 무너지고 본격적으로 민주민족운동 전개의 공간이 마련되었기 때문이다. 3·4월 민족항쟁67)이 발생하자마자 곧바로 4월 21일 서울에서 민족건양회 주최로 '4월목요회'를 열게 된다.68) 여기서 이른바 4월 혁명을 '3·4월 민족항쟁'으로 불러야 한다는 것을 토의 끝에 결론을 내린 후 다음 사항을 의결하였다.69)

　무엇보다 역사의 效能的 전진을 위한 일원적인 당세가 성립되어야 한다는 것, 각급 대중운동 조직의 건립을 위해 노력하면서 '민족자주 통일중앙 및 각 지역 협의회'라는 戰線體를 마련하는 것, 민족건양회의 확대·강화된 高麗民族建揚黨 혹은 高麗民族黨과 같은 당명의 민족당이 출현한다면 전선체는 그 안으로 해소해야 하는 것, 趙潤濟, 任昌淳 교수 등의 준비로 빠른 시일 안에 서울교수단 데모를 조직한다는 것 등이다. 그러나 3·4월 민족항쟁이 그 기세가 높았음에도 불구하고 그 구체적 효과의 결실은 거두지 못하였는데, 그것은 옳은 정치 노선의 정립과 이와 관련된 옳은 정치권력의 지도조직 및 대중 조직에 걸친 강화가 없었기 때문이었다. 민자통은 적어도 이 같은 역사적 요구에 의하여 출현한 것이다.

---

67) '3·4월 민족항쟁'이라는 용어는 이승만의 정치적 존재는 국내세력의 민주와 반미주의 대립에서 문제성을 갖는 것이 아니라, 국제적 관계로서 민족인 것과 반민족인 것의 대립에서 유래된 것이라 하였다(『민족혁명론』, 「특수 중에도 특수 기형의 사실에서 사학생성을 바라는 애국충정의 글」, 276쪽). 1960년 4월 30일자로 국제신보 사설로 기고한 「3·4월 민족항쟁 학도의 피를 횡령할 자 그 누구냐」라는 글에서 3·4월 민족항쟁의 역사적 의미를 강조하고 있다.

68) 『민족혁명론』, 「특수 중에도 특수 기형의 사실에서 사학생성을 바라는 애국충정의 글」, 276~279쪽.

69) 3·4월 민족항쟁의 역사철학적 의미에 대해서는 박준건, 「3·4월 민주민족항쟁의 역사철학적 의미」, 『한국민주주의의 회고와 전망』(최장집 외 공저)(도서출판 한가람, 2000)을 참조할 수 있다.

이종률은 1960년 5월 정치적 및 조직적인 차원에서의 민족론에 자감하고 자부하는 청년들, 특히 자신의 제자들을 중심으로 '民主民族靑年同盟'[70]을 창립하게 하여 민족자주통일노선의 기치를 치켜 올리게 하였다.[71] 이를 바탕으로 같은 해 10월에는 민족자주통일중앙협의회를 朴震, 朴來源, 文漢榮 등으로 하여금 발기하게 한다. 그리고 다음 해 1961년 2월 25일 천도교 본부 대강당에서 민족자주통일중앙협의회의 결성에 이르게 한다. 민자통은 전국적으로 방대한 民族戰線體로서의 조직이었는데, 이종률은 여기서 5·16 이후 사형 구형의 원인이 되는 민자통중앙위원회 통일논책심의위원회 위원의 한사람으로 활동하였다.

1961년 2월 25일 결성된 민자통운동은 민족자주노선에 바탕한 이종률의 민족혁명운동사에 있어 핵심적인 부분의 하나이다.[72] 이종률은 민족전선체 조직으로서 민자통 노선정립 과정에서 핵심적인 방향을 제시하였을 뿐 아니라, 민자통 핵심사업의 하나인 통일논책을 사실상 마련하였다. 5·16 이후 투옥생활을 하게 된 것은 통일방안심의위원회 활동 때문이었다.

1960년대 민속건양회 조직의 결정적 확대는 1960년 10월 발기한

---

70) 이종률은 민족일보 사장 조용수에게 혁신계와의 차별성을 말하면서 통일민주청년동맹(약칭 '통민청')은 민주사회주의 또는 사회민주주의를 정치노선으로 하고 민주민족청년동맹(약칭 '민민청')은 민족혁명론을 정치노선으로서 지지했다고 하였다(『산수이종률저작자료집』 제1집, 「Ⅴ. 死刑을 免하게 된 나는 이렇게 말한다」, 459쪽). 이러한 점에서 민민청을 통민청과 사회당 등과 함께 사회주의를 지향하였다는 김지형의 분류는(김지형, 앞 논문, 1996, 135쪽) 재고할 필요가 있다.

71) 부산의 민민청과 민자통과 관련한 이종률에 대해서는 김선미, 앞 논문(2000)에 자세히 밝혀져 있으므로, 여기서는 간략히 언급하기로 한다.

72) 그동안 민자통 그 자체에 대해서는 적지 않은 연구가 이루어져 왔으나, 이종률과 직접 관련한 연구는 매우 적다. 민자통에 관한 연구 성과로서는 김지형, 앞 논문(1996, 2000)이 주목된다.

민족자주통일중앙협의회 발기대회가 열리면서부터였으며, 1961년 2월 25일 민자통 창립대회에서 민족건양회 인물들이 민자통 조직의 핵심으로 선출된 것으로 이루어진다.[73] 중요 직책을 보면 대표의장에 민자통의 중심인 김창숙, 중앙위원회 상임위원회 의장에 민족혁명계 지도자였던 박래원, 중앙위원회 및 중앙상임위원회 사무총장에 민족건양회 책임간사였던 박진, 중앙위원회 통일논책심의원회 의장에 민족건양회 사학연구부 책임간사 조윤제와 그 위원으로 이종률 등, 중앙위원회 조직위원장에 민족건양회 정치실천부 책임간사 문한영과 동 차장 도예종 등이 임명된 것이다.

민자통운동은 일반적으로 혁신계 운동으로 많이 알려지고 있으나, 어디까지나 민족자주노선의 민족혁명운동으로 보아야 한다. 민자통의 민족혁명노선은 民族建揚主體路線, 民族自主領御戰略, 民族大我同勝戰術의 三民論策을 기본으로 하는 통일건국방침을 3·4월 민족항쟁 직후의 민족건양회 주최 '4월목요회' 결정에서 우선 확인할 수 있다. 그해 10월 민자통 발기대회에서 분명히 민자통을 민족혁명론 방향에서 조직한다는 4대 원칙을 채택하고,[74] 이듬해 2월 창립대회에서 발기대회의 4대 원칙에 입각한 민족혁명노선을 천명하였다. 이종률은 민

---

[73] 『산수이종률저작자료집』 제2집, 760~761쪽.

[74] 민자통 4대 발기 원칙은 다음과 같다(『민족혁명론』, 「특수 중에도 특수 기형의 사실에서 사학 생성을 바라는 애국 충정의 글」, 280쪽).
"1. 민자통의 통일은 '공산주의 세력 확대를 위한 통일이 아님은 물론이요, 민족1 공산1, 즉 민공 1 : 1의 제휴통일도 아닌 어디까지나 민족혁명적 민족통일'이다. 그래서 민족사적 역사의 대도와 그 동포애적 또는 인간애적 정으로써 '남북과 관민'이 적극적으로 허심탄회하게 여기에 협력하기를 요한다. 2. 민자통의 조직은 민족혁명론 방향의 정당 사회단체와 특수 개인으로써 한다. 3. 민자통을 통일달성 과정에서 또 통일달성 마당에서 동포 자기끼리의 범행을 일체 잊어버린다. 4. 민자통을 통일달성과 동시에. '민주화복·홍익인간' 사업을 행하는 애국자들에 대해서는 일절 그 전력을 묻지 않고 서로 협력한다."

족혁명운동 차원에서 민자통을 민족전위당이라는 의미에서 黨勢의 일부로 인식하고, 그 결성 과정에 깊숙이 참여한 것이다.75)

민자통의 민족자주노선의 평화통일노선을 지향하는 과정에서 관철되는 이종률의 통일론은 남북이 함께 승리하는 방향의 '大我民族勝利의 南北同慶統一論'76)으로 압축된다. 이종률은 그 의미에 대하여 "'大我民族勝利'는 철학적으로 차원이 높고, 승리자적 신념이 정대·확호하고, 그러기 때문에 승리자적 관용성이 대도로히 넓고, 그러기 때문에 인륜성이 높게 작용되게 되고, 거기서 능히 대도로운 敵本主義가 행해질 수 있는 그 면에서의 민족적인 승리 즉 악착스럽지 아니하고, 잔악하지 않고, 적은 상대성에 구애되지 않는, 그리고 어디까지든 민족적이요 및 인간 방향의 것일 뿐이요 그 이외 사회주의도 아니며 기타의 그 어느 것도 아닌 민족적인 승리 그것을 말한다. '南北同慶統一'이란 남이 북을 악착스레 制勝하여 그 북을 말살해 버리려는 것이 아니라 우리 民主民族祖國 구성익 일부로서의 북을 남도 아닌 북도 아닌 전진적인·통일적인 조국의 선으로 止揚 歸一하여 양심과 근실성을 지닌 전체농포들의 同慶과 그 번영의 사실로 발전케 하는 것을 말한다"77)고 하였다. 이종률은 '統一'을 다원적 존재물의 성격 또는 세력교류에 의한 그 止揚的 歸一이라는 의미로 인식하였다.

1961년의 5·16 쿠데타는 민족자주노선의 민족혁명운동을 결정적으로 좌절시키고, 이종률은 영어의 몸이 된다.78) 이종률은 민족일보

---

75)『민족혁명론』,「특수 중에도 특수 기형의 사실에서 사학생성을 바라는 애국충정의 글」, 279~280쪽 ;「'民自統' 사실의 史料的 抄記」참조.

76)『산수이종률저작자료집』제2집,「Ⅰ. 大我民族勝利 南北同慶統一의 進取를 위하여」에 그의 통일론이 집약되어 있다.

77)『산수이종률저작자료집』제2집,「Ⅰ. 大我民族勝利 南北同慶統一의 進取를 위하여」, 32~33쪽.

78) 투옥과정과 재판 과정은『산수이종률저작자료집』제1집,「Ⅴ. 死刑을 免하게

와 민자통 사건으로 투옥된 것이다.[79] 당시 반공을 제1의 국시로 내세운 5·16 군사쿠데타 세력이 평화통일을 주장하는 세력들에 대해 대대적으로 탄압을 벌이면서 민자통과 민족일보에 매우 큰 영향력을 가지고 있던 이종률을 그냥 놓아둘 리가 없었다. 5·16 직후 그는 한 때 5·16이 혁명의 방향으로 나아가야 한다는 것을 피력하였으나,[80] 그렇게 되지는 않았다.

이종률은 5·16 이후 민족일보사건으로 구속되어 일심에 5년 구형되지만 무죄로 선고되면서 일단 석방된다.[81] 그러나 무죄 석방을 못마땅해 하던 검찰은 이종률이 처음부터 민자통 조직상의 특별한 직책을 맡고 있지 않음으로써 민자통 사건에는 빠져 있었으나, 그가 민자통의 핵심 사상이론을 제공하였다는 것을 뒤늦게 인지하게 된다. 검찰은 이에 '민족자주통일방안심의위원회건'으로 그를 구속하여 군사혁명특별재판소에서 사형구형을 하지만, 10년형이 선고된다.

그는 사형 구형을 받은 직후 아내에게 자신의 심정을 시와 같은 말로 표현하고 있는데,[82] 여기에 그의 민인혁명론 사상이 상징적으로

된 나는 이렇게 말한다」를 참조.

79) 민족일보 사건과 관련 부분은 본서에 수록된 김지형, 「민족일보와 산수 이종률」을 참조하기 바람.

80) 『산수이종률저작자료집』 제1집, 「V. 死刑을 免하게 된 나는 이렇게 말한다」, 474~476쪽.

81) 이 때 의열단의 핵심인물의 하나였던 何求 金始顯의 집에 숨었다가 다시 자리를 옮겼기면서 검거되었다. 당시 혁명검찰부의 추가 기소는 대개 극형으로 가는 것으로 되는 분위기였다고 한다(『산수이종률저작자료집』 제1집, 「V. 死刑을 免하게 된 나는 이렇게 말한다」, 429~431쪽).

82) "내 그대와 함께 청풍에 옷깃을 날리며 금강산에도 상상봉에 올라 조국의 남단인 한라산과 그 출렁거리는 푸른 바다와 조국의 북단인 백두산과 그 준령들을 한 눈으로 바라보지 못하는 것이 두고 가는 유한의 하나며 / 내 그대와 함께 청풍에 옷깃 날리며 알프스에도 상상봉에 올라 전개되는 인류사 방향 아침해를 바라보며 시대도 인간의 자기상극도 아울러 사학도 없고 역사만 있는 그

잘 드러나고 있음을 볼 수 있다. 시의 전반부는 민족혁명으로 이루게 될 민족사 시대의 세상을, 후반부는 민족혁명을 바탕으로 하여 이루게 되는 인간혁명의 인간사 시대의 세상을 절절하게 표현하고 있었다.

이종률은 감옥에서 방대한 분량의 원고를 집필하게 된다. 자신이 일생을 두고 실천해온 민족혁명운동의 이론적 정립과 자신이 살아온 역사적 체험기, 옥중일기 등 정치·경제·문화·사회 등 전 분야에 걸쳐 방대한 양의 집필을 하였다. 감옥에서의 집필은 안양교도소 소장 서기석의 배려로 가능하였다. 서기석은 자신의 청구대학 제자이기도 하였다.[83] 이종률은 교도관 역시 겨레의 일부이며 인간의 일부라는 철학에서 하급 교도관과 친하게 지냈다고 한다.[84]

이종률은 1965년 12월 25일 안양교도소에서 출옥하게 된다. 출옥 이후에는 경남 양산에 소재한 개운중학교를 인수하여 民族史와 人間史의 대도에 입각한 생산자적 仁智勇 영재의 육성을 목적으로 한 민족교육사업을 전개하였다.[85]

1971년에는 『祖國史의 分裂과 統一의 主潮』를 출간하여 '性理學은 反民特權의 哲學'이라는 점을 주장하여 밝히게 된다. 1973년에는 이의 연장 집필물로써 3교와 조판까지 마친 『옳은 史學과 그 嶺南 및 그 祖國의 認識을 위하여』(『산수이종률저작자료집』 제1집에 수록됨)를 발표하였으나, 인쇄 직전에 수사 기관에 의하여 압수당하게 된다.

人間正史 억 천 억 천만 년의 광명을 내다보지 못하는 것이 두고 가는 유한의 하나입니다."(『민족혁명론』, 309쪽).

83) 『민족혁명론』, 「특수 중에도 특수 기형의 사실에서 사학생성을 바라는 애국충정의 글」, 314~315쪽.

84) 『산수이종률저작자료집』 제1집, 「V. 死刑을 免하게 된 나는 이렇게 말한다」, 532쪽.

85) 『녹성학보』 창간호(1970.8.15). 개운중학교 육성교우회 명의로 발간된 『녹성학보』는 이종률의 교육론이 집약되어 있어 그의 민족혁명론을 이해하는 데 크게 도움이 되는 자료이다.

1974년에는 경남 의령의 독립운동가 白山 安熙濟 선생의 사적을 답사하고 人革黨 관련 사건으로 1975년 사형 당한 같은 마을의 이수병 본가를 방문하고 돌아오던 중 뇌졸중으로 쓰러진다.86) 그는 오랜 투병 생활 가운데서도 여러 젊은 학도들을 교육함과 아울러 『己未를 알자』(1979)를 비롯한 많은 미발표 원고를 직접 집필 혹은 대필로써 남기고, 1989년 생애를 마감하였다.

맺음말

이상에서 1946년 1월 창립된 민족건양회 조직과 이를 통한 이종률의 민족혁명운동을 살펴보았다. 한 마디로 민족건양회는 민족혁명노선 방향의 정치적 실천을 책임지고 영도하는 단체로서 당과 같은 조직이며, 민족건양회의 민족건양사론은 이종률의 정치노선과 실천론이 사실상 집약되어 있었다. 이하 논의된 바를 간략히 요약하기로 한다.

1945년 8·15 이후 이종률은 민족통일건국투쟁과 민족자주 국가건설로서의 민족혁명운동을 시대적 과제로 인식하였다. 6·25이전까지 조선학술원 창립, 모스크바 삼상결정에 대한 인식과 언론활동, 민족건양회의 결성, 민주주의 독립전선 결성과 활동 등이 주요 활동이었으며, 그의 정치노선과 활동은 民族建揚會의 결성과 민족혁명론의 실질적인 확립으로 압축되었다. 8·15 이후 이종률은 자신의 입장을 '非左非右' 정치학이라는 말로 표현하고 있었다. 이 같은 입장은 8·15 이후 정치세력의 분석이 대부분 좌우의 이분법적 시각에서 이루어지고 있

---

86) 백산 안희제 선생 특집호로 간행된 『나라사랑』 제19집(외솔회, 1975)의 편집 후기에 안희제에 관한 자료 발굴을 위해 의령에 갔다가 병석에 눕게 된 사실을 기록해 놓고 있다. 이종률은 백산 안희제의 맏아들 안상록과 매우 친한 사이였다고 한다(故 一丁 劉赫 선생 증언).

는 현실에서 많은 시사점을 던져준다. 그는 '좌·우' 정치세력으로부터 정치활동 참여의 권유를 받으면서 많은 토론을 전개하였다. 한마디로 이종률은 박헌영의 조선공산당은 좌익 기회주의적인 무모한 정치노선을, 송진우의 한국민주당은 우익 무원칙주의적 방향의 무모한 정치를 하고 있는 것으로 보았다.

이러한 가운데 1946년 1월 자신의 정치노선 철학과 실천론이 집약되고 민족정치 소집결 단체로서 수석의장 김창숙, 의장 이시영, 부의장 안경근, 총책임간사 박진, 사학연구부 책임간사 조윤제, 총무간사 문한영, 이종률 등의 民族建揚會를 창립한다. 그 노선으로 민족의 혁명적 건설과 이를 보다 높은 역사의 차원으로 지양하는 庶民性資本民主主義民族革命이 당면한 우리 역사가 지향해야 할 길로 제시하였다. 외세에 대한 기본 입장으로 1945년 12월말 발표된 모스크바 삼상회의 결과에 대하여 "民族自主强化에서의 外勢領御, 그 統一建國과 前進"이라는 제3론을 제기하였다. 민족건양회는 1960년 민족자주통일중앙협의회 조직으로 발전하였다.

1950년에는 대구 청구대학에 재직 중 6·25 이후 경남 안의중학교 교감으로 옮겨 잠시 봉직하다가 1951년 부산대 정치학과 교수로 부임한다. 1954년 무렵부터 제자들과 함께 민족문화협회를 결성하여 민족자주사상을 고취시키는 활동을 전개하였다. 1956년 당시 정치정세를 武力北進單政統一化 주장인 이승만이냐 非武力政治協商民族統一 주장인 신익희이냐의 대립구도로 이해하면서 후자의 진영에 참여하면서 통일운동을 전개하였다. 한편 부산일보와 국제신보의 논설고문을 역임하면서 언론을 통한 민족혁명운동을 전개하였다.

1960년의 이종률은 3·4월 민족항쟁 이후 6월 12일 청년 조직으로 민주민족청년동맹을 부산에서 결성하였다. 민주민족청년동맹은 중앙과 지역에 맹부를 결성하여 민족자주화운동을 벌였다. 또한 민족건양회 동지들과 함께 민족자주평화통일중앙협의회의 창립과 조직이론의 제공 등에 핵심적 역할을 하였다. 그는 5·16 이후 사형 구형의 원인이 된 민자통중앙위원회 통일논책심의위원회 위원의 한사람으로 활동하였으며, 여기서 그는 민자통을 민족전위당이라는 의미의 당세의 일부로서 인식하고 결성 과정에 깊숙이 주도적으로 참여하였다.

이종률은 5·16쿠데타 이후 민족일보사건으로 구속되어 일심에 5년 구형되지만 무죄로 선고되고 일단 석방된다. 그러나 검찰은 뒤늦게 그를 '민족자주통일방안심의위원회건'으로 재구속 하여 사형구형을 하지만, 결국 10년형을 선고받는다. 감옥에서는 자신이 일생을 두고 실천해온 민족혁명운동의 이론적 정립과 자신의 역사적 체험기, 옥중일기 등 전 분야에 걸쳐 방대한 양의 원고를 집필하였다. 출옥 후 경남 양산의 개운중학교를 인수하여 민족사와 인간사의 대도에 입각한 영재의 육성을 목적으로 한 민족교육사업을 전개하였다. 1974년에 경남 의령의 독립운동가 백산 안희제의 사적을 조사하던 중 뇌졸중으로 쓰러져 오랜 투병 끝에 1989년 세상을 떠난다.

민족일보와 산수 이종률

김지형 | 경기대학교 강사

머리말

민족일보(民族日報)는 1961년 2월 13일 창간호를 세상에 내놓으며 4월항쟁 이후 등장한 혁신세력의 목소리를 대변한 진보적 신문이었다. 그러나 그로부터 석 달 뒤 발생한 5·16군사쿠데타로 인해 5월 19일 지령 92호를 마지막으로 강제폐간 당하고 만 비운의 신문이기도 하다.

이 글의 목적은 민족일보 창간 준비기에 신문의 성격과 노선, 인적 구성 등 여러 면에서 창간작업의 주도세력 가운데 한 명이었던 산수(山水) 이종률(李鍾律, 1905~1989)[1]의 역할과 그의 민족일보에 대한 관점을 드러내려는 것이다.

1960년 이승만 정권을 무너뜨린 4월항쟁은 그간 정치적으로 소

---

1) 이종률의 생애와 사상, 실천에 대해서는 본인의 저작들인 민인사연구회 엮음, 『민족혁명론』(들샘 1989) ; 산수이종률선생기념사업회, 『山水 李鍾律 著作資料』 제1~2집(들샘, 2001~2002) 등과 논문으로서는 장동표, 「산수 이종률의 민족운동과 민족혁명론」, 『지역과 역사』 제10호(부경역사연구소, 2002) 등이 있다.

외, 억압당했던 '혁신세력'의 재등장을 낳았다. 이들은 4월항쟁 이후의 개혁적인 분위기에 힘입어 대거 정치적, 사회적 진출을 시도했다. 혁신세력은 이승만 정권 몰락 이후 구성된 허정 과도정부가 주관한 1960년 7·29총선을 통해 정치적 진출을 꾀했으나 그 결과는 참담한 실패로 나타났다. 선거의 결과는 보수야당 정치세력인 민주당이 민의원 175석, 참의원 31석을 획득한 반면 혁신계 정당은 민의원 5석, 참의원 2석을 차지한 데 불과했기 때문이다.[2]

혁신계의 참패 원인은 혁신계를 용공시하는 보수정치세력의 반공 이데올로기 활용과 혁신세력의 분열 등 여러가지 이유로 지적되지만, 자신들의 목소리를 대변할 매체가 없었다고 분석한 이들은 이후 '혁신계 대변지'를 창간하기 위한 공동 노력에 나섰다.[3]

혁신계를 대변하는 신문매체를 창간하기 위한 흐름의 중심에는 조용수[4]가 있었다. 그는 여러 혁신계 인사들과 창간을 모색하기 위해 접촉하면서 광범한 혁신세력의 지지와 성원 속에서 신문을 창간하기 위해 노력했다. 이 과정에서 이종률과 결합하게 되었다.

민족일보 창간작업에 이종률이 관여하게 된 계기는 조용수의 창간 작업 참여 권유 때문이었다. 애초 신문 창간의 모색은 이영근[5]과 조

---

2) 中央選擧管理委員會, 『大韓民國選擧史』 第1輯 1975, 666쪽.

3) 중앙 일간지들의 보수성은 자연히 혁신세력에게 불리한 여론을 조성함으로써 7·29총선에서 혁신세력이 대패하는 데에도 중요한 일익을 담당했다고 할 수 있다. 엄상윤, 『第2共和國時代의 統一論爭』(고려대 박사논문 2001), 250~252쪽.

4) 당시 32세라는 비교적 젊은 나이로 민족일보사를 경영했던 그는 5·16후 민족일보사 사건으로 1961년 12월 21일 희생(사형집행)되었다. 그는 연희대학 중퇴 후 도일, 일본 메이지대 정경학부를 수료한 후 재일한국거류민단에서 활동했다. 4월항쟁기인 1960년 6월 귀국해 7·29총선 때 사회대중당 후보로 경북 청송에서 출마했다가 낙선한 후 민족일보 창간작업에 나섰다. 韓國革命裁判史編纂委員會, 『韓國革命裁判史』 제4집 1962, 193쪽.

5) 이영근(李榮根)은 조봉암의 비서로서 진보당 사건으로 공판 중 일본으로 밀항, 민단 소속으로서 통일조선신문(이후 통일일보)을 발행했다. 조용수와 긴밀한

용수의 논의과정을 통해 비롯되었다. 이때 이영근은 조용수에게 신문 창간준비를 이종률과 상의할 것을 요구했으며6) 그에 따라 조용수는 이종률에게 창간 준비작업을 전적으로 의뢰하였다.

그러나 실제 창간 준비과정에서 이종률의 구상과 실천은 애초 조용수와의 약속과 달리 제대로 보장, 관철되지 못했다. 조용수와 의견이 맞지 않았기 때문이다. 즉 창간 초기 조용수 사장이 추구하던 노선과 이종률이 추구하던 노선이 분립되어 있었으며 두 노선은 합쳐지지 못하고 결국 이종률의 퇴사(退社)로 귀결되었다.

여기에는 여러 이유가 있었다. 우선 민족일보의 논조와 노선문제였다. 이종률의 경우, '민족지'를 추구한 반면 조용수의 경우, '혁신계 대변지'를 모색하는 과정에서 충돌이 불가피했다. 또 이에 따른 편집진의 기용과정에서 이종률 구상과 조용수의 구상이 차이를 낳았다고 볼

관계였다. 韓國革命裁判史編纂委員會, 『韓國革命裁判史』 제4집, 1962, 193~195쪽.

5·16 혁명검찰부에 의해 민족일보 사건이 야기됐을 때 이영근(공소외)의 존재가 단연 주목받았다. 그를 통해 재일 조련(총련)계의 돈이 조용수에게 전해져 민족일보 자금으로 쓰여졌다는 것이 혁검의 주장이었고 재판부의 판결이었다. 따라서 이영근은 민족일보 사건 당시 간첩으로 규정되었다. 그러나 어찌된 일인지 그후 이영근은 국내에 자주 왕래했으며 그가 운영하는 통일일보는 국내 지사까지 설치했다. 1990년 그가 사망했을 때 정부는 재일 언론활동을 인정해 그에게 국민훈장 무궁화장을 추서했다. 그의 행적을 보면 북한의 공작원이라고 보기는 사실상 어렵다. 다만 정치적 성향이 뚜렷한 혁신계 정치인으로 볼 수 있다. 유완하, 「민족일보의 성격에 관한 연구」(서울대 석사논문, 1992), 45쪽 참조.

6) 오세윤, 「민족일보에 관한 연구」(한양대 석사논문 1992), 13쪽.
이종률과 이영근의 인연은 진보당사건으로 이영근이 부산으로 피신했을 때 이종률이 은신처를 마련해주고 일본 밀항을 도왔던 것으로 알려져 있다. 원희복, 『民族日報와 조용수』(새누리, 2004), 94쪽.
그러나 두 사람은 이미 1956년 대통령선거 당시 신익희와 조봉암 간의 후보 논쟁과정부터 서로 알고 지냈던 것으로 보인다. 이종률, 『민족혁명론』(들샘 1989), 260쪽.

수 있다. 무엇보다 창간 준비과정에서 광범위하게 결합된 여타 혁신정당 세력들과의 관계문제도 컸다. 결국 이런 종합적인 갈등과 대립 양상이 애초 이종률의 구상을 실현하는 장애요소로 작용하면서 실제로 창간과 동시에 그가 민족일보를 떠날 수밖에 없게 된 것으로 보인다.

그럼에도 불구하고 이종률은 민족일보 창간 후 한 달여 만에 닥친 5·16군사쿠데타에 의해 이른바 '민족일보 사건'으로 '혁명재판'을 받아야 했다. 비록 민족일보에 대한 이종률의 구상은 실현되지 못했으나 민족일보 관계자로 군사쿠데타 세력에 의해 구속되고 만 것이었다.

이때 이종률은 옥중에서 광범한 저술활동을 폈는데, 그 가운데 자신과 민족일보의 관계에 대해서도 회고와 성찰을 남겼다. 이후 민인사연구회, 산수이종률선생기념사업회 등에서 엮은 『민족혁명론』과 『山水 李鍾律 著作資料集』(1~2집) 등이 바로 그것인데 이를 통해 그가 민족일보를 어떤 관점으로 바라보았으며 창간 준비기에 어떤 구상과 실천을 모색했는지 구체적인 사실들을 확인할 수 있다. 민족일보 사건 관련 재판기록조차 망실된 상황에서[7] 창간 준비과정의 핵심 인물이었던 그의 위 저술들은 이 글의 작성에 결정적인 도움이 되었음을 밝혀둔다.

1. 이종률의 민족일보 참여과정

이종률이 조용수와 처음 만나게 된 때는 1960년 11월 무렵이었다. 당시 혁신계 인사들의 사랑방 구실을 했던 것으로 보이는 서울 종로1가 회다방에서 이종률은 친구 신용순[8]의 소개로 조용수와 처음

---

7) 원희복, 「민족일보 재판기록이 사라졌다」, 『민족21』, 2001.12, 117쪽.

8) 신용순은 7·29총선 때 경북 청송에서 출마했으나 낙선했다. 이때 청송에서 경

만났다.9)

그 뒤 다시 만난 자리에서 조용수는 이종률에게 신문 창간 계획10)을 알렸으며 도와달라고 부탁했다. 그 다음 만남에서 이종률은 조용수에게 어떤 신문을 하려는지 물었고 이에 대해 조용수는 '혁신계 신문을 하겠다'고 답변했다. 이때 이종률은 '그것보다도 본격적인 민족적 신문을 경영한다면 학교 강의를 그만 두고 전적으로 신문사 일을 돕겠다'는 의사표명을 했다. 이어 그는 '혁신계 신문'이 아닌 '민족적 신문'의 당위성을 조용수에게 상세히 설명했다.

'혁신계 신문을 해서는 안되고 꼭 민족적인 신문을 해야 하는' 이유에 대해 이종률은 '오늘날 우리들의 과학적인 정치노선이 민족론이기 때문이며 혁신계 운운은 그것이 아니다'라는 분명한 입장을 드러냈다. 나아가 당시 혁신계에 대해서는 '민주사회주의 또는 사회민주주의를 정치철학으로 하고 조직적 구성은 우익 기회주의 인사와 좌익 기회주의 인사들이 중심이 되고 거기에 일부 좋은 성격의 애족자와 기타가 혼합해 있는 상태'로 규정하고, 그에 따라 혁신계는 '정치노선으로서 관념론적인 민주사회주의혁명론을 주장하게 되는 것'이라고 자신의 정견을 밝혔다.

이종률은 조용수의 '혁신계 신문' 구상에 대해 강하게 문제제기를

합을 벌인 또 다른 후보가 조용수(사회대중당)였으며 이들 혁신계 후보들의 동시 출마로 청송에서는 어부지리로 보수인사가 당선되었다. 이종률, 『민족혁명론』(들샘, 1989), 286쪽.

9) 산수이종률선생기념사업회 엮음, 『山水 李鍾律 著作 資料集』(이하, 『山水 資料集』으로 줄임) 第1輯, 2001, 432~433쪽.

10) 신문 창간 계획은 1960년 10월 초순경 이영근이 조용수와 만난 자리에서 시작된 것 같다. 원희복, 『民族日報와 조용수』(새누리, 2004), 83쪽.
    조용수가 국내에 들어와서 혁신계와 신문 창간문제를 협의하기 시작한 시점은 10월 중순부터 11월 초까지였다. 韓國革命裁判史編纂委員會, 『韓國革命裁判史』 제3집 1962, 196쪽.

한 셈이다. 그의 이러한 태도는 그가 새로 창간될 신문의 성격을 어떤 관점에서 보고 있는지 명확히 드러내준다. 즉 혁신계 대변지로서의 역할이 아닌 '민족지(민족적 신문)'라는 정체성을 처음부터 명확히 한 것이다.

당시 그의 혁신계에 대한 인식을 좀더 구체적으로 살펴보자. 그는 혁신계의 가장 중요한 속성으로 민주사회주의를 정치철학으로 하는 것이라고 규정했다. 당시 한국 정치노선의 갈래는 크게 자유민주주의 노선, 민주사회주의 노선, 민족혁명 노선으로 대별되는데 이 가운데 혁신계는 두 번째에 해당하는 것이다. 그는 첫 번째의 경우로 이승만의 자유당, 세 번째의 경우로 김구의 한독당을 사례로 들었다. 또한 4월항쟁기에 분출하였던 여러 진보운동 가운데 5·16 혁명검찰부에 의해 기소된 사건들을 예로 들면서 이 가운데 사회당 사건, 사회대중당 사건, 통일사회당 사건, 혁신당 사건 등의 경우는 혁신계 사건으로 규정하고 있으나 여타 교원노조 사건, 민민청 사건, 민자통 사건, 유족회 사건, 학생민통련 사건 등은 혁신계 사건이 아닌 것으로 보고 있다.11)

민족일보 창간 작업을 주도하던 조용수와 서울에서 몇 차례 만난 후 부산 동래로 내려와 있던 이종률은 이듬해인 1961년 1월 자신을 찾아온 조용수, 박진목(朴進穆) 등을 만났다. 그 자리에서 조용수는 이종률에게 '본격적 민족적인 신문을 하겠다'며 '지연12)조직 및 인사 선정 등 일체를 맡겨 드리겠으니 전적으로 맡아서 일을 해 달라'는 요구를 했다.13)

---

11) 『山水 資料集』 제2집 2002, 379~380쪽 ; 李一九(이종률) 편저, 『現瞬間政治問題小辭典』(國際新報社, 1960), 88~89쪽 등 참조.
12) '지연'은 '지면'의 오자로 보인다.
13) 『山水 資料集』 제1집, 432쪽.

조용수가 창간작업의 전권을 이종률에게 맡기기로 한 이유가 무엇인지는 정확치 않지만 두 가지 측면에서 비롯된 것으로 보인다. 하나는 이종률이 시기 혁신계의 최대 조직체인 민자통 결성을 이끌어낸 당대의 이론가였다는 점, 또 하나는 그가 해방직후 한독당 기관지인 민주신문 정치부장을 비롯해 경제신문 편집국장, 부산국제신보 편집고문을 지내는 등 언론계 실무능력도 겸비한 인물이었기 때문이 아닌가 추정된다. 그러나 무엇보다도 애초 신문 창간을 제안했던 이영근의 권유에서 비롯된 점이 컸던 것으로 보인다.

'민족적인 신문을 하겠다'는 조용수의 말에 따라 이종률은 가족과 학교(부산대 정치학과 교수로 재직 중) 동료들의 반대를 무릅쓰고 신문 창간작업에 합류하기로 결심했다. 그는 이때의 심정을 훗날 다음과 같이 회고했다.

"… 민족적 및 인간적인 대중을 그 면에서 교육하고 또 그들을 위한 조직과 활동에 바로 영향을 주게 되는 옳은 의미의 신문사 하나를 운영하는 데 한 협력자가 된다고 하면은 그것은 보다 많은 조국의 수익이라고 생각하지 아니할 수가 없었다. 그렇다. 학원과 가두를 존비귀천(尊卑貴賤)의 관계에서 본다든지 학도의 가두에로의 진출 즉 교수의 저 – 널리즘에로의 협력을 타락된 또는 속화(俗化)된 사실이라고 보는 것은 저들 「속유(俗流) 학자의식」의 소유자만이 가질 수 있는 일이라고 나는 생각했다. …"

이종률은 본격적인 신문 창간작업을 위해 상경한 후, 가장 먼저 팔봉(八峰) 김기진(金基鎭, 당시 경향신문 주필)을 만나 힘을 모으기로 합의한 후 다음과 같이 편집국 진용을 짰다.

"1. 팔봉은 경향신문사 주필의 자리에서 나와 새 신문사 – (그 때엔 아직 민족일보라고 이름이 정해지지 아니했다) –편집의장(編輯議長) 겸 사회부장이 된다. 2. 나는 편집부의장 및 정경부장이 된다. 3. 문화부장엔 전 부

산일보사 주필 겸 편집국장이며 시인인 손풍산(孫楓山)을 기용토록 교섭한
다. 4. 편집국장엔 나이가 젊고 기술이 낮지 아니한 전 서울신문사 편집국
장 고제경(高濟經)을 기용토록 교섭한다. 5. 신문의 방향은 본격적인 민족
지(民族紙)로 함에 찬동한다.”

이 밖에 논설위원들로 조동필 교수, 법학박사 이건호 교수 등을 염
두에 둔 것으로 보인다.

이를 통해 드러나는 사실은 당시 이종률이 새 신문의 성격을 ‘혁신
계 대변지’가 아닌 ‘민족지’로 본 것과 관련해서 이를 담당할 편집진용
역시 ‘혁신계 인사들’이 아닌 ‘민족주의 계열의 중견 언론인들과 학자
들’이었다는 사실이 주목된다.

김기진과 의논한 직후 이종률은 조용수가 마련한 서울 을지로1가
소재 중국요리점 아서원에서 열린 혁신계 인사들과의 모임에 참가했
다. 이날 모임에는 조용수와 이종률을 비롯해 안신규, 이건호, 이동
화, 윤길중, 서상일, 최근우, 고려대 교수 아무개14) 등이 모였다.15)
이 모임에서는 장차 창간될 신문의 성격에 대한 논의가 진행되었는데
이종률, 이건호, 고려대 교수 아무개 등은 ‘민족지’를 주장했으며 나머
지 인사들은 ‘혁신계 신문’을 주장했다. 이때, 창간될 신문 이름에 대
한 논의도 오갔다. 윤길중은 대중일보, 서상일은 고려시보, 최근우는
사회민보를 주장했다. 위의 제호뿐만 아니라 조양일보 등 10여 가지
가 거론되었으나 결론이 나지 않았다. 아서원 회동 이튿날 이종률은
조용수와 만나 ‘혁신계 신문이 아니라 그 방향이 어디까지든 민족지라
는 것을 보이기 위해서’ 신문 이름을 민족일보 또는 민족신문 등으로

---

14) 원희복의 책에는 서울대 주홍모 교수(사회당 계열)가 참석한 것으로 돼있다. 고
   려대 교수 아무개는 조동필로 보인다.

15) 민족일보 사건 재판기록에는 송지영과 고정훈도 참석한 것으로 돼있으나 이종
   률은 이들이 참석하지 않은 것으로 기억하고 있으며 박진목의 참석도 기억에
   확실치 않다고 회고했다. 『山水 資料集』 제1권, 440쪽.

했으면 좋겠다는 의사를 피력했다. 민족일보라는 제호는 이때 이종률에 의해 제안된 것이었다.16)

　민족일보사의 경영진 인적 구성에 관한 이종률과 조용수의 구상도 차이가 컸다. 조용수에 의해 짜여진 경영진은 대표취체역(대표이사)에 조용수, 취체역(이사)에 서상일, 최근우, 윤길중, 고정훈 그리고 이종률 등이었다. 이종률은 자신을 제외한 취체역들이 모두 혁신계 정치인들이라는 점에 대해 조용수에게 문제제기를 했다. 민족지를 추구하면서 신문사를 대표하는 취체역 명단이 혁신계 인사들이라면 혁신계 신문인 것 같은 느낌을 주게 된다는 지적이었다. 따라서 취체역에 혁신계가 아닌 인사들을 추가로 선임해야 한다는 주장이었다. 또한 사장직도 다른 사람에게 맡기자는 의견을 제시했다.

　그렇다면 회사 중역에 관한 이종률의 구상은 구체적으로 무엇이었을까. 그는 신문사 회장에 최규남(崔奎南, 전 서울대 총장, 공학박사)이나 이인(李仁, 전 검찰총장, 항일 변호사) 중 한 명을 추대하고, 사장직은 노태준17)을 제안했다. 조용수가 이 제안을 긍정적으로 받아들

---

16) 이에 따라 조용수가 민족신문이라고 결정해 총무처에 신고하려 했으나 대구 칠성동의 아무개가 주간 민족신문이라는 제호를 이미 신고했기 때문에 다시 민족일보로 고치게 되었다.『山水 資料集』제1권, 441쪽.
　그러나 민족일보라는 제호는 이미 아서원 회동에서 이종률, 주홍모 등에 의해 제안되고 모두 찬성했다는 글도 있다(원희복, 같은 책, 96쪽). 어떻든 민족일보라는 제호가 이 즈음 이종률에 의해 제안된 것은 사실로 보인다. 이 시기 조용수는 '대중일보(大衆日報)'라는 이름으로 창간준비사무실을 운영하기도 했다.『민족일보』1961.2.13, 조용수「취임사」참조.

17) 이종률은 노태준에 대해 일제시기 대한민국 임시정부 초대 군무총장 노백린의 아들이며 중국 호강대학을 마친 인텔리 민족운동가이며 광복 뒤에는 태양신문사(1954년 장기영에게 판권 이양돼 한국일보로 개명) 사장을 역임하기도 했다고 썼다(『山水 資料集』제1집, 442쪽). 이종률은『민족혁명론』, 290쪽에서 노태준이 제일신문 사장이었다고 기록했으나 이는 태양신문의 오기인 것으로 보인다. 제일신문은 윤덕영의 글[「해방 직후 신문자료 현황」,『역사와 현실』제16호(역사비평사, 1995), 361쪽]에 따르면 중도좌파지로 분류되는 신문이다. 노태

이자, 이종률은 우선 노태준과 교섭했다. 그에게 긍정적 답변을 들은 후 이를 조용수에게 알렸으나, 조용수는 태도를 바꿨다. 노태준 안에 찬성하지 않은 것이다.

이종률의 구상은 신문사 중역진을 어떻게 하느냐에 따라서 전적으로 혁신계 신문으로 비칠 것이냐 민족지로 보일 것이냐 하는 문제를 염두에 둔 것으로 판단된다. 노태준 등이 나선다면 친공이니 혁신계니 하는 말들이 나올 수 없다고 판단했기 때문이다. 그러나 이같은 구상이 조용수에 의해 받아들여지지 않은 것이다. 이종률은 그 이유에 대해 스스로 '1. 자신의 말에 신용성이 적었고, 2. 조용수 자기만이 가지고 있는 사업적인 자부심과 그 경륜의욕이 강했던 것, 3. 앞으로의 정국의 전개를 모두 나보다는 용이하게 생각했던 것' 등으로 해석했다.

이종률이 이인, 최규남 등을 내세우려 한 이유는 민족지로서의 상징적 효과뿐만 아니라 이들을 통한 자금 동원까지 염두에 둔 것이었다. 그 당시, 창간준비 자금이 재일 조총련계 자금이라는 설이 파다했으며 정치권에서도 논의가 일기 시작했다.[18] 따라서 이종률은 사실 여부와 상관없이 이 같은 의혹으로부터 벗어나기 위해 국내자본을 동원하는 것이 바람직하다는 판단이었다. 우선 이인의 경우, 당시 삼성재벌 이병철과 동성일가라는 점, 최규남은 당시 삼성에 이어 재계 2위를 차지했던 개풍재벌의 이정림과 지친한 관계에 있었다는 점에

준의 태양신문 사장 재직은 위의 글에서도 확인된다.

18) 당시 내각 총무처장 정헌주와 만난 이종률은 그로부터 '재일 조련계(조총련계)의 돈으로 혁신계 신문을 한다는 보고들이 올라오고 있다' '국내자본을 동원시킬 수 없냐'는 등의 얘기를 들었다. 『山水 資料集』 제1집, 444~445쪽.
1월 30일 민의원 본회의에서 민주당 김준섭 의원의 총련자금 유입설 발언, 신현돈 내무장관의 내사설 인정, 시경 정보과의 조련계 자금 유입 단서 입수 발언 등 잡음이 끊이질 않았다. 정진석, 『한국현대언론사론』(전예원, 1985), 288쪽 ; 『경향신문』 1961.2.1 ; 『한국일보』 1961.2.2 등 참조.

서 이들 재벌들의 자금 동원을 모색했다. 또한 이런 연장선에서 내외방직 사장 이순희에게는 직접 자금 동원을 요청했다. 이순희는 1억 5천만 원을 내겠다고 약속했으며 혼자 힘으로 안되면 호암 이병철과 협력하여 만들겠다는 적극적인 의사를 피력하기도 했다.19)

그러나 이같은 이종률의 회사 중역과 자금 동원에 관한 구상은 조용수의 거부에 따라 실현되지 못했다. 이 때의 심정을 그는 다음과 같이 회고했다.

"물론 미급했지마는 나의 주관적인 생각만으로는 취체역 진영 및 자본구성의 방향을 이렇게 보강함으로써 「조련계」운운의 허황한 이야기를 막으면서 그 면에서 명실상부한 본격적인 민족적인 신문 하나를 성장시키는데 협력해 보고자 했던 것이다. 그러나 사장 조용수는 나의 상의에 응해 주지 아니했다. … 역시 커나는 젊은 일꾼들이 갖기 쉬운 자부심의 강력한 표현의 한 구석이라고 생각했기 때문이다. 그 때 조용수의 나이 서른 두 살이었다."20)

이종률은 그때 조용수가 동원하는 자금의 출처와 조용수 본인의 사상과 경력에 대해 그와 문답을 벌였다. 조용수의 답변은 '절대 조련계의 돈이 아니'며 '모험하기 위해시 억지로 만들이 내려는 악질분지들의 음계'라며 '가정관계, 교육관계, 거류민단에서의 활동 실적 등이 (자신이 민족주의자라는 것을) 증언하고 있다'는 것이었다. 사장직을 기어코 맡아보아야겠느냐는 이종률의 질문에 조용수는 '당분간 자신이 맡는 게 상책'이라고 답했다. 이에 이종률은 '사장직은 다른 사람에게

---

19) 이종률, 『민족혁명론』, 290~291쪽. 이순희는 이종률과 친구사이였으며 이미 이종률을 통해 민자통과 민민청 등에 자금을 제공하기도 했다(민자통 선전위원장으로 활동한 고 문한영 증언, 1995.1). 이순희는 이후 『嶺南日報』 사장을 맡았다.

20) 『山水 資料集』 제1집, 446~447쪽.

맡기고 바로 정치지도자의 한 사람으로 나서라'는 충고를 했다.

사장 조용수가 동원한 민족일보 자금의 실체와 성격에 대한 논란은 창간 이전부터 시작되었고, 민족일보 사건 이후 재판과정에서도 가장 초미의 관심사가 된 부분이다. 혁명검찰과 혁명재판부는 일관되게 민족일보 자금이 '조련계'(재일본조선인연맹, 그러나 당시는 이미 재일본조선인총연합회(총련)가 결성(1955년)된 이후였다. 조련은 총련을 의미하는 것으로 보임)에서 나온 것으로 해석했다.

그러나 이 사건으로 1961년 12월 21일 사형 당한 조용수는 형 집행 전 마지막 남긴 유언에서 "민족을 위해서 할 일을 못하고 가는 게 억울하다. 정규근(친구이며 민족일보 상무) 동지에게 돈을 꾸어다 신문 만드는 데 썼는데, 갚아주지 못하고 가게 돼 미안하다"[21]는 말을 남겼다. 생애의 마지막 순간, 유언을 통해서 민족일보 자금의 투명성을 드러냈다는 점도 주목할 필요가 있다.

민족일보 사건의 최대 쟁점이었던 이 문제에 대해 창간 전부터 논란이 일었을 때 이종률은 좀 다른 각도에서 이 문제를 대한 것으로 보인다. 즉 위와 같이 사장 조용수에게 자금의 투명성 여부를 직접 확인하는 한편 그것이 비록 민단계 실업가들에 의해 나온 돈이라고 하더라도 오해의 여지를 주지 않기 위해서 '국내 자본' 염출이라고 하는 방식을 취했던 것으로 볼 수 있다. 노태준, 이인 등을 사장 및 회장으로 옹립하고 이순희를 통해 자금을 동원하려 했던 것은 바로 위와 같은 '자금문제에 관한 인식'의 반영한 것이었다.

---

21) 원희복, 같은 책, 23쪽.

2. 민족일보 창간준비기 이종률의 구상과 역할

민족일보 편집국 진용에 관해 이종률은 김기진과 합의한대로 자신의 구상을 실천해나갔다. 우선 고제경(서울신문 편집국장 역임)에게 편집국장직을 제의했다. '민족적인 양심과 신문 실무자로서의 기술'을 기준으로 한 그의 인선원칙의 결과였다. 그러나 고제경은 '관영 서울신문의 편집국장 시절 4월항쟁을 맞아 부정선거 방조 혐의로 기소 당할지 모르니 자신보다는 홍화식(洪華植)을 추천한다'며 사양했다. 그에 따라 조용수와 이종률은 홍화식을 만나 편집국장직을 제안했고 홍화식은 이를 수락했다.

이때 조용수는 이종률과 함께 직접 홍화식을 만나 의사를 확인했다. 그 이유는 사내에 고제경, 홍화식으로부터 편집국장직 제의를 거절당했다는 소문이 퍼져 있었기 때문이다. 이러한 소문의 근원은 이종률이 창간 초기 편집진용을 짜는 것에 대해 불만을 품은 사내 세력들이었다. 창간 준비기 민족일보사 내에는 각종 혁신정당을 지지하는 세력들이 공존하고 있었는데 이들이 이종률의 독주를 견제하기 위해 확인되지 않은 사실을 퍼뜨린 것이다. '홍화식의 거절'이 공연한 헛소문임을 확인한 조용수는 이때 이종률에게 다음과 같이 심경의 일난을 드러냈다.

> "모당(某黨) 모당들 때문에 일하기 퍽 힘드는구려. 그이들의 이종률에 대한 공세에는 보조가 맞는다 하리만치 공통된 태도로서 나서고 있습니다. 싫증이 날 정도며 그 방법들이 너무도 졸렬합니다."[22]

이종률은 그 '모당'이란 통일사회당(통사당)과 사회당을 의미하는

---

22) 『山水 資料集』 제1집, 449쪽.

것으로 여겼다. 취체역 서상일, 윤길중, 고정훈과 논설위원으로 내정된 이상두(李相斗), 박윤희(朴允熙) 등은 통사당 요인들이었고, 취체역 최근우와 논설위원으로 내정된 유병묵(劉秉默)은 사회당의 요인들이었다. 당시 두 당의 역관계에 대해서 이종률은 "인원수로서는 통사당이 더 많았으나 사내에서 적극적인 활동을 전개하고 있는 면으로서는 사회당의 유병묵 한 사람만으로서도 결코 적게 평가할 처지는 아니었다"는 판단이었다.23)

이들 혁신정당 인사들에 대한 조용수 사장의 태도를 이종률은 불가근불가원(不可近不可遠)으로 해석하고 있었다. 조용수가 사회당이든 통사당이든 적당히 대처해 나갔다고 본 것이다. "그래서 그 두 당 각기 때로는 조용수가 자기 당과 특히 친근한 것 같이 반가워하기도 했고 때로는 조용수가 결국은 저 편 당과 더 가깝다고 미워하기도 한 것 같이 여겨졌다"는 것이다. 그는 "결국은 조용수가 두 당 함께 친하려 했으나 뜻하는 바와는 다르게끔 두 당 함께 위하지 않은 사태에 떨어지게 되고 만 것이었다. 거기서 제일 가까운 인물 중의 하나가 나였지만 결과적으로는 제일 불신하여 학대하게 된 것이 나에게 대한 처사인 것이었다"고 회고했다. 5·16군사쿠데타 이후 야기된 '민족일보 사건'으로 관계자들이 모두 구속된 1960년 가을 서울교도소에서 조용수가 이종률에게 당시의 솔직한 심경을 피력했다고 한다.

이종률은 편집국장 선임 이후 김기진, 고제경, 홍화식 등의 의견을 들어가며 편집국 진용을 짜기 시작했다. 김자동(金慈東, 조선일보 미국 특파원), 이원종(李源鍾, 일일신문－연합신문 후신－정치부 기자)을 비롯해 남철기(민국일보 편집기자) 등을 영입했다. 당시 언론계에서 활동하던 베테랑 기자들로 편집국 성원들을 짜는 방식이었다.

---

23) 『山水 資料集』 제1집, 449쪽. 조용수는 유병묵에 대해서 '마구 대드는 정열의 소유자'라고까지 말했다고 한다.

'정선(精選)된 엘리트들'로 편집국 진용을 짜려는 게 이종률의 구상이 었다.

그러나 창간이 임박해지자 조용수는 이종률이 천거한 사람들을 받아들이지 않았다. 같은 해 1월 두 사람의 '동래 회동' 당시 지면조직과 인사선정 전부를 맡긴다고 한 약속과는 다른 태도였다. 이종률은 조용수의 그 같은 태도가 통사당, 사회당 등이 자신을 견제하기 위한 태도에서 기인한 것으로 인식했으며 조용수가 결국 그런 혁신정당들에 의해 휘둘리는 것이라고 판단했다.

민족일보 창간 준비 당시 사내의 혁신계에 대한 사장 조용수의 태도가 '적당주의적 기술'이라고 본 이종률은 조용수에게 "혁신계 방향의 정치인 것 같은 태도를 버리고 민족적 신문 경영인의 하나로서 혁신계도 기타도 함께 귀중히 용납 지지해주는 처사를 취하든지 그렇지 않으면 통사당이든 사회당이든 그 중의 하나만을 지지하는 태도를 자연스럽게 가시든지 하리"24)는 요구를 했다. 즉 이종률은 사장 조용수가 자신의 민족적 신문 노선과 사내 두 혁신정당의 흐름 사이에서 갈등하는 것에 대해 일갈한 것으로 보인다. 다른 측면에서 보면, 사장인 조용수로서는 이종률과 통사당, 사회당 등 어느 한 쪽도 버릴 수 없는 상황이었던 것으로 볼 수도 있다.25)

민족일보사 내에서 통사당 세력의 경우, 취체역 서상일, 윤길중,

---

24) 『山水 資料集』 제1집, 451쪽.

25) 이 밖에 이종률은 당시 상임감사 안신규(安新奎 一名 安勳)에 대해서도 주목했다. 그의 판단에 따르면 안신규는 사내에서 차지하는 위치가 직명(직급)에 비해 비할 바 없이 높았으며 특히 혁신계 정치세력에 관심을 갖는 것 같지는 아니했으나 최근우와 더욱 친근한 것 같이 보였다는 것이다. 『山水 資料集』 제1집, 452쪽.
안신규는 일본을 오가며 이영근과 가깝게 지낸 인물이다. 창간과정에서 안신규는 이영근을 대리하는 상당히 중요한 인물이라는 지적도 있다. 원희복, 같은 책, 97쪽.

고정훈 등이 반드시 동일한 보조를 취하지 않았다는 게 이종률의 판단이었다. 사내 주요 인사들에 대한 천거가 이들 세 사람의 합작으로 이뤄진 게 아니라 개별적 추천 형식으로 진행됐다는 것이다. 업무국장 김영달(金永達)은 서상일의 천거였고, 상임 논설위원 박윤희, 이상두는 윤길중, 고정훈의 천거로 이루어졌다.26) 그리고 사회당 위원장 최근우는 당 선전위원장인 유병묵을 논설위원으로 추천했다. 이런 상황에서 구성된 논설위원진도 이종률로서는 납득하기 어려운 것이었다. 이종률은 김기진, 조동필, 이건호 등을 중심으로 민족론 방향의 논설위원 진용을 짜고자 했으나 혁신계 중심의 필진으로 짜여지기 시작하자 조용수에게 불만을 제기했다. 그러나 조용수는 이후 논설위원 선정시 이종률과 일체 상의하지 않았다. 따라서 이건호, 조동필도 민족일보사로부터 차차 멀어지기 시작했다는 게 이종률의 판단이었다. 결국 논설위원은 사회당과 통사당 인사들로 구성되었다. 이 가운데에서도 고정훈, 박윤희, 이상두 등 통사당계의 논설위원들이 사회당 유병묵을 압도하며 논설진의 '우이(牛耳)를 쥐게 됐다'는 것이다.

이종률의 편집국 진용 인선을 둘러싼 혁신계와의 갈등은 기자 공개채용 시험과정을 통해 극명하게 드러났다. 신입사원 공개채용은 객관적 합리성과 실력에 의한 기용이라는 명분에 기초한 것이었지만 실상은 공개채용을 빙자해 혁신계에서 자기 사람을 심고자 하는 의도로 비롯된 측면이 있었다.

이때 민족일보사에서 치러진 단 한 차례의 기자채용 시험27)은 사

---

26) 고정훈은 통사당 준비위원회 선전국장, 박윤희는 선전국 선전부장이었다. 또한 이상두는 윤길중(민족일보 취체역, 통사당 정취위원)의 막중한 동지였다. 이상두는 통사당 사람이라기 보다는 통사당 노선을 지지하는 정치학도라는 게 이종률의 판단이었다. 『山水 資料集』 제1집, 452쪽.

27) 이 기자채용 시험에 500명이 넘게 응시했다는 당시 민족일보 기자의 증언이 있다. 김자동, 「언론운동으로서의 민족일보의 성격」, 『한국사회변혁운동과 4월

장 조용수가 고시위원장, 이종률이 보좌의 형태로 치러졌다. 본래 성적순에 의해 5명을 채용키로 했으나 조용수는 10명으로 인원을 늘이자고 했다. 그러다 다시 15명으로까지 인원을 늘였다. 왜냐하면 사회당이 5명의 명단을 적어주며 인사청탁을 했기 때문인데 그들의 이름이 나올 때까지 성적순에 의해 채용 인원을 자꾸만 늘여갔던 것이다. 15명까지 인원을 확대하자 사회당에서 요구하였던 5명 중 한 명인 김영한28)이 포함되었다. 조용수는 사회당에서 요구한 5명을 넣어서 15명을 뽑자고 제의했다. 이종률은 실력 우선 원칙에 따라 이를 거절했으나 결국 성적순 14위를 한 김영한을 포함해 14명을 기자로 채용했다.29)

기자채용 확정 후 조용수는 이종률에게 "우당(사회당 준비위원장 최근우의 호, 민족일보 취체역)이나 유병묵(사회당 준위 선전위원장, 민족일보 논설위원)이 와서 기자시험 결과에 대해 왈가왈부의 말이 있거든 이 교수님(이종률을 지칭)이 맡아서 말을 해달라"30)고 했는데 이를 통해 조용수가 사회당의 인사청탁에 대해 상당히 곤혹스러워 했던 것을 알 수 있다. 얼마 후 유병묵은 기자시험에 응시했으나 떨어진 박○○31)의 시험 답안지를 보여 달라고 요구했다. 그 결과, 뜻

혁명』 2(한길사, 1993), 136쪽.

28) 김영한은 당시 사회당의 청년 외곽부대로 인식되던 통민청(통일민주청년동맹) 소속으로 사회당과 밀접히 관계된 인물이라는 게 당시 사회당 당무부장이자 통민청 활동가였던 김영옥의 증언이다. 2005.5.

29) 『山水 資料集』 제1집, 454쪽. 이 공채시험 1등 합격자가 이수병이다. 이수병만 이 정식기자로 채용되었으며 나머지 13명은 견습기자로 채용되었다. 이수병은 부산의 진보서클 암장 출신이며 4월항쟁기 민민청(민주민족청년동맹)의 핵심 으로서 1974년 인혁당 재건사건으로 사형당한 인물이다.

30) 『山水 資料集』 제1집, 454쪽.

31) 유병묵이 중앙대 대학원에서도 실력 있는 학생이라며 항의한 박○○은 당시 통민청 관계자 김영옥에 따르면 박익수였던 것으로 보인다. 박익수는 당시 통

밖의 성적임을 확인한 유병묵은 거기서 그치지 않고 '특채 요구'를 해왔다. 게다가 회사에서 봉급을 주지 않아도 좋으니 기자 자격증을 내어주고 기자로서의 대우만 해도 좋다는 것이었다.

사회당 대변인이자 논설위원이었던 유병묵의 이런 태도는 사회당의 민족일보관을 보여주는 하나의 단서로 보인다. 즉 민족일보에 사회당계 인사들을 심어서 사회당이 추구하는 논조를 대중적으로 확산하려 하는 의도이거나 민족일보 기자라는 신분으로 사회당의 정치 활동을 하려는 것으로 볼 수 있다. 실제로 이종률의 회고에 따르면 "그 박○○은 결국 「민족일보사 기자」의 이름으로써 신문사엔 나오지 않았으나 지방으로 돌아다니면서 민족화평운동의 하나인 모종운동에 거역되는 분렬주의적 수고를 하고 다녔다"는 것이었다. 심지어 사회당이 추천한 서울대 문리대 정치학과 출신의 모 씨는 형편없는 시험점수를 받았는데 확인 결과 서울대 문리대 졸업생이 아닌 것으로 판명나기도 했다.

그렇다면 기자채용 과정에서 사회당은 왜 그토록 자파의 인물 기용에 집착했던 것이며 조용수 사장은 이를 용인하는 듯한 자세를 취한 것일까. 이종률은 기자채용 결정 후 같은 날 저녁 '신'이라는 사람을 통해서 "이제부터는 사회당에서 단추 하나만 눌리면 인사결정이든 무엇이든 민족일보사는 그대로 이행하게 되었다. 그 이유는 전위당으로서의 사회당의 지위를 사장 조용수가 열복적으로 승인했기 때문"이라는 말을 듣게 되었다. 이종률은 이 얘기가 맞는지 조용수에게 물었으나 그는 완강히 부인했다고 한다. 그러나 사회당에서 요구한 다섯 명의 명단을 노골적으로 이종률에게 보여주기까지 한 조용수의 태도는 석연찮은 것이었다. 민족일보 창간을 맨 처음 제기한 이영근은 민족일보 사장으로 사회당 위원장 최근우를 생각하고 있었던 점32)도 주목된

민청 내에서 열심히 활동한 축에 속했다고 한다.

다. 또한 재일 이영근의 국내 대리인 격이었던 상임감사 안신규도 증
언에 의하면 사회당과 가까웠던 인물이라고 하며33) 안신규 자신도 실
제로 최근우를 사장으로 삼고자 했다.34)

한 증언에 따르면 "조용수는 처음에 통사당과 교류하면서 흐름을
보다가 사회당으로 기울었다. 1961년 4월말쯤에는 완전히 기울었다
고 볼 수 있다.35) 사회당의 조직을 활용해 구독사업을 보이지 않게
도와준 점 등이 작용한 게 아닌가 생각된다"는 분석도 있다.36) 실제
로 당시 혁신정당 가운데 사회당만이 유일하게 지방조직까지 갖춘 정
당조직으로 평가할 수 있으며, 이런 조직적인 힘이 민족일보 구독사업
을 통해 드러날 수 있었으며 이 점을 조용수가 평가한 후 좀더 조직적
인 힘을 발휘한 사회당에 기운 게 아닌지 검토할 필요가 있다. 특히
최백근(사회당 조직부위원장, 5·16후 혁명재판으로 사형)과 통민청
등을 중심으로 한 사회당의 한 흐름은 사회당이라는 혁신정당의 외피
속에서 전위당의 역할을 자임하면서 본격적인 사회변혁운동을 추구했
다는 점에서 민족일보 기자 신분으로 박○○가 조직운동을 했다는 위
이종률의 진단을 연결시켜 이해할 수도 있다. 반면 통일사회당에서는
사람을 하나도 천거하지 않았지만 5·16 가까이 가서는 편집국의 경

---

32) 원희복, 같은 책, 97쪽. 이와 관련, 최근우와 이영근은 일제가 세운 만주국의 친
일괴뢰단체 오족협화회에서 같이 활동한 사이라는 증언도 있다. 문한영(민자통
조직위원장 역임)의 증언. 1995.1. 그때부터 두 사람은 알고 지내던 사이였던
것으로 보인다.

33) 유완하, 같은 논문, 61쪽.

34) 정문화, 「자주통일의 꿈, 민족일보와 조용수」, 『말』 1992.2, 140~141쪽.

35) 사장 조용수는 이 즈음 민족일보사의 경영상태가 매우 악화되고 일본에 있는
부인이 아이를 사산하는 등 안팎으로 심경이 불편해지자 은밀히 미국 유학을
준비하면서 신문사를 사회당 최근우에게 맡기기로 했다고 한다. 원희복, 같은
책, 209쪽.

36) 김영옥의 증언.

우, 통사당 중심으로 되고 말았다는 것이 이종률의 회고이다.

이상의 사실로 볼 때, 이종률의 기자채용 원칙은 실력 우선주의였던 것으로 보인다. 좀더 구체적인 사례도 있다. 그는 사회당, 통사당 등 혁신계 소속을 무조건 배척한 것이 아니라 혁신계라도 실력이 있으면 먼저 일을 하자고 제안하기도 했다. 당시 통민청 소속인 양(楊) 모 씨에게 같이 일을 하자고 제안했으나 거절당한 경우이다. 양 모씨는 양춘우(楊春遇)일 가능성이 높다.37)

여기서 민족일보에 속했던 당시 진보적 청년단체 회원들을 살펴보면 다음과 같다. 민민청은 기자채용에 수석 합격한 이수병과 당시 국제신문사 조사부 기자 출신인 김상찬(이종률의 제자이며 그가 직접 추천)이 있었고, 통민청 준비위 소속으로서는 위에서 언급된 김영한, 박○○ 등이 있었다.38) 민민청의 경우, 4월항쟁 직후인 1960년 6월 12일 부산에서 결성될 당시만 하더라도 당시 부산대 교수였던 이종률의 직접 지도 하에 있었고 그의 제자들이 다수 있었으며 특정 혁신정당과 연계되지 않았기 때문에 이종률과 민민청의 관계는 문제될 것이 없었다. 게다가 이수병의 경우는 시험 결과 수석이었다는 점, 김상찬의 경우 이종률의 제자였으나 이미 중견기자로서 인정받았다는 점 등에서 더욱 그러하다. 그러나 통민청의 경우, 사회당의 외곽조직으로 인식된 데다가 실력을 동반하지 않은 성원들이 무리하게 민족일보에 진입하고자 한 탓에 이종률과 갈등관계에 놓일 수밖에 없었다.39)

---

37) 이종률은 양 씨가 서울대 문리대 출신이라고 밝힌 점으로 볼 때 당시 통민청에서 활동한 주요 인물을 살펴볼 때 서울대 문리대 중심의 진보적 학생서클인 신진회 출신인 양춘우일 가능성이 높기 때문이다.

38) 그 밖에 1979년 남민전 사건으로 구속돼 사형당한 이재문도 이때 민족일보에 입사한 것으로 알려졌으나[편집부 엮음, 『1964~1986 공안사건기록』(세계, 1986), 104쪽] 이종률은 그에 대해 '자기의 기용이 나에 의해 거절되었다고 퍽 섭섭해했다'고 밝혔다.『山水 資料集』제1집, 458쪽.

39) 이종률은 "그 통민청 방향 사람들의 적지 아니한, 나에게의 모함과 그 공격도

　　조용수 사장과 이종률의 입장 차이는 신문사 지국 설치문제로도 드러났다. 조용수 사장의 혁신계 중심 편제에 대해서 이종률이 문제제기를 했기 때문이다.40)

　　이후 조용수는 이종률과 상의 없이 편집국 정경부 차장에 이명구41), 편집국장에 양수정(楊秀庭)을 기용했다.42) 본래 이종률이 구상한 편집국 진용이 받아들여지지 않고 편집국장을 조용수 사장이 일방적으로 결정하자, 그는 마침내 민족일보 창간호(2월 13일자)가 나오던 날인 2월 12일, 사표를 제출하고 말았다.43) 문화부장 손풍산, 편집기자 남철기, 이원종, 김자동 등 이종률이 추천한 사람들도 모두 퇴사명령을 받았다. 이종률은 이미 2월 초부터 조용수와 '완전히 행동의 일치성을 잃게' 되면서 창간호가 나오기 5일전인 2월 8일 조용수 사장에게 사퇴 의사를 밝힌 바 있다. 창간호 준비과정에서 자신의 의견은 일언반사 보태지지 않았으며 기사에 관해서도 의견이 반영되지 않았다는 것이다. 따라서 창간호는 조용수, 오소백, 이명구 등의 작품

　　없지 아니했다"고 술회했다. 『山水 資料集』 제1집, 459쪽.

40) 이종률은 혁신계와 상관없이 민족시로시의 민족일보를 이해하고 도울 수 있는 사람이면 누구에게든 지국 경영을 허락해야 한다는 입장이었다. 『山水 資料集』 제1집, 460쪽.

41) 이종률은 이명구에 대해 "다음에 알게 된 일이지만은 그 李명구는 퍽 분명하고 유능한 사람이긴 했으나 어느 '기관'에서 보내온 사람이라는 것이었다. 5·16이 되자 그 李는 정식으로 그 기관에 소환되어 일을 보고 있었다"고 썼다. 『山水 資料集』 제1집, 461쪽. 참고로 이명구는 재판기록에 따르면 김명구로 보인다.

42) 양수정은 당시 자유신문 편집국장으로 있었다. 그를 추천한 인물은 편집국장 후보로서 조용수가 접촉했던 조선일보 문화부장 조덕송이었다. 원희복, 같은 책, 191쪽.

43) 사장 내정자였던 노태준과 자금 1억 5천만 원의 출자 내약자였던 이순희에게 사실의 대강을 알리고 동시에 사표를 정식으로 제출했다. 이종률, 『민족혁명론』, 291쪽.

이라고 봐야한다는 게 그의 회고이다. 5·16후 민족일보 사건 군사재판 당시 이종률에 대해 편집국장 직함과 역할의 실재 여부를 둘러싸고 논란이 벌어졌으나 그 자신의 회고에 따르면 그는 "지면(紙面)을 조직하는 편집국장 직은 단 하루도 맡아본 일이 없다"는 것이다. 그렇다면 왜 이런 논란이 제기된 것일까.

이종률은 이미 2월 8일 사퇴의사를 밝혔으나 조용수의 만류로 명목상 (임시) 편집국장 직에 남았던 것으로 보인다. 조용수는 '면목이 없다'며 '창간호가 나오기 전에 아무리 임시라도 편집국장의 일을 맡아 보시는 분이 그만 두었느니 마느니 풍설이 돌면 일에 지장이 있다'며 만류했다는 것이다. 상황이 이렇게 되자 이종률은 조용수의 말에 동의했다.

한편 이종률이 사퇴 의사를 표명하자 사회당과 통사당에서는 각각 이종률을 자파로 유인하려는 작업을 했던 사실이 주목된다. 사회당계 유병묵이 '사회당과 손을 잡으면 이 교수님의 신문사에서의 위치가 튼튼해진다'며 접근해온 사실과 통사당쪽에서도 친구인 대구 청구대학의 홍형의 교수를 통해 '통사당과 손을 잡지 않으면 곧 쫓겨 나가게 된다'고 접촉한 사실이 바로 그러하다.44) 이런 점에서 보면 당시 사회당과 통사당은 어느 정당에도 속하지 않은 이종률에 대해 서로 견제한 것이며 거꾸로 보면 서로 상대 정당으로 이종률이 가게 될까봐 두려웠던 것으로 유추할 수도 있는 대목이다.

그런 과정에서 2월 13일 창간호가 나오자 이종률은 정식으로 사퇴 의사를 밝혔던 것이다. 그러나 편집인 명의의 경우, 신구를 동시에 신청해야 변경이 가능하기 때문에 새 편집국장이 물색될 때까지 명의를 그냥 두게 해달라는 조용수의 요청에 따라 이종률이라는 편집인 명의로 계속 신문이 발간되었다. 결국 이런 사정으로 창간호부터 3월 14

---

44) 『山水 資料集』 제1집, 464쪽.

일자(지령 27호)까지는 '편집인 이종률'의 이름으로 민족일보가 간행되었으나45) 창간 이전에 이미 이종률은 민족일보에 손을 뗀 것으로 봐야 한다.46)

이와 관련해서 이종률이 민족일보에서 손을 떼게 된 데에는 신문의 노선과 인적 구성을 둘러싸고 사장 조용수 및 신문사 내에 여러 혁신계와의 의견 불일치가 큰 원인이었지만 민족일보 창간을 두려워 한 다른 모 신문사의 공작이 있었다는 이종률의 회고도 있어 눈길을 끈다.47) 이 점 또한 검토할 필요가 있으나 현재로서는 더 이상의 확인이 어렵다.

1960년 11월경 조용수로부터 처음으로 민족일보 창간 계획을 들은 후 이듬해 초에 창간작업에 참여하기로 결정하고 상경한 후 곧바로 활동을 시작한 때로부터 1월 25일 민족일보사 설립 후 2월 13일 창간호 발간과 동시에 그만 두었기 때문에 결국, 그의 민족일보 실제 활동기간은 한 달 가량으로 볼 수밖에 없다.

민족일보에서 완전히 손을 뗀 상태였지만 이종률은 서울에 있으면서 당시 혁신계 인사들의 출입이 잦았던 희다방 등지에서 여전히 조용

---

45) 다음날인 3월 15일자(28호)부터 3월 21일자(34호)까지는 '발행 겸 인쇄인 편집인 조용수'로 발행하다가 3월 22일자(35호)부터 '발행 겸 인쇄인 조용수', '편집국장 양수정'으로 바뀌었다.
양수정이 자신의 회고록에서 조용수를 처음 만나 편집국장직을 제의받은 시점은 3월 중순이었다고 한 사실을 통해서도 확인된다. 양수정, 『하늘을 보고 땅을 보고』(휘문출판사, 1965), 285~286쪽.

46) 이종률은 이때 두 달간 창간작업에 수고한 대가로 조용수로부터 한 달치 월급 봉투를 받았다. 이것이 군사재판에서 민족일보 편집국장으로 일한 증거라며 유죄판결의 유일한 증거가 되었다. 『山水 資料集』 제1집, 465쪽.

47) 이종률, 『민족혁명론』, 289쪽. 모 신문 일행은 민족일보 창간 직전이던 1월 30일 국회에서 김준섭 의원이 민족일보 조련계 자금 유입설을 주장한 것을 사주했으며 민족일보의 인물 구성을 내부로부터 붕괴시키는 작업에 조용수가 협력했으며 그로 인해 팔봉 김기진과 자신이 물러나게 되었다고 회상했다.

수와 조우하면서 지냈다. 군사쿠데타가 발생한 5월 16일 당일에도 이종률은 조용수를 만났다. 이때 조용수로부터 다음날 실릴 사설을 맡아달라는 부탁을 받은 이종률은 처음으로 그에게 민족일보 사설을 불러주었다. 이때 이종률이 불러준 제목은 〈軍人義擧에 부침〉이었으나 실제 5월 18일자 사설의 제목은 〈革命委員會에 부치는 期待와 忠言〉이었으며 조용수에 의해 첨삭이 되어 본래 글의 골격이 무너져 버리고 말았다. 이종률의 사설이 그의 퇴사 이후에서야 단 한 차례 실리게 되었다는 점이 참으로 아이로니컬하다.48)

3. '민족일보 사건'과 이종률

1961년 5·16군사쿠데타의 발발 이틀 후인 18일이 되자 검거의 바람이 불기 시작했다. 혁신계 인사들을 비롯해 민족일보 관계자들도 이때 모조리 연행되었다. 이종률도 서울 중구 치안국 분실로 끌려갔다. 중부경찰서 유치장에서 조사를 받다가 7월 중순 서울형무소로 이송, 혁명검찰부의 취조를 받았다.

민족일보 관계자들은 이른바 '민족일보 사건'으로 기소되었다.49) 이종률도 특수범죄 처벌에 관한 특별법(5·16후인 6월 22일 공포, 과거사건에 관한 소급법) 제6조 등에 의해 기소돼 민족일보 사건 피의자로서 취조를 당하게 되었다. 8월 20일 재판에서 검찰은 5년 구형을

---

48) 조용수는 왜 사설을 고쳤냐는 이종률의 물음에 대해 "이번 이 군인들의 처사가 그렇게 좋은 기대의 부탁을 부쳐서 옳을는지 혹은 우리가 비판의 붓을 들어야 옳을는지 몰라서 그렇게 했습니다"라고 답변했다는 것이다(『山水 資料集』 제1집, 468쪽). 사설 원문은 5·16에 대한 이종률의 긍정적 기대감이 반영된 것으로 보인다.

49) 이와 관련, 재판의 문제점에 대해서는 한상범, 「민족일보 사건 재판의 법률적 조명」 참조(민족일보 조용수 사장 40주기 추념학술대회 발표문, 2001.12.8).

내렸으나 8월 28일 재판부 선고공판에서는 무죄를 받았다. 창간호 발간 후 즉시 퇴사하였고 이후 조용수의 행위를 방조했다는 아무런 증거가 없다는 것을 재판부가 인정했기 때문이다. 그가 기소된 또 다른 사실(민자통 통일방안심의위원회 관련)도 이를 인정할 아무런 증거가 없다는 점이 참작되었다.50)

최근 미국 국립문서보관서에서 발견된 민족일보 재판 관련 보고서51)를 살펴보면 이종률과 관련된 부분이 나와 있어 흥미롭다. 우선 이 보고서가 작성된 시점은 1961년 9월 26일인데 1심 선고 약 한 달 후이자 2심 선고를 앞둔 5일 전이다. 개요, 재판, 논평이라는 소주제 하에 모두 16항으로 민족일보 사건 재판(1심)에 대해 체계적으로 정리해 놓았다.

이 문서는 재판의 진행과 쟁점 등에 대해 검찰측과 피고측의 주장을 나열하는 방식으로 작성하면서도 당시 이 사건을 보는 미국의 시각이 어느 정도 드러난다는 점에서 충분히 검토할 만한 가치가 있다. 이 문서에서 이종률을 언급한 구절은 세 곳이다.

이 보고서에서 민족일보 사건 재판과 관련해 미국측이 가장 관심을 갖는 인물들은 이영근과 관련된 조용수, 송지영, 안신규 등이라고 할 수 있다. 이들에 대해서는 각각 개별적인 항목으로 다루었으며 기타 피고인들은 한 항목에 묶어 단순한 업무에 종사한 것으로 보았다. 이런 흐름에서 이종률에 대한 심리 내용에 대해 소개한 것이 그에 대해 다룬 첫 번째 부분이다. "피고의 한 명인 이종률은 신문 간행 첫 날에 신문의 성향이 너무 급진좌파적(ultra-leftist)이라는 것을 깨닫고

---

50) 韓國革命裁判史編纂委員會,『韓國革命裁判史』제3집 1962, 214~215쪽.

51) 2005.4.22~23『한겨레』신문을 통해 공개된 이 문서는 주한미대사관이 미 국무성에 보낸 보고서(문서번호 795.00/9-2661)로서 <THE MINCHOK ILBO TRIAL (민족일보 재판)>이라는 제목의 6쪽 짜리 문서이다. 작성자는 미 대사관 정치고문 레너드(Donald L. Ranard)이다.

곧 편집 책임자 자리를 사직했다"고 주장한 사실을 소개한 것이다.

두 번째 구절은 검찰측 증인으로 나온 혁신계 윤길중, 고정훈, 이동화와 조재천(허정 내각 법무부 장관) 등의 심리내용을 소개하면서 밝힌 이동화의 증언 내용이다. 그는 관련 피고인들 다수의 급진 성향에 대해 증언했으며 "다른 뚜렷한 혁신주의자 박진52)"과 이종률에 대해서도 증언했다. 이 부분은 모호하지만 이동화의 증언을 통해 이종률의 급진적 성향을 드러낸 것으로 이해된다.

문서에 나와 있는 이종률 관련 세 번째 부분은 문서의 뒷부분에 나와 있는데 '재판 결과 자체를 검토할 때 의문이 일어난다'면서 그 중 하나로 "민족일보가 너무 급진적인 것을 알고 사직했다고 주장한 이종률은 무죄 선고를 받았다"고 지적한 부분이다. 이어서 "그러나 당시 믿을 만한 소식통의 보고에 의하면 이종률은 사실 너무 급진적이라는 이유로 민족일보의 관리자들 대다수에 의하여 해고되었다"고 적었다. 그 다음 문장이 주목된다. "더욱이 이종률은 부산의(나중에 서울로 확산된) 민주민족청년동맹을 세운 것으로 알려져 있으며 이 그룹은 공공연하게 활동한 매우 급진적인 조직으로 알려져 있다"라고 지적한 것이다.

최근에 공개된 이 문서에 대해 '미 대사관이 민족일보 재판에 의문을 제기하는 것'처럼 보도되었지만 그렇게만 보기는 대단히 어렵다. 보고서는 이영근이 북한의 공작원일지 모른다는 암시 속에서 민족일보 사건의 핵심을 이영근 그리고 그와 관련된 인물들로 보고 있으며 특히 민족일보의 자금문제에 대해 집중하고 있다. 다만 자금의 출처가 명확히 확인되지 않았다는 점을 지적하고 있을 뿐이다. 또한 사건 관계자들(피고인들)을 "좌파(leftist)/혁신세력(reformist groups)"으로 일관되게 지칭하고 있으며 이들을 다시 "사회주의자(socialist)"와

---

52) 박진은 이종률이 관계된 민족건양회 관계자이며 당시 민자통 활동에 함께 참여한 인물이다.

"진보주의자(progressive)"로 나누어 인식하고 있는 점은 이들에 대한 미국측의 관점을 명확히 드러내주는 대목이다.

이 보고서를 통해서 볼 때 당시 미국은 오히려 '재판 결과가 일관되지 못하다'는 점을 지적하면서 위와 같은 이종률의 사례를 들고 있는 것으로 볼 수 있다. 즉 이 보고서의 이종률 관련 부분을 하나의 흐름으로 살펴보면, 민족일보가 너무 급진적이어서 사직했다는 이종률이 다른 혁신계 인사와 미국측 소식통에 따르면 오히려 그가 더 급진적이라는 것이며 게다가 급진적인 민민청까지 세운 장본인인데 어떻게 그는 무죄 판결을 받았는지 모르겠다는 것으로도 해석이 가능하다.

2심 선고를 불과 5일 앞둔 시점에 작성된 이 보고서가 이종률의 재판결과와 어떤 연관 내지는 영향을 주었는지는 알 수 없다. 다만 미 대사관 정치고문에 의해 재판의 일관성이 없는 사례로 지적된 이종률의 1심 무죄판결은 이 보고서가 작성된 5일 후의 2심 선고공판에서 원심이 파기되고 1심 검찰 구형의 두 배인 10년형으로 선고되었다는 것이다.

그러나 정작 이종률은 그 이유로 다음과 같은 사실을 자신의 회고록에서 밝혔다. 1심 무죄언도후 혁검에 불려간 이종률은 사건의 부장검찰관으로부터 '1심 결과에서 사건 관련자 양실근의 5년 언도(검찰 구형은 사형)는 재판의 공정성을 잃은 것이라며 바른 재판을 위해 협력해 달라'는 취지의 회유를 당했다. '양실근이 좌익이란 것을 보고 느꼈다고 증언을 서 주길 부탁한다'는 것이었다.53) 무죄 판결을 받은 이종률에게 2심에서 양실근에 대해 검찰측에 유리한 증언을 해달라는 요청이었다. 결국 이종률은 검찰관의 제안을 거부했고 2심 판결에서 10년 언도가 내려졌다. 원심 판결이 부정되고 10년 유죄가 선고된 이유로 이종률이 받은 한 달치 월급이 유일한 증거가 되었으나 그것은

---

53) 이종률, 『민족혁명론』, 306쪽.

앞서 살펴 본대로 창간 이전에 이미 그만둔 상태였다는 점에서 단순한 법리 차원에서 놓고 보더라도 근거가 마땅치 않은 측면이 크다. 더욱이 피고 본인도 출정하지 않은 상태였다.54)

게다가 2심 재판에서 오히려 10년 형을 선고받은 이종률에게 혁검은 추가기소까지 했다.55) 1심 재판 직후 혁검이 그에게 양실근 관련 회유를 했던 것과 마찬가지로 이번에는 다른 관계자들을 회유해 그에 대한 추가기소의 근거를 마련했다. 즉 민족일보 이진형(李震炯)56) 기자와 경남 민자통 위원장 정순종(鄭淳鍾)57)의 진술에 따라 두 사람과의 대질신문을 거쳐 추가기소된 것이다.

이진형의 이종률에 대한 증언 내용에 대해서는『산수 이종률 저작자료집』에 나와 있지 않으나 아래와 같은 그의 다른 글에서 확인된다.58)

　"내용인즉, 어느 날 그가 제가 있는 청진동 서울여관 2층 남향방으로 찾

---

54) 이종률은 검찰관의 회유를 거절한 후 '재판정에 나가는 것마저 불결한 일'이라고 생각하면 출정을 거부했다. 이종률,『민족혁명론』, 307쪽.

55) 혁검의 추가기소에는 누군가 투서 또는 재료 제공 때문이었다는 듯한 이종률의 회고도 주목된다. 당시 사건을 맡은 장후영 변호사와 담당 검찰관의 그와 같은 대화를 엿들었다는 것이다.『山水 資料集』제1집, 492쪽.

56) 이진형 기자에 대해서 이종률은 '누구의 천거인지는 몰라도 민족일보의 기자로 채용되어 명성도 있었으며 길가에서 만나면 옛 양반 집의 자제인양 공손스레 깔끔하게 인사를 닦는 그이었다'고 회고했다. 당시 이진형도 혁검 취조를 당하는 신세였다.『山水 資料集』제1집, 495쪽.

57) 이종률은 정순종에 대해서 "제가 존칭하여 늘 '정 선생'이라고 부르는 이"라고 회고한 바 있다. 이종률,『민족혁명론』, 300쪽.
정순종은 경남 합천 출신으로서 상해 임정에 자금 지원, 해방후 반일운동자구원회 위원장 역임, 인민당 소속으로서 해주인민대표자회의 참가, 1949년말 남로당 활동 등의 경력이 있다. 5·16으로 체포돼 옥사했다. 김지형,「4·19직후 민족자주통일협의회 조직화과정」,『역사와 현실』제21호, 1996, 150쪽 참조.

58) 이종률,『민족혁명론』, 299~300쪽.

았더니 제가 공산주의 평양 찬양하면서 우리 민자통운동도 이 방향에서 통일운동을 할 방침이니 협력하라는 말을 했다는 것이었다. 이런 말은 우선, 우리의 역사적 사실의 분석에서 있을 수도 없고 있어서도 안될 말인 것이다. 여기서 저는 나에게의 피해보다도 그가 가져야 할 인간적 진실성의 완전한 무시가 한없이 슬프게 느껴져, …"

이진형의 위와 같은 내용의 증언이 이종률에게는 결정적으로 불리한 요소로 작용했을 것이고 추가기소의 근거로 활용된 듯 하다. 또한 양실근 관련 증언을 거부한 이종률에 대한 혁검의 보복적 성격도 작용한 것으로 볼 수 있다. 그러나 1962년 2월 열린 재판장 증인 심리과정에서 이진형은 자신의 검찰 진술을 번복했다. '양심이 아파 밥을 잘 들지 못하고 고민해왔다'며 '검찰 증언은 전부 사실무근인 거짓말'이라고 증언했다.

반면 정순종은 여전히 '검찰 증언이 사실 그대로'라고 증언했으나 심리과정에서 정순종의 승언은 사실관계와 맞지 않는 것으로 드러났다. 정순종의 증언 내용은 1960년 10월 부산에서 열린 순국선열 황상규 선생 추모제에서 이종률이 정순종에게 민자통운동과 한미경제협정, 한일경제회담 빈대 관련 자료를 건네면서 '이 방향에서 적극적으로 일을 해달라'고 말했다는 것이었다. 그러나 재판과정에서 자료를 건넸다는 시점이라는 1960년 10월은 한미경제협정과 한일경제회담 관련 논란이 불거지기 이전이었다는 사실이 확인되면서 위와 같은 정순종의 증언은 설득력을 잃게 되었다.

이런 과정을 겪으면서[59] 이종률은 1962년 3월 검찰로부터 사형구형을 당했으나 다행히 선고공판에서 무죄 언도를 받았다.[60] 5월에

---

59) 추가기소 돼 사형구형이 내려진 후 부산대 박경일 교수가 서울 혁검까지 찾아와 이종률을 사형에 처할 것을 진정한 사실도 있었다. 이종률, 『민족혁명론』, 311쪽.

열린 2심 재판에서도 무죄 판결이 났으며, '최고회의 확인'에서도 무죄로 결정되었다. 결국 '민족일보 사건' 관련자로 기소돼 10년 징역형을 살게 된 이종률은 그 뒤 5년 감형을 받고 옥살이를 하다가 1965년 12월 25일 크리스마스 특사로 석방, 총 4년 5개월 징역살이를 한 셈이었다.

그렇다면 '민족일보 사건'은 왜 야기됐을까. 구데타 세력은 무엇이 두려워서 민족일보 사건을 일으켜 관련자들을 구속시켰으며 심지어 사장인 조용수를 사형까지 시켰던 것일까.[61] 물론 여기에는 쿠데타 직후 민족일보 뿐만이 아니라 당시 혁신계를 비롯한 각종 사회운동세력, 정치적 반대파들을 모조리 구속, 장악하려는 쿠데타 세력의 의도에서 비롯된 점이 컸지만 그 근거가 무엇이었던가 하는 것이다.

당시 혁명검찰부와 혁명재판부의 인식은 민족일보가 혁신계의 대변지였다는 점과 민족일보사의 인적 구성이 혁신통합체였다는 점, 그리고 민족일보의 자금이 재일 총련계 자금이었다는데 일치점을 보였다.

이러한 인식은 위에서 살펴본 것처럼 어찌 보면, 민족일보 창간준

---

60) 무죄 언도의 배경에는 이진형의 번복과 정순종의 증언이 사실과 맞지 않다는 사실이 주요하게 작용했으나 또 다른 요인도 작용한 것으로 보인다. 1961년 10월 서울형무소 재감시절 만난 파우(波雨, 일제하 만주 독립운동가)라 불리는 정치사범이 불기소라 나가면서 '이종률은 친공분자가 아니며 인도주의와 자연주의적 낭만성을 지닌 민족주의자라는 것을 알게 되었으므로 자신이 구출운동에 나서겠다'는 것이었다. 마침 이종률 담당 재판장이 파우의 일가이니 자신이 힘써보겠다는 얘기였다. 그의 구출운동이 어느 정도 효과가 있었는지 알 수 없으나 선고공판 당시 파우도 지켜보고 있었다. 『山水 資料集』 제1집, 522~526쪽 참조.

61) 쿠데타 세력이 민족일보 등 혁신계 세력을 탄압한 것은 이들로부터 직접 위협을 느껴서라기 보다는 미국과의 관계를 의식했을 가능성이 컸다는 시각도 있다. 홍석률, 「4월혁명 정국과 민족일보」(민족일보 조용수 사장 40주기 추념학술대회 발표문) 30쪽 참조.

비 과정에서 이종률과 조용수 및 여타 혁신계와의 인식 차이와 묘하게 연결된 듯한 느낌을 준다. 이미 민족일보 창간과정에서 이종률은 신문의 성격이 혁신계 대변지냐 민족지냐를 놓고 문제제기를 한 바 있다. 이것은 이종률 자신의 정치사상, 이념과 직접적으로 관련된 문제이지만 다른 측면에서 보면 당시 4월항쟁 직후의 정세 속에서 진보적인 신문매체가 어떤 논조와 성격을 유지해야 생명력을 지닐 수 있느냐에 대한 하나의 시사점으로 볼 수도 있다.

그렇다고 해서 "진보신문들의 지나친 의욕은 혁신세력의 통일론과 통일운동이 급진적 방향으로 치닫도록 유도하고 보수세력의 강경한 반발을 야기시킴으로써 오히려 진보적 통일론을 좌절시키는 데 적지 않은 기여를 했다는 점에서 비판적 평가를 면할 수 없을 것"62)이라는 지적에는 동의하기 어렵다. 의욕의 다소에 의해 급진화 되거나 덜 급진화 되는 문제는 아닐 것이며, 신문의 노선과 방향을 어떻게 설정하느냐 하는 점이 보다 근본적인 문제로 보이기 때문이다. 즉 민족일보 창간기, 혁신지냐 민족지냐 하는 노선논란은 내부세력간의 인식 차이를 반영한 현상이었으며, 여기서 인식의 차이란 당시 한국사회의 진로와 변혁의 방향설정과 관련된 근본적 견해의 차이로 볼 필요가 있다.

이와 관련해 민족일보사의 인적 구성에 대한 이종률의 문제의식도 혁신계의 연합이 아닌 민족주의 인사들과 중견 언론인 지향이었다는 점을 주목하지 않을 수 없다. 그러나 애초에 조용수가 약속한 인선과 지면의 전권은 지켜지지 않았으며 오히려 사장 조용수에 의해서 선정된 민족일보사의 핵심 인사들은 이종률의 민족노선과는 거리가 있는 사람들이었다는 점에서 이종률은 자신의 뜻을 펴기가 구조적으로 어려웠다. 실제로 당시 민족일보사 핵심인사들의 이력을 검토해보면, 상임감사 안신규와 취체역이자 투자자인 정규근 등을 제외하고는 거의

---

62) 엄상윤, 위 논문, 255~256쪽.

대부분이 구좌익, 혁신계 출신 인사들이었다는 점이 확인된다.

또한 민족일보가 강제폐간까지 당하며 탄압당한 결정적 사유인 자금문제는 이종률의 국내자본 활용 입장과 관련해 숙고할 대목이다. 이미 민족일보 창간 준비기에 민주당 정부로부터 조련계(총련계) 자금이 유입되었다는 정치적 공격을 받았을 뿐만 아니라 신문 발행 초기에 정부 관할의 서울신문사로부터 일방적인 인쇄계약 파기 통보로 인해 3일간 발행을 중단 당했던 사실63) 등은 쿠데타 권력이 아닌 민주당 정부 하에서도 민족일보의 존립문제가 간단치 않았다는 것을 반증하는 사례로 볼 수 있다. 여기서 제2공화국 민주당 정부의 민족일보에 대한 입장을 쿠데타 권력이 이어받아 실천한 것이라는 시각도 제기되는 것이다.

결국 민족일보 사건이 보여주는 하나의 의미는 민족일보의 노선과 내용, 운영방식(또는 자금)에 대한 민주당 정권 및 쿠데타 권력의 인식을 적나라하게 드러내 주는 것이었으며 이런 점에서 민족일보 창간 준비기 이종률의 구상과 실천의 유의미성을 반추케 한다는 점이다.

맺음말

역사적인 1960년 4월항쟁 직후 역동적인 사회적 분위기 속에서 잉태되어 이듬해 2월 13일 창간된 민족일보는 당시 개혁과 진보, 민주와 통일을 바라를 사람들에게 커다란 호응을 일으켰다.

창간하자마자 2만 부라는 발행부수로 시작해 최고 4만 5천 부까지 발행하면서64) 선풍적으로 독자들을 형성한 진보적 신문이었다. 민족

---

63) 『민족일보』 1961.3.6 참조.

64) 조용준(민족일보 기획실장) 등의 증언. 당시 다른 일간지들의 판매부수는 4~5

일보는 4월항쟁이 마련한 진취적인 사회의 열기를 흡수하며 시대적
소명에 부응하려고 했다. 그런 노력은 다음과 같은 사시(社是)를 통해
극명하게 드러난다.

> "첫째, 민족일보는 민족의 진로를 가르키는 신문, 둘째, 민족일보는 부
> 정과 부패를 고발하는 신문, 셋째, 민족일보는 노동대중의 권익을 엄호
> (옹호)하는 신문, 넷째, 민족일보는 양단된 조국의 비원을 호소(절규)하
> 는 신문."

이 같은 사시를 신문 1면 상단 좌측에 싣고 시대정신에 부응하려
고 애쓰던 민족일보였지만 5·16쿠데타로 인해 강제 폐간 당하고 말았
다. 민족일보의 성격과 역사적 위상에 대해서는 무엇보다 이와 같은
시대적 흐름 속에서 그 의미를 살펴볼 필요가 있다.

그같은 전제하에서 이 글은 민족일보의 발행 전과정을 검토 대상
으로 한 것이 아니라 주로 창간 초기과정을 대상으로 삼은 것이며, 민
족일보와 이종률과의 관계를 중심으로 접근한 것이다. 이를 통해 민족
일보의 성격과 역할을 온전하게 드러내기란 어려우며, 다만 창간 준비
과정에서 핵심적인 역할을 한 한 사람이었던 이종률의 구상과 실천을
통해서 민족일보사 내부의 여타 혁신계의 인식을 대비해본 데 불과하
다. 따라서 이종률이 민족일보 창간준비과정부터 민족일보 사건으로
재판정에 서게 되기까지 그의 일관된 입장이었던 '민족지'로서의 민족
일보라는 노선을 드러내려고 했다.

남는 문제는 그가 민족일보를 통해 구현하려고 했던 민족지로서의
내용이 무엇이었는가 하는 점이다. 예를 들면, 그의 회고록 속에 민족

만부 정도였다. 유완하, 같은 논문, 37쪽.
혁검에서는 발행부수를 3만 5천 부로 계산했다. 韓國革命裁判史編纂委員會,
『韓國革命裁判史』 제3집, 1962, 197쪽.

적 방향의 신문이라는 노선은 수차례 확고하게 언급되어 있으나 민족통일문제에 대해서는 자세한 언급이 없는 점이 눈에 띈다. 무엇보다 북한에 대한 그의 인식과 태도는 무엇이었는지 궁금하다. 남북간에 서로 죽이고 죽였던 6·25전쟁이 끝난 지 7년밖에 안된 조건에서 비록 4월항쟁 후 열린 공간이었다고 하지만 반공반북 이데올로기가 가득한 사회에서 이종률 같은 진보적 학자조차도 북한문제에 대해서 정면으로 다루기 어려웠던 것일까. 아니면 그의 저작에서 간간히 언급한대로 사회주의체제로서의 북한에 대한 거부와 부정적 인식 때문이었을까.

민족일보와 다른 신문들의 사설 내용을 비교, 분석한 한 연구에 따르면 다른 신문들의 북한에 대한 태도는 100% 비호의적인 반면 민족일보의 경우 20%에 못 미치지만 호의적 또는 중립적 태도를 보였다는 것이다.65) 이러한 민족일보의 자세에 대해서 이종률은 어떻게 평가했을까. 아무래도 통일문제와 북한문제에 대해 그가 뚜렷한 입장을 드러내지 않은 점은 그가 추구한 민족지의 내용 및 성격과 관련해서 좀더 연구되어야 할 부분이다.

분명 민족지를 추구한 언론인으로서의 산수 이종률의 인식은 그의 민족혁명 사상이론과 논리체계 등에 대한 종합적 검토를 요하는 매우 어려운 과제이다. 이러한 연구는 다른 차원에서 시도되어야 하며 그런 노력은 민족지로서의 민족일보를 지향하였던 이종률의 인식을 보다 근본적으로 드러내는 작업이 될 것이다.

---

65) 박희영, 「민족일보의 성격에 관한 연구」(한국외국어대 석사논문, 1996), 70쪽 표5 참조.

부산의 4월민주항쟁과 주도 세력*

김선미 | 부산대학교 사학과 강사

머리말

일반적으로 4월민주항쟁의 주도 세력은 항쟁 초기의 시위를 주도했던 고등학생, 또는 범위를 좀 넓힌다고 해도 대학생을 포함한 학생층으로 이해되는 경향이 있다. 이러한 인식은 4월민주항쟁의 범위를 3, 4월의 학생 시위에 국한하는 데 근거를 두고 있다. 이에 따르면 4월민주항쟁은 부정선거에 대한 저항을 계기로 자연발생적으로 발발하였으며 이 때문에 항쟁의 주도 세력 사이에 확고한 정치적 구심이나 지도의 중심은 없었다는 것이다.

그러나 이러한 인식은 4월민주항쟁의 범위와 지향성을 매우 협소하게 이해하는 방식이라고 해야 할 것이다. 이 때문에 근래에는 4월민주항쟁의 과정을 3, 4월의 학생 시위로 축소시킬 수 없으며, 이승만 하야 후에 전개된 일련의 자주화운동과 민주화운동은 3, 4월의 학생

---

* 이 글은 『한국민주주의의 회고와 전망』(한가람, 2000)에 수록된 것으로 필자의 양해를 얻어 본서에 재수록한 것임.

시위를 계승한 것으로 보아야 한다는 견해가 폭넓게 수용되고 있다. 따라서 4월민주항쟁의 시기적 범주도 3·4월의 학생 시위를 계승 발전시킨 자주·민주화운동이 광범하게 진전되다가, 5·16 군사쿠데타에 의해 폭력적으로 말살되는 시기의 직전까지로 확대하여 이해하게 되었다.1)

이러한 관점에서 보면 4월민주항쟁의 전개 과정은 다른 한편으로 다양한 민주민족세력이 항쟁의 주도 세력으로 등장하는 과정이었으며 이로 인해 항쟁의 이념적 지향이 보다 높은 단계로 발전하는 과정이기도 하다. 이에 4월민주항쟁의 전개 과정에서 등장한 항쟁의 주도 세력에 대한 조명 작업이 활발하게 이루어지고 있다.

본 발표는 부산의 4월민주항쟁이 전개되는 과정에서 등장하여 항쟁을 질적으로 고양시킨 주도 세력에 대한 연구이다. 그간 부산에서 4월민주항쟁을 주도한 집단은 이름만이 알려져 있을 뿐, 구체적인 활동 상황이나 성격이 파악되지 않은 채 당시 정황에 근거하여 포괄적으로 이해되어 왔다. 이 때문에 지역 사회와의 관련성 속에서 항쟁의 주도 세력이 분석되지 못하였고 결국 부산의 4월민주항쟁 자체의 특징에 대해서도 이해할 수 없었다.

본 발표는 이러한 주도 세력이 부산의 4월 항쟁에서 등장하는 과정과 이와 더불어 초기의 반독재투쟁이 자주화운동으로 고양되는 양상을 구체적으로 구명하여 부산의 4월민주항쟁이 가진 지역적 특징을 추출하려 한다. 또한 이를 해명하기 위한 전제로서 1950년대 후반, 1960년 초 부산 지역 민주민족세력의 존재를 주목하고자 한다.

항쟁의 주도 세력을 인식한다는 것은 항쟁의 지향성을 파악하는

---

1) 4월항쟁에 대한 이러한 인식의 변화에 대해서는 아래의 글에 잘 정리되어 있다.

정창현, 「4월민중항쟁과 민족민주운동의 성장」, 『한국현대사 2』(풀빛, 1991).

안병욱, 「4월민중항쟁」, 『한국역사연구입문 3』(풀빛, 1996).

기본 조건이다. 부산의 4월민주항쟁 주도 세력에 대한 분석은 4월민주항쟁 전체의 지향성을 포괄적이고도 심도있게 파악하는 데 일조할 것이라 기대한다.

1. 1950년대 부산의 민주민족세력

한국전쟁으로 분단이 고착화되자 이승만 정권은 반공 이데올로기를 무기로 일체의 비판적 정치 세력을 말살함으로써 독재 권력을 강고히 하였다. 민주주의에 대한 요구는 민족자주의 열망과 결합하면서 동면 상태에 접어들었고, 민주민족세력은 숨을 죽이고 암중 모색하는 상황이 지속되었다.

하지만 이런 가운데서도 1950년대 후반, 1960년대 초 부산에는 다른 지역에 비해 민주적, 민족적 정치 운동의 인맥이 매우 폭넓게 존재하고 있었다. 일제시기 국내의 사회주의계열과 민족주의계열의 국권회복운동, 그리고 중국 일본 등지를 무대로 한 반제투쟁의 전통과 이를 계승하여 활발히 진행되었던 8·15 이후 민족국가건설운동의 인맥, 그리고 1950년대 중반에 있었던 진보당 활동의 인맥이 광범하고 누터운 층을 이루고 있었다.

이와 같은 부산지역의 민주민족 인맥은 8·15 이후 경남 지역의 독특한 정치 상황의 산물이었다. 즉 이들 가운데 상당수는 부산 출신이 아니거나, 일제시기에 부산에서 활동하던 인물이 아니었다. 8·15 후, 부산에서 민주민족운동을 재개하면서 부산에 정착하게 되었던 것이다. 여기에는 부산이 대도시여서 활동하기에 적합한 지역이라는 점도 작용했지만, 극한적 좌우대립 국면이 만들어낸 매카시적 폭력을 피해 고향을 떠나야만 했던 경우도 있었다.2) 또 한국전쟁 기간에 부산이 임시수도가 되면서 부산에 정착한 경우도 있는 등, 이 시기 부산에는 민주민족운동의 기반이 폭넓게 형성되었다.

이를 기반으로, 1950년대 중반부터 1960년 초에 이르는 시기에, 부산에서는 이후 4월항쟁의 전개 과정에서 중요한 역할을 하게 되는 인물들의 활동이 눈에 띈다.

이 가운데서 1950년대 후반 부산에서 지도적 구심을 가지고 지속적인 활동을 전개한 대중조직으로 확인되는 것이 민족문화협회이다. 민족문화협회는 1954년 무렵, 당시 부산대학 교수였던 이종률을 중심으로 몇몇 교수들과 부산대 동아대 학생들로 결성되었다.3) 이종률은 일찍이 1926년의 6·10만세운동에 참여한 이래 일제 강점기에서 1950년대에 이르기까지 반제국주의투쟁에 투신해온 민족혁명가이며, 1946년 결성된 민족건양회의 대표적인 논객이었다. 민족건양회는 김창숙 안경근 박진 문한영 등이 중심이 되어 민족자주적 혁명을 지향하는 민족혁명정당 준비단체였다.4) 따라서 민족문화협회는 민족건양회의 역사 인식에 입각한 대중조직을 지향했던 것이며, 이는 곧 민족자주의식을 대중들에게 고취시키기 위한 것이었다.

민족문화협회가 처음부터 대중조직의 위상을 가졌던 것은 아니다. 결성 초기 민족문화협회의 성격은 극히 비밀스런 결사였다. 결성식에 참여한 구성원은 10명도 채 못되는 수였으며 이들은 이종률의 지도를 직접 받고 있던 학생들이었고, 결성 장소도 참여 학생 가운데 한 사람의 자취방이었던 것이다.5) 그러나 이후 민족문화협회는 차차 합법 공

---

2) 유혁에 의하면 이런 인물이 상당수에 이르렀다고 한다. 유혁은 경남 양산 출신으로, 중국 동북지방에서 항일투쟁을 하다가, 8·15 후 귀국하여 부산·경남 일대에서 경남농민연맹, 민족자주통일경남협의회 활동을 하였다.

3) 부산대학오십년사편찬위원회, 『부산대학 50년사』, 1997, 207쪽.

4) 이종률, 『민족혁명론』, 1989, 203~204쪽.

5) 이상은 이종률의 제자로서, 민족문화협회의 결성식에 참여하였던 배다지의 증

간을 확보하여 대중운동 조직으로 성격을 변모시켜 갔다. 이와 함께 조직원의 수도 증가하였으며 조직의 외연도 확대되어 부산 경남 일원의 진보적 지식인들이 대거 참여하게 되었다. 민족문화협회의 대중 활동은 1960년 조직된 민주민족청년동맹에게 그 역할을 넘겨줄 때까지 계속되었다.

민족문화협회의 대중 활동은 강연회가 중심이었고 강연회의 주제는 주로 항일제 민족운동과 반외세 역사학에 관한 것이었다. 민족문화협회의 활동은 당시의 정치 현실에서 탄압을 피하기 위해 유화적인 형식을 취하기는 하였으나 우리 사회의 비민주적 비자주적 현실에 대한 끊임없는 문제 제기를 통해 반외세 민족 자주를 지향한다는 일관된 관점을 유지하였다.

민족문화협회의 활동은 그 자체 정치적 항쟁을 목적으로 한 것은 아니었지만 여기에 참여하여 활동한 대부분의 구성원은 뒷날 4월 항쟁에 적극적으로 참여하게 된다. 그리고 이 가운데 일부는 4월 항쟁을 주도하는 새로운 조직으로 민주민족청년동맹을 결성하였으며6) 민족자주통일중앙협의회 및 경남협의회의 활동에도 참여하였다.

한편으로 부산에는 진보당의 부위원장이었던 박기출을 중심으로 하는 진보당 인맥이 존재하고 있었다. 이들 가운데 김배영 김한덕 김재봉 등 진보적 청년들은 진보당이 해체된 뒤에도, 박기출을 구심으로 일정 조직을 이루고 있었다.7) 남아있던 옛 진보당 조직은 뒤에 4월민주항쟁의 공간에서 부산지역 혁신정당의 결성에 중요한 기반을 제공하였다. 또한 박기출과 함께 조직을 꾸린 바 있는 진보적 청년들은

언이다. 현재 배다지는 민주개혁국민연합 의장으로 활동하고 있다.

6) 이 때문에 민족문화협회가 민주민족청년동맹의 전신으로 이해하는 견해가 있지만, 그렇게 볼 수 없다. 두 단체는 사상적으로 동질성을 지니고 있으나 구성원 가운데 일부가 중복될 뿐이며 조직적으로도 무관하기 때문이다.

7) 단체명은 확실치 않지만 성민학회 또는 창신학회라고 생각된다.

사회당준비위원회의 청년조직으로, 1961년 초에 결성되는 통일민주청년연맹준비위원회의 중심 인물로 활약하였다.

이외에 진보 세력에 직간접으로 연계 관계를 가지고 영향을 주고받았을 것으로 여겨지는 비밀 독서 서클이 있다. 폭압적인 정치 권력은 진보적 서적에 금서라는 굴레를 쓰워 일반 대중의 접근을 차단하고 있었는데 금서를 소지하거나 읽는 것만으로도 범법 행위로 치부하였다. 따라서 진보적 학문의 습득을 위해서는 특별한 모임의 구성원이 되어야 했다. 이런 정치 환경이 비밀 독서 서클을 만들었던 것이다. 이 시기 부산의 독서 모임으로는 성기호, 이용대 등으로 구성된 비밀 서클이 확인된다. 주된 활동은 진보적 학문의 독서와 학습으로서, 일종의 민주민족운동의 차세대 지도자를 양성하기 위한 준비 모임과 같은 위상을 가진 것이었다.[8]

마지막으로 부산지역의 특기할만한 것으로, 광범한 민주민족운동의 저변을 망라한 일종의 원로모임으로 노인회가 있다. 노인회는 정순종 권손 최천택 유혁 등 주로 일제하 반제투쟁과 8·15 직후 정당 사회단체 활동의 경력을 지닌 이들이 중심이 되어 만든 것이다. 노인회가 조직된 것은 1960년 초였는데 처음에는 '부산노인구락부'라고 부르다가, 노인구락부라는 이름이 부적절하고 또 부산에만 한정하지 말자는 뜻에서 '경남노인회'로 개칭하게 되었다.[9]노인회의 존재는 부산지역 민민운동의 저변이 매우 넓다는 것을 보여주는 것이라 할 수 있다.

이상에서 살펴본 것과 같이 한국전쟁을 거쳐 보수 일색으로 축소된 협소한 정치 지형 속에서도 1950년대 후반, 1960년 초의 부산에

---

8) 이런 조직의 경우 왕왕 단체명은 가지지 않았다. 이상의 내용은 이 서클의 주요 멤버였던 김규철의 증언에 의한 것이다. 김규철은 현재 민족자주평화통일회의 의장으로 있다.

9) 『국제신보』 1960.6.2.

는 다양한 민주민족세력이 광범하게 존재하였다. 그 가운데는 진보적 정치 세력과 직간접적인 연계를 가지면서 장래를 준비하는 단체가 있는가 하면, 당시의 정치 상황이 허용하는 한정된 공간 속에서 가능한 대중 활동을 전개한 민족문화협회나 노인회와 같은 조직도 있었다. 이러한 부산의 민주 지형은 이후 부산의 4월민주항쟁이 힘있게 발전하는 토양이 되었다.

2. 부산의 4월민주항쟁과 주도 세력의 형성

자유당 정권기를 뒤덮고 있던 반민주적이고 비자주적인 정치 현실에 대한 울분은 다른 지역과 마찬가지로 부산에서도 부정 선거에 항의하는 고교생의 시위로 터져나왔다.

부산지역의 학생들은 3월 초부터 공명선거와 학원의 자유를 호소하는 삐라를 살포하고 집회를 시도하여 민주화운동을 시작하였다. 이러한 움직임은 일단은 경찰에 의해 저지, 차단되었고 이 과정에서 십여 명의 학생이 연행되기도 하였다.10)

그러나 결국 3월 12일 해동고등학교 학생들의 가두 시위를 시작으로 부산도 3·4월 학생 시위의 대장정에 돌입하였다. 수십 개에 이르는 부산의 고등학교 가운데 시위에 참가하거나 시위를 계획하지 않은 고등학교는 거의 없었으며 심지어 일부 중학교도 시위에 가담하였다. 시위의 현장도 어느 한 지역에 국한되지 않았고 서구에서 동래구에 이르는 시내 전 지역이 시위 현장이 되었다. 3월 초에 시작된 시위는 24일 부산고등학교와 25일 동성고교의 시위를 거쳐 4월 18일 동래고, 19일 경남공고의 시위로 정점에 이르렀다.11) 이어서 서울의 대

---

10)『국제신보』 1960.3.8 · 9 · 11일 ;『부산일보』 1960.3.8.

학교수단 데모에 호응하여 4월 26일에는 부산지역의 부산대학교와 동아대학교의 교수 100여 명의 시위가 있었다.[12]

　4월 26일, 마침내 철옹성같던 독재 권력이 무너지고 민주적인 정치 공간이 열리자 그 동안 숨죽이고 있던 민주민족세력이 활동을 개시했다. 항쟁 초기에 침묵을 지키고 있던 대학가도 항쟁의 대열에 합세하였고, 3·4월 항쟁에서 선도적 역할을 담당했던 고등학생 집단은 조직화 작업에 박차를 가하였다. 이와 함께 4월 항쟁은 3, 4월의 반독재투쟁에서 민주화자주화운동으로 급속히 전환되면서 더욱 격렬하게 전개되었다. 먼저 주도 세력 각각의 형성 과정을 살펴보면 다음과 같다.

1) 민주민족청년동맹

　4월민주항쟁의 공간에서 가장 먼저 만들어진 조직이 민족혁명론 학맥의　민주민족청년동맹이다.　민주민족청년동맹(이하　민민청)은 1950년대 후반 민족문화협회를 주도하였던 이종률에 의해 주창되어 그 문하를 중심으로 결성되었다. 이종률은 4·19 직후인 1960년 5월 초에 새로운 정치 투쟁을 전개함에 있어서 그 정치 조직을 뒷받침하고 지도해갈 청년 조직의 필요성을 역설하면서 가칭 민주주의민족운동청년협의회의 결성을 제기하였다. 그리고 이 조직은 민족혁명을 달성하기 위한 사책당과 호조성 있는 대중운동조직으로 자리 매김 되었다. 이 때 이종률이 작성한 강령과 결의문도 함께 제안되었다. 이것이 민민청의 출발점인 셈이고 그 자리에 참석한 김상찬, 배다지, 조현종,

---

11)『국제신보』1960.3.24·25, 4.19.
　　　『부산일보』1960.3.24·25, 4.18·19·20·24.

12) 부산대학교오십년사편찬위원회, 앞의 책 187쪽.

하상연 등 10여 명이 민민청 결성의 주역이다. 뒤에 부산의 민주민족 인사들이 다수 가담하여 민민청 결성대회 당일의 발기인 수는 114명에 이르렀다.

민주주의민족운동청년협의회는 6월 12일 부산상공회의소 강당에서 발기인 등 수백 명이 참가한 가운데 결성대회를 개최하였고 회의 도중 명칭을 민주민족청년동맹으로 확정지었다.13) 민민청은 강령에서 우리 사회의 역사 과정이 서민성자본민주주의민족혁명임을 밝힘으로써 민민청의 정치적 지향이 민족혁명론의 입장에 있음을 분명히 하였다. 또한 자주적이며 통일적인 청년운동의 전개를 결의하고 청년의 파당적 정치도구화, 정치깡패화를 반대한다는 것을 밝힘으로써 지난 시기 정치깡패집단이었던 청년조직들과 구별되는 청년조직임을 천명하였다.14) 한편으로 창립기념강연회로 민족통일강연회를 개최함으로써 민민청은 그 정치적 지향이 자주적 통일운동을 위한 청년층의 조직화에 있음을 처음부터 분명히 하였다.

당시 부산에서 결성된 민민청은 중앙맹부였다. 부서의 간부는 민민청 결성을 주도한 이종률의 문하들과 부산 지역의 양심적 지식인들로 구성되었다. 곧이어 대구지역의 청년 사회에 커다란 영향력을 지니고 있던 서도원과 도예종을 위원장과 간사장으로 하는 경북맹부가 결성되었다. 광주맹부도 구성에 착수하였다. 이어 중앙맹부를 서울로 옮기면서 부산에 있던 중앙맹부는 경남맹부(당시 부산은 경남의 일부였다)로 조정되었다. 이후 민민청은 부산경남맹부와 경북맹부, 서울의 중앙맹부라는 세 지역을 축으로 4월민주항쟁의 중심에서 활동하게 된다.

경남맹부는 부산진지구, 동래지구, 영도지구, 마산지구를 거느린, 지역 맹부 가운데 가장 폭넓은 기반을 가진 맹부였고 이후 부산의 자

---

13) 『국제신보』 1960.6.13.

14) 이종률, 『현순간정치문제소사전』(국제신보사, 1960), 148~149쪽.

주·민주화운동에 큰 역할을 하였다. 경남맹부의 맹원 가입 원서나 회의록 등 중요 문서는 5·16 군사쿠데타 직후 보안 차원에서 모두 폐기하였기 때문에 정확한 규모는 알 수 없으나 대체로 맹원의 수는 수백 명에 이르렀다. 당시 관제 단체가 아닌 것으로는 규모가 매우 큰 것이었고, 그런만큼 4월 항쟁의 과정에서 민민청이 가진 대중 동원력은 대단한 것이었다.

참고로 민민청과 관련하여 학계 일부에서는 암장이 민민청의 모태라는 인식이 있는데, 이는 사실과 다르다. 암장은 1950년대 후반에 부산에서 고등학교를 다니던 이수병 김금수 박중기 등이 조직한 고등학생 서클이다. 결성 당시부터 암장은 여늬 고교생 조직과 달리 학습 수준이 매우 높았고 결속력이 대단했다. 그러나 암장의 구성원들은 고등학교를 마친 후 대부분 부산을 떠나 서울에서 활동하였다.

암장이 민민청과 처음 접촉하게 된 것은 민민청이 결성된 후 이수병이 부산에서 가진 강연회를 민민청이 지원한 때이며, 양자가 조직적으로 관계를 맺게 된 것은 민민청 중앙이 서울로 옮기면서이다.[15] 이때 암장 성원이 대거 민민청 중앙맹부에 들어오게 되었으며, 중앙맹부에서 암장 성원의 매우 큰 비중을 차지하게 되었다. 당시 이종률은 민족자주통일중앙협의회 구성을 위해 활동하고 있었으며 명목상 민민청에서 역할을 떠나 있었다. 아마도 암장이 민민청의 모태라는 학계 일각의 오해는 이러한 서울 민민청에 대한 파악에 기초하여, 민민청의 본류를 서울의 중앙맹부로 이해한 데서 비롯한 것으로 생각된다. 그러나 민민청은 부산경남 경북 서울 세 지역을 축으로 하여 이해해야 하

---

15) 이수병평전 『암장』에는 이수병이 고등학생 시절 하상연의 소개로 김종대를 알게 되었으며, 부산대 1학년 시절 하상연 김상찬 등과 경제학이론에 대한 토론을 벌였다고 서술되어 있지만 이는 사실과 다르다. 이 점은 당사자인 하상연, 김상찬을 통해 확인할 수 있다(이수병선생기념사업회, 『암장』, 1993, 49·57쪽 참조).

는 것이고, 또한 표면상 드러나지 않는다 하더라도 민민청에 대한 이 종류의 영향이란 실질적으로 부인될 수 없는 것이라는 점을 감안한다면, 민민청에서 암장이 차지하는 비중을 이해할 수 있을 것이다.

2) 혁신계 정당

4월민주항쟁 당시 부산에는 명망있는 혁신계 정치 지도자들이 다수 존재하였음은 기술한 바와 같다. 3·4월 학생시위로 이승만정권이 붕괴하는 현실이 도래하자 이들은 정치 활동을 재개하였으며 짧은 기간에 급속히 조직화하는 현상을 보였다. 이승만이 쫓겨난 지 불과 3일만인 4월 29일에, 과거 한독당 민족자주연맹 사회당 근민당 신생당 민독당 진보당에 참여했던 인사 70여 명이 모여 '한국혁신세력집결촉진회'를 구성했다.16) 이 자리에서 윤우현을 의장단에, 김철을 심사위원으로 피선하는 등 각종 부서를 확정짓고 "전국 혁신세력의 동지는 총집결 대동단결하라"는 등의 격문과 성명서, 국가보안법 폐지와 조국통일에 대한 활발한 국민여론을 허용할 것을 주장하는 결의문을 채택하였다.

5월에 윤우선과 김철을 비롯하여 김용겸 송세동 김재봉 신영갑 등의 주도로 사회대중당 경남도당결성주비위원회가 조직되어 7월 29일 총선에 임하였다. 그러나 다른 지역과 마찬가지로 경남에서도 사회대중당은 총선에서 참패하였고 부산의 혁신계에서 총선에 당선된 것은 혁신동지총연맹의 후보로 출마한 정상구 한 사람 뿐이었다.

총선 후 혁신계는 이념적 분화 현상을 보이면서 사회대중당 사회당 통일사회당 기타 정당으로 재편되었다. 윤우현 김철 등에 의해 사회대중당이 결성되었으며, 김용겸 송세동 김재봉 신영갑이 사회당경남

---

16) 『국제신보』 1960.5.1.

도당을, 박문철 배일성 임갑수 등이 통일사회당경남도당의 결성준비위
원회를 조직하였다.17)

3) 학생 조직

3·4월 학생 시위를 전후한 시기에 대학가와 고교간에도 학생 조
직이 결성되었다. 그런데 부산의 학생 조직은 각 학교를 단위로 하는
것이 아니라 처음부터 부산 지역 전체 학교를 대상으로 조직화되고
있다. 그리고 3·4월 학생 시위를 계기로 조직화의 수준을 한층 높여
가는 과정을 보여주고 있다.

3·4월 학생 시위 당시 부산 지역에는 부산대, 수산대, 동아대의
학생을 포괄하는 조직으로 후진성극복학생연구회(이하 후연회)가 있
었다. 후연회는 4월 항쟁의 과정에서 대학 내에서 선도적인 역할을
하였는데 학내에서 시국에 대한 각종 토론회, 초청강연회를 개최하였
으며 전국대학 정치학과가 참여하는 모의국회를 주최하기도 하였
다.18) 이런 활동으로 4월 항쟁에 대한 학생 대중의 인식 저변을 넓
혀 나갔다.

11월에 접어들자 서울 지역 대학에 민족통일연맹이 결성되면서
그에 대응한 조직으로 부산에서도 부산대, 수산대, 동아대에 민족통
일연구회가 꾸려졌다. 그러나 이는 서울지역 민족통일연맹과는 성격
과 역할이 달랐다. 즉 서울 지역에서 민족통일연맹이 하는 역할은 부
산에서는 이미 전에 꾸려진 후연회가 담당하고 있었기 때문에 이를
위한 조직이 새삼 필요치 않았다. 따라서 민족통일연구회는 연구회의

---

17) 한국혁명재판사편찬위원회, 『한국혁명재판사』 3권, 1962, 경상남도사회대중당
    사건.

18) 『국제신보』 1960.10.12.

성격이 지배적이었으며 서울 지역 민통련의 역할은 부산에서는 계속 후연회가 담당하고 있었다. 또한 부산의 각 대학의 민족통일연구회는 후연회의 강력한 영향력 아래 있었다.[19]

3·4월의 학생 시위를 실질적으로 주도했던 고등학생들의 조직화 작업도 진행되었다. 이들은 3·4월의 시위를 진행하는 과정에서 '경남학생위원회'를 조직하였다. 경남학생위원회는 부산 마산의 고등학교 연합체로서, 각 학교의 대표자로는 주로 학도호국단 단장, 학생회장, 학생회 간부 등이 참여하였고 그렇지 않은 경우도 있었다. 여기에는 부산 마산의 고등학교 가운데 2/3가 가담하였다. 이 과정에서 핵심적 역할을 했던 것이 당시 항도고등학교 학생이던 이형호였다.[20] 경남학생위원회의 지휘로 부산 마산에서는 개별 학교의 울타리를 넘어선 시위가 시도되었다. 여러 학교 학생들이 시내 중심지에 모여서 합동 시위를 벌이는가 하면,[21] 여러 학교에서 동시다발적인 데모를 감행할 것을 계획하기도 하였던 것이다.[22]

이들은 이듬해 '경남학생총연합회'를 결성하기에 이르렀다. 이는 경남도내 모든 고등학교와 대학교가 참여한 연합체로서 3월 1일 동아대 강당에서 결성대회를 개최하였다.[23] 경남학생총연합회는 5·16 군사쿠데타로 해산되기까지 부산 경남의 4월민주항쟁 기간의 학생운동을 총괄하는 역할을 하였다.

---

19) 후진성극복학생연구회 핵심이었던 최석환의 증언에 의한 것이다.

20) 이상은 경남학생위원회의 대표로 활동했던 이형호의 증언에 의한 것이다.

21) 『부산일보』 1960.3.15(3월 15일 서면 범천동 구름다리에서 동래고, 부산상고, 영남상고, 항도고, 북부산고, 데레사여고가 합동 시위를 벌이고 삐라를 살포하였다). 『국제신보』 1960.3.13·14·15(합동시위는 14, 15일에도 계속되었다).

22) 3월 24일 부고생 데모, 25일 동성고 데모, 4월 19일 동래고와 경남공고의 데모는 실행되지는 못했지만 동시다발적인 거사로 계획된 것이었다(『국제신보』 1960.3.24·25, 4.19 기사 참조).

23) 『국제신보』 1961.2.25.

　이처럼 부산의 3·4월 학생 시위는 우발적·분산적으로 발생한 것이 아니라 초기부터 계획적이고 조직적으로 연계되어 진행되었다는 점이 두드러진 특징이라 할 수 있다.

4) 경남노인회

　1960년 초에 만들어진 부산노인구락부는 4월민주항쟁 과정에서 '경남노인회'로 조직을 확대하였다. 경남노인회는 가입 자격으로, 친일 경력이 없고 통일을 지향하는 인식을 가진 사람이라면 모두 환영하였으므로 다양한 편력을 지닌 인물들을 한 데 모으는 데 성공하였다. 참여 인원도 크게 늘어 한때 천여 명에 이르렀다고 한다. 경남노인회는 한때 『민생시보』라는 週報로 발행하기도 했다. 당시 부산일보 주필이었던 손풍산이 담당자였다.

　경남노인회는 직접 민주화 시위를 감행하여 민주항쟁의 대열에 참여하기도 하였지만24) 통일운동에 대한 사회 인식을 확산시키는 데 주된 중심을 두었다. 경남노인회에서 가장 중요시했던 것은 통일운동의 확산이었는데, 이는 당시 노인들이 가장 큰 관심을 가졌던 문제가 통일이었기 때문이다. 민족자주통일중앙협의회 결성을 적극 지지하며 민자통경남협의회 결성을 주도한 세력이 바로 경남노인회였던 것이다.25)

　민민청, 혁신계 정당, 경남노인회, 후연회, 경남학생총연합은 4월민주항쟁의 과정에서 긴밀한 연대를 가지고 활동하였다. 물론 학생조

---

24) 『국제신보』 1960.8.17.
25) 경남노인회에 관한 사실은 당시 경남노인회의 실무를 담당하고 있던 유혁의 증언에 의해 확인된 것이다.

직과 정당·사회단체의 연대는 그것이 드러날 경우 학생조직이 입게 될 타격을 고려하여 은밀하게 이루어졌다. 현실 속에서 이들은 항상 연계하여 활동하였고 이 가운데 민민청 경남맹부와 일부 혁신계 정치인은 학생운동에 대해 지도성을 발휘하였다. 이 때문에 부산의 학생조직은 4월민주항쟁 기간을 통해 일관된 논리적 기반으로 임하였으며 민주·자주화운동에 주도 세력의 하나로 참여하였다.

3. 민주·자주화운동의 고양

이승만이 퇴진하고 자유당정권이 붕괴하자 정국은 일대 전환기를 맞게 되었다. 부산의 민주민족세력은 항쟁 과정에서 드러난 각 주체들을 추스러 새로운 조직으로 정비하는 작업을 추진하면서 더 높은 단계의 항쟁을 준비하였디. 6월 6일 경남노위회가 정식 결성대회를 성대히 치렀으며, 같은 달 12일 민주민족청년동맹이 정식 발족하였다. 학생들도 조직을 정비하는 기간을 가졌다. 이어서 부산에서는 민주화운동괴 자주화투쟁이 힘차게 진행되었다.

먼저 교원노조의 합법화를 위한 초·중등 교사들의 활동이 활발히 전개되었다. 5월 15일 부산의 1천여 중등 교사들이 부산지구교원노동조합을 결성하고, 같은 달 21일에는 초등 교사들이 부산초등교원노동조합을 결성하여 22일 서울에서 초·중·고등학교 교사와 대학교수가 포함된 한국교원노조연합회에 참여하였다. 그러나 허정 과도정부는 교원노조를 인정하지 않았기 때문에 교원노조의 합법화를 위한 투쟁이 시작되었다.

부산의 민주민족세력은 교원노조의 합법화투쟁을 적극적으로 지지, 지원하였다. 신문 기사와 사설, 칼럼 등 언론 매체를 통하여 교원노조를 지지하는 지역 여론을 조성하기도 하고, 특히 민민청은 교원노조가 주최하는 각종 궐기대회와 규탄대회서 실무 작업을 지원하였다. 이와 함께 교원노조의 각종 대회에는 후연회와 경남학생위원회의 지휘 아래 학생들이 참가하여 투쟁의 열기를 드높였다.

'자주적이고 통일적인 청년운동'을 표방하고 조직된 민주민족청년동맹은 결성대회 당일에 민족통일강연회를 개최함으로써 그 지향성을 뚜렷이 한 바가 있었다. 이후 민민청은 통일운동의 확산과 자주의식의 고취를 위한 각종 행사를 개최함으로써 4월민주항쟁의 발전을 이끌었다. 9월 30일, 민민청 경남맹부는 항일투사 황상규의 추모제를 열었는데, 황상규는 밀양 출신으로 김원봉의 고모부이다. 김원봉과 함께 중국 길림에서 의열단을 창립하였고, 1920년 의열단의 '밀양폭탄사건'에 참여하여 8년의 옥고를 치르는 등 평생 항일투쟁의 일선에서 활동하다가 결국 옥사하였다. 황상규의 추모제는 이를 통해 반제 자주의식을 고취시키려는 행사였다.26)

10월 30일, 민민청 경남맹부는 동광초등학교에서 '각 분야에서 보는 민족통일의 긴절성과 그 방안'이라는 주제로 정치·경제·사회·문화 분야에서 주홍모 최종식 조동필 김정한 교수의 강연회를 개최하였다.27) 이는 통일운동을 대중 속으로 확산시켜 대중적 통일운동 단체의 형성에 대한 여론을 조성하려는 것이었다. 강연회의 포스터는 한반도의 지도 위에 쇠사슬로 표현한 휴전선의 중심 부분을 끊고 거기에 악수하는 남과 북의 손을 그린 그림이었는데 당시의 정서로는 충격적인 것이었다. 강연회에 입장하는 청중을 대상으로 각종 통일 방안(남북협상통일방안, 중립화통일방안, 유엔 감시하의 총선거, 오스트리아식 중립화통일방안, 남북연방제통일방안)에 대한 지지를 조사하였는

---

26) 『국제신보』 1960.9.29.

27) 『국제신보』 1960.10.30.

데 이는 통일에 대한 대중의 관심을 높이기 위한 방법이기도 했다. 설문 조사에 응한 사람은 843명이었으므로 실제 청중 수는 그보다 많았을 것이다. 당시 대중들이 통일문제에 대해 지닌 뜨거운 열망을 잘 보여주는 행사였다. 연말에는 '민족문화인 망년회'를 개최하여 자주적 평화통일론과 남북교류 주장을 선전 확산시키고 보안법을 비판하였다.

부산지역 대학생 조직인 후진성극복학생연구회도 학내외에서 활발한 활동을 벌였다. 후연회는 학내에서 각종 시국 토론회와 강연회를 개최하였는데 당시 부산대학에서 열린 강연회에는 수백 명이 참가할 정도로 일반 학생들의 호응이 높았다고 한다. 학교 밖에서의 활동도 활발하였다. 9월 25일 고려대 학생회는 '민족통일에 관한 제문제'라는 논제의 통일방안 토론회를 개최하였는데 후연회에서는 정동수가 참가하여 '중립화통일론'을 중심으로 논리 정연한 주장을 폈다.28) 통일에 대한 일반 대중의 관심이 높아지던 즈음, 11월 5일 서면로터리에서 '중립화통일방안 지지'를 구호로 벌어진 부산대 학생들의 시위도 후연회가 주도한 것이었다.29) 결의문에서 후연회는 외세를 배격한 남북한 민족이 주체가 된 자주적 통일을 주장하고, 시위를 통해 통일 열망의 확산에 노력하였다. 이듬해 2월에는 남성여고 강당에서 '조국통일방안 시민공개토론회'를 개최하였는데 여기에는 500여 시민이 참집한 가운데 각 정당, 언론인, 대학 교수들이 연사로 나서 견해를 달리한 통일의 길을 피력하였다.30)

1961년은 한미경제협정 문제로 벽두부터 장면 정권과 민주민족진영이 날카롭게 대립하였다. 미국 경제에 대한 한국 경제의 종속을 우려한 민주민족세력이 협정 체결을 반대하는 가운데 장면 정권이 2월

---

28) 노중선, 『민족과 통일 1(자료편)』(사계절, 1985).

29) 『국제신보』 1960.11.5.

30) 『국제신보』 1961.2.12.

8일 협정을 조인하자, '한미경제협정반대공동투쟁위원회'와 '한미경제협정반대전국대학생위원회'가 결성되어 반대 투쟁이 전개되었다.

한미경제협정은 결국 국회의 비준을 거쳐 성사되었지만 반대 투쟁을 함께 전개하는 과정에서 민주민족진영은 급속히 결속되었다. 이는 민주적 자주적 통일운동을 고양시켜 민족자주통일협의회(이하 민자통)의 결성에 박차를 가하게 되었다. 민자통은 우리 사회의 민주화와 자주적 통일을 열망하는 민족의 총의를 모은 결정체로서 2월 25일 드디어 중앙협의회를 결성하기에 이르렀다.

그런데 통일운동 단체를 결성하기 위한 노력은 부산에서는 이미 4월민주항쟁의 발생 초기부터 진행되어 왔다. 4월항쟁 발발 이전에 만들어진 부산노인구락부는 통일을 지향하는 것으로 자신들의 정치적 입장을 삼았고, 이는 경남노인회의 활동으로 이어졌다. 한편으로 4월항쟁이 발발한 직후인 4월 21일 서울에서 있었던 민족건양회의 '목요회의'에서는 민자통을 결성할 것을 제의하고 있는데,31) 부산에서 민족문화협회 활동과 민민청의 결성을 주도한 이종률은 바로 이 민족건양회의 핵심 인물이다. 이후 민족건양회는 천도교계와 함께 민자통을 발기하고(8월 20일), 민자통준비위원회를 구성하여(9월) 민자통 결성 작업을 추진하였다.

그러나 대부분의 민주민족진영이 7·29 총선에 참여하였고, 총선 이후에는 혁신 정당이 분열되면서 민주민족진영 전체를 포괄하는 민

---

31) "3·4월 민족항쟁의 효능적 달성을 위해서 … 하나의 사책당('민족전위당'이라 한다)과 호조성이 있는 각급 대중운동조직들과, 또 당과 대중운동조직들이 … 연결된 전선체, 이를 당세라고 하는 바, 이 당세가 먼저 성립되지 않고서는 … 혁명이 달성될 수가 없다"고 하였으며 뒤에 이 당세의 "일부로서 민자통을 발기하게 된 것이다."(이종률 저, 앞의 책 277·279쪽) 이 점은 김지형의 '4·19 직후 민족자주통일협의회 조직화과정'(『역사와 현실』 제21호, 140쪽)에서 지적된 바 있다.

자통의 결성은 다시 어려움을 겪었다. 그러던 것이 한미경제협정 반대로 혁신계 정당 사회단체가 함께 투쟁하는 과정을 거치면서 민자통 결성은 박차를 가하게 되어 드디어 결성에 이르른 것이다. 민자통을 결성하는 과정에서 민족건양회가 핵심적인 역할을 했음은 물론이고, 민민청은 중앙맹부를 서울로 옮겨 민자통 결성에 참여하였다. 경남노인회의 정순종을 비롯한 상당수 부산 지역의 인사들 또한 이 과정에 동참하였다.

민자통중앙협의회가 결성된 후 지방협의회 조직도 뒤따랐는데, 경남에서도 4월 18일 정순종을 상임의장으로 하는 민자통경남협의회를 결성하게 된다. 민자통경남협의회에는 경남노인회와 혁신계 정당, 민민청 등 경남 지역 민주민족세력이 광범위하게 참여하였으며 학생층 또한 절대적인 지원을 아끼지 않았다.

3월에 들어서면서 '반공법'과 '데모규제법' 등 소위 '2대악법' 반대 국면이 전개되자 부산에서도 반대 투쟁이 격렬하였다. 3월 16일, 혁신계 정당과 민민청 교원노조가 함께 '반민주악법반대경남공동투쟁위원회'를 조직하였으며, 3월 21일 후연회를 중심으로 대학생들이 '반민주악법반대경남학생공동투쟁위원회'를 결성하였다. '경남공투위'는 3월 25일 부산역 광장에서 3천여 시민이 운집한 가운데 2대악법반대투쟁 시민성토대회를 개최하고 시가 행진을 벌였으며, '경남학생공투위'는 3월 23일 부산역 광장에서 고등학생과 대학생 300여명으로 성토궐기대회를 벌였으며, 4월 13일에는 노동회관 앞 광장에서 학생 1,500명이 모인 가운데 악법반대대회를 개최하는 등 민주주의와 민족통일을 가로막는 2대법 반대투쟁에 앞장서서 나아갔다.[32]

부산의 4월민주항쟁은 초기의 반독재투쟁에서 3·4월 이후의 민

---

32) 한국혁명재판사편찬위원회, 앞의 책, 3권, 경상남도반민주악법반대학생공동투쟁위원회사건.

주·자주화운동으로 전환하면서 간단없이 발전하였다. 이 과정에서 민민청이라는 청년 조직과 학생 조직 그리고 혁신 정당 및 사회단체들은 밀도있는 연관 관계을 유지하면서 민주화·자주화운동을 이끌었다. 이러한 진행 과정은 이승만 퇴진과 7·29 총선을 맞으면서 민주화투쟁의 소강 상태를 보였던 서울 지역과 사뭇 대조적인 양상이었다. 이점은 부산의 4월항쟁이 가진 두드러진 특징이라 할 수 있다.

맺음말

1950년대 말 부산은 민주민족세력이 광범하게 포진한 지역이었다. 이는 부산의 4월민주항쟁이 힘차게 전개되어 나가는 원동력이 되었다. 즉 부산에서도 4월민주항쟁의 깃발이 오르자 이 항쟁을 더높은 단계로 발전시켜나갈 새로운 항쟁의 주체들이 재빨리 조직화되기 시작했다. 항쟁의 과정에서 더욱 공고해진 학생 조직과 새롭게 조직된 정당·사회단체들을 중심으로 부산의 4월항쟁은 힘있게 추진되었다. 항쟁 초기의 반독재 투쟁은 3·4월 이후 민주화자주화투쟁으로 발전하였는데 이러한 과정은 간단없이 진행되었으므로 4월항쟁 기간 부산은 항쟁이 끊이지 않고 지속적으로 발전하였다. 그 결과 4월민주항쟁의 금자탑이라 할 수 있는 자주적 통일운동의 결정체인 민자통을 결성하는 데 부산의 민주민족세력이 핵심적 역할을 할 수 있었다.
부산 지역의 4월민주항쟁의 특징은 다음과 같이 요약된다. 첫째 항쟁 초기의 학생 시위가 우발적·비조직적으로 발생한 것이 아니라, 경남학생위원회라는 고등학생 조직에 의해 계획적·조직적으로 주도되었다는 점이다. 둘째 비교적 이른 시기인 6월에 민민청, 경남노인회 등이 조직되어 혁신계 정당과 더불어 항쟁의 계속적 발전을 위한 조직이 정비되었다는 점이다. 셋째 항쟁 초기부터 통일운동이 제기되어 항쟁의 지속적이고 간단없는 발전이 진행되었다는 점. 넷째 그 결과 민자통의 결성에 초기부터 핵심적 역할을 하였다는 점이다.

이상과 같은 부산 지역 4월항쟁의 특징은 지금까지 충분히 주목받지 못하였는데, 이는 그간의 4월항쟁에 대한 이해가 지역사를 결여하고 진행된 데에 직접적으로 기인한 것이다. 그 결과 4월항쟁에서 부산 지역이 차지하는 비중이나 의미도 구명되지 못하였다. 앞으로 보다 심도있고 구체적인 연구가 있어야 할 것으로 생각된다. 나아가 이 시기 경남은 현재와는 달리 부산 지역과 매우 밀접한 관련으로 연결되어 있던 지역이다. 이 점 역시 충분히 인식되고 있지 않다. 앞으로의 연구에서 주의가 필요한 부분이라 하겠다.

산수 이종률 연보

• 1905년. 6월 6일 경북 영덕군 남정면 남정동 126번지 동대산 아래에서 경주 이씨 퇴하 이규환과 벽진 이씨 이점실의 3형제 중 차남으로 출생. 아버지를 스승으로 한문과 경전을 익혔으며, 벌겋게 달군 쇠로 고문하는 세조에게 "이 쇠 차다, 다시 달구어 오라"고 항거한 성삼문의 기개를 배움.

• 1918년. 당시 유행하던 전염병을 피해 경북 의성으로 이주.

• 1920년. 중앙고보 학생 박명진이 결성한 소년운동조직 호경체육회에 참여하여 민족문제에 눈을 뜨기 시작.

• 1921년. 4월 의성 점곡공립보통학교 2학년 편입. 얼마 후 안동지역 민족혁명가 이형국 등이 설립한 동명학교로 진학하여 민족독립투쟁의 학문과 인도주의적 또는 자연주의적 낭만을 배움

• 1924년. 서울 배재중학 보결시험에 합격하여 2학년으로 진학. 12월 경성청년회 창립에 적극 참여.

• 1925년. 5월에 창립된 최초의 사회주의 학생단체이자 북풍회 계열 공학회(共學會)를 주도함. 배재중학 퇴학. 경성경신학교 4학년 편입. 11월에 공학회 해산에 불복하여 검거. 도중 부친 이규환 사망.

• 1926년. 6·10만세운동을 준비하던 중 예비검속에 체포되어 경기도 경찰부 유치장에 구금됨. 이때 만해 한용운 선생을 만나 크게 감화받음. 7월 경신학교 중퇴 후 일본 동경으로 건너감.

• 1927년. 4월 일본 와세다대학 정치경제학과 입학. 5월 신간회 동경지회 결성에 참여하고 정치문화부 부원으로 활동. 재일본 조선청년총동맹 회원. 이 해 여름방학 때 의열단비밀단원 박시목의 주선으로 밀양에서 신간회 본부 서기장 황상규를 만나 중국 황포군관학교에 입교할 것을 권유 받음.

• 1928년. 4월 신간회 동경지회 간사가 됨. 5월 이현철, 박야민 등과 조선의 교육상황을 보도하기 위해 동경에서 조선교육신문사 설립. 7월 '우리말연구회 사건'으로 와세다 대학에서 출학 당함. 9월 경성 숭인동의 사립 고학당(苦學堂) 교원으로 활동. 11월 동경, 서울, 대구를 잇는 학생맹휴 지원하는 '전국학생맹휴옹호동맹사건'과 관련하여 치안유지법 위반으로 10개월간 서대문형무소에 투옥.

• 1929년. 8월 서대문형무소에서 출감. 11월 성진회(醒進會)를 통해 광주민족항쟁을 배후에서 지원.

• 1930년. 4월 현준혁, 최용달, 박문규, 유진오 등과 함께 사회실정조사소 설립 주도. 같은 달 서울 숭인동 상춘원에서 열린 근우회 경동지회 설립대회 참석하여 축사.

• 1931년. 4월 형평사운동에 참여하기 시작. 이 해 6월 국내외 정치 경제 사회운동을 보도하는 사회실정조사소 기관지『이러타』의 편집인 겸 발행인으로 창간호를 낸 이후 1933년 형평청년전위동맹사건으로 구금될 때까지 참여함.『이러타』는 1936년 1월 57호로 종간됨.

• 1932년. 경성제대 교수 미야케 시카노스케(三宅鹿之助)의 사회과학교실에 학습하면서 교유. 12월 충남 예산농업학교 독서회 사건 배후 지도로 투옥.

• 1933년. 7월 '형평청년전위동맹사건'과 관련하여 치안유지법 위반으로 광주형무소에서 3년 6개월간 복역.

• 1938년. 출판법 및 치안유지법 위반으로 공주형무소 수감.

• 1939년. 출옥 이후 일제 말기까지 조선사상범보호관찰령에 의한 보호관찰 대상으로 일제의 감시를 받음.

• 1940년. 경기도 가평군 용문산에서 목탄사업을 하면서 동지를 규합하고 군수물자 불출하투쟁을 전개.

• 1944년. 조선건국동맹과 연계하여 정보 수집 활동을 하면서 일제 패망을 대비.

• 1945년. 8·15 직후 조선학술원(위원장 백남운)의 정치실천 노선과 관련하여 위원장으로 홍명희가 적임자라는 주장전개. 조선학술원 서기국(위원장 김양하) 상임위원. 서울대를 비롯한 여러 대학에서 정치학을 강의하고, 밤에는 민족문화연구소(소장 백남운, 1946.5.6 창립)에서 근로대중과 일반 시민을 대상으로 정치학과 노동문제 강의.

• 1946년. 1월 5일 박진의 집에서 김창숙, 이시영, 안경근, 조윤제, 문한영 등과 함께 민족혁명 전위당 건설을 위한 사전조직으로 민족건양회(民族建揚會)를 결성하고 민족건양사론 제시. 모스크바 삼상회의에 대한 의견서 건으로 체포됨. 3월 14일 조선문화단체총연맹 주최 맑스 서거 63주년 추모강연회 강연. 민주일보(1946.6.1 창간) 편집국장과 주필 역임.

• 1947년. 이극로, 정이형 등과 함께 '李鈞'이라는 이름으로 민주주의독립전선을 결성하여 영구 분단을 막기 위한 단정수립 반대투쟁 전개.

• 1949년. 가을에 용공분자 명목으로 투옥되었다가 모진 고문을 당한 후 풀려남.

• 1951년. 대구청구대학 재직 중 경남 함양군 안의중학교 교감으로 옮겨 잠시 봉직하면서 부산대, 동아대 출강.

• 1952년. 1월 최익환, 박진목을 중심으로 하는 종전운동에 논책 제시. 2월 제2대 대통령선거에서 이시영후보 선거운동을 통해 평화통일운동 전개. 부산대 정치학과 교수로 부임하여 1961년까지 재직.

• 1954년. 부산대, 동아대의 제자들과 민족문화협회를 결성하여 반외세 민족자주사상을 고취시키는 활동.

• 1956년. 제3대 대통령선거 때 평화통일론 방향의 신익희 후보진영에 참여하여 후보단일화운동 전개.

• 1958년. 자신을 찾아온 간첩 불고지죄로 부산형무소 수감. 이 무렵 국
제신보 편집고문과 부산일보 논설위원을 역임하면서 '백만독자의 정치학'
등 많은 논설과 칼럼 등의 원고 집필.

• 1960년. 6월 12일 민주민족청년동맹 결성하고, 대구와 서울로 조직
확대. 6월에 '李一九'라는 필명으로『現瞬間政治問題小辭典』(국제신보사)이
라는 소책자를 출간하여 운동의 옳은 방향을 제시함. 10월 30일 '민족통
일대강연회'를 시작으로 자주적 통일운동 전개.

• 1961년. 1월부터 민족일보 창간 주도(민족일보 명명). 쿠데타 이후 '민
족일보 사건'으로 5년 구형되었으나 무죄 선고. 2월 25일. 민족자주통일
중앙협의회 결성을 주도, 통일방안심의위원회 위원으로 남북협상론 주장.

• 1962년. 군사혁명 특별재판소에서 '민자통통일방안심의위원회사건'으로
군사쿠데타 정권의 '군사혁명 특별재판소'에서 사형을 구형 받고 10년형을
선고받음. 수감 중 왕성한 집필 활동으로 많은 원고를 남김.

• 1965년. 12월 25일 형 면제로 석방.

• 1966년. 경남 양산의 개운중학교의 교장으로 일하며 민족사와 인간사
방향의 민족교육사업 전개.

• 1971년.『祖國史의 分裂과 統一의 主潮』를 출간.

• 1973년. 위의 책 연장 집필물『옳은 史學과 그 嶺南 및 그 祖國의 認識
을 위하여』를 인쇄 직전에 수사기관에 압수당함.

• 1974년. 경남 의령의 백산 안희제 선생 사적 답사 중 뇌졸중으로 쓰러
진 이후, 1989년 서거하기까지의 투병 기간 중 후학을 양성하고, 민인혁
명론과 민족혁명운동에 대한 방대한 원고를 집필 혹은 구술로서 남김.

• 1979년. 3·1운동 60주년을 맞이하여『己未를 알자』(茂林社) 간행.

• 1989년. 3월 13일 부산 동래 수곡의 수일원에서 "민족건양사로(民族建

揚史路)” “사책당(史責黨)”을 유언으로 운명. 향년 84세. 6월 유고 일부를 『민족혁명론』(도서출판 들샘)으로 엮어 출간.

• 2000년. 3월 12일 '산수이종률선생기념사업회' 창립.

• 2001년. 3월 1일 유고집 『山水李鍾律著作資料集』 제1집 발간.

• 2002년. 3월 1일 유고집 『山水李鍾律著作資料集』 제2집 발간.

정리 : 장동표(부산대학교 교수)